SWISS TRADING SA

SWISS TRADING SA

LA SUISSE, LE NÉGOCE ET LA MALÉDICTION DES MATIÈRES PREMIÈRES

Déclaration de Berne (éd.)

Préface de Bernard Bertossa

Déclaration de Berne
Éditions d'en bas
2011

Remerciements
La version française de cet ouvrage a été réalisée grâce au soutien de la
Fédération genevoise de coopération et des collectivités publiques gene-
voises (FGC) et de la Fondation Omina Freundeshilfe.

Édition : Géraldine Viret, Olivier Longchamp
Lectorat : Marion Rosselet
Mise en page : Éditions d'en bas
Graphisme : Aude Barrio
Photo de couverture : © Meinrad Schade, exploitation de cuivre en Zambie
Traduction de l'allemand : Andréane Leclercq ; correctrice de la traduc-
tion : Adeline Avignon et Charlotte Dugrand

Cet ouvrage est également disponible en allemand
Rohstoff. Das gefährlichste Geschäft der Schweiz,
Erklärung von Berne (Hsg.), Salis Verlag, 2011
ISBN 978-3-905801-50-7

2e édition en 2012

ISBN 978-2-8290-0413-1
© 2011, 2012
Éditions d'en bas, Rue des Côtes-de-Montbenon 30, 1003 Lausanne (Suisse)
Tél. 021 323 39 18, fax 021 312 32 40
enbas@bluewin.ch
www.enbas.ch
&
Déclaration de Berne, Rue de Genève 52, 1004 Lausanne (Suisse)
Tél. 021 620 03 03, fax 021 620 03 00
info@ladb.ch
www.ladb.ch

Ce livre est le fruit d'une collaboration avec les personnes suivantes :

Auteur.e.s de la Déclaration de Berne :
Thomas Braunschweig
Thomas Chappot
Oliver Classen
Fabian Jucker
Olivier Longchamp
Andreas Missbach
Urs Rybi

Auteur-e-s externes :
Lorenz Kummer (Expert matières premières de Swissaid)
Alice Odiot (Co-réalisatrice du documentaire « Zambie : à qui profite le cuivre? », 2011)

Photographies :
© Audrey Gallet (Co-réalisatrice du documentaire « Zambie : à qui profite le cuivre? », 2011)
© Meinrad Schade (Lauréat du Swiss Photo Award 2011)

DB
Déclaration de Berne
Dichiarazione di Berna
Erklärung von Bern

La Déclaration de Berne (DB) est une association suisse qui s'engage pour des relations Nord-Sud plus équitables. Depuis plus de quarante ans, elle interpelle les décideurs politiques et économiques helvétiques sur les inégalités dans le monde qui empêchent le développement des populations pauvres de la planète. Active au sein d'un réseau mondial de solidarité, elle propose un regard critique sur les dérives de la globalisation et effectue un travail de campagne, de lobbying et d'information. Son action pour un monde plus juste se base sur des faits et des recherches étayés. Elle est financièrement et politiquement indépendante.
Pour en savoir plus : www.ladb.ch

SOMMAIRE

PRÉFACE

Celles et ceux qui, comme moi, sont nés avant le milieu du siècle dernier se souviennent sans doute des immenses espoirs engendrés par la décolonisation. L'exploitation des pays sous-développés – c'était l'expression de l'époque – par les pays colonisateurs allait prendre fin. Leur indépendance politique, qu'elle ait été le fruit de la négociation ou celui de la révolte armée, allait permettre enfin aux anciennes colonies de profiter équitablement de leurs propres ressources, de nourrir, de soigner, d'éduquer et de loger convenablement leurs populations. Un équilibre des richesses allait s'instaurer, et le soulagement de la misère des pays du Sud ne dépendrait plus des seules œuvres charitables des pays du Nord.

Un demi-siècle plus tard, ces espoirs ont pour l'essentiel été déçus. Certes, quelques États font exception et ont réussi, du moins partiellement, à saisir la chance qui se présentait à eux et parviennent aujourd'hui, avec plus ou moins de bonheur, à faire en sorte que leur indépendance politique se traduise également en indépendance économique. Toutefois, la plupart des pays «pauvres» le sont demeurés, même si le vocabulaire politiquement correct impose dorénavant de les considérer «en développement». L'exploitation éhontée de leurs richesses – principalement de leurs matières premières – au profit principal des pays du Nord n'est plus directement le fait des États colonisateurs et de leurs forces d'occupation.

La colonisation privatisée
Comme instrument de cette nouvelle domination, la force armée a été remplacée par des moyens plus subtils, mais tout aussi efficaces, en premier

9

lieu par la corruption. Cette gangrène qui salit les âmes a surtout pour conséquence de confisquer les richesses au profit d'un petit nombre, corrupteurs du Nord ou de l'Ouest et corrompus du Sud ou de l'Est, ne laissant aux populations exploitées qu'une part négligeable des valeurs tirées de leurs sols. Auprès des nouvelles classes dirigeantes des États asservis, la crainte de la force a cédé la place à l'appât d'un gain facile et d'autant plus fructueux qu'il est moins partagé. Auprès des États exploiteurs, les troupes d'occupation ont été remplacées par des bataillons d'ingénieurs et de financiers, passés maîtres dans l'art de tirer, pour leurs entreprises et leurs actionnaires, la plus grosse part des profits issus des richesses appartenant aux populations locales.

Sur mon chemin de magistrat helvétique, j'ai croisé quelques uns de ces rapaces: corrupteurs américains du Nord, européens et mêmes suisses, corrompus africains, américains du Sud, asiatiques ou européens de l'Est. Malgré les efforts déployés, les moyens légaux disponibles n'ont permis que de leur infliger quelques égratignures. Il est vrai pourtant que, depuis la fin du siècle dernier, la législation a fait quelques progrès vers une meilleure répression de leurs pratiques cleptomaniaques. Ainsi par exemple, la corruption d'agents publics étrangers est désormais punissable dans la plupart des États de droit, mais la volonté politique d'assurer concrètement le démantèlement de ces réseaux pervers est bien souvent timide, et les instruments judiciaires capables d'assurer l'indispensable collaboration entre les différents États concernés font défaut.

Si la corruption reste l'un des facteurs principaux de la pauvreté, il en est d'autres qui, sous l'apparence de la légalité, contribuent à maintenir dans la misère des populations propriétaires de matières premières d'une valeur considérable. Sous prétexte d'indépendance fiscale, nos lois permettent d'accueillir avec générosité les impôts prélevés sur des bénéfices pourtant acquis à l'étranger, au détriment des États producteurs des richesses dont ces bénéfices sont retirés. L'omnipotence de la finance permet, sous couvert du concept usurpateur de «lois du marché», de condamner sans recours les plus faibles à subir les conséquences néfastes de la spéculation et d'une concurrence fondées exclusivement sur le profit des plus riches.

La Suisse pouvait s'enorgueillir de n'avoir jamais eu de colonies. Ce n'est pas le moindre mérite de l'ouvrage de la Déclaration de Berne que de démontrer que notre pays est aujourd'hui devenu un repaire confortable pour ces nouveaux colons que sont les groupes multinationaux et les acteurs de la Bourse. Si l'on ajoute que notre pays ressemble à un havre de paix pour des investisseurs dont les fortunes n'ont pu être acquises qu'à la faveur de mécanismes relevant de la corruption, il y aurait matière à se demander si ce n'est pas la honte, plutôt que la fierté, que notre richesse devrait nous inspirer.

La pauvreté est la principale cause de l'émigration du Sud vers le Nord. Or ceux qui, dans nos États nantis, militent pour repousser ces immigrants « économiques », accusés à tort de tous les maux, sont bien souvent les mêmes qui prônent ou soutiennent les politiques fiscales ou commerciales à l'origine de cette pauvreté.

On peut espérer que cet ouvrage contribuera à mettre fin à cette imposture.

Bernard Bertossa
Ancien procureur général de Genève,
ancien juge pénal fédéral

Chapitre 1

INTRODUCTION

À l'échelle des rapports Nord-Sud, rares sont les échanges aussi significatifs que le commerce des matières premières. C'est dans des pays en développement, en Afrique, en Asie centrale ou en Amérique latine, que se trouvent en effet la majorité des ressources naturelles dont nos sociétés développées font une consommation toujours plus vorace. Aujourd'hui, la Suisse occupe une place fondamentale dans le négoce des matières premières. D'après nos estimations, sur trois litres de pétrole vendus sur le marché libre dans le monde, un au moins l'est depuis la Suisse. Et la proportion se situe autour d'un grain de café sur deux, un morceau de sucre sur deux, un kilo de céréales sur trois. L'ascension récente de la place suisse du négoce a été fulgurante. Selon les statistiques de la Banque nationale, les recettes nettes des négociants ont été multipliées par quinze entre 1998 et 2010. Désormais, parmi les douze principales entreprises suisses, cinq au moins (sept d'après nos recherches) sont des sociétés de négoce. En 2008, le commerce des matières premières a autant contribué au revenu national helvétique que le secteur des machines. Or, en dépit de sa taille et de l'importance des enjeux qui lui sont liés, il n'existe pas aujourd'hui d'ouvrage de référence sur le négoce en Suisse. La vocation première de ce livre est de combler cette lacune, une tâche ardue, tant les négociants cultivent l'opacité et une méfiance viscérale à l'encontre de toute forme de publicité.

Pour éclairer l'essor silencieux de la plaque tournante suisse des matières premières, il a fallu d'abord mieux saisir les raisons pour lesquelles les négociants paraissent autant à l'aise sur le territoire de la Confédération, comprendre comment un pays dépourvu de passé colonial et d'industrie minière nationale a pu se forger une place si proéminente dans cette activité consistant à prendre les ressources naturelles à l'endroit où elles se trouvent et à les acheminer là où elles sont consommées. Comme l'avènement de la place du négoce suisse ne date pas d'hier, nous avons dû nous faire historiens, retracer le développement des sociétés commerciales helvétiques depuis le milieu du XIXe siècle et montrer comment celles-ci ont profité des avantages comparatifs traditionnels de la Suisse. Plusieurs de ces avantages semblent avoir joué un rôle décisif. D'abord, une fiscalité douce, particulièrement pour les entreprises multinationales. Celles-ci bénéficient en effet depuis les années 1920 de régimes fiscaux cantonaux spéciaux, très commodes pour rapatrier des bénéfices réalisés à l'étranger sans payer d'impôts, ou presque. Deuxième avantage décisif, la « neutralité » de la Suisse ou, plus exactement, sa capacité à se tenir à l'écart des sanctions économiques et autres embargos décrétés par les grandes puissances ou les organisations internationales. Cette faculté a longtemps permis aux négociants d'accomplir depuis la Suisse des opérations commerciales (avec l'Afrique du Sud, la Rhodésie, l'Iran et l'URSS notamment) impossibles à mener depuis un autre pays. La liberté du trafic des paiements, alliée à une faible régulation des activités financières en général, représentent également des atouts décisifs. Enfin, les négociants n'auraient probablement pas pu connaître un tel développement sans la place financière suisse, pourvoyeuse à moindre coût de capitaux abondants.

Si l'histoire des « maisons traditionnelles » de négoce suisses remonte au XIXe siècle, voire au XVIIIe siècle, l'essor du négoce helvétique durant les deux dernières décennies n'est pas dû en premier lieu à l'existence de ces entreprises. Au contraire, la plupart des maisons traditionnelles ont cessé leurs activités avant le troisième millénaire, rachetées ou en dépôt de bilan. Ce sont plutôt des firmes étrangères, alléchées par les avantages comparatifs de la Suisse au point de s'y délocaliser, comme la puissante Cargill à Genève, ou Phibro à Zoug, qui ont joué ici un rôle décisif. Non seulement parce qu'elles ont contribué à attirer leurs consœurs et concurrentes sur le territoire helvétique, mais aussi parce qu'elles ont formé des générations de traders, qui ont à leur tour fondé leurs sociétés en Suisse. Il existe ainsi une filiation directe entre Phibro, son ancien employé Marc Rich – créateur de l'actuelle Glencore – et Trafigura, formée par l'un des anciens traders de Rich. Attisé par la chute du Mur et la création rapide, au cours des années 1990, de nouvelles sociétés spécialisées dans la commercialisation de ressources naturelles provenant de l'ancien Empire soviétique (surtout du pétrole et du gaz), l'essor de la plaque tournante suisse du négoce a fait boule de neige ces dernières années, soutenu par une politique agressive de promotion économique.

Ce livre ne cherche pas seulement à expliquer comment et pourquoi la Suisse est devenue une plaque tournante des matières premières. Il vise aussi à mettre en lumière les activités des négociants. Ici, nous avons dû nous faire enquêteurs, aller voir ce qui se passe vraiment sur le terrain, en Zambie ou dans les salons feutrés de Zoug et de Genève, afin de mieux comprendre les spécificités d'un modèle d'affaires dont les enjeux donnent le vertige. Avec parfois des découvertes singulières, des propos inquiétants. À la fin du mois de mars 2011, alors que le monde entier a les yeux rivés sur le réacteur de Fukushima, les grands noms du négoce des matières premières sont réunis dans la Cité de Calvin, au Grand Hôtel Kempinski, à l'occasion du « Trading Forum », la rencontre annuelle de la branche. Daniel Jaeggi, négociant de pétrole et copropriétaire de l'entreprise de trading Mercuria, réagit à l'actualité et songe aux conséquences d'une sortie globale du nucléaire. Jaeggi explique que d'après ses estimations, il faudrait augmenter la production pétrolière de 15 %, soit de 610 millions de tonnes de pétrole par an, pour couvrir à l'échelle planétaire les besoins résultant de la disparition de l'énergie nucléaire. « Je vous laisse méditer sur le sujet », conclut Jaeggi en souriant. Alors que, pour la plupart des gens, Fukushima est une catastrophe, le négociant en pétrole y voit une opportunité : celle de faire de nouvelles affaires, prometteuses, bien sûr, et très lucratives.

Cet exemple illustre bien le modèle d'affaires de la branche, basé sur un opportunisme sauvage. Les négociants sont en effet passés maîtres dans l'art de gérer les opérations les plus dangereuses, les moins recommandables et les plus profitables. Cette manière d'exploiter les matières premières éclaire en grande partie leurs réticences à communiquer sur leurs activités. En dépit de l'opacité notoire entourant le petit monde du commerce des matières premières – renforcée par le fait que les sociétés de négoce, rarement cotées en Bourse, ne sont dès lors pas tenues de publier leurs chiffres – nous sommes parvenus à lever un coin de voile sur les pratiques des négociants. Et le bilan est inquiétant.

À cause des déséquilibres gigantesques entretenus et renforcés par les us et coutumes en vigueur dans la branche, tout d'abord. En effet, si l'inégalité imprègne trop souvent les relations Nord-Sud, elle est constitutive des bénéfices dégagés par les multinationales actives dans le domaine du négoce des matières premières. Ce printemps, Glencore, un mastodonte des matières premières établi dans la banlieue de Zoug, est entré en Bourse. L'opération a permis à ses six plus importants managers de se partager près de 23 milliards de dollars. Si les six directeurs de Glencore étaient une nation et leur fortune un produit intérieur brut (PIB), ils occuperaient la 94ᵉ place du classement mondial des PIB, devant les 96 pays suivants, pour l'essentiel des pays en développement abritant la plupart des ressources naturelles grâce auxquelles les dirigeants zougois s'enrichissent sans vergogne. En d'autres termes, pendant que leurs richesses garnissent les poches des négociants, les pays regorgeant de matières premières restent désespérément pauvres. La Suisse porte une responsabilité fondamentale dans ce scandale. Le principal moyen de s'approprier la valeur ajoutée des richesses naturelles des pays du Sud est en effet la soustraction fiscale et ses avatars, c'est-à-dire l'ensemble des procédés plus ou moins légaux permettant de rapatrier les bénéfices tirés de leur exploitation dans des paradis fiscaux complaisants, pour les transformer en profits pas ou très peu imposés. Or, les régimes fiscaux spéciaux offerts par les cantons suisses aux multinationales jouent ici un rôle crucial. Peu avant l'entrée en Bourse de Glencore, la Déclaration de Berne a obtenu un audit interne montrant par quels procédés la firme contournait le fisc zambien afin de rapatrier à Zoug le bénéfice de l'une de ses filiales actives en Zambie dans l'exploitation de cuivre, Mopani Copper Mine. Cet audit a permis de déposer une plainte accusant Glencore de violer les principes directeurs pour les entreprises multinationales de l'OCDE.

Bien trop souvent, les gisements abondants portent malheur à leurs propriétaires « naturels ». Bien trop souvent, l'exploitation des matières premières est synonyme de corruption et de mauvaise gestion, favorisant quelques privilégiés au détriment du plus grand nombre avec la complicité intéressée des négociants. Particulièrement profitables lorsqu'elles s'effectuent dans un contexte de guerre, comme en République démocratique du Congo (RDC), ou avec des régimes autoritaires, comme au Kazakhstan, les « opportunités » de négoce peuvent être nauséabondes. Elles renforcent alors le pouvoir des autocrates et empêchent les couches défavorisées, pourtant aux premières loges pour essuyer les « effets secondaires » de l'exploitation des matières premières, de lutter pour un meilleur niveau de vie ou tout simplement pour le respect de leurs droits. Les profits exorbitants réalisés ces dernières années par les négociants suisses reposent en premier lieu sur leur capacité à ignorer délibérément les aspects problématiques et les enjeux réels de ce type de business, afin de ne pas avoir à en assumer les conséquences. Leur responsabilité est d'autant plus cruciale que le secteur du commerce des matières premières a connu depuis dix ans un mouvement rapide d'intégration verticale. Alléchés par les marges croissantes du fait des prix élevés des matières premières, les négociants se sont lancés sans retenue dans les activités productives au cours de cette dernière décennie, achetant des mines, des industries de transformation ou des terres arables par milliers d'hectares, sans pour autant remédier à leur laxisme en matière de responsabilité sociale et environnementale.

Pour le *Tages Anzeiger*, le négoce des matières premières est la « prochaine plaie de la Suisse ». Après avoir été pointée du doigt pour son secret bancaire, la Suisse pourrait bien en effet passer une fois de plus pour une nation de profiteurs. Car la raréfaction des ressources naturelles et la forte volatilité des prix des matières premières sont devenues des enjeux politiques majeurs. Un effort de régulation mondial est perceptible dans ce domaine, au sein du G20, de l'Union européenne (UE) ou aux États-Unis. Pourtant, la Suisse reste à l'écart, et toutes les propositions visant à combler les lacunes de régulation dans ce domaine ont été jusqu'ici repoussées par les majorités politiques. Aujourd'hui, les négociants ne sont même pas soumis à la Loi sur le blanchiment d'argent, ce que Marc Pieth, le célèbre pénaliste bâlois, juge « scandaleux ». Le modèle d'affaires des maisons de négoce, qui consiste souvent à exploiter les zones grises de la législation, représente donc un grave potentiel de nuisance pour la réputation de notre pays. Eva Joly, députée européenne et pionnière de la lutte contre la criminalité économique, est convaincue que, d'ici vingt ans, l'humanité portera à peu près le même regard sur la répartition actuelle des richesses résultant du négoce des matières premières que sur l'esclavage. Combien de temps encore avant que l'on nous présente l'addition de notre coupable indifférence ?

Chapitre 2

LE POIDS DES MATIÈRES PREMIÈRES DANS LE COMMERCE MONDIAL

Le négoce des matières premières a quelque chose de crucial et de paradoxal. Crucial, tant les matières premières sont à la base de notre modèle de production. De la Deuxième Guerre mondiale à aujourd'hui, nous avons en effet consommé plus de matières premières que depuis les débuts de l'histoire de l'humanité.[1] Nos modes de vie nous poussent à consommer toujours davantage, et la croissance économique peine à se dématérialiser, même si nous avons pris conscience du fait que certaines ressources naturelles sont loin d'être renouvelables à l'infini. L'offre et la demande solvable de pétrole, de cuivre ou de blé jouent en outre un rôle déterminant pour expliquer les soubresauts de l'économie mondiale. Paradoxalement pourtant, si les économies et les sociétés des pays développés, et bientôt celles des pays émergents, semblent toujours plus dépendantes des matières premières, c'est loin des centres économiques mondiaux que les ressources naturelles sont extraites ou produites en premier lieu. Les pays en développement fournissent aujourd'hui 59 % des minerais (cuivre 71 %), 63 % du charbon et 64 % du pétrole consommé dans le monde, et cette part semble même en augmentation.[2] Les matières premières proviennent également toujours davantage de pays instables politiquement (voir graphique 1, page suivante). Dans ces États souvent déchirés par des conflits armés plus ou moins latents, les réglementations sociales et environnementales

---

1   Wellmer 1999, p. 5.
2   BMWFJ 2011.

sont faibles, inexistantes, ou inappliquées. Les deux chapitres qui suivent doivent permettre de mieux comprendre ce que le négoce des matières premières représente du point de vue des rapports économiques mondiaux, et quelles sont exactement les opérations qui se font en Suisse.

GRAPHIQUE 1

ORIGINE DES MATIÈRES PREMIÈRES EN FONCTION DE LA STABILITÉ POLITIQUE DU PAYS PRODUCTEUR
(MÉTAUX ET AGENTS ÉNERGÉTIQUES AGRÉGÉS SUR UN AN)

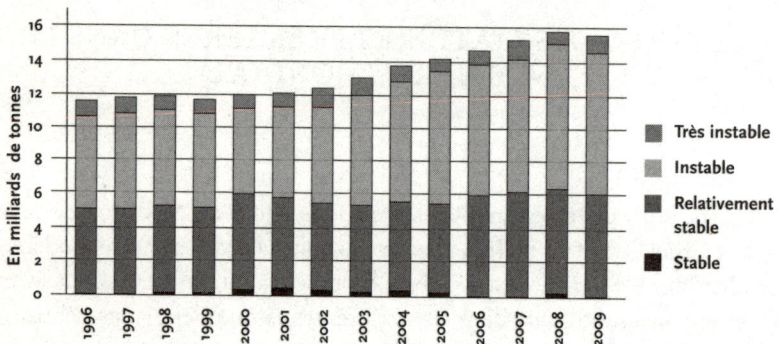

SOURCE: BMWFJ 2011.

Les matières premières sont généralement réparties en trois catégories : les agents énergétiques, les matières premières minérales (minerais et métaux) et les produits agricoles (ou *soft commodities*). Le secteur des agents énergétiques, bien délimité, regroupe pour l'essentiel les produits pétroliers, le gaz naturel et le charbon. Le secteur des matières minérales, un peu plus diversifié, est constitué du fer, des métaux non ferreux comme le zinc, et des métaux précieux. Le secteur agricole regroupe quant à lui une multitude de denrées alimentaires telles que les céréales et les oléagineux, les denrées dites de luxe (le café et le cacao, principalement), tous les produits de base (sucre, huiles, etc.) ainsi que les fibres destinées à l'industrie textile (en premier lieu le coton – voir tableau 1, ci-contre). Le concept de « matières premières » est donc relativement flou, et des produits intermédiaires s'échangent également sur les marchés. Concernant les métaux, on négocie aussi bien les agrégats de roche (par exemple, les minerais comme la bauxite) que les produits intermédiaires dérivés (comme l'alumine) ou les produits finis (l'aluminium).

TABLEAU 1

LES PRINCIPALES CATÉGORIES DE MATIÈRES PREMIÈRES NÉGOCIÉES

Matières premières non renouvelables			Matières premières renouvelables
Ressources énergétiques	Ressources minérales		Ressources agricoles
	Métalliques	Non métalliques	
Pétrole	Métaux non ferreux : par ex. aluminium (alumine), plomb, cobalt, cuivre, nickel, zinc, étain, métaux rares	Pierres précieuses	Céréales : blé, maïs, riz
Gaz naturel	Fer	Minerais industriels (sel, gypse, phosphates, etc.)	Oléagineux & graisses végétales
Charbon (houille, lignite)	Métaux précieux (or, argent, platine, palladium, etc.)		Café, cacao, sucre
	Métaux radioactifs : par ex. uranium		Coton

Le tableau 2 ci-dessous présente les principaux métaux industriels non ferreux et leur utilisation. Comme la Suisse ne joue pas un rôle prépondérant dans le négoce de terres rares, un groupe de métaux aux propriétés voisines, utilisés essentiellement dans l'industrie de l'électronique, ce type de matières premières n'a pas été retenu ici.

TABLEAU 2

LES PRINCIPAUX MÉTAUX INDUSTRIELS NON FERREUX ET LEUR UTILISATION

	Propriétés / Utilisation	Principaux pays producteurs	Principaux pays consommateurs
Aluminium	Métal le plus abondant de l'écorce terrestre, léger et résistant / Fabrication de véhicules (aviation, automobile, transport ferroviaire) ; construction ; biens de consommation ; emballages	Chine, Russie, Canada, Australie	Chine, États-Unis, Japon, Allemagne

TABLEAU 2 (SUITE)

LES PRINCIPAUX MÉTAUX INDUSTRIELS NON FERREUX ET LEUR UTILISATION

	Propriétés / Utilisation	Principaux pays producteurs	Principaux pays consommateurs
Cobalt	Fabrication d'alliages à base d'acier; couleurs et pigments réfractaires pour peintures et laques; catalyseurs, batteries et piles; médecine et agriculture	République démocratique du Congo, Zambie, Australie, Canada	Chine, États-Unis, Japon, Allemagne
Cuivre	Métal, bon conducteur électrique / Câblages; bobines et raccords électriques; pièces de monnaie	Chili, États-Unis, Pérou, Australie	Chine, États-Unis, Allemagne, Japon
Nickel	Métal dur et ductile / Fabrication d'acier inoxydable	Russie, Canada, Indonésie, Australie	Chine, Japon, États-Unis, Allemagne
Zinc	Point de fusion très bas / Revêtements anticorrosion; moules pour l'industrie lourde	Chine, Australie, Pérou, États-Unis	Chine, États-Unis, Japon, Allemagne
Étain	Métal léger et très malléable / Industrie électronique; revêtement boîtes de conserve	Chine, Indonésie, Pérou, Bolivie	Chine, États-Unis, Japon, Allemagne

Du coton au plomb, ces matières premières très différentes les unes des autres ont pourtant toutes un point en commun : leur prix ont flambé depuis le début du nouveau millénaire. Cette hausse des prix explique à elle seule pourquoi les matières premières sont désormais au cœur de l'actualité. Certes, la crise financière de 2008 a causé une profonde cassure, mais les prix des métaux et des denrées agricoles sont ensuite repartis à la hausse, pour atteindre des niveaux encore plus élevés qu'auparavant (voir graphique 2, ci-contre).

GRAPHIQUE 2

ÉVOLUTION DES PRIX PAR CATÉGORIES DE MATIÈRES PREMIÈRES
ENTRE 2000 ET 2011

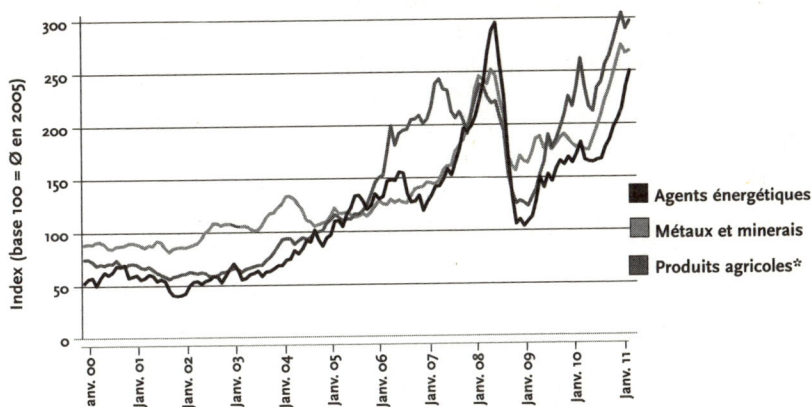

Index (base 100 = Ø en 2005)

■ Agents énergétiques
■ Métaux et minerais
■ Produits agricoles*

Céréales, oléagineux, sucre, fruits, café, thé, coton

Source : FMI Primary Commodity Prices.

Le négoce des matières premières : une nécessité lucrative

Alors que certaines régions du globe jouissent d'abondantes richesses naturelles, d'autres, au contraire, sont totalement dépendantes des importations. Si la répartition des matières premières est inégale, leur consommation l'est tout autant, une situation que le cas du pétrole illustre parfaitement. En 2010, la consommation mondiale moyenne par habitant était de cinq barils (voir graphique 3, page suivante). Tandis que le Moyen-Orient peut extraire 43 barils par personne et par an et produire d'énormes quantités d'excédents, le continent asiatique fournit à peine un baril par tête dans ce même laps de temps. Les échanges commerciaux comblent les déséquilibres résultant de telles disparités.

C'est toujours cette fonction cardinale que la branche du négoce met en avant lorsqu'elle communique sur ses activités. Daniel Jaeggi, vice-président et directeur du département « Global Trading » de la compagnie pétrolière genevoise Mercuria, déclare ainsi que « [s]on métier consiste à acheminer des marchandises physiques des régions où la population n'en

a pas besoin vers les régions où elles sont nécessaires »[3]. Comme beaucoup de ses homologues, il confond de toute évidence « besoins » et « pouvoir d'achat ». Comment prétendre en effet que l'Afrique n'a pas besoin de
pétrole ? Pourtant, lorsqu'il produit quatre modestes barils par habitant,
le continent africain n'en consomme qu'un seul et doit revendre les trois
autres. Comparativement, la population nord-américaine consomme en
moyenne les 14 barils qu'elle produit et en importe huit autres, d'Afrique
et d'ailleurs.

GRAPHIQUE 3

PRODUCTION ET CONSOMMATION DE PÉTROLE PAR HABITANT ET PAR CONTINENT

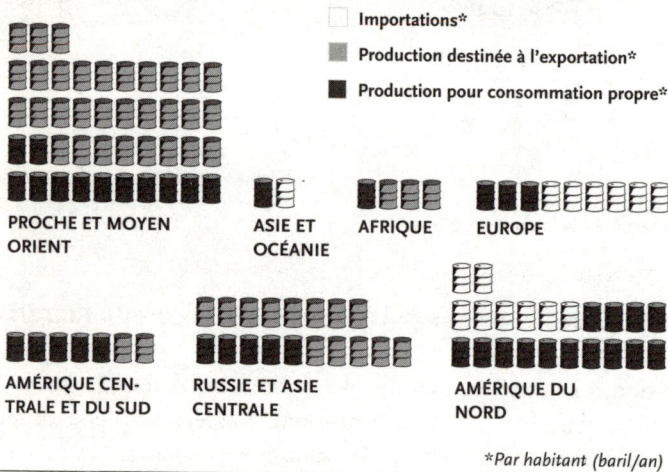

Importations*

Production destinée à l'exportation*

Production pour consommation propre*

PROCHE ET MOYEN ORIENT

ASIE ET OCÉANIE

AFRIQUE

EUROPE

AMÉRIQUE CENTRALE ET DU SUD

RUSSIE ET ASIE CENTRALE

AMÉRIQUE DU NORD

Par habitant (baril/an)

Sources : ONU DAES, US Energy Information Administration.

Si une part des ressources naturelles sont consommées dans leur pays
d'origine, un pourcentage important de la production est systématiquement destiné au commerce mondial, dominé par le négoce des matières
premières (*commodity trading*). En valeur (dollars), celui-ci représente
un tiers du volume total des échanges mondiaux (voir graphique 4, ci-
contre). En volume, l'importance du commerce des matières premières
dans le commerce mondial total serait bien plus grande encore, puisque
la valeur des matières premières par tonne est nettement plus faible que
celle des produits finis.

---

3   TSR, Mise au point, 3.4.2011.

GRAPHIQUE 4

PART DES MATIÈRES PREMIÈRES DANS LES EXPORTATIONS DU COMMERCE MONDIAL EN 2009 (EN VALEUR)

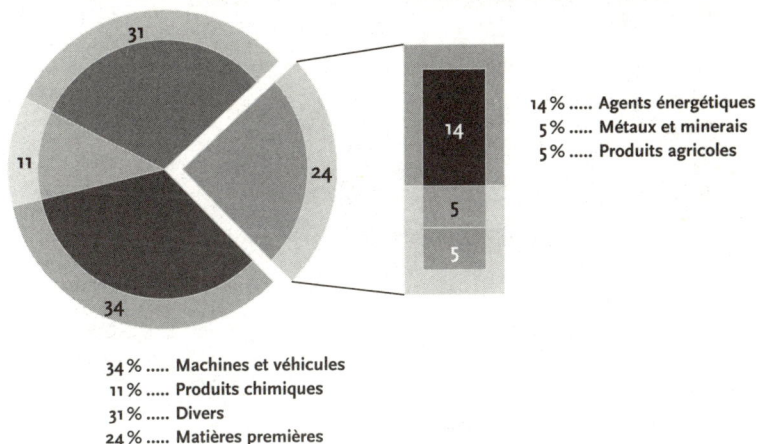

14 % ..... Agents énergétiques
5 % ..... Métaux et minerais
5 % ..... Produits agricoles

34 % ..... Machines et véhicules
11 % ..... Produits chimiques
31 % ..... Divers
24 % ..... Matières premières

Source : calculs basés sur CNUCED 2010b (exportations du commerce mondial).

Les statistiques relatives au transport maritime international fournissent des informations permettant de mesurer l'ampleur du commerce des matières premières en tenant compte de leur poids (et non de leur valeur).[4] En volume, 80 à 90 % du commerce mondial s'effectue par voie maritime. De fait, environ 70 % des navires transportent des matières premières. Il s'agit notamment de pétroliers ou de vraquiers chargés de métaux, de charbon ou de blé (voir graphique 5, page suivante). Les containers à bateaux – ces briques multicolores devenues en quelques années le symbole universel du commerce global – sont principalement utilisés pour le transport de produits finis. Ils ne transportent que 14 % du commerce mondial en tonnes. Du point de vue du volume total acheminé, presque deux tiers des échanges commerciaux mondiaux concernent donc des matières premières.

---

4   CNUCED 2010a, p. 103 ; OMI 2009, p. 7.

25

GRAPHIQUE 5

PART DES MATIÈRES PREMIÈRES DANS LE COMMERCE MONDIAL EN VOLUME

Basé sur les chiffres du fret maritime (80 à 90 % du commerce mondial)

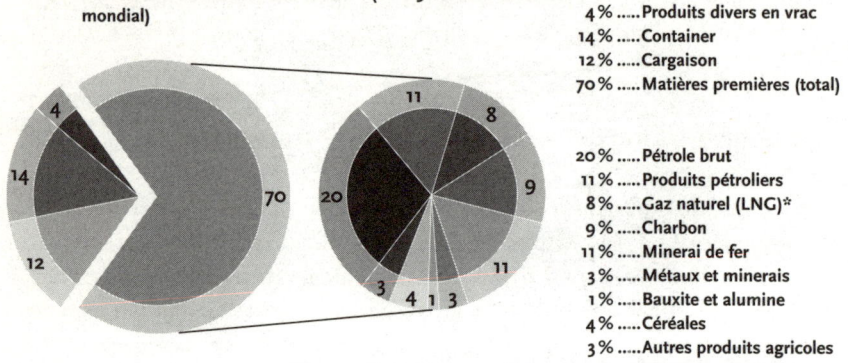

4 % .....Produits divers en vrac
14 % .....Container
12 % .....Cargaison
70 % .....Matières premières (total)

20 % .....Pétrole brut
11 % .....Produits pétroliers
8 % .....Gaz naturel (LNG)*
9 % .....Charbon
11 % .....Minerai de fer
3 % .....Métaux et minerais
1 % .....Bauxite et alumine
4 % .....Céréales
3 % .....Autres produits agricoles

*Comprend le transport par oléoduc de 0,46 mio. de tonnes (BP 2010)

Source: calculs basés sur CNUCED 2010a.

GRAPHIQUE 6

RÉPARTITION DES MATIÈRES PREMIÈRES EN PARTS DE MARCHÉ
(% EN VALEUR DES EXPORTATIONS MONDIALES)

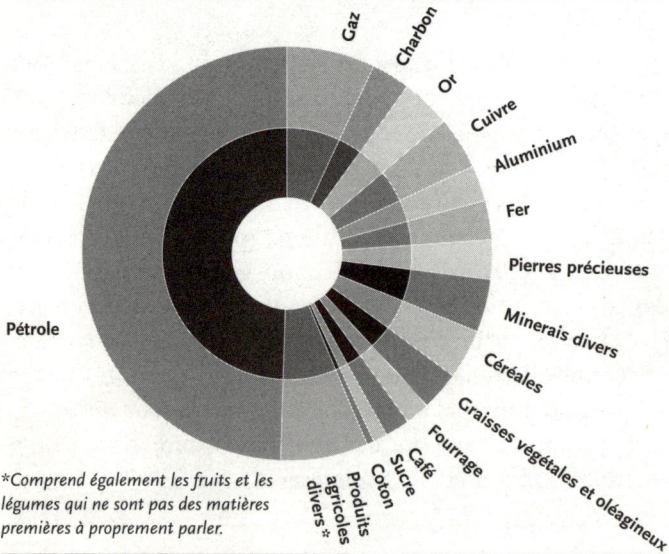

*Comprend également les fruits et les légumes qui ne sont pas des matières premières à proprement parler.

Source: calculs basés sur CNUCED 2010b.

Le pétrole est roi. Sa part dans le total des exportations de matières premières (en valeur) est de 50 %. Avec le gaz naturel et le charbon, les agents énergétiques constituent même 60 % des exportations totales de matières premières (voir graphique 6, ci-contre). Les matières premières minérales (20 %) et agricoles (20 %) se partagent à égalité le volume restant.

Les négociants helvétiques en tête du classement

La place des énergies fossiles sur la scène internationale est telle que leur influence sur la plaque tournante suisse du négoce des matières premières n'a rien de surprenant. Le tableau 3 présente les différentes denrées négociées entre l'arc lémanique et le lac de Constance par les plus grandes firmes de négoce helvétiques, sur lesquelles nous reviendrons plus en détail ultérieurement.

TABLEAU 3

LES PRINCIPALES SOCIÉTÉS SUISSES DE NÉGOCE DE MATIÈRES PREMIÈRES ET LEUR SECTEUR D'ACTIVITÉ

Sociétés	Agents énergétiques			Métaux et minerais			Produits agricoles		
	Pétrole	Gaz naturel	Charbon	Cuivre	Aluminium	Fer	Céréales	Graisses végétales	Sucre
Glencore	■	▨	■	■					
Trafigura	■		▨	■					
Xstrata			■	■	▨				
Vitol	■	▨							
Mercuria	■								
Gunvor	■								
Litasco	■								
ADM							■		
Bunge								■	■
Cargill	▨			▨			■	▨	
Dreyfus	▨			▨			■	▨	

Source : compilation des auteurs sur la base des données publiées par les entreprises.

Principales denrées négociées ■
Autres denrées négociées ▨

27

Les grandes plaques tournantes du négoce de matières premières se trouvent en Asie, en Europe et en Amérique du Nord (voir graphique 7), et chacune a ses spécificités. Avec Rotterdam, la place financière d'Amsterdam dispose d'un des ports de commerce les plus importants du monde. Houston est équipée d'immenses raffineries et d'entrepôts pétroliers. Chicago et Hong-Kong sont des places boursières importantes. La Suisse quant à elle ne possède rien de tout cela. Aucune installation particulière ne semble avoir prédestiné ce petit pays enclavé à devenir un centre de commerce international et un des lieux clés du négoce des matières premières. Le canton de Zoug est le siège traditionnel des firmes actives dans le négoce. Mais de nombreuses sociétés se sont également installées dans les cantons de Zurich et de Lucerne. Actuellement, c'est Genève qui tient le haut du pavé et joue incontestablement dans la ligue mondiale des grands centres du commerce international.

GRAPHIQUE 7

LES PRINCIPALES PLAQUES TOURNANTES DU NÉGOCE DES MATIÈRES PREMIÈRES

Source : Ernst & Young 2007.

D'après l'organisation faîtière genevoise des négociants, la Geneva Trading and Shipping Association (lire chapitre 11), Genève a récemment détrôné Londres, non seulement dans le commerce du pétrole, mais également dans le secteur des céréales et du café. Les géants de ces branchesci siègent également sur les bords du lac Léman (lire chapitre 12). Le graphique 8 présente les différentes parts de marché négociées dans cette ville.

GRAPHIQUE 8

PARTS DE MARCHÉ DES SOCIÉTÉS GENEVOISES DE NÉGOCE DE MATIÈRES PREMIÈRES

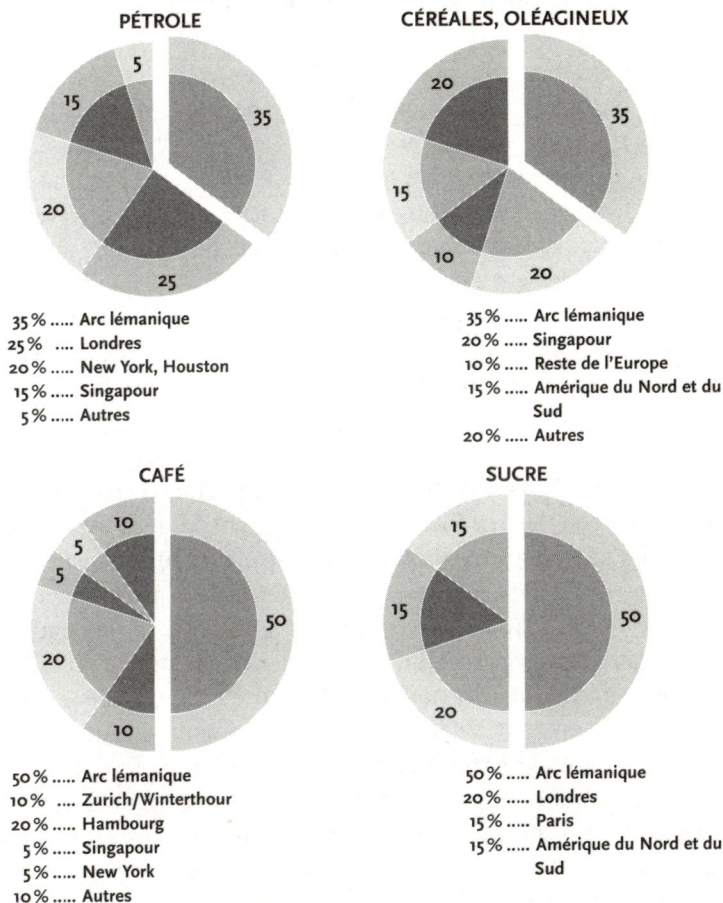

PÉTROLE

CÉRÉALES, OLÉAGINEUX

35 % ..... Arc lémanique
25 % .... Londres
20 % ..... New York, Houston
15 % ..... Singapour
5 % ..... Autres

35 % ..... Arc lémanique
20 % ..... Singapour
10 % ..... Reste de l'Europe
15 % ..... Amérique du Nord et du Sud
20 % ..... Autres

CAFÉ

SUCRE

50 % ..... Arc lémanique
10 % .... Zurich/Winterthour
20 % ..... Hambourg
5 % ..... Singapour
5 % ..... New York
10 % ..... Autres

50 % ..... Arc lémanique
20 % ..... Londres
15 % ..... Paris
15 % ..... Amérique du Nord et du Sud

Source : GTSA[5].

Il est difficile de savoir jusqu'à quel point les chiffres de la GTSA reflètent la réalité. Ils ne donnent pas non plus d'indications sur l'importance des

---

5   Citée par *Le Matin Dimanche*, 14.11.2010.

autres places suisses de négoce de matières premières, Zoug en particulier, alors que les négociants installés dans cette ville jouent un rôle incontestable, notamment sur les marchés des métaux, du charbon, et du gaz.

L'explosion du commerce de transit en Suisse

Le volume des matières premières négociées en Suisse est beaucoup plus élevé que la consommation helvétique de ces mêmes matières premières. Si le volume annuel du commerce de pétrole effectué depuis la Suisse était livré sur le territoire helvétique, il couvrirait la consommation nationale pendant 75 ans. Et même si tous les poids lourds traversant le Gothard transportaient uniquement du pétrole pendant une année, cela constituerait seulement 5 % du brut négocié en Suisse. En clair, les chiffres du commerce helvétique des matières premières ne concernent pas, pour l'essentiel, des opérations commerciales dont la finalité est l'achat ou la vente de produits en Suisse. Ils concernent ce que l'on nomme le trafic de transit. Des contrats de vente et d'achat de matières premières sont conclus en Suisse, où les marchandises sont vendues et les navires affrétés. Mais les matières premières elles-mêmes ne pénètrent jamais le territoire helvétique, à l'exception de l'or (lire chapitre 9). En fait, les matières premières, provenant d'une mine en Afrique par exemple, sont directement acheminées vers une fonderie en Europe par voies terrestre et maritime.

Les flux de ces marchandises n'entrent donc pas dans les statistiques commerciales tenues par l'Administration fédérale des douanes, ce qui explique en partie l'opacité notoire qui entoure la branche. Par des voies détournées, il est tout de même possible d'obtenir quelques données permettant d'évaluer l'ampleur de ces flux commerciaux virtuellement suisses. La Banque nationale suisse (BNS) enregistre en effet le commerce de transit en tant que prestation d'exportation. Ce commerce de transit comprend toutes les transactions pour lesquelles des entreprises suisses achètent des marchandises à l'étranger et les revendent directement à un acheteur à l'étranger, sans aucune transformation. Il s'agit d'une statistique imparfaite, puisque les transactions pétrolières impliquant un raffinage lui échappent. La BNS est par ailleurs dépendante des informations que les firmes elles-mêmes consentent à lui donner. Néanmoins, comme le commerce suisse de transit se compose en majeure partie du commerce

de matières premières (94 % en 2009), cette statistique donne probablement une bonne image de l'évolution du négoce helvétique de matières
premières.[6]

En dépit de leur imperfection, les données de la BNS révèlent un phénomène intéressant : le commerce suisse de transit a littéralement explosé
au cours des dernières années. Il a en effet été multiplié par quinze
entre 1998 et 2010. Selon la BNS, cette croissance est due en premier lieu
à l'afflux en Suisse de sociétés actives dans le commerce de matières premières. De plus, les maisons de négoce déjà présentes en Suisse ont elles
aussi fortement développé leur activité durant cette période. Ces données, peu prises en compte jusqu'à aujourd'hui, confirment l'extraor-
dinaire croissance de la branche du négoce des matières premières en
Suisse (voir graphique 9).

GRAPHIQUE 9

DÉVELOPPEMENT DU COMMERCE DE TRANSIT EN SUISSE (REVENU NET*)

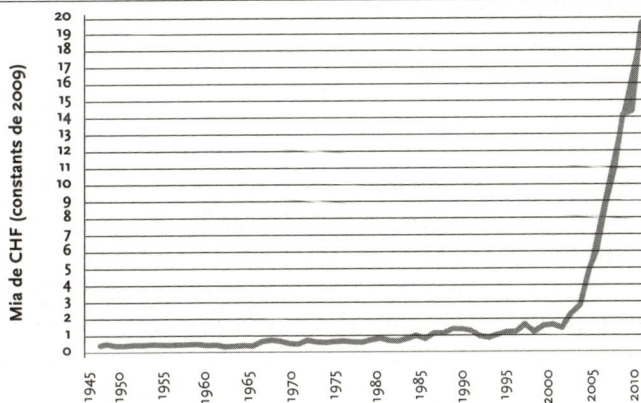

*Revenu net = revenu brut - dépenses brutes

Source : BNS (statistiques de la balance des paiements).

Les données de la BNS permettent également d'identifier les domaines
dans lesquels les entreprises de négoce réalisent l'essentiel de leur chiffre
d'affaires (voir graphique 10, page suivante).[7] Sans surprise, le secteur de

---

6   Banque nationale suisse (BNS), Statistiques de la balance des paiements et informations complémentaires orales et écrites de la BNS.
7   Renseignement écrit de la BNS.

l'énergie arrive à la première place. Sa part de marché en Suisse est même plus élevée qu'à l'échelle du commerce mondial.

GRAPHIQUE 10

PARTS DES DIVERSES MATIÈRES PREMIÈRES DANS LE COMMERCE DE TRANSIT SUISSE EN 2009 (REVENUS BRUTS)

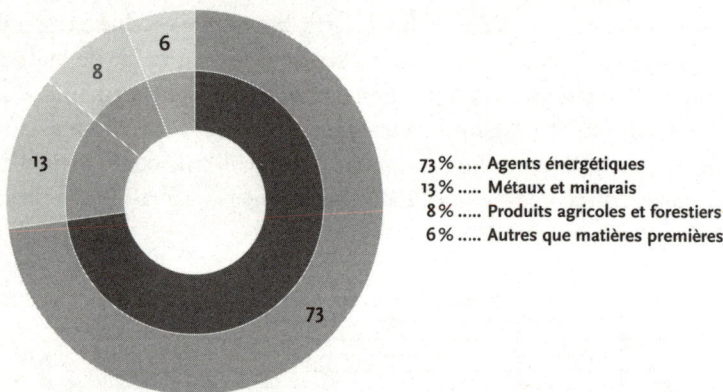

73 % ..... Agents énergétiques
13 % ..... Métaux et minerais
8 % ..... Produits agricoles et forestiers
6 % ..... Autres que matières premières

Source : BNS.

Ces chiffres peuvent être rapportés à l'économie helvétique. En 2008, la part du commerce des matières premières dans le PIB équivalait presque à celle de l'industrie des machines et des métaux, soit 2 %. Si ce n'est que cette dernière employait 95 000 personnes, contre moins du dixième dans la branche du négoce. En 2010, le commerce de matières premières a encore pris du poil de la bête, et sa part au PIB devrait atteindre les 3 %. Même si elle affiche des chiffres d'affaires exorbitants, la branche du négoce n'emploie donc que peu de main-d'œuvre. L'ampleur des chiffres d'affaires témoigne aussi d'une activité où les marges brutes n'ont jamais excédé quelques pour-cent. Les profits élevés sont donc réalisés principalement grâce aux immenses volumes négociés. Quelques chiffres pour mieux le comprendre : en 2009, le chiffre d'affaires du commerce de transit de la branche s'élevait à 480 milliards de francs suisses[8], auxquels s'ajoutent les transactions qui ne sont pas prises en compte par la BNS. Même si on ignore leur poids exact, les médias situent entre 700 et 800 milliards de francs suisses l'ensemble du chiffre d'affaires des sociétés de

---

8   Renseignement oral de la BNS.

négoce domiciliées autour de Genève, qui ne représentent qu'une partie des firmes de négoce helvétiques.[9] À l'échelle mondiale, le négoce des matières premières pèse 3 000 milliards de francs suisses. Il n'est donc sans doute pas faux d'imaginer que les sociétés suisses réalisent environ 15 à 25 % de ce commerce mondial des matières premières, une part en croissance rapide.

En résumé

L'humanité consomme toujours davantage de matières premières et celles-ci sont en grande partie négociées à l'échelle mondiale. L'importance du négoce international des matières premières est telle qu'il représente aujourd'hui un quart environ du commerce mondial et que deux tiers du fret maritime sont constitués de ressources naturelles. Entre 1998 et 2009, le volume de ce commerce s'est développé à coups de milliards, multipliant par trois les chiffres d'affaires des sociétés de négoce. Cette tendance a été soutenue par la hausse généralisée des prix des matières premières.[10] En Suisse, l'évolution a été encore plus brutale, et les sociétés de négoce ont multiplié par quinze leurs bénéfices nets durant cette même période. Dans un climat d'opacité totale, les rives du lac de Zoug et du Léman sont devenues des scènes incontournables du négoce international.

---

9   *Le Matin Dimanche*, 14.11.2010 ; *NZZ am Sonntag*, 28.11.2010.
10   Calcul basé sur CNUCED 2000 et 2010b.

Chapitre 3

LES ROUAGES DU NÉGOCE
DES MATIÈRES PREMIÈRES

Le commerce des matières premières est une réalité complexe, caractérisée par un enchevêtrement de processus associant plusieurs types d'acteurs et intégrant des phénomènes divers. On distingue tout d'abord le commerce intérieur du commerce mondial (voir tableau 1, page suivante). Pour le pétrole, par exemple, le volume total du commerce mondial correspond à la moitié de la quantité d'or noir extraite, l'autre moitié étant directement consommée dans les pays d'extraction. La proportion de charbon commercialisée dans les circuits du négoce mondial par rapport à la quantité extraite est encore plus faible, de l'ordre d'un huitième. Gros producteur, la Chine consomme à elle seule la moitié de la production mondiale de charbon, autant de matières premières qui n'arrivent donc jamais sur les marchés globaux.

On parle de commerce au sein d'un même groupe, ou de commerce «intragroupe», lorsque Shell Nigeria, par exemple, livre des produits à Shell Suisse. Selon les estimations des experts, ce commerce occupe une place prépondérante dans les échanges mondiaux. Une part importante du commerce des matières premières se passe aussi directement entre les États, en intégrant éventuellement une entreprise en tant qu'intermédiaire. Ce commerce interétatique peut prendre parfois la forme d'opérations de troc, dites *barter-trades*. Celles-ci reposent sur une contrepartie ou un échange entre deux produits, par exemple du pétrole contre des noix de cajou ou du matériel d'armement. Tout ou presque peut faire l'objet d'opérations commerciales.

Le « marché libre des matières premières » est encore une autre affai
Sur ce marché, deux voies permettent d'acheminer les matières premiè
de leur lieu d'extraction à leur lieu d'utilisation dans l'industrie. La p
mière passe par les bourses d'échange, la seconde, via la vente directe
une société de négoce. Ce dernier type de commerce, qui constitue l'ac
vité principale des sociétés de négoce basées en Suisse, est au cœur de
ouvrage.

TABLEAU 1

TYPOLOGIE DU NÉGOCE DES MATIÈRES PREMIÈRES

Extraction			
Commerce intérieur	Commerce international des matières premières		
	Commerce au sein d'un même groupe (« intragroupe »)	Contrats spéciaux (par ex. accords entre États, troc)	Marché libre des matières premières • Opérations boursières • Commerce par contact direct

Source: compilation des auteurs.

Indépendamment du chemin emprunté pour parvenir aux ac
teurs et quelle que soit la matière en question, le commerce physique
matières premières implique toujours le transport d'une cargaison, gér
ralement par bateau. Les maisons de négoce sont donc aussi des entr
prises de logistique. Le cœur de leur travail consiste à acheter une mati
première, à l'acheminer d'un point A à un point B et à la revendre p
cher afin de couvrir les coûts et de dégager un bénéfice.

Le commerce direct entre un négociant en matières premières et
client industriel peut s'effectuer de deux façons. Soit les deux partenai
sont liés par des contrats de livraison à long terme, soit ils effectuent
transactions au comptant – *on the spot* – conclues sans délai, ou plu
dans des délais aussi brefs que possible au niveau logistique. Platts, l'
des principaux fournisseurs mondiaux d'informations liées au secte
des matières premières, considère qu'aujourd'hui encore, le commer
basé sur des contrats à long terme est neuf fois plus important que

commerce au comptant. Pour le pétrole, on estime qu'environ 30 % des transactions ont lieu sur le marché spot, 20 % pour le gaz liquide. En dépit de ces fortes variations, le prix du marché spot sert toujours de référence pour les transactions effectuées sur l'ensemble des marchés des matières premières.

Du baril de pétrole au ventre de porc : les matières premières échangées en Bourse

Une autre partie du commerce des matières premières se déroule en Bourse. Les gros consommateurs et les gros producteurs achètent et vendent à terme ou au comptant des cargaisons physiques de blé, de pétrole, ou d'aluminium sur le marché, de manière directe ou en passant par des intermédiaires financiers. Au comptant signifie en échangeant sans délai une quantité physique de marchandise standardisée au prix du moment, à un endroit de référence. Pour le marché du pétrole brut, les trois principales Bourses sont celles de New-York (NYMEX), Londres (Intercontinental Exchange ou ICE) et Singapour. Sur le NYMEX, on achète et on vend des barils (159 litres) d'un pétrole standard, le « Texas light sweet », délivré à Cushing, une petite ville de l'Oklahoma où la plupart des grosses sociétés pétrolières américaines (les *majors*, lire chapitre 4) disposent d'énormes réservoirs. Sur l'ICE de Londres, le pétrole négocié est du « Brent », de la mer du Nord, dont les barils sont délivrés au terminal pétrolier de Sullom Voe, une île des Shetland. À Singapour, on vend des barils de « Dubaï Light », issus de la zone de Dubaï. Les principaux acteurs sur ces marchés sont évidemment les compagnies pétrolières, qui interviennent via leurs sociétés de trading ou leurs filiales.

D'autres bourses d'échange des matières premières jouent un rôle important. Relevons que les métaux sont commercialisés de préférence à Londres, sur le *London Metal Exchange* (LME), tandis que les métaux précieux (or, argent, etc.) sont traditionnellement cotés au *London Bullion Market*. Outre le pétrole, le NYMEX dispose également d'un marché des métaux. L'ICE abrite aussi des transactions sur les dérivés pétroliers, le gaz, le charbon et l'électricité. Les produits agricoles sont volontiers échangés sur le marché qui leur est consacré auprès des bourses européennes (EURONEXT). La Bourse de Chicago, spécialisée dans les opérations sur les céréales, domine le secteur de l'échange des produits agricoles. On y négocie des marchandises aussi variées que les ventres de porc et la pulpe d'orange.

Couverture des risques et spéculation : le commerce papier des matières premières

Les Bourses d'échange se sont historiquement développées comme des points de rencontre et de gestion des flux monétaires et matériels dans la circulation internationale des matières premières. Les prix au comptant – prix *spot* – qui y sont déterminés servent de référence pour l'ensemble du marché des matières premières, quand bien même le commerce de titres financiers adossés à des matières premières (les dérivés sur matières premières) a depuis longtemps pris le pas, en termes d'importance, sur les échanges de matières premières physiques. On estime par exemple que le commerce boursier de contrats à terme basés sur le pétrole, ou « barils papier », (*paper barrel*) est dix à quinze fois plus important que le commerce physique d'or noir (*wet barrel*) effectué en bourse. En 2006, le volume des opérations financières réalisées sur le nickel au LME était trente fois supérieur à la valeur des échanges physiques. Les principaux instruments du commerce papier sont présentés dans le tableau 2.

TABLEAU 2

LES PRINCIPAUX INSTRUMENTS DU COMMERCE PAPIER

Dérivés	Les dérivés sont des papiers-valeur « dérivés » ou adossés à d'autres titres financiers. Le prix ou la valeur des dérivés est déterminé par une valeur de base (un « sous-jacent »), par exemple le cours d'une action, un taux d'intérêt ou le prix d'une matière première. Les dérivés permettent également de parier sur la probabilité de faillite d'un État ou d'une entreprise. Certains dérivés sont standardisés et s'échangent en Bourse, selon des règles bien définies. Une autre partie sont échangés OTC (*Over the Counter*, sur le comptoir), c'est-à-dire de gré à gré directement entre deux partenaires. Ce commerce de dérivés hors bourse manque particulièrement de transparence.

TABLEAU 2 (SUITE)

LES PRINCIPAUX INSTRUMENTS DU COMMERCE PAPIER

Opérations à terme	Usuellement, le commerce papier dans le secteur des matières premières revêt la forme d'opérations à terme, une sous-catégorie du terme générique «dérivé». Un contrat à terme est un papier-valeur obligeant son détenteur à vendre une quantité et une qualité définie de marchandises à une date convenue, à un acheteur qui s'engage quant à lui à payer un montant fixé à l'avance. Les opérations à terme peuvent avoir une forme contraignante (la transaction doit avoir lieu au moment fixé) ou une forme facultative (la transaction peut avoir lieu au moment fixé).
Future sur matières premières	Il s'agit de contrats à terme contraignants échangés en bourse. Ce type de contrat est standardisé, c'est-à-dire qu'il repose sur une valeur de base concrète (par exemple du concentré de jus d'orange), comprend une certaine quantité et qualité (concentré congelé d'oranges de Floride), une date fixe et un prix. Sur les marchés *futures* cependant, moins de 3% des contrats donnent effectivement lieu à une livraison. Les positions sur les contrats sont la plupart du temps «débouclées» ou «roulées» avant l'échéance en payant ou en recevant la différence entre le prix fixé à l'avance et celui du jour d'échéance du contrat.
Forward sur matières premières	Ressemble en tout point à un contrat *future* mais est échangé *Over the Counter* et non sur les marchés organisés (Bourses).
Option échangée en Bourse	Il s'agit de contrats à terme facultatifs échangés en Bourse. Une option donne par exemple le droit d'acheter à l'échéance du concentré de jus d'orange au prix convenu. Le détenteur d'une option a le choix de l'utiliser ou pas. Ici aussi, ce type de contrat à terme donne lieu, la plupart du temps, à des paiements en espèces plutôt qu'en nature.
Option OTC (*Over the Counter*)	Elle ressemble en tout point à une option échangée en Bourse, sauf qu'elle l'est de gré à gré (OTC).

Source: compilation des auteurs.

Ces instruments sont indispensables pour les négociants, qui peuvent ainsi se protéger contre les fortes variations de prix. Un trader employé par Vitol raconte volontiers la mésaventure de routiers chargés de la lourde tâche de transporter du pétrole kazakh jusqu'en Afghanistan. Partis au plus fort du pic pétrolier de 2008, lorsqu'un baril de brut valait 140 dollars, les routiers ont eu la mauvaise surprise d'apprendre, une fois arrivés à destination, que les prix s'étaient effondrés de moitié. Un périple ruineux. Lorsque la différence de prix s'applique à la cargaison d'un supertanker, de telles mésaventures peuvent mener une société de négoce à la faillite. Les courtiers se protègent donc des chutes de cours en hedgeant. Le concept vient de l'anglais to *hedge*, qui signifie « se couvrir » (du point de vue linguistique, les *hedge funds* ont la même racine, mais celle-ci n'a pas le même sens. Il s'agit de fonds d'investissement dérégulés). Pour se couvrir contre le risque engendré par une modification des prix, le négociant effectue une opération papier inverse à son opération physique. De cette manière, il gagne soit dans le commerce physique (lorsque les prix augmentent) soit dans les opérations à terme (lorsque les prix baissent), avec pour objectif de limiter l'ampleur des pertes pouvant résulter de chacune des deux opérations et, si possible, de dégager un bénéfice de leur cumul.

Deux types d'acteurs relativement différents cohabitent donc sur les marchés des dérivés liés à des matières premières. On trouve d'un côté des vendeurs et acheteurs de matières premières physiques (les *commercials actors*), cherchant à se protéger contre des variations de prix. De l'autre, des intermédiaires financiers (banques, fonds spéculatifs, etc.) voulant avant tout maximiser leurs profits en spéculant sur les dérivés sur les matières premières (les *non-commercial actors*). Ces derniers ne souhaitent généralement pas prendre possession finale d'une cargaison. Ils en sont d'ailleurs le plus souvent incapables. Si, d'un point de vue conceptuel, la différence entre ces deux types d'acteurs est relativement simple, il est toutefois difficile, pour ne pas dire impossible, de distinguer en pratique une opération sur des dérivés effectuée pour des raisons commerciales d'une opération spéculative. À vrai dire, la différence ne réside que dans la motivation des acteurs. Et pire encore, le passage d'une position commerciale à une position spéculative est flou. Glencore affirme, par exemple, qu'elle assure ses opérations commerciales de pétrole avec des *transaction papers*, tout en reconnaissant ailleurs que ceux-ci servent aussi à effectuer des opérations de nature financière (*taking increasing exposures*).[11] Un constat s'impose : la plupart des opérations réalisées sur le marché des dérivés sur les matières premières ne sont pas effectuées à des fins de protection contre les variations de prix, mais correspondent à de pures opérations spéculatives financières. Il est certain également

---

11   Glencore, *Prospectus d'entrée en Bourse*, Royaume-Uni, 4.5.2011, p. 97.

que la configuration des marchés des dérivés sur les matières premières a été profondément modifiée ces dernières années par le poids croissant des acteurs financiers. Cette modification ouvre d'ailleurs un important débat sur le rôle de la spéculation financière dans la volatilité des prix des matières premières (lire chapitre 13).

Le financement du négoce

L'argent est la « matière première » la plus importante, celle dont les négociants ne peuvent se passer pour effectuer leurs transactions. Les opérations commerciales menées par ces sociétés demandent en effet de forts investissements en capitaux. Pour un tanker chargé de pétrole, par exemple, l'investissement s'élève à plusieurs dizaines, voire centaines, de millions de dollars. Lorsque les entreprises de trading réalisent ces opérations pour leur propre compte, elles doivent avoir les fonds propres ou les liquidités nécessaires. Pour les plus importantes d'entre elles, qui disposent d'actifs suffisants à mettre en gage, il existe toute une série de moyens d'obtenir de telles liquidités, sur le marché des capitaux (prêts obligataires), le marché de l'argent (prêts commerciaux), en obtenant directement des lignes de crédit bancaires (lire chapitre 7), ou en émettant des actions.

Les entreprises de trading font également des opérations commerciales pour le compte de tiers. Si l'opération est effectuée pour un acheteur disposant d'importants fonds propres – dans le cas par exemple d'un achat de pétrole par l'une des six *majors* pétrolières à une société productrice –, le client finance parfois l'opération après la signature du contrat de vente en allouant une ligne de crédit au trader, qui joue le rôle d'intermédiaire. Celui-ci obtient alors les capitaux nécessaires à l'opération commerciale sans qu'une garantie bancaire ne soit requise (*open account*), une pratique usuelle lorsque les opérations se font entre *majors*.

En règle générale, les opérations de négoce impliquent un financement bancaire. S'il existe différentes modalités de financement des opérations de négoce (préfinancements bancaires gagés sur de futures exportations, lignes de crédit, émissions de titres), il s'agit en principe d'un accréditif ou lettre de crédit (voir schéma 1, page suivante), qui lui-même peut revêtir plusieurs formes (« documentaire », « stand by », etc.). Un accréditif est un crédit octroyé à l'intermédiaire en échange d'un gage sur l'existence

COMMENT FONCTIONNE L'ACCRÉDITIF: L'EXEMPLE DU PÉTROLE

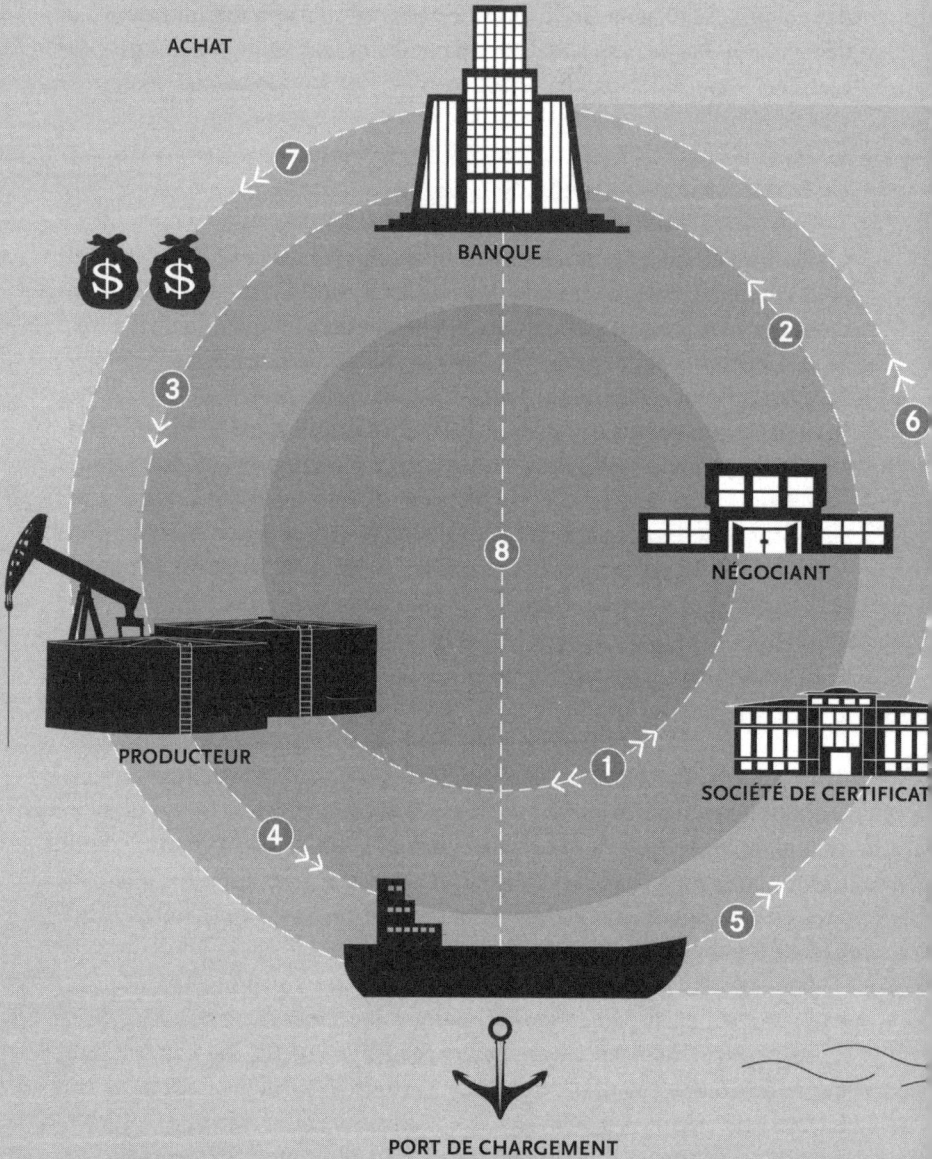

ACHAT

BANQUE

NÉGOCIANT

SOCIÉTÉ DE CERTIFICAT

PRODUCTEUR

PORT DE CHARGEMENT

VENTE

BANQUE

NÉGOCIANT

1. Accord entre le négociant et le producteur
2. Le négociant contacte sa banque
3. Promesse de paiement de la banque au producteur
4. Le pétrole est chargé
5. La société de certification vérifie la cargaison
6. Confirmation de la cargaison à la Banque
7. La Banque verse le montant de la transaction au producteur
8. La cargaison appartient temporairement à la banque à titre de gage
9. Le pétrole arrive à destination
10. La cargaison est déchargée par l'acheteur final
11. L'acheteur paie la cargaison au négociant
12. Le négociant rembourse son crédit à la banque
13. La différence représente le bénéfice du négociant

ACHETEUR FINAL

SOCIÉTÉ DE TRANSPORT

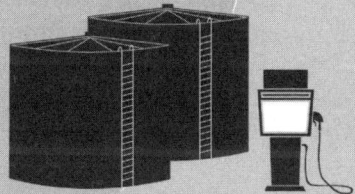

PORT DE DESTINATION

physique de la marchandise, en principe des documents de transport ou de chargement de la cargaison délivrés par une société de certification. La cargaison peut servir de contrepartie, ce qui fait de la banque émettrice du crédit la propriétaire virtuelle de la marchandise. À l'échéance de l'opération, la firme de négoce rembourse le crédit avec intérêt.

Le montage financier des opérations de négoce sur les matières premières, en particulier les opérations sur accréditifs, est depuis longtemps une spécialité genevoise (lire chapitre 4). Cette expertise a contribué au développement récent du négoce dans la cité de Calvin. Le financement du négoce continue d'ailleurs à faire recette au bout du lac. En 2010, le Crédit Agricole disposait de 120 collaborateurs actifs dans ce secteur, contre 60 en 2005.[12] De son côté, la BCGE annonçait en 2009 avoir augmenté de plus de 7 % le bénéfice résultant de ses activités dans ce secteur.[13] Mais celles-ci ne sont pas sans risque. En décembre 2010, un syndicat de banques genevoises conduit par BNP-Paribas a perdu 135 millions de dollars octroyés sous forme de crédit à la filiale lausannoise de la firme de négoce russe RIAS. Alors que les banques genevoises croyaient disposer en garantie de plusieurs milliers de tonnes de blé stockées dans un entrepôt du sud de la Russie, celles-ci se sont révélées n'être que du vent.[14] La certification de la qualité et la quantité des marchandises gagées dans de telles opérations sont donc cruciales. La proximité de la société SGS, installée à Genève depuis la fin de la Deuxième Guerre mondiale et leader mondial de la certification, ou de sa concurrente, la Cotecna, est un atout supplémentaire pour la place de négoce genevoise.

---

12   *NZZ am Sonntag*, 28.11.2010.
13   *Le Temps*, 3.3.2010.
14   *Le Matin Dimanche*, 12.12.2010 ; *Le Temps*, 14.12.2010 ; 23.2.2011.

Chapitre 4

COMMENT LA SUISSE EST DEVENUE
LA PATRIE DES NÉGOCIANTS

En son temps, Marc Rich, le fondateur de Glencore, était surnommé le « roi du pétrole ». Ce n'est pas le premier négociant suisse a avoir été suffisamment riche pour être comparé à un monarque. Louis Pfyffer d'Altishofen (1524-1594), par exemple, un important homme d'affaires, homme d'État et homme de guerre, a utilisé l'humain comme matière première afin de se hisser au rang de « roi des Suisses », en vendant des dizaines de milliers de mercenaires helvétiques au roi de France, aux Espagnols et aux Savoyards. Un siècle plus tard, à l'époque baroque, un grand entrepreneur valaisan, le puissant Gaspard Jodoc Stockalper (1609-1691), a prouvé à quel point le commerce basé sur les contreparties pouvait rapporter gros. Surnommé le « roi du Simplon », Stockalper s'était enrichi en faisant commerce de mercenaires et en encaissant les droits de passage par le col du Simplon. Le sentier muletier qui le franchit – dit chemin Stockalper – était l'un des itinéraires commerciaux les plus importants des Alpes. Reliant la haute vallée du Rhône à la Lombardie, il était devenu presque incontournable lorsque les guerres maritimes, constantes au XVIIe siècle, avaient rendu les voies de mer moins sûres que les itinéraires terrestres. La demande de mercenaires était quant à elle très forte, en particulier du fait du roi de France Louis XIV. Comme il était très facile de recruter des soldats en Valais, le modèle commercial de Stockalper s'est développé dans des conditions idéales.

Redoutable homme d'affaires, Stockalper a su s'imposer face à la concurrence du Gothard et des cols alpins des Grisons. Il a développé ses activités en Italie, en Espagne, aux Pays-Bas, en Bourgogne, en Savoie, et a considérablement renforcé l'infrastructure de « ses » voies commerciales. Il a su mieux que quiconque tirer profit des avantages de la Suisse comme pays de transit pour le négoce européen des denrées alimentaires et des matières premières. Stockalper avait tissé un réseau de relations très étendu lui permettant d'obtenir le monopole du commerce du sel dans la région. Grâce à ses troupes de mercenaires convoitées, l'homme négociait les prix d'achat du sel largement en dessous des prix du marché.

En plus de son sens inné des affaires, Stockalper était dépourvu de tout scrupule. Afin de maximiser ses gains, il n'hésitait pas à falsifier les rôles d'engagement des contingents de mercenaires qu'il livrait et à obliger ces derniers à rembourser des mois durant les frais de leur recrutement. Priver de pension les veuves et orphelins de ses mercenaires décédés ne lui posait aucun problème de conscience. Stockalper était également maître dans l'art de corrompre : il savait où et quand manipuler tel ou tel trésorier pour générer un chiffre d'affaires plus important, soudoyait sans vergogne les contrôleurs de ses mandants lors de la vérification de ses troupes et de ses stocks. Pour gonfler les rangs de ses contingents de mercenaires, il engageait, le jour de leur inspection, des étrangers ou des paysans qui diparaissaient ensuite dans la nature.

Stockalper avait de toute évidence trouvé une formule faisant recette. Bien que la fortune du « Roi du Simplon » ne se comptât pas en milliards, comme celle des actionnaires majoritaires de la compagnie zougoise Glencore ou des géants genevois du pétrole, elle était inconcevable pour l'époque. À titre d'exemple, son seul patrimoine immobilier valait 122 233 vaches, et une servante aurait dû travailler 366 700 ans pour acheter la propriété foncière de son maître.[15]

L'humain comme matière première

Longtemps, les relations commerciales de la Suisse actuelle sont restées centrées sur l'Europe. La Lombardie, le sud de l'Allemagne et la France limitrophe étaient les principaux partenaires économiques de l'espace confédéral actuel. Puis, au XVIIIᵉ siècle, des Suisses découvrent le commerce de matières premières en provenance du Nouveau Monde : le sucre,

---

15   Steffen 2006, pp. 166-171, Steffen 1988, p. 187.

le tabac, le café ou le cacao. Et, à l'instar du commerce de mercenaires, c'est l'humain en tant que marchandise qui se retrouve une fois de plus au centre des échanges. De riches familles suisses et des négociants en textile investissent alors dans le fameux commerce triangulaire. Des navires quittent l'Europe chargés d'armes, de textiles, de perles de verre et de produits manufacturés. Ils se rendent en Afrique de l'Ouest, où ces marchandises sont troquées contre des esclaves. Aux Caraïbes, ceux-ci sont à leur tour échangés contre des denrées coloniales, du coton, du sucre, du cacao, de la mélasse, du rhum, ou de l'indigo, que les bateaux ramènent en Europe.

Entre 1773 et 1830, les Suisses ont ainsi participé à la déportation de plus de 20 000 Africains vers l'Amérique. Si l'on tient compte des investissements helvétiques de l'époque dans les plus importantes compagnies coloniales, ce sont près de 172 000 personnes au total – soit 1,5 % de la traite négrière transatlantique – qui ont été réduites en esclavage avec l'aide de ressortissants des territoires confédéraux. Les noms des navires qui traversaient l'Atlantique – *La Ville de Lausanne*, *Le Pays de Vaud*, *La Ville de Bâle*, *L'Helvétie* ou encore *Les Treize Cantons* – témoignent d'ailleurs de cette implication.[16]

Les pionniers du négoce

La première pierre du commerce des matières premières à proprement parler n'a été posée en Suisse qu'après la création de l'État fédéral en 1848, par une poignée de commerçants visionnaires. Parmi eux, il convient de citer en premier lieu Salomon Volkart (1816-1893), de Winterthour. Actif dans le commerce de produits venant d'Inde, en particulier le coton, il fonde en 1851 avec son frère Johann Georg, alors établi dans le sous-continent, la maison de commerce Volkart, dotée de succursales à Winterthour et à Bombay. Quelques années plus tard, en 1859, le missionnaire et commerçant bâlois Hermann Ludwig Rottmann (1832-1899) crée avec un groupe de familles patriciennes protestantes la société commerciale et missionnaire bâloise, la Basler Mission-Handlungs-Gesellschaft, devenue plus tard l'United Trading Company International (UTC), dont l'activité allait se déployer à partir de la Côte-de-l'Or, sur le territoire de

---

16   Fässler 2005, pp. 21-22 et p. 232 ; David 2005, p. 46 sq.

l'actuel Ghana. En Suisse romande, Georges R. André (1856-1940) fonde à Nyon, en 1877, la maison de commerce André & Cie. Il jette ainsi les bases de l'activité commerciale lémanique déjà développée peu auparavant par un Henri Nestlé (1814-1890), émigré de Francfort à Vevey en 1839, dont l'entreprise n'est toutefois pas orientée principalement sur le négoce de matières premières. Le passage qui suit présente l'histoire de ces pionniers, qui ont donné naissance aux maisons de négoce helvétiques traditionnelles.

Les frères Volkart

Depuis la fin du XVIIIe siècle, de nombreuses sociétés winterthouroises étaient déjà établies dans le négoce de fibres naturelles destinées au textile. De ce point de vue, c'est donc assez tardivement, en 1851, que Salomon et Johann Georg Volkart se sont consacrés au commerce indépendant du coton. Les fondateurs de cette entreprise ont profité du savoir-faire concentré à Winterthour autour du négoce des matières premières pour acquérir une connaissance solide des marchés indiens. À tel point qu'en l'espace de cinquante ans, leur société est devenue le numéro un mondial du négoce de coton. Théodore Reinhart, associé du groupe Volkart de 1879 à 1919 et dont la famille a repris la société en 1912, a joué un rôle décisif dans ce succès.[17] Son frère Paul avait en effet acquis une expérience internationale auprès de la société Geilinger & Blum. Cette entreprise de négoce de coton, fondée en 1788, était à l'époque active dans l'import de coton brut et l'export de fil et de tissus. Toujours en activité, cette dernière est aujourd'hui connue sous le nom de Paul Reinhart SA. L'ascension de Volkart a également été facilitée par une croissance constante de la demande de coton brut. Dans les années 1900, le coton représentait 80 % du marché global des textiles. Avant la Première Guerre mondiale, Volkart était déjà le troisième plus grand exportateur mondial de coton indien et l'un des plus importants négociants en café. Outre le coton et le café, cette entreprise commerciale importait aussi du thé, des huiles, du cacao, des épices, du caoutchouc et d'autres produits d'Inde. Elle exportait vers le sous-continent de la soie, du papier, des allumettes, des montres, des textiles, des produits chimiques et pharmaceutiques, des machines et d'autres biens industriels. Des produits d'assurance et le

---

17   « Gebrüder Volkart », in : *Dictionnaire Historique de la Suisse*, http://www.hls-dhs-dss.ch/textes/f/F41835.php (26.1.2005).

transport maritime figuraient également au portefeuille de la société. Les filiales du groupe Volkart étaient actives en Inde, au Sri Lanka, au Japon et en Angleterre.[18] Elles tiraient profit du fait que les Anglais, fanatiques du libre-échange, ne se souciaient guère de la nationalité des firmes dominant le commerce intermédiaire dans leur Empire.[19] Les entreprises suisses profitaient donc du fait colonial et de la classique division du travail qu'il engendrait (matières premières contre biens industriels), même si la Confédération ne possédait aucune colonie.

Pour faire face aux importants besoins de financement inhérent au travail d'une société active dans le négoce international, le groupe Volkart lève des fonds sur la place financière anglaise. En 1862, Salomon Volkart participe également à la création de la Bank in Winterthur, l'ancêtre de l'Union de banques suisses, aujourd'hui UBS.

Le progrès technique n'apporte pas que des avantages aux négociants, en particulier la liaison télégraphique avec l'Inde. Alors qu'auparavant, les commandes étaient expédiées par voies maritimes et passées deux à trois mois à l'avance, la liaison télégraphique permet dès 1870 aux clients finaux d'être informés en temps réel de la qualité des récoltes de coton et d'adapter en permanence leurs offres aux conditions du moment. Initialement, la distribution de « l'or blanc » était centralisée à Winterthour. De plus en plus, l'usage a été de livrer les filatures directement en Europe, toujours plus rapidement et dans une qualité toujours plus précise. L'ouverture du canal de Suez en 1869 et la construction du réseau ferroviaire en Inde dès 1870 ont fortement contribué à accélérer ce développement. Répondant à ces évolutions, Volkart développe un important réseau de filiales en amont et en aval. Deux ans après l'ouverture du canal de Suez, la société démarre la mise en place de son réseau de comptoirs à travers toute l'Inde, réseau qu'elle développe ensuite pendant 60 ans. En 1920, la maison de commerce de Winterthour compte 150 points de vente répartis dans 18 pays européens. Volkart surmonte sans pertes majeures la Première Guerre mondiale, dévastatrice pour de nombreuses entreprises concurrentes. En 1922, l'entreprise de Winterthour figure en tête des exportateurs de coton indien, devant ses concurrents anglais. En 1930, elle obtient la représentation exclusive pour le coton américain en Inde, en Chine et

---

18   Guex 1998, p. 164 ; Rambousek 1990, p. 69 et p. 92.

19   Dejung 2010, p. 2.

au Japon. Volkart amorce la prochaine étape de son expansion en 1942 au Brésil, une conquête de l'hémisphère ouest effectuée au pas de charge dans les années suivant la Deuxième Guerre mondiale.

À cette époque, le secteur du café prend toujours plus d'importance pour Volkart. Au début des années 1970, la société de Winterthour contrôle 4 à 5 % du marché mondial du café (contre 5 à 8 % du marché mondial du coton) par le biais de sa filiale Volcafe. Cependant, le commerce du café est exposé à une pression croissante. La concentration de quelques très gros acheteurs comme Nestlé, Procter & Gamble ou General Foods diminue les marges. Ce climat explique peut-être la tentative de diversification amorcée par Volkart à l'aube des années 1970. En 1975, la société de Winterthour se lance en effet dans le commerce du cacao. Dix ans plus tard, elle occupe la deuxième place du marché mondial de la fève chocolatée, dont elle contrôle 10 % des échanges. Mais le café et le cacao restent des secteurs peu rentables pour Volkart, qui cesse ses activités dans ces domaines, respectivement en 1987 et 1989. L'entreprise suisse se concentre alors à nouveau sur le coton et les opérations financières. Cette dernière activité est systématiquement développée à partir de 1985, date à laquelle la société participe à la création de la BZ Bank de Martin Ebner, à Zurich.[20]

André & Cie

Si, même après la Deuxième Guerre mondiale, Volkart est resté la maison de négoce la plus influente en Suisse alémanique, l'entreprise André & Cie est devenue, en l'espace de trente ans, le plus important importateur de céréales de Suisse. André & Cie a été fondée par Georges R. André, en 1877 à Nyon. À la fin des années 1920, André comptait déjà parmi les sociétés dominant le commerce mondial des céréales. Avec un capital détenu en majorité par la famille des fondateurs et quelques proches parents, cette entreprise était considérée, jusque dans les années 1990, comme la plus grande maison de négoce entièrement en mains suisses. On ne dispose que de très peu d'informations fiables à son sujet, car la tenue du secret en usage dans les cercles de négociants était particulièrement bien respectée chez André & Cie. Installée à Lausanne juste après sa création, cette entreprise a ajouté à sa recette du succès un ingrédient plus important encore que la discrétion : l'établissement de liens pratiquement familiaux entre ses employés.

---

20   Rambousek 1990, p. 96, p. 101 sqq., p. 147 et p. 161 ; Guex 1998, p. 164 sq.

La fidélité envers la société André & Cie était renforcée par des aspects religieux. De nombreux salariés faisaient en effet partie de la communauté évangélique des darbystes, connue pour son élitisme et l'importance accordée par ses membres à la loyauté familiale et au succès économique. Ces liens religieux consolidaient encore davantage le sentiment d'appartenance familiale qui régnait au sein de l'entreprise, dirigée pendant quatre générations par des membres de la famille André. En octobre 2000, juste avant le dépôt de bilan, la nomination de Friedrich Sauerländer rompt avec la tradition. Succédant à Henri André, Sauerländer est la première personne extérieure à la famille André et à la secte des darbystes à accéder à un poste de direction chez André & Cie.[21]

Cette politique du personnel très hermétique a conduit à un silence presque paranoïaque, au point que peu d'informations et encore moins de chiffres relatifs à l'activité de la firme n'ont transpiré au-delà de ses murs. Au début des années 1990, le chiffre d'affaires d'André & Cie était estimé entre 10 et 20 milliards de francs suisses, plaçant la compagnie au cinquième rang mondial des plus grands négociants en céréales – blé, maïs, soja et tous ses produits dérivés. En 1997, cette entreprise traditionnelle employait 1000 négociants dans ses seuls services commerciaux, répartis dans plus de 70 pays. L'importance d'André & Cie est encore plus frappante si l'on considère sa flotte hauturière constituée pendant la Deuxième Guerre mondiale, en partie grâce au généreux soutien financier accordé par la Confédération. Au milieu des années 1990, André & Cie réalisait 40 % de son chiffre d'affaires à peine dans le secteur du commerce des matières premières, 40 % dans les activités financières, et 20 % dans la marine marchande, les activités industrielles et l'import de céréales en Suisse.

La firme lausannoise a longtemps profité de la non-adhésion de la Suisse aux Nations Unies. La force obligatoire en droit public international des décisions du Conseil de sécurité de l'ONU pour les pays non-membres était certes une question âprement disputée, mais les élites économiques et politiques suisses ne se sentaient pas liées aux décisions de la communauté internationale et se référaient avec véhémence à la neutralité fédérale. Dans ce contexte, André & Cie a bénéficié d'opportunités bienvenues. Dans les années 1970, la société a joué un rôle important dans le contournement de l'embargo commercial décrété par l'ONU

---

21   *Cash*, 16.2.2001.

à l'encontre de la Rhodésie (l'actuel Zimbabwe). Plus tard, André & Cie a réitéré la manœuvre en contournant le boycott des céréales prononcé en 1980 par le gouvernement américain à l'encontre de l'URSS, profitant des affaires abandonnées dans ce domaine par les entreprises étatsuniennes.[22]

De la Société commerciale de la mission bâloise à l'UTC

La Basler Mission-Handlungs-Gesellschaft, ou société commerciale de la mission bâloise, est le troisième négociant suisse de matières premières agricoles dont l'importance mérite d'être soulignée. Même si, à l'instar des frères Volkart, son développement a été assuré par d'importants investissements en Inde, le commerce avec l'Afrique est resté au cœur de son activité. La Basler Handelsgesellschaft (BHG) a été créée en 1928 sur les bases de la Basler Mission-Handlungs-Gesellschaft, fondée quant à elle en 1859. La première mention écrite de deux sacs de cacao exportés depuis la Côte-de-l'Or (l'actuel Ghana) par les Bâlois remonte à 1893.[23] Pour eux, le commerce était indissociable de la réalisation de leur vocation suprême, l'évangélisation en Afrique. En 1910, la Côte-de-l'Or était déjà le plus grand producteur mondial de cacao et les Bâlois y réalisaient une part substantielle de l'exportation. À la fin de la Première Guerre mondiale, les Britanniques mettent toutefois le holà aux affaires florissantes de la Mission en confisquant l'ensemble de ses possessions en Inde et au Ghana. Les Anglais reprochent à la compagnie l'origine allemande d'une partie de ses missionnaires et employés et l'accusent de collaborer avec l'ennemi. De fait, la Mission est pourtant séparée depuis 1917 des affaires commerciales si bien développées au cours des années précédentes.

Cette expropriation est aussi l'expression d'un conflit couvant depuis longtemps entre les groupes d'intérêts en faveur de la Mission et ceux motivés par les aspects économiques. Certes, le statut de missionnaire conféré automatiquement à tous les employés de la compagnie a été aboli en 1909, mais une part des recettes issues du commerce du cacao alimente encore la caisse de la Mission. Fondée en 1921 pour prolonger, sous une étiquette indépendante, les activités commerciales de la Basler Mission-Handlungs-Gesellschaft, la compagnie United Trading Company International (UTC) s'y substitue dès cette date. Grâce aux interventions

---

22   Guex 1998, pp. 158-162.
23   Franc 2008, p. 80.

du gouvernement suisse, elle a récupéré ses biens au Ghana en 1928 et a pu reprendre ses activités. Elle n'est toutefois jamais parvenue à retrouver la place dominante qu'elle occupait auparavant. La restitution de ses biens en Inde a eu lieu en 1952.

Par la suite, les Bâlois développent leurs relations avec les élites africaines de manière méthodique, ce qui leur permet de jouer habilement la carte du pays dépourvu de passé colonial, auprès des dirigeants des jeunes nations à peine indépendantes, quitte à taire la collaboration étroite pratiquée pendant plusieurs décennies avec les anciennes métropoles. C'est probablement sous le mandat du premier président du Ghana, Kwame Nkrumah (1957-1966), que l'UTC vit ses meilleures années. Au Nigeria, où elle est présente depuis les années 1930, l'entreprise connaît une rapide expansion à partir de 1973. Profitant des prix élevés du pétrole, elle multiplie par dix ses ventes annuelles dans ce pays, qui atteignent près de 1,5 milliard de francs suisses en 1982. Elle est donc l'une des premières entreprises suisses à profiter indirectement des débuts du boom pétrolier africain. Les profits ainsi réalisés permettent à l'entreprise d'acquérir en 1977 la chaîne de magasins Jelmoli, revendue vingt ans plus tard.[24]

La fin des maisons de négoce helvétiques traditionnelles

Aucune des trois grandes maisons de négoce traditionnelles de Winterthour, Lausanne ou Bâle n'a survécu jusqu'au XXIe siècle. Andreas Reinhart, cinquième du nom de la dynastie des Volkart-Reinhart, s'est séparé en plusieurs étapes des différents secteurs commerciaux de son entreprise, marquant ainsi la fin de ses activités dans le négoce de matières premières. En 1989, il vend son secteur café au groupe winterthourois Erb, qui fait faillite dix ans plus tard. En 2004, Volcafe est cédée au groupe britannique ED & F Man. En 1996, Reinhart vend l'activité coton, pour laquelle Volkart occupait le quatrième rang mondial, à Volcot, qui met la clé sous le paillasson en 2010. Aujourd'hui, la Volkart Holding et la Volkart Invest ne sont plus que des sociétés financières actives dans le domaine de l'immobilier.[25] À Winterthour, seule Paul Reinhart SA, lointaine héritière de

---

24   Guex 1998, p. 162 sq.; Franc 2008, p. 14; *Basler Zeitung*, 13.10.1984; *Basler Zeitung*, 23.3.1995; *Basler Zeitung*, 15.4.2008; *Basler Zeitung*, 2.1.2010; Debrunner 1991, p. 113.

25   *Der Landbote*, 24.6.2010.

la maison Geilinger & Blum, fondée en 1788, poursuit ses activités dans le secteur du négoce de coton (lire chapitre 15).

La maison André & Cie n'a pas connu une destinée meilleure. À la fin des années 1990, la direction enregistre de telles pertes sur le marché des céréales qu'elle doit déposer le bilan dans les plus brefs délais, une capitulation inattendue. Début 2001, l'entreprise employait encore 1500 personnes dans 70 pays, et le chiffre d'affaires du groupe en 2000 était estimé à 4,2 milliards de francs suisses. Il est vrai que, dans ses meilleures années, le groupe affichait plus du double. Les événements se bousculent. Au printemps 2001, les dettes bancaires accumulées se montent à 660 millions de francs suisses, alors que les actifs s'élèvent à 19 millions et les pertes mensuelles à 6 millions. Le groupe essaie sans succès de négocier un rééchelonnement de sa dette avec 43 établissements bancaires différents.[26] En 2001, ses dirigeants demandent un sursis concordataire afin de liquider la faillite. Les branches argentines, brésiliennes et asiatiques de la firme sont vendues aux groupes Bunge Limited et Noble. Les activités commerciales au siège de Lausanne, en Europe et en Afrique cessent complètement.[27] Friedrich Sauerländer, premier et dernier directeur de la société n'appartenant pas à la famille André, a expliqué ce déclin rapide en révélant qu'un trader de l'entreprise avait occasionné d'un coup 200 millions de dollars de dettes en spéculant sur le marché du soja.[28] Le manque d'adaptation au nouvel ordre commercial international établi après la chute du Rideau de fer et la fin des échanges prospères avec l'Union soviétique ont eu de toute évidence une incidence sur les résultats d'André & Cie. La société aurait en outre manqué de contrôle, de transparence, de communication, de direction et de culture de la performance.[29] Éric André, directeur de l'actuelle société de transport de marchandises Suisse-Atlantique, frère d'Henri André, ancien responsable d'André & Cie, explique cette faillite en insistant sur la liberté excessive accordée aux équipes de la maison de négoce et sur l'isolement de la famille dirigeante, enfermée dans une politique de recrutement du personnel bien trop consanguine.[30]

---

26   *Financial Times*, 26.3.2001 ; *Der Bund*, 10.3.2001 ; *Le Temps*, 11.3.2001 ; *Cash*, 16.2.2001.
27   *24 heures*, 10.3.2001 ; *Financial Times*, 26.3.2001 ; *Financial Times*, 12.10.2009 ; *Der Bund*, 5.6.2001.
28   *Financial Times*, 26.3.2001.
29   *Der Bund*, 5.6.2001 ; *Swissinfo.ch*, 9.3.2001.
30   *Le Temps*, 6.7.2001.

Dès le milieu des années 1980, la chute des prix du pétrole et de la monnaie nigériane précipite le déclin de l'UTC. En 1995, le volume financier de ses opérations commerciales avec l'Afrique atteint à peine les 150 millions de francs suisses. L'UTC réalise alors la majeure partie de son chiffre d'affaires grâce aux revenus de sa participation dans le groupe Jelmoli. À la fin du siècle – après la vente de Jelmoli en 1996 – l'UTC est incorporée à Basler Welinvest. À cette date, ses actifs ne se composent pratiquement plus que de biens immobiliers, pour une fortune nette d'à peine 60 à 70 millions de francs suisses. Dix-sept années de pertes, un manque de vision et des structures inadaptées pour relancer l'activité commerciale ont eu raison de cette maison de négoce traditionnelle, fondée 150 ans auparavant.

En résumé (1ʳᵉ partie) : les facteurs de succès des anciennes dynasties de négociants

Il ne reste pas grand-chose des maisons de négoce traditionnelles helvétiques et leur maigre héritage ne suffit pas à expliquer la position proéminente actuelle de la Suisse sur les marchés internationaux des matières premières. Les anciens négociants disposaient toutefois d'avantages comparatifs qui permettent aujourd'hui encore de comprendre l'essor de la Suisse comme plaque tournante du négoce international. Les négociants helvétiques avaient tout d'abord la possibilité de se financer à bon compte auprès de banques indigènes solides. Ensuite, leur marge de manœuvre n'était pas entravée par les décisions de l'ONU, dont la Confédération n'était pas membre et dont elle ne respectait pas les décisions. Autre élément clé, certains cantons suisses offraient des régimes fiscaux très avantageux. Ce dernier élément joue un rôle déterminant pour expliquer l'attrait irrésistible exercé dans l'après-guerre par la Suisse sur les nouvelles entreprises de négoces et les sociétés migrantes. Leur (dé)localisation en Suisse explique l'essor rapide de la plaque tournante helvétique des matières premières autant, sinon davantage, que la présence historique des maisons de négoce traditionnelles.

De l'attrait des rivages lémaniques

Bien avant que Zoug et Genève ne deviennent les centres de négoce de matières premières les plus importants de Suisse, Lausanne était une place de marché prépondérante. Outre les céréales et le sucre négociés par André & Cie, de nombreuses entreprises travaillaient pour l'industrie de transformation, en plein essor dans la région. Parmi les plus connues figurait évidemment le groupe agroalimentaire Nestlé, originaire de Vevey. À l'instar d'André & Cie, des sociétés moins importantes, comme Panchaud Frères (céréales et huile de soja), Cohen (noix) ou Schilter (café) étaient actives dans la livraison de matières premières à l'industrie alimentaire de Suisse occidentale.

En 1956, le président égyptien Gamal Abdel Nasser nationalise le canal de Suez et les principales sociétés étrangères. La région lémanique profite alors de l'exode de négociants d'Alexandrie et d'autres régions d'Égypte, qui s'installent non loin de Lausanne, où l'ancien roi Farouk vit en exil. Au cours des années suivantes, Nessim Gaon, un financier séfarade négociant en marchandises brutes, né au Soudan et établi à Genève depuis 1957, utilise ses relations pour aider de nombreux réfugiés juifs d'Égypte à s'installer dans la cité de Calvin et obtenir des autorisations de travail. Les filiales des banques françaises installées à Genève disposent de relations d'affaires établies de longue date avec les acteurs de l'industrie égyptienne du coton. Parmi les réfugiés figurent les employés de la société de négoce de coton Newcot Ltd, créée par les frères Fernand et Maurice Benzakein et domiciliée à Genève depuis 1958. Ce petit monde se mêle rapidement aux réseaux préexistants entre Genève et Lausanne, et leurs relations contribuent au développement de l'arc lémanique comme métropole du commerce de matières premières.

La Société générale de surveillance (SGS) n'est pas à proprement parler une entreprise de négoce. Active dans la certification et le contrôle de la qualité des marchandises, elle offre cependant un service crucial aux négociants. Domiciliée à Genève depuis 1946, elle fait partie des premières entreprises du secteur du négoce à choisir de se délocaliser en Suisse. Fondée en 1878 dans la ville française de Rouen, la SGS est désignée pour surveiller l'application du plan Marshall. Pour les alliés, Genève, ville préservée des combats, au cœur de la Suisse neutre, semble être le lieu idéal.[31] Sa localisation à Genève explique en partie l'attrait croissant de la cité de Calvin pour les sociétés de trading. En 1956, appâtée par des avantages fiscaux sur mesure, Cargill délocalise sa succursale européenne à Genève, amorçant le mouvement d'exil des sociétés de trading étrangères sur le territoire helvétique. Celles-ci vont contribuer de manière décisive à l'essor de la plaque tournante suisse du commerce des matières premières.

La séduction fiscale « made in Zoug »

Depuis 1924, les holdings – c'est-à-dire les sociétés dont la vocation principale est d'administrer des participations dans d'autres sociétés – bénéficient de privilèges fiscaux dans le canton rural de Zoug. En 1930, une loi fiscale a étendu ces privilèges légaux, pour l'essentiel encore en vigueur aujourd'hui. Le premier projet de loi est né de la plume d'Eugen Keller-Huguenin, un avocat d'affaires zurichois qui a participé de manière déterminante aux aménagements de la fiscalité zougoise au profit de la place financière de Zurich.[32] Cette loi fiscale privilégiait non seulement les holdings, mais aussi les sociétés de domicile, c'est-à-dire les entreprises dépourvues d'activité commerciale sur le territoire helvétique. En d'autres termes : des sociétés boîtes aux lettres, n'ayant à Zoug ni locaux ni personnel. En 1930, le concept de société mixte vient compléter l'arsenal légal favorisant la délocalisation de sociétés financières en Suisse. Les sociétés mixtes ont l'obligation de réaliser la majeure partie de leurs activités à l'étranger, mais peuvent également opérer en Suisse (lire chapitre 14).

Les holdings et les sociétés de domicile sont exonérées des impôts cantonaux sur le bénéfice. Elles s'acquittent uniquement d'une taxe forfaitaire minimum comprise entre 0,5 et 1,5 ‰ de leur capital. À la fin des années 1950, la pratique administrative pour les sociétés mixtes veut que le bénéfice généré par leur activité sur le territoire helvétique (limité à 20 % de leur activité totale) soit soumis à une imposition normale et le bénéfice étranger à un quart seulement. Il s'agit là d'une réglementation cantonale dont les maisons internationales de négoce actives en Suisse

---

31   *L'Hebdo*, 3.4.2011.
32   Cf. van Orsouw 1995.

ont profité en premier lieu. Le bien-fondé de cette politique fiscale est mis en doute dès les premiers débats sur le sujet au Conseil d'État de Zoug. En 1925, Philipp Etter, membre du Parti catholique conservateur et futur Conseiller fédéral, craint ainsi que «l'entrée en vigueur de cette proposition de loi puisse éventuellement attirer des sociétés dans le canton de Zoug, qui, finalement, lui causeraient plus de mal que de bien»[33].

Otto Henggeler, le ministre des finances zougois qui avait tant œuvré entre 1919 et 1946 pour l'instauration de privilèges fiscaux en faveur des holdings, n'a pas eu la chance d'en voir les effets. Du fait de la crise des années 1930, de la Deuxième Guerre mondiale et des difficultés économiques européennes de l'immédiat après-guerre, la législation zougoise n'a que peu d'effets. C'est seulement à la fin des années 1950, soit après le décès de Henggeler en 1947, que le nombre de holdings créées à Zoug commence à augmenter, à un rythme très soutenu. Quoi qu'il en soit, d'autres cantons suisses proposent à cette époque des privilèges fiscaux semblables à ceux pratiqués à Zoug. Le contexte fiscal favorable aux sociétés holding ne suffit donc pas à expliquer le boom de la petite localité de Suisse centrale. La proximité géographique de Zurich semble avoir été ici un facteur déterminant. À la fin des années 1950 et au début des années 1960, les avocats d'affaires de la Bahnhofstrasse, à Zurich, ont l'habitude de conseiller à leur clientèle internationale de s'établir à Zoug. Comme le recours à des sociétés boîtes aux lettres s'avère idéal pour dissimuler la fraude fiscale de particuliers, les banquiers zurichois misent également sur le canton limitrophe.

Au-delà des lois fiscales, la pratique on ne peut plus conciliante de l'administration fiscale envers les entreprises contribue également à expliquer le boom de la création de sociétés holding à Zoug. La «trêve fiscale» est alors soigneusement entretenue et personne ne la met en cause au niveau politique. Des concessions supplémentaires ne sont pas exclues pour les cas fiscaux les plus intéressants. Des études d'avocats et des sociétés fiduciaires bien introduites offrent leurs services afin de régler les formalités fiscales de manière particulièrement efficace, «dans l'intérêt de leur client». Et pour cause: Hans Straub, ministre des finances zougois à la grande époque, celle où les nouvelles sociétés holding poussent à Zoug comme des champignons, siège à lui seul dans 82 (sic!) conseils d'administration. Depuis son bureau officiel, il dirige simultanément son

---

33   PV du Conseil d'État du 10.1.1925, cité in: van Orsouw 1995, p. 65.

étude personnelle d'avocat et les affaires fiscales du canton. Comme en témoigne son secrétaire, « État et économie privée, tout était réuni. Je m'occupais des créations d'entreprises, des certificats, des permis de travail et de tout ce qui s'y rapportait »[34].

Un dernier facteur explique également l'attrait que présente la Suisse pour les sociétés de négoce. Après la Deuxième Guerre mondiale, la Confédération jouit d'une monnaie solide et d'un trafic des paiements dépourvu d'entraves. En d'autres termes, les capitaux s'importaient et s'exportaient alors sans restriction ni contrôle de l'État et le franc était l'une des rares monnaies convertibles qui s'échangeait sans limitation.

Les premiers immigrants zougois : les hommes des métaux

L'entreprise Philipp Brothers, en son temps la plus grande société mondiale de négoce de minerais et de métaux, s'est installée sur les bords du lac de Zoug en 1956. Plus que toute autre, elle a conféré au canton de Suisse centrale une position capitale dans le négoce international des matières premières. Son arrivée marque également l'essor du commerce des matières premières « dures » – les métaux et les minerais – en Suisse. Jusque-là, en effet, les maisons de négoce traditionnelles travaillaient uniquement dans le domaine des *soft commodities*, c'est-à-dire des matières premières agricoles (lire chapitre 12). Les opérations sur pétrole, dont l'importance allait bientôt devenir prédominante, sont intégrées au portefeuille de Philipp Brothers dans les années 1970. Dès lors, les principales matières premières échangées aujourd'hui sur la plaque tournante helvétique du négoce international sont achetées et vendues en Suisse. En dépit de l'importance indubitable de l'arrivée de Philipp Brothers en Suisse, aucune bibliothèque du pays ne dispose du seul livre relatant l'histoire de cette firme.[35] Étonnant, si l'on considère l'intérêt médiatique suscité depuis des décennies par le plus fameux des traders de cette société, Marc Rich, le fondateur de Glencore.

Philipp Brothers a été fondée par deux frères d'origine allemande. Ils débutent le commerce de métaux à Hambourg en 1901, avant de développer rapidement leurs activités à Londres et aux États-Unis. Ils installent bientôt à New York le siège principal de l'entreprise. L'importance de la succursale établie à Zoug au milieu des années 1950 est soulignée par

---

34   Cité in : van Orsouw 1995, p. 150.
35   Waszkis 2005.

la personnalité de son directeur Sigmund Jesselson, dont le plus jeune frère, Ludwig, était l'un des deux actionnaires majoritaires de la firme. Alors directeur financier, Sigmund Jesselson accède ensuite au poste de directeur avant d'être nommé bien vite président du conseil d'administration.[36] Cet habile banquier savait mieux que quiconque retirer le maximum d'avantages financiers et fiscaux du lieu d'implantation. Selon l'ouvrage consacré à Phibro, «sa force résidait dans sa connaissance des domaines fiscal, légal et financier; c'est lui qui assurait que tout soit effectué correctement, légalement et conformément aux règles comptables». Rapidement, une grande partie des activités internationales de Philipp Brothers est gérée depuis la succursale de Zoug, prévue initialement pour n'être que le siège européen de l'entreprise.[37]

De nombreux négociants en matières premières ont appris leur métier chez Philipp Brothers, devenue Phibro après différentes fusions. Les plus connus d'entre eux sont Marc Rich et son associé, le discret Pincus Green. Dans leur entreprise, Marc Rich & Co. SA, Rich et Green ne faisaient en grande partie que reproduire à Zoug le modèle d'affaire de Philipp Brothers. Ils savaient avant tout s'entourer des bonnes personnes. Si le zougois Hans Hürlimann, Conseiller d'État puis Conseiller fédéral PDC, siégeait au conseil d'administration de Philipp Brothers, Rudolf Mosimann, le procureur de Zoug, était membre du Conseil d'administration de Marc Rich & Co. SA. Lorsque des poursuites sont lancées contre Rich aux États-Unis pour divers chefs d'inculpation, Mosimann se retire de ses fonctions de procureur afin de conserver son siège d'administrateur de Marc Rich & Co. SA.

Marc Rich et le renouveau du commerce du pétrole

Marc Rich, citoyen américain descendant d'une famille de réfugiés allemands, débute sa carrière chez Philipp Brothers en 1954, après avoir arrêté ses études de marketing. Comme tous les débutants, il travaille d'abord au service logistique de la firme, dont il gravit rapidement les échelons. En 1967, Rich se voit confier la direction de la succursale de Philipp Brothers à Madrid. Il a 32 ans. Même si, en interne, les directeurs

---

36 Waszkis 2005, p. 154 et p. 183.
37 Waszkis 2005, p. 155 sq.

de filiales à l'étranger sont surnommés les «fils perdus», cette position offre un accès direct au centre nerveux européen de Philipp Brothers à Zoug, comme le souligne Craig Copetas, le premier biographe de Rich.[38]

Au début des années 1970, le commerce de pétrole, longtemps dominé par les *majors* pétrolières, est en pleine transformation et s'ouvre progressivement aux traders indépendants (lire l'encadré, pages 62 et 63). Dans ce contexte, Rich connaît quelques beaux succès. Le salaire annuel de 100 000 dollars dont Phibro le gratifie lui paraît alors bien maigre comparé aux sommes qu'il rapporte à l'entreprise. En 1974, il exige pour lui et Pincus Green un bonus d'un million de dollars, 500 000 dollars chacun.[39] Comme ce bonus lui est refusé, Rich quitte Phibro et fonde à Zoug, avec Green et d'autres anciens collaborateurs, la société Marc Rich & Co. SA.

Cette société promise à un brillant avenir n'aurait certainement pas connu un tel succès sans Pincus Green, même si la renommée de ce dernier ne peut en aucun cas être comparée à celle de Rich. Green est en 1934 à Brooklyn. Spécialisé dans le secteur des transports et le financement du négoce, il dispose d'une très longue expérience et d'un carnet d'adresses bien fourni, constitué lorsqu'il s'occupait du commerce du chrome et du cuivre chez Philipp Brothers. Ces contacts sont décisifs pour expliquer le succès de Marc Rich & Co. SA.[40]

Le départ de Rich, Green et les autres de chez Phibro n'est pas un modèle de courtoisie. Au contraire, Rich parvient à débaucher le personnel – et avec lui les contacts clients et les contrats – de son ancien employeur, dont il précipite le déclin. Le célèbre écrivain Nicolas Meienberg rapporte ainsi la situation décrite au milieu des années 1980 par un ancien collaborateur de Phibro, juste avant que l'entreprise ne quitte Zoug: «Les relations sont des plus tendues: tout collaborateur de Phibro doit s'engager par écrit à n'avoir aucun contact "professionnel ou privé" avec les gens de Marc Rich.»[41]

---

38 Copetas 1996, p. 83.
39 Ammann 2010, p. 88.
40 Ammann 2010, pp. 74-81.
41 Meienberg 1984, p. 22.

Crise pétrolière : la toute-puissance perdue des sept sœurs

Au cours des années 1970, le marché du pétrole subit une profonde transformation. La période d'abondance de l'or noir, moteur de la croissance économique d'après-guerre, touche à sa fin. Les règles ne sont plus dictées par les acheteurs, mais par les vendeurs. La consommation de l'Occident a augmenté massivement, passant de 19 millions de barils par jour en 1960 à plus de 44 millions en 1972.[42] Parallèlement, les États-Unis, jusqu'alors producteurs excédentaires, sont devenus importateurs nets de pétrole. Ces modifications structurelles ont de graves conséquences.

Pendant la guerre du Kippour, opposant l'Égypte et la Syrie à Israël à la fin de 1973, les pays arabes producteurs livrent une violente « guerre du pétrole » en freinant les débits pétroliers et en bloquant les exportations d'or noir vers les États-Unis et l'Angleterre, alliés d'Israël. La fermeture du robinet pétrolier avait déjà été utilisée comme moyen de pression, notamment par les pays arabes lors de la crise du canal de Suez, en 1956, puis en 1967 pendant la guerre des Six Jours. Dans les deux cas, il avait suffi de relancer les pompes à pétrole aux États-Unis pour éviter les pénuries. Mais, en 1973, la production rapide de tels excédents n'est plus possible. Les pays industrialisés connaissent alors le premier choc pétrolier, les hausses brutales des prix du pétrole et de ses dérivés et les files d'attente dans les stations-service vides.

À cette époque, les pays producteurs ont déjà commencé à augmenter leur part de la rente pétrolière. Après la chute de la monarchie en Libye, un jeune colonel du nom de Mouammar Kadhafi exige une hausse du « prix affiché » ou *posted price*, c'est-à-dire du prix payé par les compagnies pétrolières, propriétaires des gisements à cette époque-là, aux pays producteurs. D'autres pays suivent le mouvement et l'OPEP décrète une augmentation du prix du pétrole. Le prix affiché du brut passe de 1,80 dollars le baril en 1971 à 11,65 dollars en décembre 1973. La fermeture du robinet pétrolier par les pays arabes est bien la cause première de l'envolée des prix du brut. Au début du mois d'octobre 1973, le prix du baril était encore à 5,12 dollars.

---

42 Yergin 1991, vol. 2, p. 227.

À l'époque, le prix n'est pas le seul sujet de discorde entre les pays producteurs et les multinationales du pétrole, dont les figures dominantes sont encore les « sept sœurs », toutes des compagnies pétrolières anglo-américaines : Jersey (Exxon), Socony-Vacuum (Mobil), Standard of California (Chevron), Texaco, Gulf, Royal Dutch/Shell et British Petroleum. Jusque-là, il était d'usage que ces compagnies soient propriétaires de tous les gisements de pétrole découverts sur leurs concessions et qu'elles possèdent également les installations d'extraction pétrolière, les pipelines, les flottes de pétroliers, sans oublier les raffineries et les réseaux de stations-service. Or, au début des années 1970, les pays producteurs renoncent au système des concessions (lire chapitre 17) et nationalisent les champs pétrolifères. L'ère de la domination des sept sœurs est bel et bien terminée.

Les pays producteurs deviennent alors les acteurs centraux du commerce du pétrole. En 1979, les pays membres de l'OPEP distribuent eux-mêmes 42 % de leur production, contre 8 % seulement en 1973. Plus tard, le marché *spot*, ou marché « au comptant », prend une importance toujours croissante. Ce marché doit son nom à l'expression anglaise *on the spot*, qui signifie « immédiat » en français. Il concerne toutes les ventes non réglementées par des contrats de livraison à long terme et par des prix fixes contractuels, soit l'ensemble des ventes effectuées à des prix de marché extrêmement fluctuants, avec des délais de livraison courts. Pendant longtemps, ce marché, sur lequel les raffineries vendaient leurs excédents, n'avait qu'un poids marginal. En 1979, seuls 8 % des produits pétroliers étaient négociés sur le marché *spot*. En 1982, après le second choc pétrolier, plus de la moitié du pétrole brut mondial est échangé sur ce marché ou au prix dicté par celui-ci.

Un an plus tard, le New York Mercantile Exchange (NYMEX), la plus grande bourse de commerce du monde, a instauré les contrats à terme pour le négoce du pétrole, ouvrant ainsi la porte à la spéculation du « pétrole papier », c'est-à-dire des titres financiers dont la valeur dépend du prix du brut. En dix ans, le marché du pétrole s'est transformé en profondeur.[43]

---

43   Yergin 1991, vol. 2, p. 334, p. 378 sq. et p. 419 sq.

Les profiteurs de la crise pétrolière

C'est dans ce contexte de profonds changements que les courtiers indépendants ont fait leur entrée sur le marché mondial du pétrole. L'effondrement du monopole dont les *majors* pétrolières jouissaient de fait a ouvert une brèche dans laquelle les négociants ont pu s'engouffrer. Les compagnies pétrolières étatiques des pays membres de l'OPEP, désormais propriétaires d'une part croissante de la production mondiale, ne disposaient en effet d'aucun canal de distribution. Elles étaient donc contraintes de revendre le pétrole aux firmes pétrolières, à des raffineries indépendantes ou aux négociants, qui le revendaient essentiellement à des compagnies plus petites ou à des raffineries indépendantes. Les négociants réalisaient leur meilleur chiffre d'affaires lorsqu'ils parvenaient à acheter bon marché du pétrole cédé aux prix usuels dans des contrats à long terme et à le revendre nettement plus cher sur le marché *spot*. « Ce qu'il devait faire pour obtenir son contrat : payer simplement une commission insignifiante aux bonnes personnes » déclare un négociant cité dans l'ouvrage de Yergin.[44]

Pots-de-vin et délits d'initiés

La société Marc Rich & Co. SA a profité des contacts directs établis par Pincus Green lorsqu'il travaillait pour Philipp Brothers au cœur du cercle de pouvoir du shah d'Iran. Outre l'Iran, le Nigeria, déjà notoirement corrompu dans les années 1970, figurait parmi les principaux fournisseurs de Rich. Même dans la biographie autorisée, et peu critique de Marc Rich, écrite par le journaliste suisse alémanique Daniel Ammann, Rich ne se cache pas d'avoir payé des dessous-de-table.[45] Là encore, la Suisse présentait des avantages comparatifs indécents : les « provisions », c'est-à-dire les pots-de-vin, pouvaient être versés directement sur un compte suisse à numéro, à l'époque encore totalement anonyme, protégé par un secret bancaire dont la sécurité paraissait à l'épreuve des bombes. De plus, jusqu'au 1er janvier 2001, la corruption de fonctionnaires étrangers était non seulement totalement légale en Suisse, mais les fonds qui y étaient consacrés étaient déductibles du bénéfice imposable des personnes morales en tant que « dépenses justifiées par l'activité »[46].

---

44   Yergin 1993, p. 8.
45   Ammann 2010, p. 196.
46   Widmer-Poltera 2001, p. 66.

Lorsque les prix sont en forte hausse sur le marché *spot*, disposer de pétrole bon marché négocié à terme devient particulièrement lucratif. Ce cas de figure s'est présenté en 1979 et 1980, lors du second choc pétrolier, une période durant laquelle le pétrole iranien – une part conséquente de l'approvisionnement mondial – a pratiquement disparu du marché en raison des troubles causés par la chute du shah d'Iran et de la guerre entre l'Iran et l'Irak. Au cours de la période suivante, marquée par la crise d'endettement de l'Amérique latine et la récession mondiale, les prix du pétrole s'orientent toutefois à la baisse, et le prix *spot* se situe générale-ment au-dessous des prix à terme.

En dépit de cette configuration a priori moins favorable que celle des crises pétrolières des années 1970, l'entreprise Marc Rich & Co. SA par-vient à conclure de belles affaires durant les années 1980, en faisant dis-crètement les *deals* dans lesquels les géants de la branche préfèrent ne pas être impliqués. Elle livre notamment du pétrole au régime de l'apartheid, en dépit de l'embargo commercial prononcé par l'ONU à l'encontre de l'Afrique du Sud. L'affaire est rentable, car Pretoria paie 8 dollars de plus que le prix *spot* pour acquérir ce liquide noir de première nécessité. Orchestré depuis Zoug, ce commerce ne présente aucun risque puisque la Suisse ne respecte pas l'embargo onusien. Le fait que Rich entretienne des relations d'affaires étroites et problématiques avec le régime sud-africain n'a d'ailleurs rien d'exceptionnel pour les élites helvétiques. À l'époque, le monde bancaire et économique suisse fait preuve d'une bienveillance aujourd'hui relativement bien documentée à l'égard du régime de l'apar-theid.[47] Selon son biographe Ammann, l'Afrique du Sud est l'«affaire la plus importante et la plus rentable» pour Rich. Le marché aurait rapporté à lui seul deux milliards de dollars à Marc Rich & Co. SA. Les avantages qu'offrait la Suisse pour le commerce avec l'Afrique du Sud expliquent aussi que, lors de son déménagement de Zoug à Londres, en 1985, Phibro ait vendu la totalité de ses activités sud-africaines à la société Newco, fon-dée en 1985 à Zoug par les anciens de Phibro.

Selon ses dires, Rich a longtemps été le représentant commercial exclusif de l'Angola, à l'époque où la population de ce pays subissait une guerre d'indépendance, puis une guerre civile sanglante. Jusqu'en 1983, il était même actionnaire de la compagnie pétrolière étatique angolaise

---

47   Cf. Kreis 2007 ; Guex-Bott-Etemad 2005 ; Gygax 2001.

Sonangol.[48] Si, à l'instar d'André & Cie, Rich profite des liens presque familiaux tissés parmi son personnel, la religion au sein de son entreprise est différente et plus universelle : on croit à l'argent. Comme chez Phibro, les principaux responsables des affaires opérationnelles sont directement intéressés par le bénéfice en tant qu'actionnaires. Un moyen d'assurer la discrétion indispensable dans ce commerce dominé par la corruption, le népotisme et l'avidité, plus efficace que de signer un contrat doté d'une clause de confidentialité.

Évasion fiscale, grâce et parricide

Au début de l'expansion rapide de Marc Rich & Co. SA, son siège juridique se trouve à Zoug, où elle jouit de privilèges fiscaux cantonaux décisifs pour sa réussite commerciale. Toutefois, Rich et son équipe de directeurs sont installés dans les luxueux bureaux de la filiale de Marc Rich International, à New York. En septembre 1983, la société et ses dirigeants Rich et Green font l'objet de plusieurs chefs d'inculpations aux États-Unis. Au total, 51 délits leur sont reprochés, parmi lesquels la soustraction fiscale de quelque 48 millions de dollars et le crime organisé. La peine de prison requise à l'encontre de Rich est de 325 ans.

Rich est également accusé de commerce avec l'ennemi, un chef d'inculpation qui détruit son image aux États-Unis. Il faut dire que les collaborateurs de Marc Rich & Co. SA sont bel et bien restés en Iran après la chute du Shah, et ils ont poursuivi leurs affaires sous le régime de Khomeiny. Même après l'embargo commercial décrété par les États-Unis à l'encontre de l'Iran et la prise en otage de ressortissants américains à l'ambassade américaine de Téhéran, l'entreprise de Rich achète et vend du pétrole iranien. Pour se soustraire aux poursuites dont ils font l'objet, Rich et Green se réfugient en Suisse. Un an plus tard, les sociétés Marc Rich & Co. SA et Marc Rich International plaident coupables de détournement de fonds aux États-Unis et s'acquittent d'une amende de plus de 200 millions de dollars. Mais la plainte contre Marc Rich et Pincus Green reste pendante.[49]

Par la suite, la Suisse refuse toute entraide judiciaire avec les États-Unis. Les autorités helvétiques n'extradent pas les deux hommes et ne transmettent aucune des informations demandées par l'administration américaine. Rich et Green profitent du fait que l'évasion fiscale n'est pas

---

48   Ammann 2010, pp. 203-213.
49   Ammann 2010, p. 138 sqq.

un délit pénal en Suisse. La loi sur l'entraide pénale internationale de 1981 exclut alors explicitement l'entraide internationale lorsque celle-ci est requise pour poursuivre un délit fiscal ou la violation d'un embargo économique. «La demande [d'entraide] est irrecevable», précise le texte de cette loi, «si la procédure vise un acte qui paraît tendre à diminuer des recettes fiscales ou contrevient à des mesures de politique monétaire, commerciale ou économique.»[50]

Rich et Green n'ont donc jamais eu à se présenter devant un tribunal américain. Par conséquent, ils n'ont jamais été jugés. Ce qui permet aujourd'hui à Rich de répertorier avec soin sur son site internet (rubrique «Corrections in the media») les rectificatifs qu'il a obtenus dans la presse, par exemple lorsque les journalistes ont écrit à tort qu'il a été «condamné» pour évasion fiscale. Rich et Green ont été acquittés le dernier jour du mandat du président américain Bill Clinton, à qui ils avaient réussi à faire part de leurs doléances par des voies détournées. Par exemple, en engageant un ancien conseiller juridique de Bill Clinton – dont le salaire mensuel s'élève à 55 000 dollars. Ou en faisant plaider en leur faveur des personnalités telles que Shimon Peres ou Joseph Estermann, l'ancien maire socialiste de la ville de Zurich. L'engagement de l'ex-épouse de Rich (l'une des plus importantes donatrices du parti démocrate) a aussi pesé dans la balance.[51]

À cette époque, Rich a déjà perdu sa place dominante dans le paysage du négoce des matières premières en Suisse. Si le départ de Rich et Green de Philipp Brothers a quelque chose du parricide, puisque la fondation de Marc Rich & Co. SA a précipité le déclin de Phibro, l'éviction de Rich de son entreprise porte également une dimension tragique. En 1993, Rich est plus ou moins chassé de la direction de Marc Rich & Co. SA, bientôt rebaptisée Glencore (lire chapitre 7).

À l'aube de la querelle qui allait mener à l'éviction de Rich, plusieurs traders très connus de Marc Rich & Co. SA quittent l'entreprise zougoise. Parmi ceux-ci, Claude Dauphin – l'un des responsables des affaires pétrolières – et Éric de Turckheim, qui fondent, en 1993 à Lucerne, une société concurrente, Trafigura. Celle-ci devient rapidement l'une des principales firmes du paysage helvétique du négoce des matières premières (lire chapitre 10). À cette époque, de nombreuses petites sociétés de négoce, en

---

50   Cf. article 3.3 de la Loi fédérale sur l'entraide internationale en matière pénale de 1981.
51   Ammann 2010, p. 266 sqq.

particulier à Zoug, sont dirigées par des personnes ayant acquis leur savoir-faire chez Phibro ou chez Marc Rich. Depuis, la majorité d'entre elles ont été liquidées ou survivent péniblement sur un marché de niche. Tout comme Volkart, les traders de ces petites PME ont en premier lieu fait les frais des progrès techniques: «Internet a amené une grande transparence dans le commerce des métaux. Et la transparence, c'est la baisse constante des marges» déclarait en 2001 le président de Newco, successeur de Phibro.[52] Cet homme sait probablement de quoi il parle, puisque son entreprise a été mise en liquidation en 2003 et rayée officiellement du registre du commerce en 2010.

Les banques au cœur du négoce

La *success story* de Marc Rich n'aurait pas été possible sans des banques disposées à avancer l'argent des transactions réalisées dans le domaine du négoce des matières premières. Lors de sa création, la société Marc Rich & Co. SA disposait d'un capital en actions s'élevant à un million de francs suisses à peine. Contrairement à une société cotée en Bourse, une entreprise en mains privées, comme Marc Rich & Co. SA, ne peut augmenter son capital pour financer des investissements ou des prises de contrôle d'autres entreprises. Rich dépendait donc des capitaux empruntés, soit en premier lieu des crédits bancaires.

Sans le soutien d'un ou de plusieurs prestataires financiers, les négociants sont en effet incapables de mobiliser les immenses sommes nécessaires au financement des opérations usuelles dans le négoce. D'un point de vue financier, les outils utilisés pour mettre à disposition des traders les énormes liquidités dont ils ont besoin sont des lignes de crédit ou des crédits commerciaux, concédés par le biais «d'accréditifs», des lettres de crédit.

Une ligne de crédit permet à une entreprise d'emprunter de l'argent jusqu'à un certain plafond. Pour ce faire, elle doit payer une taxe de base indépendamment de l'utilisation complète ou non du montant accordé. Copetas estime que, dans les années 1970, les banques prêtaient des sommes représentant deux à cinq fois la valeur estimée de la société débitrice. Dès le début de son activité, la société de Rich aurait ainsi pu disposer d'une ligne de crédit de quelque 50 millions de dollars, alors que

---

52   *Bilanz*, 1.4.2001.

l'entreprise ne comptait qu'une poignée de négociants, quelques téléphones et un misérable télex installé, par manque de place, dans les toilettes d'un quatre pièces à Zoug.[53] Le carnet d'adresses avec lequel Rich,
Green et leurs acolytes avaient quitté Phibro valait de l'or, un fait que les
banques avaient bien compris.

Les «lettres de crédit» ou «accréditifs» sont des instruments de crédit spécialement développés pour traiter les opérations de négoce (lire
chapitre 3). «Grâce à ce système, les entreprises disposant d'un capital
ridiculement faible pouvaient se permettre de réaliser des opérations de
plusieurs millions de dollars», explique Éric de Turckheim, cofonda-
teur de Trafigura.[54] Contrairement aux crédits classiques, le nombre et
le montant de ces accréditifs ne sont pas basés sur la solidité financière
d'un client, mais sur son risque de défaut et sur la rentabilité d'une transaction commerciale concrète ou d'une série de transactions successives.
La banque investit par exemple dans une cargaison de blé ou dans celle
d'un tanker, dont elle devient propriétaire, à titre de garantie, durant la
totalité du transport, du fournisseur jusqu'à l'acheteur (voir chapitre 3,
schéma 1). Une fois la marchandise livrée, les banques partenaires
libèrent le paiement. Avec l'argent reçu, le négociant peut alors rembourser le crédit contracté auprès de son établissement bancaire, commissions
inclues. En d'autres termes, l'usage des accréditifs offre aux négociants la
possibilité de réaliser d'importants bénéfices sans capitaux propres. Ce
type d'opérations de crédit nécessite toutefois de la part de la banque des
connaissances spécialisées dans des domaines tels que la logistique maritime, les assurances et la qualité des marchandises financées. Elles ont
donc besoin de sociétés comme la Cotecna ou la SGS, spécialisées, quant
à elles, dans le contrôle des marchandises.

Zoug a son roi, Genève a son pape

Au début des années 1970, un expert bancaire inconnu au dehors de la
branche du négoce a perfectionné à Genève ce système de financement. Il
s'agit de Christian Weyer, d'origine française, collaborateur au sein de la
Banque de Paris et des Pays-Bas (aujourd'hui BNP Paribas). L'homme est

---

53   Copetas 1986, p. 96.
54   *L'Hebdo*, 3.3.2011.

surnommé le «pape du négoce» par le quotidien *Le Temps* qui va jusqu'à attribuer à Weyer la place que Genève occupe aujourd'hui en tant que leader mondial du *commodity trade*, – le financement des matières premières. De toute évidence, les superlatifs sont de rigueur en Suisse pour les personnalités éminentes du négoce des matières premières.[55]

Au début de sa carrière, Rich avait pu prendre appui sur la banque américaine Bankers Trust et – déjà! – sur Paribas. «Ce commerce leur plaisait. Ils ouvraient des accréditifs dès que nous en avions besoin», explique-t-il à son biographe.[56] Dans l'une de ses rares interviews, Weyer mentionne un autre partenaire important: «Un de nos premiers clients était voisin de la banque. Il traitait du charbon et nous avons commencé à financer son équipe. Aujourd'hui Vitol est un des géants mondiaux du trading pétrolier.»[57]

La succursale genevoise de BNP Paribas demeure le leader incontesté du financement du commerce des matières premières. En 2007, elle dominait 40% de ce marché, pour lequel elle employait 370 personnes. Sa principale concurrente est une autre banque française, le Crédit Agricole (CA). Dotés de 15% de parts de marché et de 120 collaborateurs, ses locaux genevois sont situés au bord du Rhône, à deux pas de ceux de BNP Paribas. La troisième place revient à Credit Suisse (250 personnes), qui s'est lancé dans le financement du négoce en 1989.[58]

Même si elles ne font pas partie du peloton de tête, les banques cantonales vaudoise et genevoise jouent aussi un rôle dans le domaine du financement du négoce. Le rapport annuel de la Banque cantonale de Genève pour 2010 montre que les financiers sont également concernés par les risques liés au négoce de matières premières. Commentant celui-ci, la *NZZ* relève que quelque 30 millions de francs suisses ont été «affectés au compte de résultat en vue d'un amortissement prévisionnel des risques»[59].

---

55 *Le Temps*, 30.10.2008.
56 Ammann 2010, p. 94.
57 *Le Temps*, 30.10.2008.
58 *Le Temps*, 30.10.2008; *NZZ am Sonntag*, 28.11.2010; *Schweizer Bank*, 20.7.2006.
59 *NZZ*, 2.3.2011.

Genève, centre de financement et place de marché internationale

Outre les banques, de nombreuses autres entreprises sont installées dans la cité de Calvin et constituent, avec les négociants et les instituts financiers, le monde du négoce de matières premières au sens large. Des compagnies d'assurance spécialisées, des sociétés de conseil, des spécialistes de la sécurité, de la logistique et des transports ainsi que la plus grande société de contrôle de marchandises, la SGS, profitent et autorisent la multitude d'opérations complexes nécessaires à la conclusion des opérations de négoce des matières premières.[60]

Le caractère international de Genève, notamment la présence au bout du Lac du second site des Nations Unies et des organisations internationales, a sans aucun doute contribué au développement rapide, à Genève, du commerce international des matières premières, un secteur d'activité étroitement lié aux intérêts politiques. Dans les années 1970, l'Union soviétique s'est profilée comme un grand importateur de matières premières. Le consulat russe à Genève agissait alors comme une sorte d'agence centrale d'approvisionnement pour cet immense pays. Au sortir de la Guerre froide, les flux s'inversent. L'ancienne Union soviétique est désindustrialisée. En quelques années, elle devient un grand producteur de matières premières grâce à l'exploitation de gisements de pétrole en Sibérie et en Asie centrale. Depuis la fin du millénaire, le pétrole de Russie et du Kazakhstan a fait de Genève la principale place mondiale pour le négoce de l'or noir (lire chapitre 11).

Nous ne sommes sans doute qu'aux débuts d'une phase nouvelle de l'histoire du développement de la Suisse en tant que plaque tournante du négoce des matières premières. La Chine vient en effet de découvrir à son tour les vertus du territoire helvétique. La société pétrolière étatique Sinopec, septième plus grande firme pétrolière au monde[61], a ouvert les feux en rachetant en 2009 à son fondateur, Jean-Claude Gandur, l'entreprise genevoise Addax Petroleum pour la somme de 7,8 milliards de francs suisses. Active principalement dans l'exploitation du pétrole au Nigeria et au Kurdistan irakien, Addax avait été créée une quinzaine d'années auparavant.[62] Avec Jean-Claude Gandur, l'histoire de l'essor de

---

60   *La Vie Économique*, 9.2008.

61   D'après *Fortune 500*, 2010.

62   *NZZ am Sonntag*, 28.6.2009.

la Suisse comme plaque tournante du négoce international, cette histoire qui avait commencé avec l'arrivée de Philipp Brothers à Zoug dans les années 1950, rejoint son point de départ. De 1976 à 1984, Gandur était en effet trader chez Phibro, où il avait plus ou moins succédé au célèbre Marc Rich.

En résumé (2ᵉ partie) : les facteurs historiques d'implantation

On peut distinguer plusieurs éléments décisifs expliquant l'essor de la Suisse comme plaque tournante du négoce des matières premières :

– La non-adhésion à l'ONU et un climat politique, économique et social n'entravant en rien les affaires, pas même lorsqu'elles sont faites avec un régime aussi décrié au niveau international que le régime de l'apartheid en Afrique du Sud.

– Une place financière forte, composée de grandes banques nationales et étrangères, et la libre circulation des capitaux.

– Un régime fiscal spécial particulièrement attrayant pour les sociétés de commerce de matières premières nationales et étrangères leur permettant d'optimiser leurs bénéfices.

L'essor de cette branche s'est amorcé en 1956, une année charnière durant laquelle les premiers géants du négoce, Philipp Brothers et Cargill, se sont installés à Zoug et à Genève. Ininterrompu depuis, il s'est brutalement accéléré ces dernières décennies. Dès le milieu des années 1970, un processus de renforcement autonome s'est mis en place autour des foyers zougois et genevois : les négociants établis en ont attiré de nouveaux, et les prestataires de services indispensables à ce commerce se sont développés dans leur sillage. Depuis, l'importance de Genève est telle que la dynamique de croissance et l'attrait de la cité de Calvin s'expliquent en large partie d'abord et avant tout par l'importance des affaires qui y sont conclues.

Chapitre 5

VOYAGE AU PAYS DE RICH

Dans la presse anglo-saxonne, le nom de Glencore s'accompagne souvent d'une information géographique du type « *based in the unassuming Swiss town of Baar, next to Zug and near Zurich* »[63] (située à Baar, une ville suisse sans prétention, à côté de Zoug et près de Zurich). Quelles traces les sociétés de négoce de matières premières laissent-elles à Zoug et dans la région? Peut-on voir le colosse fondé par Marc Rich? Visite éclair, en transport public s'il vous plaît.

Zoug: le canton de Suisse à la plus forte densité de voitures est le paradis des Porsche. Mais on peut très bien s'y rendre en train – très confortable! – et même, une fois par heure, directement depuis l'aéroport de Zurich. Le trajet dure moins de quarante-cinq minutes avec l'Interregio, dont les nombreux wagons de première classe affichent presque complet dans la grisaille de ce matin d'avril. Le service des CFF depuis le portail zurichois sur le monde est sans aucun doute un avantage comparatif pour la ville bénie des dieux qu'est Zoug – et pour ces managers itinérants qui entretiennent des relations plus étroites avec Londres, Singapour ou Buenos Aires qu'avec le siège de leur entreprise ou avec leur propre domicile fiscal. D'un point de vue économique, cette liaison ferroviaire directe présente un double intérêt: non seulement on économise les frais de parking exorbitants, mais on gagne également en temps de travail si précieux, les yeux rivés sur son Blackberry.

---

63 *Financial Times*, 11.4.2011.

Yeah, coal went straight up. But watch out, the markets are going nuts, it's gonna be a wild ride today. And forget lunch, they served splendid breakfast on the plane. Il faut bien tendre l'oreille pour attraper au vol quelques bribes de la conversation tenue par un homme élégant, d'une trentaine d'années, assis dans le compartiment d'en face. Il s'agite, tout en contrôlant son propos, dans un dialecte un rien nasillard dont l'origine est difficile à localiser. Australienne peut-être? Ou plutôt d'Afrique du Sud? D'où qu'il vienne, cet homme est dans son élément, mais il baisse le ton dès qu'il soupçonne qu'on l'écoute. Notre reporter lâche aussitôt son stylo. Au sortir du tunnel du Zimmerberg, à Thalwil, il laisse son regard planer sur le lac de Zurich, brillant dans la brume, puis sur les pâturages et les bois qui défilent et annoncent le pays zougois, après le tunnel de l'Albis.

L'Interregio traverse la zone industrielle, longe des bâtiments commerciaux sans ornements, passe devant des façades en verre inhospitalières et arrive enfin dans la capitale zougoise, annoncée par un balai de grues de construction laissant deviner toute l'effervescence des activités d'investissement. En plein essor, la ville compte aujourd'hui quelque 26 000 habitants et presque autant d'entreprises. La zone de construction se situe autour de la gare, à l'écart du centre historique et du lac. Elle est donc avant tout dédiée aux personnes morales, même si la plupart d'entre elles n'ont besoin que d'une simple boîte aux lettres. « Voici la vieille ville, si léchée qu'on la prendrait pour un Disneyland jeté au milieu des buildings qui ne cessent de pousser autour d'elle. L'ensemble forme une agglomération informe, "champignonnant", proliférant dans tous les sens. »[64] En 1984 déjà, le sulfureux Nicolas Meienberg évoquait en ces termes les traces de la transformation de ce canton agricole pauvre de Suisse centrale en une place économique attractive et anonyme. Et 27 ans plus tard, même la *NZZ*, l'organe central du libéralisme économique en Suisse, s'inquiète de la perte d'identité évidente et de la pénurie d'espace toujours plus flagrante, se demandant si « les limites de la croissance deviendraient visibles à Zoug »[65].

---

64 Meienberg 1984.
65 *NZZ*, encart spécial, « Zug – vom Erfolg verwöhnt », 18.5.2011.

L'héritage du « réfugié du siècle »

En quittant cette gare surdimensionnée pour aller en direction de Metalli, une ancienne usine de produits métalliques transformée en gigantesque centre commercial, on découvre bientôt le plus grand legs visible de Marc Rich, l'homme qui, pour beaucoup en Suisse et dans le monde, représente LA figure du négociant en matières premières par excellence. Pour les habitants de Zoug, Rich est une sorte de JR Ewing national. Dans les années 1980, ils ont baptisé le siège de sa société, installée de longue date dans le canton, le « Dallas building », en référence à la légendaire série télévisée américaine et à son magnat du pétrole, certainement le plus impitoyable de tous les temps. De cette époque date également le dicton de l'ancien maire de la ville, Walter Hegglin, selon lequel « ce qui est bon pour Marc Rich est bon pour Zoug ». L'ancien siège de Glencore, ce bâtiment considéré à la glorieuse époque de Rich comme l'emblème architectural attestant de la fringante modernité d'une petite ville de province bien sage (ou carrément « *unassuming* », pour reprendre les médias anglo-saxons), est aujourd'hui entouré par une foule d'immeubles de bureaux tout aussi hauts, mais moins voyants. Depuis le changement de nom de Marc Rich & Co. SA en Glencore et le déménagement de l'entreprise dans la zone industrielle, c'est la Banque cantonale de Zoug qui occupe les locaux de la route de Baar 37.

À partir de cette adresse tristement célèbre, il suffisait de traverser un petit parking pour se rendre discrètement au Glashof. Ce restaurant, doté d'un bar circulaire devenu célèbre, de même que l'appartement en attique juste au-dessus, appartenaient aussi au royaume de Rich. C'est dans ce décor de salon de thé des années 1950 que l'homme d'affaires dînait régulièrement, avec ou sans garde du corps. Aujourd'hui, on y raconte volontiers comment un journaliste s'est présenté à la table toujours réservée au « réfugié du siècle » (*Washington Post*) pour lui demander, poliment, mais avec détermination, de lui accorder une interview. Rich disparaît alors aux toilettes, passe par la fenêtre et s'empresse de se réfugier dans l'enceinte sécurisée de son bureau. L'ancien magnat si craintif a vendu sa cantine officieuse en 1993, en même temps que sa société. Il vit depuis à Meggen, une commune plus paisible située au bord du lac des Quatre-Cantons.

Avant que le restaurant ne devienne l'actuelle discothèque Pier 41, le « Tout-Zoug » se retrouvait au bar du Glashof. À l'occasion, les employés du secteur du négoce s'y rendaient également. Il faut dire que ces derniers n'aiment pas se rencontrer en public. Lorsqu'ils le font, c'est plutôt à l'Almodobar, de l'autre côté de la gare, ou au précieux Mantra-Lounge. En ce jour pluvieux d'avril, Victor, un chauffeur tiré à quatre épingles, commande son deuxième express et raconte qu'il est allé chercher, le matin même, des traders russes à Genève, et qu'il doit maintenant les conduire à l'aéroport de Zurich. «Ce sont des gens très agréables. Ils rient beaucoup et laissent de bons pourboires.» Mais hier, il a dû attendre la moitié de la journée devant une villa, à Oberägeri. «Ce n'est pas très drôle, même dans une Mercedes Classe S blindée». Les choses semblent aller un peu plus vite aujourd'hui. Son portable sonne et, dix secondes plus tard, Victor part chercher sa clientèle exclusive.

Dîner d'affaires à la cantine de Glencore

Quant à nous, nous finissons aussi notre café et traversons la Baarerstrasse. À l'angle nord-ouest de Metalli, un petit bus violet est garé discrètement sur une place réservée. Le moteur tourne et la porte coulissante est ouverte. Il attend visiblement des passagers. En passant, notre regard se pose sur l'aile avant droite. Sous le sigle de la ZVB, la société de transport public de Zoug, figure le logo de Glencore. Le chauffeur, dépourvu d'uniforme, nous apprend que ce véhicule coloré perdu en plein cœur de la grisaille zougoise fait office de navette vers le siège du groupe, à un kilomètre de là à vol d'oiseau. «Seuls les employés et les visiteurs de la société d'import/export sont autorisés à monter», déclare notre interlocuteur, un quadragénaire jovial, salarié de la ZVB. («C'est nous qui avons choisi la couleur, mais le bus appartient à Glencore.») D'abord accueillie par un froncement de sourcils, l'annonce de notre rendez-vous au restaurant Fontana est bientôt suivie d'un geste cordial de la main, et d'un chuchotement «Allez, montez».

Avant que le petit bus à moitié vide ne tourne à gauche pour s'engager dans la rue de l'industrie, le regard est attiré par la façade tout en miroirs du *City Garden*. Cet hôtel de luxe, situé à l'entrée d'un quartier résidentiel, ressemble à un OVNI pour encravatés. Le bus continue sa route en ligne droite à travers le «champ de pétrole de Zoug» (surnom populaire) et passe devant une agglomération disparate d'entrepôts, de petites entreprises et d'immeubles d'habitation. Entre deux, on distingue les noms de raffineries peu connues, de sociétés de gérance, d'oléoducs et de stations-service. Encore un virage à droite, puis, sur la gauche, un cube blanc avec deux grandes enseignes – Shell Switzerland et Glencore – et de nombreuses autres, plus petites. Le bus voyant doit d'abord franchir une entrée quant à elle très discrète. Avant celle-ci, rien n'indique au visiteur qu'ici loge la plus grande société de négoce de matières premières du monde.

Avant que les deux agents de sécurité postés à l'entrée principale n'accueillent les arrivants, nous rejoignons le trottoir public par la porte de droite et contournons le grand bâtiment loué par Glencore à la SUVA, la caisse nationale suisse d'assurance accidents. L'heure de la pause déjeuner n'a pas encore sonné; pourtant, tout est calme, pas de bruit, pas de mouvement derrière les stores intérieurs. «On imagine que chez Glencore, tout le monde hurle dans son téléphone, mais ça ressemble plutôt au bon vieux business de la logistique. Les services de trading chez Glencore font davantage penser aux bureaux de DHL qu'à ceux de Goldman Sachs.»[66] Ce cube blanc, coincé entre des champs et une zone industrielle, pourrait tout aussi bien héberger une société de biotechnologie ou un opérateur téléphonique. En revanche, qui pourrait soupçonner que la porte de derrière du quartier général silencieux d'une puissance économique de cette taille est ouverte au public? Et qui pourrait se douter qu'on accède par là à un haut lieu gastronomique zougois, dont Glencore est propriétaire?

Si nous avons réservé une table? «Bien sûr!» Très aimablement, le chef de rang du Fontana nous place près d'un mur chichement décoré, qui se révèle bien situé à deux pas d'une porte en papier peint donnant accès aux bureaux du personnel. L'intérieur rustique du restaurant et les tenues décontractées des convives contrastent avec les bolides garés sur le parking d'entreprise, juste en face. «À Zoug, les grosses cylindrées font partie du paysage. Comme la tourte au Kirsch ou le coucher de soleil dans un port», explique notre hôte d'un ton rassurant, en nous recommandant les filets de rouget du lac grillés au beurre. Trois jeunes employés de Glencore, rasés de près et élégamment vêtus, prennent place à la table d'à côté. En dépit des températures printanières, la conversation des voisins – en anglais, en russe et en allemand – tourne autour

---

66 *International Herald Tribune*, 26.2.2011.

de Noël. Plus précisément, autour du «concert trop cool» donné par Simple Minds à l'occasion de la dernière fête de Noël organisée par Glencore à Cham (ZG), pour ses 500 managers. On parle surtout des 3 000 dollars que l'un des trois voisins a gagnés en misant sur le bon *Top Act*. Les années précédentes, Pink, Sting et Bryan Adams avaient été invités. Pendant qu'ils dînent, les traders n'échangent visiblement pas des secrets d'affaires, mais des anecdotes de soirées dignes des magazines. D'une certaine manière, cette banalité nous rassure. Il est l'heure de payer l'addition.

Chapitre 6

ZAMBIE : À QUI PROFITE LE CUIVRE ?

Entre 2009 et 2010, la journaliste Alice Odiot s'est rendue deux fois en Zambie afin d'enquêter sur les conséquences sociales et environnementales d'une mine de cuivre exploitée par Mopani, une filiale de Glencore. Reportage.

Christopher joue au billard. La table trône au beau milieu du bar «Social Club». En Zambie, mal jouer au billard est suspect. L'homme vise juste, précis, malgré la musique qui sature l'endroit. À Kankoyo, un quartier de la ville minière de Mufulira, la musique s'écoute fort. «Nafuti Nafuti», la chanson la plus diffusée depuis deux ans en Zambie, parle d'un amour éternel. Difficile de ne pas danser en l'entendant. Pourtant, les hommes boivent en silence, les yeux rougis et fixes. Christopher est sobre. Il continue de dégommer ses cibles. Il est heureux, sûr de lui, sûr que, même si cela doit prendre cinq ans, ils finiront par gagner.

Nous avons rencontré Christopher Nkatha pour la première fois en juin 2009. Christopher est mineur. Il travaillait pour Mopani Copper Mines plc (MCM), la compagnie minière qui exploite le gisement de cuivre de Mufulira. L'exploitation s'étend sur plus de 19 000 hectares, au cœur de la Copperbelt (voir illustration 2, page 260). Dernière ville desservie, au Nord de la Zambie, par l'unique route d'asphalte défoncée, qui part de la capitale Lusaka, Mufulira se trouve à quelques kilomètres de la RDC.

Ici, les exploitants de la mine de Mopani ont construit la plus grande fonderie de cuivre d'Afrique. Il s'agit de l'un des sites miniers les plus rentables du pays. Le cuivre est un métal stratégique. Aucune industrie, aucune technologie ne peut s'en passer. Accéder au cuivre est une bataille ; la gagner confère un véritable pouvoir. Quelques vendeurs de matières premières l'ont compris, avant même que le prix de l'or rouge ne s'enflamme. La privatisation du secteur minier en Zambie a été pour eux une formidable promesse. Ils peuvent maîtriser les stocks en détenant la source. Le cuivre ne s'est jamais vendu aussi cher, plus de 10 000 dollars la tonne en février 2011, et toutes les grandes puissances se l'arrachent. La Zambie, en Afrique Australe, en possède l'une des plus grandes réserves au monde. Treize millions d'habitants vivent dans ce pays libéral, 18 fois plus grand que la Suisse. La Zambie devrait crouler sous les bénéfices. Pourtant, c'est l'un des pays les plus pauvres de la planète, une situation qu'aucune guerre, qu'aucune dictature ne peut expliquer. Aujourd'hui, 68 % de sa population vit sous le seuil de pauvreté et dix millions de Zambiens sont menacés par la malnutrition.

Sous les auspices de la Banque mondiale, du FMI et de la BEI

Sur les douze multinationales qui exploitent le cuivre, pas une seule n'est zambienne. Le secteur minier zambien a été privatisé à la fin des années 1990. La Banque mondiale a présenté ce processus de privatisation, un des plus rapides au monde, comme le plus réussi d'Afrique subsaharienne. La compagnie d'État, la Zambia Consolidated Copper Mines (ZCCM), a été divisée en lots, sous l'étroite surveillance de la Banque mondiale et du Fonds monétaire international (FMI). Parmi ses concessions figurait la mine de Mufulira. Celle-ci était à l'époque l'une des plus stratégiques, car elle dispose d'infrastructures permettant de traiter les concentrés de cuivre, transformés sur place en plaques de cuivre prêtes pour l'exportation.

Mopani a bénéficié de l'aide du Fond européen pour le développement (FED), qui octroie des prêts pour des projets de développement durable en Afrique. La compagnie minière a touché 48 millions d'euros en aide remboursable. Les experts de la Banque européenne d'investissement (BEI) – un institut public gérant la section « prêts » du FED – nous ont averties : « Ce projet est exemplaire du point de vue de l'environnement. » Là-bas, le ciel serait redevenu bleu. La pollution engendrée par le traitement des minerais de cuivre a été réduite grâce à l'achat d'une nouvelle fonderie capable de capter le dioxyde de soufre. Ce gaz toxique est désormais transformé en acide sulfurique, dans une sorte de douche géante, l'« *acid-plant* », puis « réutilisé pour la production. » En somme, il s'agit de recycler des déchets industriels. Conformément à l'accord de Cotonou, qui place « la réduction de la pauvreté et la promotion du développement durable » au centre de la coopération entre les États Européens et les pays africains, ce prêt de la BEI a été accordé à « une société de droit zambien », en l'occurrence MCM.

Comité d'accueil et visite guidée

Nous arrivons en Zambie en juin 2009. Les élections présidentielles se rapprochant, les retombées économiques et sociales de l'exploitation du cuivre pour le pays sont des questions cruciales de la campagne électorale. Le principal parti d'opposition, le Patriotic Front, majoritaire dans la Copperbelt, reprend ce thème presque chaque jour dans *The Post*, le seul journal indépendant.

Sans donner trop de détails sur la nature de notre venue, nous obtenons les autorisations du gouvernement pour filmer en Zambie. Mais, après quelques jours de tournage, nous sommes arrêtées par la sécurité de la mine et conduites au commissariat. Le bruit s'en répand. Ici, on n'approche pas de la mine avec une caméra. Nous devons présenter nos excuses au bureau du commissaire du district de Mufulira, M. Muulwa. Furieux, il téléphone au gouverneur de la région. Puis, après avoir raccroché, il se calme et décide de nous faire visiter sa ville. Nous voilà entraînées dans un grand magasin de produits importés d'Afrique du Sud, à côté d'un lit « *king size* » rose et flambant neuf. Notre hôte nous assure que « cette ville est bien entendu un endroit d'abondance. » La mine apporte ce dont la ville a besoin : du travail et des impôts. M. Muulwa n'avance aucun chiffre, mais fait preuve de conviction. Le soir, il nous emmène en boîte de nuit et signe, dès le lendemain, une lettre nous autorisant à vadrouiller dans sa ville avec caméra et micros. Il ajoute, sans qu'on le lui demande, que l'on peut boire l'eau du robinet. Selon lui, « elle est très bonne et ne pose aucun problème. » Nous n'avons plus aucun souci pour filmer et quittons le centre-ville, accompagnées de M. Chileshe, un mineur au chômage.

Comme la location d'une voiture 4x4 s'élève à plus de 2500 dollars par mois, nous optons pour une petite Toyota bleue. Nous longeons le territoire de la mine. Des bambins trottinent sur des pipelines, au pied des barbelés qui délimitent le terrain, sur lesquels l'inscription en peinture blanche met en garde: «Ne pas marcher ou s'asseoir sur les pipelines». Ceux-ci contiennent les rejets de l'exploitation du cuivre. Des monticules, des terrils, ces grandes collines artificielles créées par l'accumulation de caillasses retirées de la mine, cachent par endroits les installations. Au sommet de ces petites montagnes noires, des gardes armés de fusils surveillent. Un panneau indique l'entrée de la mine. Les camions en sortent, chargés de plaques de cuivre que l'on distingue sous la bâche de leurs remorques. D'autres sont équipés d'une citerne argentée, frappée de l'inscription en lettre rouge «Danger Acide».

À Mufulira, le deuil a un goût de cuivre

M. Chileshe nous emmène ensuite à Kankoyo, le quartier de Mufulira qui jouxte la mine. Quarante mille personnes vivent là. Pas de gardes en vue, et les barbelés ont disparu. Un groupe d'enfants se sont arrêtés au bord du chemin, jetant par terre leurs cerfs-volants, un sac plastique cloué sur deux branches. Ils se ruent au pied des terrils et en sortent des cailloux, qu'ils serrent contre eux. Peut-être contiennent-ils un peu de cuivre ou de cobalt? Au fur et à mesure que nous progressons sur la route poussiéreuse et cabossée, le complexe minier apparaît. Des fumées bleutées, blanches et noires s'échappent d'un incroyable bazar de tuyaux, de tubes et d'entonnoirs géants. Nos micros captent le vacarme continu de la mine. Pendant tout le mois que nous allons passer ici, nous entendrons nuit et jour ce tapage régulier.

Depuis une demi-heure que nous sommes là, j'ai un drôle de goût dans la bouche, un peu sucré. Puis, le goût se transforme, comme si j'avais mangé un taille-crayon. C'est métallique et désagréable. Je respire par le nez et mes poumons se compriment. Le long de ma trachée, l'air me brûle. M. Chileshe a replié son coude sur son visage et se protège avec la manche de sa veste. Il sourit, un peu gêné. «C'est le centa», nous avoue-t-il. Les habitants de Kankoyo ont donné un surnom au gaz toxique qui s'échappe de l'installation. Du dioxyde de soufre. La toux est irrépressible, mais à mesure que l'on tousse et que l'on inspire pour reprendre son souffle, la cage thoracique devient douloureuse et l'envie de partir nous submerge. Je n'ai jamais respiré un pareil air. « Nous non plus, on ne s'est jamais habitués », nous dit M. Chileshe, en entrant dans la petite cour de la maison de Christopher. Des murs fissurés forment deux pièces abritées sous un toit de tôle, rongé par la corrosion. Tous les toits du quartier sont dans le même état. Tous ont subi les effets des pluies acides. Au contact de l'eau, le dioxyde de soufre se transforme en acide sulfurique. Ici, la saison des pluies est une véritable menace, les précipitations stérilisent les sols. Tout n'est que poussière. Rien, ou presque, ne pousse. Il est impossible d'avoir un potager.

Christopher nous fait entrer et nous présente sa famille. Il a sept enfants. Sa femme est là également. Nous mettrons un an à connaître son prénom. Tout le monde l'appelle « Mère de Junior », Junior étant le premier fils de Christopher. Il a 12 ans. Cleopatra, sa première fille, a 17 ans. Elle porte un débardeur large et l'on distingue facilement des vergetures importantes sur sa peau, signe d'une grossesse récente. Cleopatra vient de perdre son bébé, âgé de quelques mois seulement. Elle l'a enterré il y a deux semaines et ne réalise toujours pas. Elle cauchemarde. « Ce n'est pas une maladie qui a tué mon bébé. » Selon elle, le dioxyde de soufre s'échappe encore de l'installation, malgré les systèmes de captation des fumées toxiques. Christopher venait d'être grand-père pour la première fois. Même si cette nouvelle ne l'avait pas enchanté au début, vu l'âge de sa fille, il avait accepté de s'occuper sous son toit du nouveau-né et avait tout acheté pour lui. « Le bébé n'allait pas bien et il avait du mal à respirer. Nous sommes allés en urgence au dispensaire. Là-bas, il n'y a pas de médecin. Les infirmières, elles, étaient en grève. Tu sens bien l'air, alors imagine un nourrisson… Ici, tant qu'un enfant n'a pas atteint un an et demi, on ne peut être sûr de le voir grandir. » Depuis la privatisation du système de santé, les soins sont payants et les caisses du centre de santé sont vides. Les médecins sont partis, et les infirmières n'ont que du paracétamol pour soigner les maladies respiratoires causées par le dioxyde de soufre. L'enfant est mort à l'hôpital gouvernemental, « sous-équipé » d'après Christopher. La chaleur étouffe et Cleo fait semblant de relire son cahier. Elle veut reprendre l'école. À ses côtés se trouve Mary, une parente que Christopher héberge, car son mari n'a pas l'air très aidant. Elle est enceinte. Une autre jeune fille, « Mère de Margaret », vit ici avec son bébé.

En fait, l'étroit salon de neuf mètres carrés tient lieu de chambre pour les filles. Le soir, elles mettent les coussins du canapé au sol et se serrent avec le bébé. Christopher et sa femme dorment à côté avec les plus jeunes enfants. En tout, douze personnes vivent du revenu de Christopher.

Des emplois précaires

Nous n'avons pas rencontré de femmes travaillant à la mine. Leur activité principale est la vente de beignets et de quelques légumes le long de la route. Une infirmière nous confie qu'ici, la prostitution fait ses discrets ravages, surtout depuis que la mine a licencié massivement. Lorsqu'un mari perd son emploi, ce sont en fait une dizaine de personnes qui se retrouvent sans rien. MCM gère deux hôpitaux de très bonne réputation, auxquels les employés ont accès. Pourquoi Christopher n'y a-t-il pas emmené le bébé ? « Mais c'est très cher ! J'aurais dû payer une fortune, car j'étais en intérim. Il faut être employé de la mine, et ça ne m'est jamais arrivé. » En effet, Christopher, comme plus de la moitié de la force de travail chez MCM, était engagé en tant qu'intérimaire. Depuis 1997, il a connu six compagnies d'intérim différentes. La dernière fois, l'agence Pro-Sec l'a engagé comme contremaître. Il supervisait une équipe de 40 personnes chargée de creuser des galeries, mille mètres sous terre. « L'air y est dangereux : un mélange de gaz et de poussière », précise Christopher. Un constat confirmé par des analyses menées en 2008, dont « les résultats indiquent que le faible contrôle de la poussière de silice dans ces mines peut accroître le risque de maladies bénignes chez nombre de mineurs. »[67] L'objectif de Christopher était d'avancer de huit mètres par jour, « sinon je faisais perdre de l'argent à ma compagnie, qui est payée par Mopani au mètre creusé. » Christopher gagnait alors 1,2 million de kwachas par mois (environ 272 dollars). Le coût d'un trimestre d'école pour un enfant de 15 ans est de 450 000 kwachas. La location mensuelle d'une maison à Kankoyo s'élève à 300 000 kwachas environ. Les intérimaires de Pro-Sec sont payés moitié moins que les autres pour le même travail.[68] Quoi qu'il en soit, les ouvriers les moins qualifiés ne parviennent pas à couvrir leurs besoins de base.

---

67   Hayumbu-Robins-Key-Schwartz 2008, pp. 86-90.
68   Lungu-Fraser 2009, annexe 6, p. 75.

Entre décembre 2008 et juin 2009, MCM a licencié massivement. Quelque 3000 mineurs. Christopher a reçu sa notification de licenciement le 5 décembre 2008. Les intérimaires étaient en première ligne. Trente jours après, il ne recevait plus aucun revenu. Six mois plus tard, la moitié de son indemnité de licenciement ne lui a toujours pas été versée. Pour faire vivre sa famille, Christopher a acheté deux rasoirs et construit un petit salon de coiffure à côté de sa maison. Mais dans le quartier, il n'y a aucun client. Junior l'aide et tond ses copains. L'un d'eux tente justement d'admirer sa nouvelle coupe dans un morceau de miroir brisé. Le dernier rasoir est cassé, et le grand jeu consiste à deviner si l'adolescent va repartir avec la moitié seulement du crâne tondu. Christopher nous entraîne à côté, dans une autre cabane de planches, où les plus grands des garçons dorment, sur un sommier en fer défoncé. « Je n'ai plus rien, et je me suis endetté. Pour rembourser, j'ai vendu le lit, nos deux matelas, ma radio. Je ne sais pas ce que je vais devenir. Je ne sais pas où je vais. Le plus dur, c'est pour mes enfants, ça me fait mal. Je ne peux plus emprunter pour l'école. » Dans ces conditions, il est un peu délicat d'expliquer que nous voulons filmer leur quotidien pour tenter de comprendre ce qui se passe dans cette région. Cependant, Christopher accepte tout de suite. Sa femme, elle, veut savoir si nous leur donnerons de l'argent en contrepartie.

Le lendemain, nous installons notre caméra. « Mère de Junior » cherche de l'eau à quelques dizaines de mètres de la maison. Un tuyau en plastique sort du sol. Elle remplit un bidon, puis congèle ensuite une partie de cette eau. « Ça tue les petites créatures, mais s'il y a de l'acide, lui, il reste ! » Christopher rigole devant nos mines interrogatives. C'est bientôt l'heure du repas et « Mère de Junior » veut acheter quelques légumes. Les prix des produits alimentaires sont montés en flèche. En décembre 2008, selon l'Organisation mondiale du commerce, le prix de la nourriture de base a augmenté de plus de 20 % en Zambie. Son mari, qui n'a rien à lui donner, lui conseille d'ajouter du sel pour donner du goût au nshima, la bouillie de maïs locale. Le genre de conseil qui agace. Elle explose : « tu comptes réparer ton banc encore longtemps ? Va chercher du travail, on n'a plus rien ! On n'a plus rien, plus rien… » Mary approuve. Christopher pose son marteau. « Mais où veux-tu que j'en trouve ? Dans le quartier, plus personne ne travaille, qui va m'en donner ? » Elle crie encore et retourne dans sa cuisine. Christopher poursuit son bricolage. Dans le quartier de Kankoyo, près de 80 %

des familles n'ont plus d'emplois formels. Ici, on travaille soit à la brasserie produisant la bière locale, la «Chipolopolo» que boivent les mineurs, soit à la fabrique d'explosifs utilisés par les mineurs pour creuser, soit à la mine.

École ou électricité?

Deux jours plus tard, Christopher parle avec sa femme dans leur salon. Il brandit deux factures. «Ma femme, il y a 360 000 kwachas à payer pour l'école de Loveliness et 530 000 pour Junior. Et on n'a plus que trois jours pour régler la facture d'électricité.» La mère reste de marbre, les yeux fixés au plafond. «Qu'est ce qu'on fait? Quelle est la priorité? Si je n'ai plus d'électricité, je n'ai plus de salon de coiffure. Alors, l'école ou l'électricité?» Elle souffle: «les enfants».

Quelques jours plus tard, la famille dîne dehors dans la cour. Comme la cuisinière est inutilisable, la bouillie a été préparée au feu de bois. Des voix fusent dans le noir: «tu étais là quand ils ont coupé l'électricité?» On allume une bougie. Cet après-midi, Eunice, la grande sœur, s'est fait renvoyer de l'école par la directrice. «Elle m'a dit que j'amenais la crasse.» Le lendemain, elle ne va pas à l'école, elle n'ira pas non plus les jours suivants. Eunice a 16 ans, et, pour elle, les frais de scolarité sont encore plus chers.

La vie de Christopher est devenue un enfer. La colère monte en lui. Il ne peut régler sa facture d'électricité, alors que les industries extractives, qui absorbent la plupart de l'électricité produite dans le pays, jouissent d'un tarif privilégié. C'est là seulement l'un des nombreux avantages dont bénéficie le secteur. Christopher sillonne le quartier, en rage. «Tu vois cette rangée de maisons, il y en a 50 environ. Lorsque les mines appartenaient à l'État, 50 maisons équivalaient à 50 mineurs embauchés. Désormais, dans cette rangée, seules cinq personnes environ travaillent.» Il entre dans le «Social Club». Il est onze heures du matin et de nombreux clients sont déjà complètement saouls de Chipolopolo. Une femme danse seule au milieu de la pièce. Elle ne nous remarque même plus. Des gamins sont assis à ne rien faire. Des hommes hurlent et titubent. Christopher tend son bras: «Qui travaille ici? Personne...» Un chômeur l'interpelle: «Et toi, tu fais quoi, Monsieur? Toi aussi t'es un glandeur comme nous.» Christopher répond: «Oui, je suis au chômage, Mopani dit qu'elle ne fait pas de bénéfices…» Un homme se plante devant la caméra. Il doit avoir plus de deux grammes d'alcool par litre dans le sang. Il se met à genoux en fixant maladroitement l'objectif. « Arrêtez le centa, arrêtez le dioxyde de soufre.» Des jeunes femmes attendent qu'un chômeur moins pauvre qu'elles les entraîne dans les ruines entourant l'endroit. Un garde de la mine menace Christopher, qui commence à se faire remarquer : « Toi, on va t'enfermer, tu vas te faire arrêter.» Avant de se transformer en bar, l'endroit était un centre social, d'où son nom. Du temps de la gestion des mines par l'État, on y trouvait un centre de formation pour les femmes. À côté, il y avait la boutique de la mine, où l'on distribuait des denrées alimentaires en échange de bons. Ce type de centre existait dans toute la Copperbelt, une région d'où venaient souvent les meilleurs joueurs de foot et les universitaires zambiens. Le système éducatif était bien développé grâce aux infrastructures gérées par les mines étatisées.

Les ravages de la privatisation

La Zambie était perçue en Afrique comme un modèle du progrès. Mais la dette a transformé le pays en courtier de ses matières premières. La Zambie a bradé ses richesses, en quête désespérée de dollars pour rembourser les créanciers. L'histoire est simple ; elle ressemble terriblement à d'autres destinées africaines.

En 1964, la Zambie gagne son indépendance. Elle nationalise les mines, s'enrichit et permet l'accès pour tous à l'éducation et au système de santé. En 1975, son PIB est égal à celui du Portugal. Cependant, à la suite du choc pétrolier, les cours des matières premières chutent. Les jeunes économies africaines n'ont pas eu le temps de se diversifier. Leurs revenus, basés sur l'exportation, s'effondrent. La Zambie emprunte sur les conseils du Fond monétaire international (FMI) et de la Banque mondiale. Mais, au début des années 1980, une deuxième catastrophe met à mal le pays. La Réserve fédérale américaine hausse brutalement ses taux d'intérêts afin d'attirer les capitaux. L'Europe embraye. Du jour au lendemain, la Zambie doit rembourser trois fois plus d'intérêts. En l'espace de quelques années, la dette explose, absorbant 83 % des revenus engendrés par l'exportation. En juillet 1989, les créanciers exigent le remboursement immédiat de la dette, si les programmes d'ajustements structurels de la Banque mondiale et du FMI ne sont pas appliqués. En 1991, les services publics sont démantelés, l'école et les hôpitaux deviennent payants. Les mines sont bradées en l'an 2000. Edith Nawakwi, ex-ministre des Finances chargée de superviser les privatisations, déclarait à ce propos en 2007 : « La Banque mondiale et le FMI nous ont dit que jamais nous ne verrions une remontée du cours du cuivre. Toutes les études indiquaient que nous n'en tirerions rien d'ici les vingt prochaines années. Ils nous ont montré des plans selon lesquels Mufulira n'avait plus que cinq ans d'exploitation devant elle. En revanche, si nous privatisions, notre dette serait allégée. C'était une belle carotte pour nous, un peu comme on agite des médicaments devant une mourante. Nous n'avions aucune autre option que d'obtempérer. »[69] À partir de 2004, les cours du cuivre s'emballent. Pour la Zambie, il est trop tard, car plus rien ou presque ne lui appartient.

Sans électricité, la boutique de Christopher ne sert plus à rien. L'endroit se transforme en lieu de discussion. Tous les chômeurs s'y retrouvent. Si le cuivre ne s'est jamais vendu aussi cher, pourquoi les mineurs licenciés n'ont-ils pas été réembauchés par Mopani ? Nous quittons le quartier Kankoyo, derrière une file de camions chargés de plaques d'anodes de cuivre.

Des contrats synonymes de pauvreté

Savior Mwambwa est assis devant une pile de dossiers. Nous sommes dans un quartier agréable de Lusaka, la capitale zambienne. « À les entendre, ils ne font jamais de profits, ils perdent toujours de l'argent, et ils licencient sans qu'on n'ait rien à dire, puisque c'est la crise… Mais s'ils ne font pas de profits, que font-ils encore là ? Les industries minières ont utilisé les licenciements comme moyen de pression sur le gouvernement. Cela a fonctionné, puisque la nouvelle loi sur les taxations, qui aurait permis d'avoir des rentrées fiscales importantes, a été abandonnée. » Savior Mwambwa, économiste de formation, est un militant. Il dirige le Center for Trade and Policy Development, une organisation zambienne qui traque la fuite des capitaux d'Afrique. Selon lui, la Zambie pourrait financer son propre développement si, entre autres, les sociétés minières payaient ce qu'elles doivent à l'État.

69   Citée in : « Undermining development ? Copper mining in Zambia », Action for Southern Africa, Christian Aid, Scotland's aid agency 2007, p. 6. www.actsa.org

Les contrats de privatisation signés en 2000 entre le gouvernement zambien et les compagnies minières sont longtemps restés secrets, jusqu'à ce que Savior les découvre en 2007. « En fait, ces accords permettent aux compagnies minières d'avoir le minimum de responsabilités sociales et environnementales, et de minimiser leurs taxes. Conséquences : le gouvernement et le pays sont privés de l'argent dont ils ont tant besoin et qu'ils pourraient tirer des mines. » En page 7 du document que nous présente Savior, un plan de réduction du personnel est prévu sur quatre ans. Dans le chapitre 7 du même document, les dispositions fiscales sont détaillées : amortissement de 100 % à des fins fiscales, retenue à la source sur les dividendes de 0 %, exonération des droits de douanes pour les importations de machines. Les taux de royalties indiqués sont de 0,6 %, soit le taux le plus faible du monde (lire chapitre 17). Ces accords, signés entre le gouvernement et MCM, ont une durée prévue de vingt ans.

À l'époque de la privatisation, le FMI et la Banque mondiale avaient fermement conseillé à la Zambie de faire signer ce type de contrat pour attirer les investisseurs. La gestion privée des mines devait résoudre tous les problèmes. Une fois les accords rendus publics grâce à Savior, l'affaire a fait scandale. Les Zambiens ont découvert les raisons de leur pauvreté. Le gouvernement a alors résilié les contrats qui le liaient aux compagnies minières et introduit une nouvelle taxe en avril 2008, basée sur les prix du cuivre, en constante hausse à l'époque : la *windfall tax*. Cet impôt aurait permis à la Zambie de récolter 415 millions de dollars de nouvelles rentrées fiscales. À titre de comparaison, le budget en 2004 réservé à l'éducation et à la santé en Zambie représentait 293,7 millions de dollars. Mais, en avril 2009, suite à l'effondrement des prix du cuivre, conséquent à la crise financière, le gouvernement zambien a renoncé à percevoir ce nouvel impôt devant la menace de licenciements massifs. À l'inverse, il a adopté de nouvelles mesures fiscales très avantageuses pour les multinationales.

Norvège 70, Zambie 2

Savior nous explique ensuite que plus de la moitié du cuivre zambien est exporté en Suisse. Le pays achèterait huit fois plus de cuivre zambien que la Chine, le plus grand consommateur au monde. La raison est simple. Mopani appartient notamment à Glencore, l'un des plus importants négociants de matières premières au monde, dont le siège est à Baar, au cœur de la Suisse (lire chapitre 7). Savior précise que «les multinationales rapatrient leurs bénéfices dans leurs filiales, implantées dans des paradis fiscaux. Elles se revendent le cuivre au sein du groupe, on ne sait jamais à combien, mais apparemment les mines ici perdent de l'argent. Ils ont les meilleurs avocats et les meilleurs comptables. Ils font ce qu'ils veulent». Savior ajoute: «Je pense que Glencore utilise la Suisse pour ne pas payer d'impôts en Zambie.» Jusqu'au début de 2009, la Zambie ne comptait que deux inspecteurs des impôts responsables de la vérification des comptes présentés par les mines. Un rapport d'audit réalisé dans le courant de l'année 2009 à la demande de l'État zambien par des cabinets d'audit indépendants a confirmé les manipulations financières de la filiale de Glencore en vue de se soustraire aux impôts en Zambie (lire chapitre 14). Ce rapport d'audit a donné lieu, en avril 2011, au dépôt d'une plainte conjointe de plusieurs ONG, dont la Déclaration de Berne, auprès du Point de contact national de l'OCDE en Suisse et au Canada pour violation des principes directeurs de l'OCDE à l'intention des entreprises multinationales.

En 2009, selon la banque centrale zambienne, 675 385 tonnes de cuivre ont été exportées, pour une valeur de 3,18 milliards de dollars. Nous rencontrons Wisdom Nhekairo, l'un des directeurs du Trésor Public zambien. Nous lui demandons combien Mopani a payé d'impôt sur les bénéfices de la vente de cuivre. «Mopani n'est pas dans une position où elle peut être taxée sur ses bénéfices», précise-t-il. Depuis dix ans, cette filiale de Glencore n'a donc généré aucun profit, quand bien même la production a doublé depuis la reprise par la multinationale suisse. Sur les douze multinationales installées en Zambie, une seule a déclaré des bénéfices en 2009. De fait, l'État zambien retire peu de l'exploitation du cuivre. Selon Eva Joly, la Zambie n'a perçu en 2006 que 2 % de la valeur des exportations de cuivre.[70] À titre de comparaison, en Norvège, 70 % des bénéfices des exportations de pétrole reviennent à l'État.»

Intoxication à l'acide

Nous rencontrons par hasard Dimitri, un consultant de Glencore, dans un bel hôtel de la Copperbelt. «Les gens de Glencore sont intelligents et

---

70   JOLY, Eva, *La force qui nous manque*, Paris, les Arènes, 2007 p. 151.

s'ils investissent, ils doivent avoir un retour. Je dirais qu'évidemment, la Zambie est considérée comme un très bon objet d'investissement. » Glencore l'a envoyé pour former une équipe de dix ingénieurs kazakhs à la nouvelle méthode d'extraction mise au point à Mopani. De quoi s'agit-il ? Dimitri repasse sa chemise dans sa chambre, torse nu. Il poursuit : « c'est simple. Vous injectez de l'acide dans le gisement, il pénètre et capte les métaux. La solution est stockée dans des réservoirs, puis pompée à la surface. Ensuite, on extrait le cuivre grâce à l'hydrolyse. » La lixiviation in situ consiste donc à injecter chaque jour plusieurs tonnes d'acide sulfurique directement dans le sous-sol de Mufulira. Il s'agit d'une méthode traditionnellement utilisée pour l'uranium, en raison de sa radioactivité. Ainsi, les mineurs n'entrent pas en contact avec la matière, l'acide travaillant à leur place. Cela permet d'éviter toute une série d'étapes : remonter la roche à la surface, la broyer, la réduire en poudre, la cuire… La technique de la lixiviation in situ provoque des dégâts environnementaux terribles, mais elle est rentable. On peut extraire le cuivre plus rapidement, avec bien moins d'hommes. Si le débouché pour l'utilisation de l'acide n'existait pas à Mopani, la BEI n'aurait pas octroyé ce prêt. Tout semble indiquer que le but de cette opération était d'augmenter le rendement de la fonderie, pouvoir utiliser l'acide, revendre les surplus et réduire les coûts de production, et cela avec l'argent prévu pour l'aide au développement.

Sous les gisements où sont injectés plusieurs centaines de litres d'acide sulfurique par jour se trouve toute la réserve d'eau potable de la ville, distribuée par la compagnie municipale Mulonga Water. Un système de pompe empêcherait l'acide de s'y déverser. Or, le 2 janvier 2008, plus de 800 personnes ont été intoxiquées en buvant l'eau potable. Junior, le fils aîné de Christopher, était l'un d'eux. L'adolescent s'en souvient très bien : « j'ai bu de l'eau, je ne savais pas qu'elle contenait de l'acide. Quand je suis allé à l'hôpital, il y avait beaucoup de monde, tout le monde se plaignait. J'ai eu peur de mourir. »

Un an après : la justice en marche

Nous sommes de retour un an après. Cette fois-ci, nous avons fait la route avec une militante d'une ONG française faisant cause commune avec Savior pour condamner les agissements de Glencore en Zambie.[71] Savior a cherché un porte-parole pour les victimes de l'intoxication massive. À Kankoyo, Christopher est devenu son principal allié. Savior lui a donné quelques conseils pour structurer une association. Dans son salon de coiffure désaffecté, Christopher a réuni autour de lui des mineurs au chômage, des jeunes, des mères de famille. C'est la première fois qu'un mouvement de lutte s'organise vraiment à Kankoyo. Dans la Copperbelt, quelque chose a changé. Des manifestations de mineurs protestent contre la précarisation du travail et le recours massif aux contrats d'intérim.

Nous assistons au premier meeting public de Green and Justice, l'organisation créée par Christopher. Il a lieu dans la cour de l'Église de Kankoyo, un samedi d'août 2010. La police a autorisé la réunion et signé le permis. Christopher le tient serré dans sa poche. Il sait que des gardes de la mine sont peut-être là. Il se lance : « Nous avons créé l'organisation Green and Justice, dont l'objectif est de parler pour les sans-voix et de dénoncer ce qui se passe ici dans notre communauté. » Christopher est le président de l'association. Savior se lève ensuite : « Mopani prétend qu'ils ne font pas de profit et ne paie ainsi pas de taxes. Vous pouvez croire à ça ? » Les habitants assis sur des bancs de bois, sous un arbre, secouent timidement la tête. Savior reprend : « S'ils ne font pas de profit, pourquoi continuer le business ? Ils seraient partis avant, non ? » Les gens approuvent bruyamment. Savior hausse le ton : « Cela veut dire qu'ils mentent, qu'ils trafiquent leurs livres de compte. Donc Mopani prend notre cuivre, pollue et ne paie pas de taxes. Quel est le bénéfice pour nous ? On peut les poursuivre en justice. C'est possible, mais ça prendra du temps. » Un homme se lève et approuve : « On doit faire quelque chose. Ici, c'est Bagdad, sauf qu'il n'y a pas eu la guerre. »

Personne, à Mufulira, n'a été indemnisé suite à l'intoxication. Mopani a payé une centaine de dollars d'amende à la branche locale du ministère de l'écologie et poursuivi la méthode d'extraction à l'acide. Les membres de Green and Justice mènent l'enquête afin de retrouver l'ouvrier en poste le jour de l'accident. M. Chileshe nous conduit auprès de lui. John a été licencié pour « négligence ». Mais selon lui, les conditions de sécurité n'ont pas été respectées. « La négligence vient de Mopani. À cet endroit (520 mètres sous terre), il y aurait dû y avoir trois pompes » pour remonter les tonnes d'acide à la surface. Or une seule était en activité et elle est

---

71   Les Amis de la Terre 2010.

tombée en panne le 31 décembre 2007. Le 1er et le 2 janvier, il n'y avait plus rien pour ramener l'acide à la surface. « Trop d'acide s'est accumulé dans un réservoir. Ce dernier a débordé dans les conduits souterrains. C'est descendu plus bas. On a eu beau jeter des sacs de chaux pour neutraliser l'acide, c'était trop tard. » L'acide s'est déversé dans les réserves d'eau potable. Tous ceux qui ont bu de l'eau le matin du 2 janvier ont été touchés. John s'est fait arrêter par la police à la demande de Mopani, mais aucune charge n'a pu être retenue contre lui. Il a donc été relâché. Il nous montre les lettres envoyées à la direction de MCM pour plaider sa cause ainsi que les réponses. Rien n'y a fait. Depuis, il végète, et ses enfants ont été contraints d'abandonner l'école, il y a longtemps déjà.

Les membres de Green and Justice recueillent des témoignages dans tout le quartier. Ils font signer à chacun des habitants une autorisation afin qu'ils puissent être représentés par un avocat. Pour eux, c'est la première fois. Nous avons rencontré chacune de ces personnes. Les récits sont à peu de chose près identiques. Ce matin-là, les habitants ont eu la sensation d'avaler des lames de rasoirs. Vomissements, fortes diarrhées, certains ont mis plusieurs semaines à s'en remettre complètement. Les infirmières ont conseillé à ceux qui en avaient les moyens de se rendre aux centres de santé, de boire du lait et de rentrer chez eux.

Dans les bureaux du Town Clerk de la municipalité de Mufulira, Charles Mwandila est inquiet de la méthode d'extraction à l'acide. L'eau souterraine avait déjà été contaminée en 2004 et en 2005. Il brandit une analyse de l'eau prouvant la contamination à l'acide le 2 janvier 2008. Il s'insurge : « Vous ne pouvez pas continuer d'empoisonner les gens en disant que vous allez arrêter plus tard ! On parle d'« émissions », mais c'est d'un empoisonnement dont il s'agit. » Depuis 2000, Mopani n'est pas en conformité avec les normes zambiennes en matière de rejet de dioxyde de soufre dans l'air. La filiale de Glencore compte y remédier en 2014 ou en 2015. Charles Mwandila montre l'une des seules analyses en sa possession. En juillet 2009, le taux de dioxyde de soufre rejeté était 72 fois supérieur à la norme. Mais il y a plus grave, les rejets d'arsenic sont 16 fois plus élevés que les limites autorisées. Or, le mélange arsenic-dioxyde de soufre est très cancérigène. Un jeune employé municipal nous explique : « Je ne veux pas perdre mon poste. J'ai plusieurs fois tenté de connaître la composition exacte de ce que transportent les pipelines, mais Mopani ne m'a jamais répondu. Ces rejets vont dans un bassin de décantation. »

Il faut quitter le quartier de Kankoyo pour accéder au bassin de décantation N° 11. Nous suivons les pipelines, surélevés en raison de leur corrosion. Un panneau indique «Zone interdite. Danger». Nous longeons une dune de sable sur plus de deux kilomètres. De fines particules s'envolent avec le vent d'août. Ce sont les déchets de la mine issus des pipelines qui ont séché à l'air libre. M. Pepino, un membre de Green and Justice, nous explique que «dans ces tuyaux, il y a les rejets de la mine. Ils sont composés de produits chimiques, d'eau et de sable. Ici, les rejets sont relâchés dans le bassin, mais il n'y a aucune filtration depuis la mine jusqu'ici.» Une petite rivière passe un peu plus bas. M. Pepino confirme que, à la saison des pluies, ces produits chimiques s'y déversent. Plus loin, la rivière se jette dans le magnifique fleuve Kafue, situé à quelques kilomètres de là. C'est la principale réserve d'eau du pays. Il irrigue une réserve naturelle et se jette dans le Zambèze. En juin 2007, Mopani avait déjà été accusée d'avoir pollué le ruisseau de Luanshimbo. L'équipe environnementale chargée des analyses n'avait pu accéder à la mine pour déterminer quelle installation était en cause. Mopani a confirmé aux inspecteurs avoir reçu un mois auparavant la licence lui permettant de décharger ses eaux usées dans la rivière.

À la fin du mois d'août 2010, les membres de Green and Justice ont recueilli 97 témoignages. Ils ont appris à se servir de l'appareil photo et de l'ordinateur que Savior leur a fournis. Ils sont confiants. Savior est revenu informer Christopher et les membres de Green and Justice, lors d'une réunion sous l'arbre de l'église de Kankoyo. Le procès sera long, terriblement compliqué, mais les victimes du Sud ne se laissent plus faire.

Nous sommes de retour dans le petit salon de Christopher. Autour de quelques verres, M. Chileshe danse la rumba. Cleo va mieux maintenant. Elle veut devenir infirmière. «Mère de Junior» est souriante, c'est la première fois que je la vois rire. Elle nous dit enfin son prénom: Maevis. Christopher s'est éclipsé de la fête. Quand il est heureux, il s'offre une partie de billard.

Chapitre 7

LA TOUTE-PUISSANCE DE GLENCORE

«Glencore». Le terme semble apparaître pour la première fois en 1857, sous la plume de l'écrivain irlandais Charles J. Lever. Son roman, *The Fortunes of Glencore*, s'ouvre dans le décor grandiose de la côte sauvage irlandaise et évoque un château en ruine : « *Where that singularly beautiful inlet of the sea known in the west of Ireland as the Killeries, after narrowing to a mere strait, expands into a bay, stands the ruin of the ancient Castle of Glencore.*» Loin des impressionnantes falaises de la verte Irlande, le nom «Glencore» fait aujourd'hui référence à la deuxième plus grande entreprise suisse après Vitol. Son siège est situé à Baar, dans la banlieue industrielle de Zoug (lire chapitre 5). Contrairement au château éponyme, cette société fondée en 1974 en Suisse centrale sous le nom de Marc Rich & Co. SA, puis rebaptisée «Glencore» en 1994, n'a rien d'une ruine. Profitant à merveille du climat zougois, elle s'est développée dans la plus grande discrétion, jusqu'à devenir une immense multinationale.

Le legs de Marc Rich : jeux de pouvoir et divorces tumultueux

L'histoire du changement de nom et de propriétaire de l'actuel Glencore remonte au mois de juin 1992, lorsque Marc Rich licencie soudain Willy Strothotte, son bras droit, considéré depuis 1990 comme le numéro deux de la firme. Cet allemand avait quitté la compagnie ICC Metals en 1978 pour venir s'installer à Zoug. Lui et Rich étaient très complémentaires, puisque contrairement à son nouveau patron, Strothotte n'était pas un professionnel du pétrole, mais un *Metal Man*, c'est-à-dire un spécialiste des marchés des métaux. Il existe deux versions très différentes du renvoi de Strothotte en 1992. La première parle d'un Strothotte désireux de réagir aux rumeurs sur les pertes énormes engrangées par la société et aux potins concernant le divorce tumultueux de Marc Rich. Il aurait alors proposé à son patron de tenter une ouverture vers les médias. La réponse est sans équivoque, et Strothotte se voit imposer un silence total. En dépit de cette interdiction, le numéro deux aurait tenu peu de temps après, à l'Université de Zurich, une conférence sur les conséquences de la chute du Mur de Berlin pour les affaires de Marc Rich & Co. SA. « Une véritable déclaration de guerre contre Rich », explique à *Bilanz* un ancien *Top manager* ayant siégé au sein de la direction de plusieurs filiales. Le lendemain, Strothotte ne vient pas travailler.[72]

La seconde version du renvoi de Strothotte est bien différente. À la fin de l'année 1990, la société Ravenswood Aluminium Corporation (RAC), filiale de Marc Rich & Co. SA, est impliquée dans un violent conflit syndical aux États-Unis. Les protestataires et le syndicat United Steelworkers réussissent à porter leur colère devant le siège du groupe, à Zoug, et jusque devant les caméras d'ABC et de NBC, deux des plus importantes chaînes de télévision aux États-Unis. Pendant le dernier cycle de négociations, les représentants syndicaux exigent que tous les licenciements intervenus à Ravenswood soient déclarés caducs. Un véritable « un pour tous, tous pour un », auquel le directeur de RAC répond en rétorquant : « J'appelle Strothotte. » Ce dernier accepte les revendications des grévistes. Cette décision parvient rapidement aux oreilles du codirecteur de RAC, Jean Loyer, le petit protégé de Rich. Un coup de fil passé à Zoug et « Strothotte est renvoyé le jour même »[73].

Difficile de savoir où la vérité se situe. Quoi qu'il en soit, le départ conflictuel de Strothotte ressemble à ceux de Marc Rich et Pincus Green, qui avaient tous deux quitté Philipp Brothers en mauvais termes (lire chapitre 4). Une fois Strothotte parti, Rich ordonne de casser les murs du bureau de son ancien acolyte et de transformer l'espace en petit salon. Au-delà de l'anecdote, le licenciement de Strothotte marque une étape importante dans la lutte pour le pouvoir opposant alors Marc Rich à ses principaux managers, une lutte dont ces derniers sortent bientôt gagnants. La holding du groupe Marc Rich & Co. SA, créée en 1987, appartenait à

---

72   *Bilanz*, décembre 2010.
73   Josef Lang in *SGA-Bulletin* 3/94.

Rich et aux partenaires avec lesquels il avait fondé Marc Rich & Co. SA. À l'origine, les cadres dirigeants détenaient également 25 % des parts de la société. Après le départ des cofondateurs Pincus Green et Alec Hackel, cette répartition change et Rich devient l'unique propriétaire de la holding, avec 51 % des parts de la SA. Les 49 % restant sont partagés entre la direction et les salariés.

À cette époque, Rich fait les gros titres de la presse économique notamment en raison des poursuites engagées contre lui pour évasion fiscale, aux États-Unis. Il défraie également la chronique des tabloïds à cause de ses déboires matrimoniaux. Son divorce avec Denise Rich sera d'ailleurs prononcé en avril 1992. Conformément au droit suisse, la chanteuse américaine réclame la moitié de la richesse amassée par son mari pendant leur union, soit 750 millions de francs suisses. Et comme un malheur n'arrive jamais seul, Claude Dauphin, le directeur de la société de négoce de pétrole londonienne Marc Rich & Co. SA, quitte la future Glencore un mois à peine après le licenciement de Strothotte. Comme Rich en quittant Philipp Brothers, Dauphin débauche les collaborateurs clés de son patron et crée un groupe concurrent, Trafigura (lire les chapitres 10 et 11).[74]

En juillet 1992, certains traders de Rich tentent, avec son accord, de manipuler le marché du zinc en achetant clandestinement un million de tonnes, soit 20 % de la production mondiale ou deux tiers de la valeur en zinc négociée sur le LME, la Bourse des métaux de Londres. Cette baisse artificielle de l'offre a pour but de faire monter les prix. Dans un premier temps, le pari est réussi, mais les traders ne parviennent pas à maintenir le cours du zinc assez longtemps pour que les contrats à terme conclus en parallèle dégagent les superprofits escomptés. Cette opération de spéculation malheureuse se révèle être un véritable cataclysme financier, avec 172 millions de dollars de pertes.[75] Une conclusion s'impose dans les milieux autorisés : si Rich connaît bien les marchés du pétrole, il maîtrise de toute évidence moins bien ceux des métaux. À tort ou à raison, cet échec est mis en lien avec le départ forcé de Strothotte.

Après le licenciement du spécialiste des métaux Strothotte, les démissions se succèdent au sein de l'équipe Rich, à tel point que les traders toujours à bord menacent ouvertement leur patron de s'en aller. Face à cette mutinerie, Rich capitule en mars 1993 et rappelle Willy Strothotte. Ce dernier accepte

---

74   *Bilanz*, juin 1993.
75   Ammann 2010, pp. 240-251.

de revenir à la seule condition que Rich se retire de l'affaire. Dans un premier temps, la direction et les cadres ne reprennent que 75 % des parts de la
société Marc Rich & Co. SA. Grâce aux profits engrangés plus rapidement
que prévu au cours des années suivantes, les nouveaux maîtres à bord parviennent rapidement à augmenter leur participation, et Rich cède ses dernières actions en novembre 1994 pour la somme de 600 millions de dollars.
À l'issue de cette transaction, la société est rebaptisée «Glencore», selon
Strothotte l'acronyme de Global Energy Commodities and Ressources.[76] Ce
nouveau nom permet de gommer de l'histoire de l'entreprise toute trace du
négociant en pétrole très controversé.

L'essor fulgurant de Glencore

Après cette rupture radicale avec le fondateur de la société, l'entreprise
zougoise se développe à toute vitesse. Alors qu'en 1993, le chiffre d'affaires du groupe se montait déjà à 25 milliards de dollars, il est presque
six fois plus élevé en 2010, avec 145 milliards au compteur. Glencore fait
partie des 20 à 40 entreprises affichant les plus gros chiffres d'affaires du
monde.[77] Jusqu'à son entrée en Bourse en 2011, le géant des matières premières de Baar était l'une des plus grandes entreprises du monde non
cotée. Jusqu'à cette période également, Glencore n'était connue que des
professionnels de la branche. Il faut dire que la clientèle de cette société
maniaque de la discrétion ne se compose que de grands groupes consommateurs de biens intermédiaires – comme l'entreprise de sidérurgie Arce-
lor Mittal ou le fabricant de l'industrie électronique Sony – ou d'autres
producteurs de matières premières – tels que Shell et BP – mais pas de
consommateurs de produits finis, ni de magasins. Actifs dans 40 pays,
les 2700 collaborateurs de Glencore acheminent chaque jour d'énormes
quantités de matériaux à travers le monde. Une part importante des activités de Glencore est donc purement logistique. Une fois que le noble trader des hautes sphères de la firme a fini sa transaction, la piétaille des
« opérateurs de transport » – une étiquette dont sont affublés la moitié des
employés dans les départements matières premières de Glencore – peut
entrer en action. Comme dans une entreprise de transport spécialisée, ils

---

76   Interview donnée aux *Luzerner Neueste Nachrichten*, 8.8.1994.
77   Référence pour sociétés cotées en Bourse, *Fortune 500*, listes 2007-2009.

déterminent les itinéraires pour acheminer de l'aluminium brésilien ou du cuivre congolais vers leur destination respective. Ils décident également du type de camions, du port d'arrivée ou de la catégorie de navires de fret. D'après les estimations d'un quotidien allemand de référence, aucune organisation au monde, pas même l'armée américaine ou encore le géant des supermarchés Walmart, ne transporte un volume de marchandises comparable à celui de Glencore.[78]

À cause des faibles marges usuelles dans le négoce de matières premières, seules les sociétés qui traitent de grandes quantités de marchandises et disposent de connaissances approfondies dans les domaines logistique, financier et juridique parviennent à générer de gros bénéfices. Glencore fait partie de ces sociétés, comme le montre le graphique 1.

GRAPHIQUE 1

ÉVOLUTION DU CHIFFRE D'AFFAIRES ET DU BÉNÉFICE BRUT DE GLENCORE ENTRE 1993 ET 2010

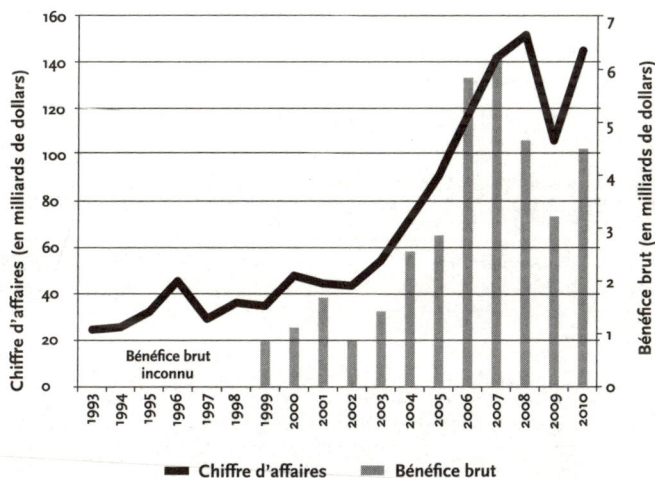

Sources : Glencore, Prospectus d'introduction en Bourse et rapports annuels, 1999-2010 ; Rapports de presse, 1993-1998.

Le bénéfice brut de Glencore croît parallèlement à son chiffre d'affaires. Selon les informations rapportées par la Deutsche Bank à l'occasion de l'introduction en Bourse du géant zougois, les résultats de Glencore pour l'année

78   *Die Zeit*, 1.10.2009.

2011 devraient à nouveau être marqués par une forte croissance. Selon les pronostics de cette banque, le bénéfice brut de la société atteindra 10 milliards de dollars d'ici à 2013, puis diminuera légèrement en raison de l'épuisement des mines produisant les minerais négociés par la multinationale.[79]

Comme les marges réalisées dans le négoce des matières premières sont plutôt faibles, il ne faut pas accorder une importance exagérée aux chiffres d'affaires mirobolants affichés dans la branche, peu comparables à ceux d'entreprises actives dans d'autres secteurs. Toutefois, ces chiffres exorbitants conjugués aux parts de marché des sociétés de négoce donnent probablement une image assez exacte de leur poids politico-économique. Dans le cas de Glencore, ce poids est colossal (voir tableau 1). Si le géant zougois se mettait en grève, de nombreuses usines, installations industrielles ou centrales électriques au charbon dans le monde ne pourraient rapidement plus fonctionner. En 2010, un dixième de la matière première contenue dans chaque produit en aluminium vendu dans le monde provenait de Glencore. Pour le zinc, c'est même 60 % de la production mondiale qui transite par ses canaux commerciaux. Si l'on considère que seule une partie de la production mondiale arrive effectivement sur les marchés internationaux (lire chapitre 3), les parts de marché effectives de Glencore sont encore plus élevées.

TABLEAU 1

LE POIDS DE GLENCORE SUR LES MARCHÉS DES MATIÈRES PREMIÈRES (2010)

	Matière première	Millions de tonnes	Part de marché en % du marché libre
Métaux	Fer	9,3	1 %
	Aluminium	3,9	22 %
	Zinc	1,7	60 %
	Ferrochrome (pour traitements de l'acier)	1,5	16 %
	Cuivre	1,4	50 %
	Plomb	0,3	45 %
	Nickel	0,2	14 %
	Cobalt	0,018	23 %

79   Deutsche Bank 2011, p. 2.

TABLEAU 1 (SUITE)

LE POIDS DE GLENCORE SUR LES MARCHÉS DES MATIÈRES PREMIÈRES (2010)

Matière première		Millions de tonnes	Part de marché en % du marché libre
Énergie	Charbon (thermique)	196	28 %
	Pétrole	125	5 %*
Agriculture	Céréales	19	9 %
	Huiles végétales et oléagineux	8	4 %

Volume inconnu en marché libre, remplacé par le volume selon le fret maritime. CNUCED 2010a.

Sources : Glencore, Prospectus d'introduction en Bourse et rapports annuels ; CNUCED 2010a ; US Geological Survey.

Lorsque les parts de marché de Glencore avoisinent ou dépassent les 50 %, le géant zougois dispose indubitablement d'une position dominante sur les marchés concernés. Si Glencore diminue ses activités commerciales ou stocke une part de sa propre production de matières premières (lire ci-dessous), leurs prix grimpent du fait de la restriction de l'offre qui en résulte.

Glencore est un vrai *global player*, actif sur les cinq continents et présent dans plus de 40 pays (voir schéma 1, page suivante). « Sa connaissance des flux de matières premières à travers le monde est véritablement angoissante »[80], déclare un partenaire d'affaires du colosse zougois à l'agence *Reuters*. Peu modeste, son prospectus d'introduction en Bourse assène d'ailleurs avec éloquence qu'« aucune société comparable ou aucun groupe semblable ne peut être défini comme concurrent direct de Glencore »[81].

Jeunes loups, vieux requins et problèmes de gouvernance

La vaste toile d'araignée tissée par Glencore est un étroit maillage de nombreuses filiales entremêlées, des Bermudes jusqu'en Suisse, en passant par le Luxembourg. Quatorze d'entre elles sont établies sur le sol helvétique

---

80   *Reuters*, 25.2.2011.
81   Glencore, *Prospectus de base*, 21.6.2010, p. 86.

SCHÉMA 1

GLENCORE: UN GÉANT MONDIAL

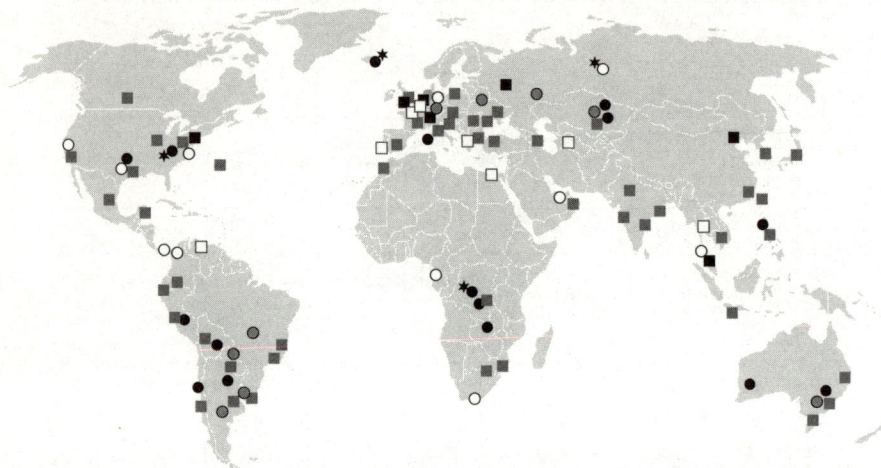

- ■ Bureau ou siège principal
- ■ Bureau
- □ Agent de représentation indépendant
- ● Site de production minerais
- ○ Site de production agents énergétiques
- ● Site de production agroalimentaire
- ✻ Participations minoritaires

Pas sur la carte :
Lieux de production de
Xstrata et UC Rusal

Sources : Glencore, Prospectus d'introduction en bourse ; Glencore Factsheet 2011 ; Deutsche Bank 2011 ; www.chemoil.com

en sus de la maison mère Glencore International SA, elle-même chapeautée, depuis l'entrée en Bourse du groupe, par une société boîte aux lettres (dite *ultimate parent company*, la « société mère ultime ») domiciliée sous les cieux fiscalement paradisiaques de l'île anglo-normande de Jersey. Au total, le groupe emploie 57 570 collaborateurs et compte trois secteurs d'activité (métaux et minerais, agents énergétiques, produits agricoles), eux-mêmes divisés en six départements (voir tableau 2, ci-contre).

Chacun de ces départements est chargé du négoce, de la production, du financement et de la logistique des matières premières qui lui sont attribuées. Le rôle des spécialistes de chacun des marchés est essentiel, à tel point que tous les directeurs de département font également partie de la direction (*Senior Managment*). Glencore joue la carte de la promotion interne. En règle générale, les cadres de la société sont engagés jeunes et lui restent fidèles tout au long de leur carrière. C'est le cas notamment du

TABLEAU 2

SECTEURS D'ACTIVITÉ, DÉPARTEMENTS ET COLLABORATEURS DE GLENCORE

Secteurs d'activité (*Business Groups*)	Départements	Collaborateurs Négoce	Collaborateurs Production
Métaux et minerais (*Metals and Minerals*)	Alumine, aluminium	520 (250 à Baar-ZG)	43 000
	Zinc, cuivre, plomb		
	Ferrochrome, nickel, cobalt		
Agents énergétiques (*Energy Products*)	Pétrole brut et produits pétroliers	640	470
	Charbon, coke	160	4130
Produits agricoles (*Agricultural products*)	Céréales, oléagineux, biodiesel, sucre	950	7200
Reste		500	
Total		2770	54 800
TOTAL		57 570	

Source: Glencore, *Prospectus d'introduction en bourse*.

directeur exécutif, Ivan Glasenberg, qui a connu chez Glencore une ascension fulgurante. Originaire d'Afrique du Sud et naturalisé à Rüschlikon (ZH) en 2010, Glasenberg a été embauché par Marc Rich, à l'âge de 27 ans à peine, pour prendre en charge le commerce du charbon sud-africain pendant le régime de l'apartheid. À 34 ans, Glasenberg était déjà responsable du négoce de charbon de la société. Nommé directeur général à 45 ans, il est depuis aux commandes de Glencore. Le profil type du cadre dirigeant de Glencore est un homme (dans 100 % des cas) ayant débuté sa carrière dans la maison autour de 30 ans. Il accède en moyenne neuf ans plus tard à un poste de direction. Christian Wolfensberger, le seul Suisse à occuper l'un de ces sièges, a étudié à la Haute école de Saint-Gall. Il est entré chez Glencore à l'âge de 23 ans et a été appelé à la direction à 34 ans.

L'introduction en Bourse de Glencore, au printemps 2011, a obligé la firme à engager du personnel chargé d'améliorer sa politique de « gouvernance », c'est-à-dire d'étoffer ses processus et ses structures de contrôle et d'administration. Depuis peu, la direction compte ainsi un responsable de la gestion des risques et un juriste responsable du respect des procédures de régulation (*compliance*). Le fait que Willy Strothotte préside le conseil d'administration tout en ayant été pendant de nombreuses années le directeur exécutif de l'entreprise ne correspond pas aux standards internationaux de bonnes pratiques en matière de gouvernance. Mais jusqu'à son entrée en Bourse, Glencore pouvait se moquer de ce genre de considérations. Depuis, elle a dû rompre avec la tradition et trouver un successeur à Strothotte. On peut d'ailleurs se demander si les décisions prises à ce sujet ont été judicieuses. Le jour même de l'annonce officielle de l'introduction en Bourse de Glencore, alors que la BBC venait de communiquer la nomination à la présidence du conseil d'administration de Glencore de l'ancien directeur de BP, John Browne, ce dernier annonçait sa démission de façon tout à fait imprévisible, en invoquant des «divergences de gouvernance»[82]. Et les doutes de Browne n'étaient certainement pas sans fondement. Peu après l'entrée en Bourse du géant zougois, la presse révèle que des collaborateurs de Glencore sont accusés de corruption par les tribunaux bruxellois. Un fonctionnaire agricole membre de la Commission européenne se serait fait financer ses vacances dans un hôtel de luxe à Saint-Tropez et régler des factures de téléphone par Glencore, pour un montant total de 20 000 euros.[83]

Simon Murray, citoyen talentueux de Sa gracieuse Majesté, reprend alors au pied levé la place laissée vacante à la dernière minute par John Browne. C'est donc cet ancien de la Légion étrangère, qui a combattu en Algérie avant de devenir chef d'entreprise à Hong Kong, et accessoirement aventurier solitaire au pôle Sud, qui aura pour mission de présider l'organe supérieur de contrôle et de représenter Glencore. Dès sa première apparition dans les médias, Murray rompt avec deux des valeurs cardinales de l'ancienne culture d'entreprise de Glencore: la discrétion et la retenue. Interviewé suite à sa nomination, il réussit à fustiger tour à tour les réfugiés africains, les grandes banques et les femmes occupant des fonctions importantes au sein des entreprises: «Pourquoi dicter à tout le monde le nombre de femmes qu'un conseil d'administration doit compter? Les femmes sont presque aussi intelligentes que les hommes, mais elles ont tendance à ne pas s'impliquer de la même manière et ne sont pas

---

82   *BBC*, 14.4.2011.
83   *Radio France Inter*, 20.4.2011.

aussi ambitieuses en affaires, parce qu'elles ont mieux à faire. Elles préfèrent généralement s'occuper des enfants et de plein d'autres choses. »[84]

Lord Browne, le président express, n'est pas le seul à s'inquiéter du niveau de gouvernance du leader de la branche. Le 31 mai 2011, la Banque européenne d'investissement (BEI) annonce qu'elle mène une enquête sur les accusations dirigées contre Glencore concernant la mine de Mopani (lire chapitres 6 et 14). La BEI déclare que son président a ordonné aux différents services de l'institution de « refuser à l'avenir toute demande de financement de la part de cette société ou de l'une de ses filiales [...] en raison des doutes sérieux qui se sont récemment manifestés quant aux structures de direction de Glencore, et dans des domaines dépassant largement le projet d'investissement de Mopani. »[85]

De l'arbitrage à la spéculation, ou comment s'en mettre plein les poches

Outre sa taille gigantesque, d'autres facteurs ont assuré à Glencore sa puissance de marché : un vaste assortiment de produits et une transformation rapide de ses propres structures. À l'origine négociant pur, le groupe zougois est en effet devenu en quelques années un producteur-commerçant. De plus, les domaines d'activité de Glencore au sein même de ses trois secteurs d'affaires – les métaux, l'énergie et les produits agricoles – sont extrêmement variés. Ce « supermarché des matières premières » peut ainsi offrir aux industriels les mêmes avantages qu'une grande surface aux consommateurs : un seul fournisseur suffit pour couvrir tous les produits. Cette particularité permet à Glencore de se démarquer non seulement des grands producteurs comme BP (pétrole) ou BHP Billiton (extraction minière), mais également des négociants de matières premières brutes tels que Louis Dreyfus, Bunge et Cargill (produits agricoles) ou Vitol (pétrole).

La capacité à anticiper les fluctuations de prix et à en tirer profit est l'une des compétences clés du négoce des matières premières. Plus la volatilité des prix est forte, plus les marges potentielles sont élevées. Les fluctuations de prix ultrarapides – comme celles qui ont suivi l'accident

---

84   *Sunday Telegraph*, 24.4.2011.
85   Banque Européenne d'Investissement, 31.5.2011.

nucléaire de Fukushima en 2011 ou les mouvements révolutionnaires au Maghreb et au Moyen-Orient – créent des «opportunités historiques». Mais les traders savent aussi utiliser les différences de prix (arbitrage) indépendantes de ce type d'événements brutaux, liées quant à elles au produit ou à la période de production. Quelle est la stratégie de Glencore pour générer de tels bénéfices? D'après la Deutsche Bank, les arbitrages relatifs au lieu, au produit ou à la période de production seraient à l'origine de la moitié environ des bénéfices de Glencore (voir graphique 2). Détail intéressant: outre les bénéfices liés à l'exploitation de son réseau logistique mondial, 14% des bénéfices de Glencore en 2010 – soit 330 millions de dollars – proviendraient de «paris directionnels sur les prix», en d'autres termes de spéculation financière. Une méthode à laquelle les maisons de négoce jurent généralement par tous les diables ne pas avoir recours (lire chapitre 13).

GRAPHIQUE 2

RÉPARTITION DES BÉNÉFICES COMMERCIAUX (EBITDA)

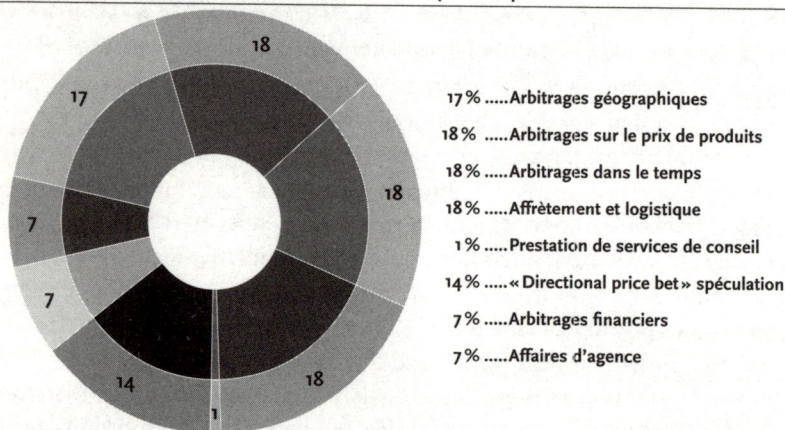

17% .....Arbitrages géographiques

18% .....Arbitrages sur le prix de produits

18% .....Arbitrages dans le temps

18% .....Affrètement et logistique

1% .....Prestation de services de conseil

14% .....«Directional price bet» spéculation

7% .....Arbitrages financiers

7% .....Affaires d'agence

Source: Deutsche Bank 2011.

Les activités industrielles et extractives de Glencore

L'élargissement des activités de Glencore aux domaines de l'extraction et de la transformation des matières premières a contribué au développement rapide du géant zougois ces dernières années. Glasenberg a ainsi renforcé le processus d'intégration verticale amorcé sous Strothotte en investissant massivement dans des installations de production telles que des mines et des fonderies. Le contrôle de Glencore sur les premiers segments de la chaîne de valeur, soit l'extraction et la production de matières premières, s'est ainsi renforcé en quelques années. Les premiers investissements dans ces domaines datent de la fin des années 1980. Alors responsable du secteur des métaux, Strothotte achète une fonderie d'aluminium et une mine de zinc et de plomb au Pérou. En 1997, il déclare que les purs négociants en matières premières ne sont plus que des acteurs de niche.[86] Quatre ans plus tard, il ajoute vouloir « renforcer l'activité industrielle » de Glencore dans le domaine de l'extraction de matières premières afin de « disposer à long terme d'un flux de matières premières fiable »[87]. Quelle est la raison principale de cette stratégie ? Le phénomène de consolidation de la clientèle (le nombre de clients diminue, mais leur taille augmente) opère une pression de plus en plus forte sur les marges des sociétés de trading. En 2001, Strothotte constate que les investissements industriels ont une influence positive sur l'évolution des recettes. En 2011, Glencore communique pour la première fois ses marges dans les domaines du négoce et de la production pour 2010 (voir tableau 3).

TABLEAU 3

COMPARAISON DES MARGES (EBITDA AJUSTÉ)

Secteur d'activité	Négoce		Production	
	2010	2009	2010	2009
Métaux et minerais	3,7 %	1,8 %	25,5 %	19,7 %
Agents énergétiques	0,5 %	1,6 %	23,9 %	28,9 %
Produits agricoles	8 %	4,5 %	4,9 %	4,4 %

Source : Glencore, *Rapport annuel 2010.*

Les marges bénéficiaires dans le domaine de la production de métaux et d'agents énergétiques sont plusieurs fois supérieures à celles du négoce pour les mêmes secteurs. Les deux domaines jouent également un rôle

---

86   *Bilanz*, mars 1997.
87   *Finanz und Wirtschaft*, 24.3.2001.

d'amortisseur au niveau des recettes. Alors qu'en période de crise, la production subit la baisse des prix des matières premières, le négoce profite de la volatilité des prix. Un niveau de prix plus faible agit à la baisse sur les besoins en capitaux destinés aux opérations commerciales, ce qui libère des liquidités pour de nouvelles acquisitions. Glencore est ainsi toujours prête à se jeter sur une proie facile, par exemple une mine prometteuse confrontée à des difficultés financières.

La Deutsche Bank a également pris conscience de la rapidité avec laquelle Glencore peut «dégainer», même dans des régions où «d'autres compagnies minières ne veulent pas toujours intervenir». Et les analystes de conclure que c'est «cette attitude opportuniste qui crée le plus de valeur chez Glencore». En 2011, environ 70% de la valeur des actifs de Glencore immobilisés dans des sites de production sont situés dans des pays ultracorrompus et/ou frappés par des conflits armés, comme la RDC, la Colombie, le Kazakhstan ou la Guinée-Équatoriale.[88]

Les alliances russes de Glencore

L'intégration verticale de Glencore s'est déroulée en premier lieu à l'Est, dans la sphère d'influence de l'ancienne URSS, où la multinationale zougoise dispose d'intérêts cruciaux et d'où provient aujourd'hui une part substantielle de ses marchandises. Cette intégration s'est faite pour l'essentiel juste après la chute du Mur, dans le chaos de la transition des anciens pays de l'Est à l'économie de marché. Au moment où les mines, les raffineries et les concentrateurs de l'ancienne industrie extractive soviétique, incapables de vendre leur production aux conglomérats industriels en semi-faillite, étaient privatisés pour une bouchée de pain. En offrant à de futurs oligarques un débouché pour leurs matières premières et un accès aux marchés financiers occidentaux, la multinationale de Baar est parvenue à forger des alliances durables avec les principales firmes extractives des pays de l'ancien empire soviétique et leurs dirigeants. Grâce à eux, elle dispose aujourd'hui non seulement de filières d'approvisionnement bon marché, mais également d'un vaste réseau d'influence et de contacts directs avec le pouvoir des anciennes républiques russes.

---

88   Calculs basés sur Deutsche Bank 2011, p. 117 sq.

Les bonnes affaires de Marc Rich avec l'URSS

L'alliance entre Glencore et les oligarques de l'ex-URSS repose sur des liens historiques et des relations de confiance interpersonnelles établies de longue date. À la fin des années 1970 déjà, Marc Rich était en contact avec les responsables soviétiques du commerce des matières premières. Par l'entremise de Phibro, puis de la société de Rich, l'URSS achetait du cuivre au Chili de Pinochet, qu'officiellement elle boycottait.[89] Marc Rich acquérait à Soyouzneftexport, un guichet d'État détenant alors le monopole du commerce du pétrole, de l'or noir revendu à l'Afrique du Sud, en échange de devises fortes des pays de l'Ouest, si précieuses pour l'ancien empire soviétique. Le rôle de Rich dans l'économie de l'URSS était alors suffisamment important pour que, le 15 août 1983, peu après le mandat d'arrêt lancé contre lui par les autorités états-uniennes, les *Izvestia* consacrent leur «une», en principe toujours réservée aux nouvelles internes de l'URSS, à un article intitulé «répression ouverte»[90] en faveur du courtier en matières premières réfugié à Zoug.

Puis vint la chute du Mur. «C'était une période de confusion complète. Il y avait autant de contrôles administratifs que de privilèges»[91], se rappelle Vladimir Lopukhin, ministre russe du pétrole et de l'énergie entre 1991 et 1992. Dans le chaos de l'effondrement de l'URSS, les directeurs d'entreprises étatiques doivent vendre leur production, mais leurs acheteurs traditionnels ont disparu. Dépourvus de ressources et incapables de payer les salaires, ils doivent impérativement accéder aux marchés de l'Ouest, quitte à vendre à prix cassés. Aux dires d'un ancien trader, c'était une époque durant laquelle emmener un directeur de raffinerie chez un dentiste londonien et lui offrir des dents toutes neuves pouvait permettre de sceller un bon *deal* pétrolier.[92] Dans ce contexte, Rich parvient à saisir de belles opportunités. Il crée ainsi quatre *joint-ventures* avec de petites raffineries russes de brut, un moyen pour leurs directeurs promus *chief executive officers* d'exporter leur production sans limite. Glencore s'assure en échange de l'or noir bien en dessous des prix du marché.

---

89   *L'Hebdo*, 2.8.1984.
90   Cité in : Copetas 1986, p. 207.
91   Cité in : *New York Times*, 7.2.2001.
92   *New York Times*, 7.2.2001.

Selon *Business Week*, Rich est rapidement devenu le plus puissant trader dans les pays de la CEI. «C'était un coach et une sorte de parrain pour plusieurs oligarques» se rappelle le Professeur et économiste russe Vladimir L. Kvint.»[93] Un cadre de la Banque européenne pour la Reconstruction et le Développement se fait plus précis encore : «Marc Rich est l'un des grands concepteurs des schémas d'utilisation de cash offshore largement employés par les magnats russes des matières premières entre 1985 et 1992. Il leur a appris à échapper à la tutelle de l'État pour écouler leur pétrole»[94]. De fait, Rich a joué les mentors pour les futurs oligarques. Avant même la chute du Mur, il leur a ouvert la porte des marchés financiers occidentaux, leur offrant à la fois une vitrine, sinon respectable du moins bien pourvue, où vendre tout ce qui s'extrait et se récolte à l'est de la Pologne et des pipelines de cash. Après le retrait de Rich, Glencore, dont le département russe possédait à lui seul deux étages de l'International trade center de Moscou, a hérité de ces alliances. Jetons un œil sur les principales d'entre elles.

Glencore et Rusal

La plus importante des alliances unissant Glencore et des oligarques de l'ex-URSS est en aluminium. Au début 2010, le géant zougois détient en effet 8,6% des parts de UC Rusal à travers sa holding Amokenga Holdings Limited, aux Bermudes.[95] Avec 12% de la production mondiale d'aluminium, Rusal est le premier producteur de minerais et de bauxite, devant Rio-Tinto, Alcan et Chalco. En 2010, il a réalisé un chiffre d'affaires de 10,98 milliards de dollars, pour 2,87 milliards de bénéfices et quelque 75 000 employés.[96] Rusal possède ou exploite huit mines de bauxite, 16 fonderies et 13 raffineries d'aluminium en Russie, Ukraine, Suède, Irlande, Australie, Jamaïque, Italie, Guinée et au Nigeria, ainsi que d'autres mines (de syénite, fluorite, quartzite, charbon) et diverses usines, de la Chine à la Russie. À lui seul, le groupe couvrirait 50% de la demande européenne d'aluminium et 10% de celle de la Chine, dont ses usines

---

93   Cité in : *Business Week*, 18.7.2005.

94   Cité in : *Les Échos*, 4.4.2001.

95   *Prospectus United Company Rusal Limited 2009*, pp. 82-88. Il s'agit du prospectus rédigé pour l'entrée en bourse de Rusal, effectuée à Hong-Kong et Paris au début 2010.

96   *NZZ*, 1.4.2011.

sibériennes sont proches.[97] En clair, Rusal est un géant. Et Glencore commercialise 31 % de sa production.[98]

On peut dire que Rusal est autant l'épouse que la fille de Glencore. Le processus de concentration commencé au lendemain de la chute de l'URSS avec la privatisation des anciens conglomérats de l'aluminium s'est en effet poursuivi au-delà des frontières russes pour culminer, en octobre 2006, avec l'union de l'ancienne Rusal d'Oleg Deripaska, de SUAL de Viktor Vekselberg et du secteur aluminium de Glencore. Le premier producteur mondial d'aluminium qui a résulté de ces noces à trois appartient alors à 64,5 % à Deripaska, à 21,5 % à Vekselberg et à 14 % à Glencore. C'est en premier lieu ce mariage qui lie Glencore à des oligarques russes. Car Oleg Deripaska, Victor Vekselberg et Mikhaïl Prokhorov, le troisième oligarque entré en 2008 dans le capital de Rusal, sont des personnalités de premier plan en Russie (lire l'encadré sur les oligarques ci-dessous).

Les oligarques

Oleg Deripaska – le roi de l'aluminium
• Créateur, directeur exécutif et principal actionnaire de Rusal.
• Fortune estimée en 2010 par *Forbes* à 10,7 milliards de dollars.
• Gendre de l'ancien chef de l'administration de Boris Eltsine. Il passe pour avoir été l'un des principaux soutiens au régime de Poutine.

Viktor Vekselberg – l'oligarque suisse
• Président du *board* des directeurs de Rusal.
• Fortune estimée en 2010 par *Forbes* à 11,2 milliards de dollars.
• Il a fondé en 1990 le groupe Renova. En 2006 et 2007, Renova a notamment investi dans les industries suisses OC Oerlikon et Sulzer.
• Associé au groupe Alfa de l'oligarque Mikhaïl Fridman au sein du consortium AAR (Alfa-Access-Renova). AAR détient, à égalité avec le géant BP, 47,5 % de TNK-BP, le troisième groupe pétrolier de Russie.

---

97   *Prospectus United Company Rusal Limited 2009*, p. 82.
98   *Bloomberg Business Week*, 29.12.2010.

Mikhaïl Prokhorov – le financier du nickel
• Troisième actionnaire du géant mondial de l'aluminium. Sa holding ONEXIM, fondée en 2007, passe pour être l'un des principaux fonds de *Private equity* de Russie.
• Fortune estimée par *Forbes* en 2010 à 13,4 milliards de dollars.
• Il était l'associé de Vladimir Potanine, l'oligarque propriétaire de Norilsk, le plus important producteur de nickel du monde (lire ci-dessous).

Fondateur de Rusal, Deripaska se présente volontiers comme un self-made-man, un homme parti de rien. Il a commencé à bâtir Rusal peu après la chute du Mur, en réinvestissant des profits dégagés d'un petit *business* de commerce de métaux dans des actions de l'usine d'aluminium de Saïanogorsk, en Sibérie, dont il devient directeur en 1994, à 26 ans seulement.[99] Quatre ans plus tard, il contrôle 76 % de la production privée d'aluminium de Russie. Difficile de savoir pourtant ce qui relève de Rockfeller ou d'Al Capone dans ce parcours. Deripaska est parfois présenté comme l'un des hommes ayant placé Vladimir Poutine au pouvoir.[100]

Le russe Viktor Vekselberg, domicilié à Zoug, est le deuxième actionnaire principal de Rusal. Son nom n'est pas inconnu en Suisse, puisque Renova a investi en 2006 et 2007 dans les industries suisses OC Oerlikon et Sulzer. Pour la petite histoire, on notera au passage que la société Everest, à travers laquelle Renova a effectué les prises de participations évoquées ci-dessus, est dirigée par Vladimir Kuznetsov, l'ancien correspondant à Zurich des *Izvestia*, celui-là même qui avait signé, en 1983, l'article défendant Marc Rich face aux attaques américaines.

Mikhaïl Prokhorov, le troisième actionnaire important de Rusal, est l'ancien partenaire d'affaire du magnat Vladimir Potanine, avec qui il partageait, jusqu'en 2007, le contrôle de Norilsk. Brouillé avec Potanine, Prokhorov a rejoint avec ses actions le groupe Rusal en 2008, permettant ainsi au géant de l'aluminium – et indirectement à Glencore – de détenir 25 % du capital de Norilsk. Cette deuxième alliance russe de Glencore scelle en fait un mariage tumultueux.

---

99   *Voix de la Russie*, www.ruvr.ru.
100   *Le Point*, 5.3.2009.

Glencore et Norilsk Nickel

L'entreprise Norilsk Nickel porte le nom de l'ancien goulag sibérien, devenu une ville de 200 000 habitants, où se trouve sa principale mine. Comme Rusal, Norilsk est un géant dans sa spécialité, réalisant 20,5 % de la production mondiale de nickel et 48,6 % de la production de palladium – ce qui en fait le numéro un mondial de ces deux métaux. Norilsk produit également du platine, du cuivre, du cobalt, de l'argent et de l'or. Actif en Russie, en Australie, au Botswana, en Finlande, aux États-Unis et en Afrique du Sud et coté à la Bourse de Moscou, Norilsk a réalisé un chiffre d'affaires de 15 milliards de dollars en 2009.[101]

L'histoire de Norilsk ressemble à celle de Rusal. Privatisée après la chute du Mur de Berlin, un tiers de l'entreprise reste d'abord aux mains de l'État russe. En 1996, le groupe Onexim de Mikhaïl Prokhorov et Vladimir Potanine prend le contrôle en s'emparant d'actions gagées en contrepartie de prêts accordés à l'État. Début 2008, peu après le divorce économique entre Prokhorov et Potanine, Rusal rachète la part de 25 % dont le premier disposait dans Norilsk en échange de parts dans Rusal. La valeur de cette transaction, qui n'a jamais été communiquée, est estimée entre 9 et 14 milliards de dollars. Mais cette apparente alliance entre deux conglomérats de l'aluminium et du nickel cache en réalité une profonde rivalité entre deux clans cherchant chacun à prendre le contrôle de Norilsk. Dans la bataille, Glencore penche en faveur du clan Deripaska. En décembre 2010, la maison zougoise aurait discrètement fait une offre de rachat de ses parts à Potanine, offre refusée par ce dernier, qui s'est ensuite appuyé sur la rivale de Glencore, Trafigura, en lui vendant 8 % des parts de Norilsk pour évincer Rusal. En jeu, le contrôle de l'approvisionnement d'une part essentielle de la production mondiale de nickel, une part à laquelle Glencore semble tenir suffisamment pour avoir proposé à Norilsk de racheter l'ensemble de sa production annuelle. L'offre est rejetée peu de temps après par un Potanine probablement peu enchanté à l'idée de se retrouver pieds et poings liés à la multinationale zougoise, alliée de Deripaska. En mars 2011, le match en double Deripaska-Glencore contre Potanine-Trafigura pour le contrôle de la filière du nickel semble offrir un léger avantage pour la seconde équipe, qui dispose de plus de 30 % des actions de Norilsk et d'une majorité relative de sièges au Conseil d'administration de Norilsk.

---

101   Prospectus United Company Rusal Limited 2009, pp. 99 et p. 142 sq.

Précisons encore que l'entreprise moscovite Norilsk s'est implantée en Suisse à la fin des années 1990. En 1995, Potanine et Prokhorov ont même ouvert la première banque russe à Genève, la Rosbank (anciennement UNEXIM). À la fin des années 2000, le géant du nickel dispose, en outre, de quatre filiales sur le territoire helvétique, qui occuperaient au total une trentaine de personnes. Trois d'entre elles, Norilsk Nickel Holding SA, Norilsk Nickel International Finance (Cyprus) Ltd et Norilsk Nickel Services SA ne semblent être que des sociétés d'administration. Une structure caractéristique des constructions permettant de rapatrier des bénéfices dans des paradis fiscaux (lire chapitre 14). Deux de ces filiales sont d'ailleurs administrées depuis Sarnen (OW) par la fiduciaire d'Adriano Imfeld, un Conseiller national PDC qui s'est beaucoup battu pour que le canton d'Obwald pratique une politique « attractive » de sous-enchère fiscale. Interrogé à ce sujet, Imfeld a refusé d'expliquer ce qu'il pensait de Norilsk ou des activités financières du géant russe du nickel en Suisse, se bornant à relever que l'activité fiscale de la holding « a fait l'objet d'un accord exhaustif avec les autorités fiscales »[102].

Glencore et Kazzinc

La troisième des alliances unissant Glencore et des oligarques de l'ex-URSS est à moitié en or, à moitié en zinc. C'est la plus secrète, puisqu'on ne connaît pas l'identité de tous les protagonistes. Glencore International AG possède en effet 50,7 % du conglomérat Kazzinc, sis à Ust-Kamenogorsk, au Kazakhstan. On ignore qui contrôle le reste de l'entreprise. Née en 1997 de la fusion entre les trois principales mines du Kazakhstan alors contrôlées par l'État, Kazzinc emploie 22 000 personnes, réparties sur huit sites fournissant du zinc, du plomb, du cuivre et, surtout, de l'or.

Le Kazakhstan est l'un des principaux pays miniers du monde. Plus de 70 éléments du tableau périodique y sont extraits et l'industrie minière constitue l'un des piliers de l'activité économique. Selon les estimations du World Gold Council, le pays est la septième réserve mondiale de métal jaune. Dirigé d'une main de fer depuis 1991 par Noursoultan Nazarbaïev, le régime n'est pas réputé pour son respect des droits humains ni pour sa probité. Le clan Nazarbaïev, dont des fonds constitués de pots de vin versés par des *majors* pétrolières en échange de concessions ont été saisis en

102 *WoZ, Die Wochenzeitung*, 19.11.2009.

Suisse à la fin des années 1990 (lire chapitre 15 sur le Kazakhgate), contrôle en effet l'essentiel de l'économie du pays.

On ne sait rien, ou presque, des relations que Glencore a nécessairement dû entretenir avec le clan au pouvoir. «Nécessairement», car il est difficile d'imaginer que la multinationale de Baar ait pu mettre la main sur les précieuses réserves d'or du pays sans l'agrément du clan Nazarbaïev. Comme Kazzinc autrefois, la mine de Vasilkovskoje était propriété de l'État kazakh, pour 40% encore en 2003. Et par deux fois, d'autres groupes internationaux actifs dans le commerce de l'or, confrontés aux tracasseries du clan Nazarbaïev, ont dû renoncer à développer cette mine ensuite vendue à un personnage sulfureux, Grigori Loutchansky[103], que le magazine *Time* a décrit comme «le criminel non poursuivi le plus pernicieux du monde»[104]. Il n'est peut-être pas faux d'imaginer que l'achat ultérieur de cette mine par Glencore a permis de receler des investissements douteux, pour le plus grand bénéfice de toutes les parties impliquées. Aujourd'hui, Vasilkovskoje n'est sans doute pas la moindre des pépites aux mains de l'entreprise zougoise, laquelle a annoncé, en août 2010, vouloir introduire les mines d'or de Kazzinc en Bourse. Le projet semble avoir été ajourné. Les réticences des autres actionnaires de la mine, si peu enclins à apparaître en public, auraient-elles enterré l'affaire?

Les secteurs d'activités les plus rémunérateurs de Glencore

Laissons de côté le «Far-East» de Glencore et concentrons-nous sur le degré de rémunération de ses domaines d'activité. La part de chacun des trois secteurs d'activité de Glencore dans le bénéfice total varie en fonction des années et de la situation des différents marchés (voir graphique 3, page suivante). En règle générale, le secteur des métaux reste toutefois la principale source de recettes du groupe, ceci à l'exception des années comme 2008, marquée par la conjonction de pics des prix du pétrole et d'une crise latente dans l'industrie de transformation des métaux. Dans ce contexte-là, le secteur de l'énergie, important déjà, peut prendre le pas

---

103 Ecolinks Mining Sector Delegation Description, Kazakhstani Delegation 2003. À ce sujet, cf. *The September 11 Commission Report 2008*, pp. 94-106 Brill-Olcott 2002, pp. 166-167.

104 House of Representatives, *Justice undone: Clemency decisions in the Clinton White House. Second report by the Committee on Government reform.* 2002. p. 112.

RÉPARTITION DU BÉNÉFICE BRUT DE GLENCORE PAR SECTEURS D'ACTIVITÉ ENTRE 1999 ET 2009

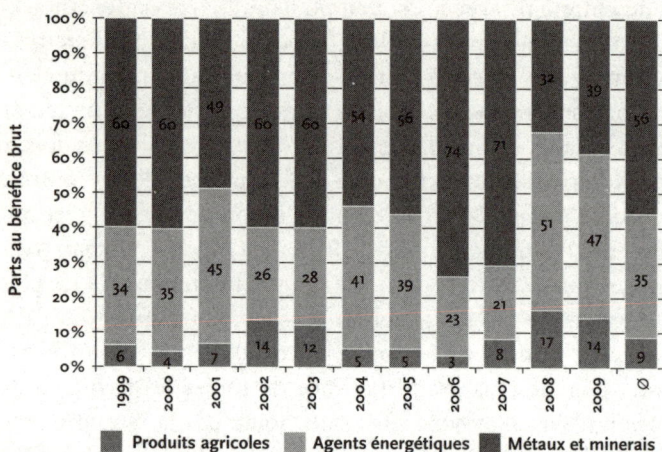

Sources : Rapports annuels de Glencore et prospectus d'introduction en Bourse.

sur les métaux. Le secteur des produits agricoles occupe quant à lui toujours la troisième place.

Glencore a publié pour la première fois, dans son rapport annuel 2010, la répartition des bénéfices de ses trois secteurs d'activité (produits agricoles, agents énergétiques, métaux et minerais) en fonction des deux domaines, négoce et production. Ridiculement faible, le petit pour-cent de bénéfice provenant de la production agricole ne représente qu'une miette dans la caisse des recettes du groupe. Une miette de 280 000 hectares, tout de même, soit l'équivalent de la totalité des terres arables en Suisse (sans les pâturages). Le domaine des métaux et minerais est de loin le secteur d'activité le plus important, tant pour le négoce que pour la production. Le commerce de produits pétroliers joue également un rôle prépondérant. Chacun de ces trois secteurs d'activités représente respectivement 20 % environ du bénéfice total du groupe (voir tableau 4, ci-contre).

Le secteur «Société et autres» englobe, pour le domaine de la production, les parts de bénéfices générées par les 34 % de participation dans la société Xstrata. Elles représentent à elles seules environ un quart du béné-

TABLEAU 4

POURCENTAGE DES SECTEURS D'ACTIVITÉ PAR RAPPORT AU BÉNÉFICE (EBIT) EN FONCTION DES DEUX DOMAINES, NÉGOCE ET PRODUCTION

MOYENNE 2009/2010

	Négoce	Production	Total
Métaux et minerais	22%	18%	40%
Agents énergétiques	19%	8%	27%
Produits agricoles	11%	1%	12%
Société et autres	-5%	26%	21%
Total	47%	53%	100%

Source : Glencore, Rapport annuel 2010.

fice total. La compagnie minière Xstrata réalise quant à elle environ 70% de ses bénéfices dans le secteur des métaux et 30% dans le secteur du charbon destiné à des centrales thermiques. Si l'on tient compte de l'origine minière des profits réalisés dans le secteur «Société et autres» de Glencore, il est clair que l'extraction est la vache à lait de la multinationale.

Financièrement parlant, Glencore enchaîne les succès. Lorsque Marc Rich vend son empire dans les années 1993-1994, il vaut 1200 millions de dollars. Moins de vingt ans plus tard, lors de son entrée en Bourse en mai 2011, la valeur de la société est cinquante fois plus élevée (60 milliards de dollars).[105] Parallèlement, le bénéfice net annuel de Glencore a quintuplé (3,8 milliards de dollars en 2010 contre 260 millions en 1992).

Dettes et créances : la petite cuisine financière de Glencore

Avant son introduction en Bourse, Glencore était déjà une société anonyme dont l'actionnariat se composait, jusqu'en mai 2011, des quelque 500 cadres dirigeants de l'entreprise. Si ce système présentait des avantages déterminants – notamment parce que l'entreprise n'avait de comptes à rendre à personne – il limitait pourtant l'activité de la société. Glencore ne

105   *Reuters*, 25.2.2011.

pouvait en effet que difficilement augmenter son capital par l'émission de nouvelles actions et financer par cette voie l'achat d'une mine ou le développement de son infrastructure logistique. Par ailleurs, le départ d'un cadre signifiait la perte d'une partie du capital. Par conséquent, la part de capitaux externes et le niveau d'endettement de Glencore ont toujours été très importants. À la fin de l'année 2010, la dette du groupe s'élevait à plus de 30 milliards de dollars.[106]

Depuis 2002, Glencore s'approvisionnait en capitaux sur le marché. En 2010, environ un tiers de ses capitaux externes provenait de porteurs d'obligations. Des lignes de crédit pour une valeur de 10 milliards de dollars au total, ouvertes auprès de 97 banques, dont 42 nouvelles arrivantes sur le marché, fournissent un autre tiers du capital de Glencore.[107] En Suisse, UBS, Credit Suisse, mais aussi les banques cantonales de Zurich, Genève et Vaud finançaient et financent toujours le groupe zougois.[108] Au cours des dernières années, Glencore n'a utilisé au maximum que deux tiers de ce crédit. Elle finance par ailleurs une part spécifique de ses activités par le biais d'accréditifs (lettres de crédit) et de garanties bancaires, dont la valeur totale s'élevait à 8,956 milliards de dollars à la fin de l'année 2010.[109]

Tout en dépendant des crédits bancaires, Glencore fait elle-même office de banque. En 2010, elle a ainsi prêté pour plus de 3 milliards de dollars. Les crédits les plus conséquents ont été octroyés à la compagnie pétrolière russe OAO Russneft (2 milliards de dollars) et à l'entreprise indonésienne d'extraction de charbon PT Bakrie & Brothers (200 millions de dollars), dans les deux cas, au prix d'un taux d'intérêt conséquent de 9 %. Ces prêts permettent à Glencore de conclure de juteux contrats de prise ferme. En 2004, l'entreprise a ainsi accordé 40 millions de dollars à la deuxième plus grande mine de zinc du Pérou, Volcan, en contrepartie de droits d'approvisionnement jusqu'en 2010.[110] De tels crédits ou de telles ententes sont bien souvent le premier pas stratégique vers la prise de contrôle d'une société minière.

Glencore entretient une relation particulière avec Credit Suisse (CS). Lors de l'augmentation de capital de Xstrata, la banque a en effet apporté son soutien à Glencore afin qu'elle parvienne à conserver ses actions (lire chapitre 8).

---

106 Glencore, *Rapport annuel 2010*, p. 15 et p. 56.
107 Glencore, *Rapport annuel 2010*, p. 16.
108 *NZZ*, 12.5.2010.
109 Glencore, *Rapport annuel 2010*, p. 71.
110 *Business Week*, 18.7.2005.

Épaulée par Citigroup et Morgan Stanley, CS a conduit l'opération d'entrée en Bourse de Glencore. En plus d'une relation stratégique, CS et Glencore ont passé une alliance opérationnelle en 2006. Le géant des matières premières fournissait à la banque des informations d'*insiders*, grâce auxquelles Credit Suisse échafaudait des produits structurés et des contrats dérivés (lire chapitre 3). De cette fructueuse union sont nés des dérivés OTC, très décriés depuis la crise financière en raison de leur opacité.[111] En 2008, Credit Suisse employait 130 collaborateurs dans son département matières premières, un département dont le directeur a démissionné en janvier 2011. Peu après, CS officialisait sans commentaire son alliance jusqu'alors discrète avec Glencore, en annonçant la conclusion d'un accord pluriannuel portant notamment sur des services de conseil (*multiyear licensing and consulting agreement*)[112].

L'entrée en Bourse de Glencore et ses implications

La position de Marc Rich concernant les sociétés de négoce de matières premières non cotées en Bourse est restée la même. «C'est bien plus pratique de ne pas être coté en Bourse, car on n'a aucune information à donner. […] La discrétion est un facteur de succès important dans ce métier. Nous préférions agir dans le silence, en cercle fermé. C'est un avantage en affaires. Et cela convenait aussi à nos partenaires commerciaux.»[113] Pourtant, après des années de rumeurs, l'introduction en Bourse de Glencore a effectivement eu lieu en mai 2011, à Londres tout d'abord, puis à Hong-Kong quelques semaines plus tard. Deux raisons principales ont motivé la société à faire ce pas: la nécessité de diminuer son endettement et celle d'augmenter son trésor de guerre.

Même s'il est vrai que, jusqu'à aujourd'hui, Glencore n'a jamais manqué de capitaux pour financer ses rachats de mines, d'installations de production ou de participations, les prix de ces actifs ont littéralement explosé avec le boom des matières premières. Une mine de charbon qui coûtait 100 millions de dollars en 1980 en valait 2 milliards en 2010.[114] D'après son prospectus d'introduction en Bourse, Glencore destine une

---

111   Credit Suisse, Communiqué de presse, 3.8.2006.
112   *Bloomberg*, 17.1.2011
113   *Weltwoche*, N° 4, 2011.
114   *Financial Times*, 9.7.2010.

partie des fonds levés sur les marchés boursiers à de tels investissements, et 2,2 milliards de dollars doivent être attribués à une hausse de la part dont le géant zougois dispose dans la société minière Kazzinc. Cinq milliards de dollars sont destinés à l'agrandissement d'infrastructures minières, notamment celles de Mopani (Zambie) et de Prodeco (Colombie), ainsi qu'à la production de pétrole en Afrique de l'Ouest (surtout en Guinée-Équatoriale).[115] Sa cotation en Bourse permet désormais à Glencore d'émettre à tout moment de nouvelles actions et de financer ainsi de très gros achats ou des fusions. Dans la seule interview qu'il a consenti à donner, Glasenberg a déclaré que l'entrée imminente de Glencore en Bourse conférerait désormais au groupe « une véritable puissance de feu permettant d'acheter des actifs dès que les opportunités se présenteront, dans des endroits et des proportions jusqu'à présent inatteignables »[116].

Dans la presse économique, on fantasme volontiers sur les possibles fusions de Glencore avec d'autres pointures de la branche. Des rumeurs ont ainsi couru sur une prise de contrôle par Glencore de la compagnie minière du Kazakhstan ENRC. Cette entreprise, cotée à la Bourse de Londres pour une valeur boursière de près de 21 milliards de dollars à la mi-2011, est principalement active dans son pays d'origine, ainsi qu'en RDC. Comme tant d'autres sociétés de la branche, elle dispose d'un département négoce installé en Suisse, à Kloten. Pour l'expert des matières premières londonien Michael Rawlinson, la société ENRC n'est pas un partenaire commercial fréquentable pour l'un des géants de l'extraction minière, et ce en raison des risques de corruption et de réputation qu'elle représente. « Je pense qu'aucune autre société n'oserait même jeter un œil sur elle, mais Glencore le fait. Ils savent s'y prendre avec la RDC, les oligarques, et ils sont déjà présents au Kazakhstan. Voici donc un exemple parfait de comment Glencore fait ce que les autres ne feraient pas. »[117] La société Louis Dreyfus Commodities (lire chapitre 12) est une autre candidate potentielle au rachat pour Glasenberg. Mais la presse économique a toujours été unanime sur un point : l'union parfaite pour Glencore serait un mariage avec Xstrata. « Nous pensons qu'il y aurait de nombreux avantages à réunir les deux sociétés », avait déjà confirmé par le passé le direc-

---

115   Glencore, *Prospectus d'introduction en Bourse*, Royaume-Uni, 2011, p. 132.
116   *Financial Times*, 11.4.2011.
117   *Reuters*, 25.2.2011.

teur exécutif de Glencore.[118] Quant à Mick Davis, l'homme fort de Xstrata, il considère le fait que les deux groupes soient cotés en Bourse indépendamment comme quelque chose d'impossible « à long terme »[119].

Finalement, le « long terme » n'aura pas duré plus de neuf mois. En février 2012, les deux compagnies ont annoncé leur intention de fusionner. Glencore et Xstrata ont jusqu'en octobre 2012 pour convaincre 83.5 % des actionnaires de la seconde des bienfaits de ce mariage, les droits de vote dont la première bénéficie du fait de sa part de 34 % dans la holding Xstrata étant suspendus pour ce vote crucial. Elles doivent aussi convaincre les autorités de protection de la concurrence de divers pays qu'elles n'abuseront pas de leur position dominante sur les marchés des matières premières où elles disposeront pratiquement d'une position oligopolistique. Pour mémoire, une cargaison de charbon thermique sur trois dans le monde sera vendue par Glencore Xstrata plc. Ce mammouth occupera la première place mondiale dans le commerce de zinc et de plomb. Le *Financial Times* a dû remonter à l'union de Royal Dutch et de Shell en 1907 pour trouver une fusion présentant des caractéristiques semblables. En apparence, Xstrata apparaîtra comme dominant la nouvelle compagnie. Son CEO sera Davis, Glasenberg n'en sera que le second. John Bond demeurera Président du Conseil d'administration et l'essentiel des directeurs d'Xstrata conserveront leur siège dans la nouvelle entité. Néanmoins, c'est le management actuel de Glencore qui aura la haute main sur la future Glenstrata, puisqu'il disposera du bloc de contrôle des actions de la nouvelle compagnie.

Comparé à celui d'autres multinationales, le niveau d'endettement de Glencore est très élevé. La notation financière dont le géant de Baar jouissait juste avant son entrée en Bourse (BBB-) était catastrophique. Si les agences de notation avaient encore dégradé le colosse zougois, les compagnies d'assurance et les fonds de pension n'auraient plus été autorisés à détenir ses obligations. En outre, la direction financière n'a probablement pas encore digéré le dernier trimestre 2008. Après la chute de Lehman Brothers, en septembre de cette année-là, les banques n'accordaient plus de crédits. Même le marché des titres à court terme était anéanti. Les investisseurs du monde entier faisaient la grève des capitaux. Les taux d'intérêts des couvertures de défaillance, une sorte d'assurance par laquelle les créanciers se prémunissent contre les risques d'impayés, atteignaient des valeurs inimaginables.

---

118   *Financial Times*, 11.4.2011.
119   *Financial Times*, 13.4.2011.

Si cette situation avait perduré, les réserves financières de Glencore auraient vite été épuisées. L'introduction en Bourse a permis à la société de ne plus dépendre autant de ses lignes de crédit et d'amortir sa dette.

Des départs trop coûteux

Lorsque les cadres et actionnaires de sociétés non cotées en Bourse quittent le navire et vendent leurs actions, celles-ci doivent être rachetées par l'entreprise. C'est pourquoi les sociétés anonymes non cotées sont généralement des entreprises familiales dont le départ est presque synonyme de rupture avec sa propre famille. Avant qu'elle ne soit entrée en Bourse, cette réalité était problématique pour Glencore. Le groupe aurait peiné à survivre au départ simultané de plusieurs cadres dirigeants. Pour prévenir ce genre de situations, le groupe a adopté, en 2002 déjà, une structure d'actionnariat on ne peut plus singulière. Les managers sortants deviennent créanciers de Glencore et leurs parts dans la société ne sont soldées que de façon échelonnée dans le temps. Avant, une partie de celles-ci restait même en possession de la société zougoise jusqu'à son éventuelle entrée en Bourse, ce qui explique pourquoi les anciens collaborateurs attendaient ce moment avec tant d'impatience. Malgré ce stratagème, les départs coûtaient cher. Glencore a ainsi dû débourser 993 millions de dollars en 2009, puis 504 millions l'année suivante pour racheter les parts des anciens collaborateurs. Depuis qu'elle est cotée, ces derniers peuvent vendre leurs actions en Bourse et Glencore n'a plus à débourser un centime lors de leurs départs.

Une affaire juteuse pour les cadres de l'entreprise

À la fin de l'année 2010, la valeur des actions de Glencore détenues par les collaborateurs du géant zougois s'élevait à 20 milliards de dollars, une valeur qui avait augmenté en flèche au cours des années précédentes, comme le montre le tableau 5.

Jusqu'à l'entrée en Bourse de Glencore, les collaborateurs ambitieux n'avaient qu'un seul objectif : faire partie des actionnaires, c'est-à-dire des personnes qui se partagent le bénéfice du groupe et se le versent en sus des salaires élevés et des bonus usuels de la branche. En mai 2011, 900 millions d'actions supplémentaires ont été mises en vente pour 530 pences pièce (soit 8,6 dollars) aux Bourses de Londres et Hong-Kong, amenant au total quelque 7,9 milliards de dollars dans les caisses de Glencore. Avant l'introduction en Bourse, 12 investisseurs principaux s'étaient engagés à acheter

TABLEAU 5

**VALEUR DES ACTIONS DE GLENCORE DÉTENUES PAR DES COLLABORATEURS
EN MILLIARDS DE DOLLARS («GLENCORE SHAREHOLDERS FUNDS»)**

	Croissance	Stock
2004	pas de données	4,647
2005	1,795	6,442
2006	4,485	10,927
2007	4,744	15,671
2008	-0,266	15,405
2009	1,281	16,686
2010	2,927	19,613

SOURCES : GLENCORE, RAPPORTS ANNUELS.

des actions pour un montant total de 3,1 milliards de dollars. Parmi eux
figuraient Credit Suisse (pour 175 millions), UBS et Pictet (100 millions
chacune), la compagnie minière chinoise Zijin Mining (100 millions), et
surtout le fonds d'investissement de l'État d'Abu-Dhabi (850 millions).[120]
Par ailleurs, des actions détenues par des collaborateurs ont été rachetées
pour 240 millions de dollars, afin de contribuer au remboursement de
la dette du groupe. Les actions restantes ont été transformées en actions
de la «société mère ultime», Glencore PLC, dont le siège juridique est à
Jersey. Comme l'entrée en Bourse a presque multiplié par trois la valeur
des actions, les anciens actionnaires ont fait une belle affaire. Les cadres
dirigeants restent par ailleurs largement majoritaires au sein du groupe
(83,6 %). Les informations disponibles sur les détenteurs de participations
dans Glencore sont résumées dans le tableau 6 (page suivante).

Ivan Glasenberg est de loin le grand gagnant de l'entrée en Bourse
de Glencore. Désormais, le directeur en fonction comptabilise à lui
seul presque autant d'actions que tous les nouveaux actionnaires réunis (16,4 %), et la valeur de ses titres est plus élevée que la totalité des
nouveaux capitaux engrangés par le groupe zougois à l'occasion de son
entrée en Bourse. En une nuit, Glasenberg est ainsi devenu la sixième per-

---

120 Glencore, *Prospectus d'introduction en Bourse, Royaume-Uni*, 2011, p. 310.

TABLEAU 6

À QUI APPARTIENT GLENCORE ?

	Avant entrée en Bourse (2010)		Après entrée en Bourse (mai 2011)	
	Pourcentage	En millions de dollars	Pourcentage	En millions de dollars*
Willy Strothotte	7 - 10 %[1]	1372,9 - 1961,3	?	?
Ivan Glasenberg	2-3 %[2]	392,2 - 588,4	15,8 %	9310
Daniel Maté Badenes	?	?	6 %	3570
Aristotelis Mistakidis	?	?	6 %	3520
Tor Peterson	?	?	5,3 %	3130
Alex Beards	?	?	4,6 %	2750
Steve Kalmin	?	?	1,2 %	605
Top 6	?	?	38,9 %	22885
Top 12	30 %[3]	5883,9	?	?
65 personnes *Key Management*	57,5 %[4]	11277,5	?	?

1 7-8 % : *Bilanz*, décembre 2010 ; 10 % : *Tages-Anzeiger*, 8.3.2011.
2 *Bilanz*, décembre 2010.
3 *Bilanz*, décembre 2010.
4 Glencore, *Prospectus de base* (Euro Medium Term Notes Programme), 21.6.2010, p. 91.

Valeur comptable : de fortes variations à la hausse ou à la baisse sont possibles, en fonction du cours à la vente de l'action Glencore.

Sources : compilation des auteurs ; Glencore, *Prospectus d'introduction en Bourse.*

sonne la plus riche de Suisse (juste après Viktor Vekselberg). Son paquet d'actions est sensiblement supérieur à la moitié du PIB de la Zambie (15,7 milliards de dollars), en d'autres termes, il vaut pratiquement ce que produisent en une année les 6,2 millions d'habitants de ce pays. Quant à Maté Badenes et Aristotelis Mistakidis, ils sont désormais respective-ment la quatrième fortune d'Espagne et la deuxième de Grèce. Pour illus-trer d'une autre manière cette démesure, on mentionnera également le fait que les six managers détenant plus de 3% des actions de Glencore aujourd'hui – un seuil au-delà duquel la loi sur les bourses britannique oblige à publier le nom des actionnaires – soient ensemble en possession de davantage de titres que les 500 actionnaires-managers l'étaient avant l'entrée en Bourse.

Si les informations fournies par le passé quant à la répartition des parts du groupe avant son entrée en Bourse sont exactes, on est en droit de se demander par quel miracle la part de Glasenberg a ainsi explosé et ce qu'il est advenu de celle, autrefois conséquente, de Willy Strothotte. On pourrait imaginer que Glasenberg ait repris une partie ou la totalité des actions de Strothotte. Si cela expliquerait l'augmentation rapide de ses parts, il resterait encore à éclaircir comment Glasenberg a pu financer ce rachat.

Un impact limité sur la politique de l'entreprise

Les spéculations vont bon train quant aux conséquences de l'introduction en Bourse sur la culture d'entreprise et sur la marche des affaires du géant de la branche. Pour l'heure, on sait simplement que Glencore devra à l'avenir tenir des assemblées générales et publier des rapports annuels, ce qui poussera automatiquement le groupe sur le devant de la scène publique. À noter toutefois que Glencore divulguait déjà passablement d'informations par le passé, dans ses prospectus d'émission d'emprunt et ses rapports annuels. Même si ces documents n'étaient en principe transmis qu'aux investisseurs et aux banques, il n'était pas impossible de se les procurer par des voies détournées. Par ailleurs, même s'il est vrai que les sociétés cotées en Bourse doivent fournir des chiffres, ceux-ci sont consolidés. Autrement dit, les chiffres d'affaires des différentes filiales sont noyés dans le chiffre d'affaires global du groupe. Ces bilans consolidés ne fournissent aucun élément permettant, par exemple, de retracer les transactions intragroupes, souvent utilisées à des fins de soustraction fiscale (lire chapitre 14).

Des multinationales comme Noble et Bunge ont survécu à leur entrée en Bourse sans que cela ait de répercussions notables sur la marche de leurs affaires. Récemment cotées, les banques d'affaires américaines Goldman Sachs et Morgan Stanley n'ont rien changé à leur attitude agressive. Dans ce contexte, pas étonnant donc que Glasenberg n'envisage pas que l'entrée en bourse de Glencore puisse transformer en profondeur le modèle d'affaires du géant zougois. « Nous n'avons pas l'intention de changer notre manière de faire. Les rumeurs selon lesquelles notre entrée en Bourse nous entraverait sont fausses. Cette étape ne nous affectera absolument pas. »[121] Certes, Glencore a déjà été confrontée par le passé aux réticences de certains investisseurs, peu disposés à tout tolérer (des caisses de pension américaines ont ainsi refusé de souscrire à des obligations de Glencore lorsque

---

121 *Financial Times*, 11.4.2011.

le fait que le groupe opérait au Soudan a été rendu public). Toutefois, d'une manière générale, ni les banques ni les investisseurs n'ont hésité à souscrire des parts dans l'empire zougois, et ce en dépit de sa réputation sulfureuse, héritée de l'ère Marc Rich et jamais démentie.

Glencore devrait prendre de nombreuses mesures pour quitter « le banc des cancres » de la Bourse londonienne dans le domaine de l'environnement, où le géant zougois côtoie des entreprises aussi tristement célèbres que Vedanta Resources ou ENRC. Au chapitre « Sécurité environnementale » de son rapport annuel, Glencore se contente d'un constat lapidaire : « Glencore n'a pas connaissance d'incidents environnementaux matériels survenus sur ses lieux d'implantation »[122]. Il serait certainement plus juste de traduire « matériels » par « ayant une incidence financière sur les résultats du groupe », car les autres considérations ne semblent pas avoir beaucoup d'importance. Même leurs collègues de la branche posent parfois un regard critique sur l'impact environnemental de Glencore. En 2010, Anthony Lipmann, ancien président du conseil d'administration de Lipmann Walton & Co., une compagnie britannique active notamment dans le négoce du cobalt, déplorait dans une lettre ouverte à Glasenberg que les émissions de soufre de la mine de Mopani soient 30 à 70 fois plus élevées que le seuil maximal autorisé (lire chapitre 6). Comme il l'a lui-même constaté sur place, la terre aux alentours de la mine est « décolorée » et les récoltes sont « insuffisantes » en raison des « pluies acides qui corrodent les toitures, les façades et attaquent les poumons »[123]. Un rapport de développement durable très rudimentaire a été publié a l'automne 2011. Et la mise sur pieds d'un comité de quatre personnes chargé de « l'environnement, la santé et la sécurité » est sans doute un pas, mais dans la fausse direction, puisque le Conseil d'administration a choisi d'y déléguer parmi d'autres l'ex-boss de BP, Tony Hayward, chassé du groupe pétrolier après la catastrophe pétrolière survenue dans le golfe du Mexique sur la plate-forme Deepwater Horizon.

Si la plupart des multinationales dépensent des sommes colossales pour entretenir des départements chargés de soigner leurs apparitions médiatiques et leur image en général, Glencore a toujours estimé qu'il était tout à fait secondaire d'entretenir de bonnes relations publiques. Jusqu'au printemps 2011, le site internet de la société (glencore.com) n'était guère plus fourni qu'une carte

---

122   Glencore, *Rapport annuel 2010*, p. 72.
123   Lettre à Ivan Glasenberg, 3.5.2010.

de visite. Dépourvu de rubrique « news », il donnait à peine quelques chiffres censés renseigner sur la marche générale des affaires du groupe. « Glencore est une entreprise privée et notre politique de communication avec les médias reflète ce statut »[124], quelques mots laconiques pour expliquer cette culture de la discrétion et du silence qui a prévalu jusqu'en 2010.

Pour les journalistes, les déclarations de Lotti Grenacher, cheffe des ressources humaines au siège de Baar, qui s'efforçait tant bien que mal de remplir aussi la fonction d'attachée de presse, étaient légendaires. Il faut dire que son rôle de porte-parole consistait en fait à ne rien dire. Le directeur n'hésitait d'ailleurs pas à régler les situations critiques lui-même, comme la Déclaration de Berne a pu en faire l'expérience. Au début de l'année 2008, Glencore reçoit des mains de la DB le prix du « Public Eye » pour sa façon peu responsable de traiter les salariés de ses mines de charbon en Colombie et de polluer les nappes phréatiques situées aux alentours. Irrité par tant de « critiques illégitimes émanant de personnes peu qualifiées en la matière », Glasenberg appelle alors la DB pour passer un savon au coordinateur de la campagne. Comme cela n'a aucun effet sur l'écho médiatique généré par ce prix de la honte, Glencore s'offre un mois plus tard les services particulièrement bien rémunérés de consultants en image londoniens. En moins de 24 heures, les Anglais fournissent à un journaliste du *Spiegel* plus de 100 pages de documents justifiant de l'engagement social et écologique de Glencore en Colombie.[125]

En résumé

Pratiqué avec succès pendant de longues années par la société Marc Rich & Co., le modèle d'affaires du pur négociant, c'est-à-dire d'une entreprise active uniquement dans le négoce de matières premières, est aujourd'hui en voie de disparition. Dans un contexte où les marges ne cessent de rétrécir, il est nécessaire de déplacer des volumes énormes pour que le négoce rapporte. De plus, les clients industriels, qui se sont agrandis eux aussi, veulent pouvoir faire l'ensemble de leurs achats dans le même « supermarché de matières premières ». La physionomie de la place du négoce zougoise s'est donc modifiée en profondeur, et le temps où elle était composée

---

124   *Reuters*, 25.2.2011.
125   *Spiegel Online*, 27.2.2008.

de petites, voire de très petites, maisons de trading n'est plus qu'un lointain souvenir. Glencore a survécu et s'est considérablement développée. Non seulement parce qu'elle s'est forgée une position dominante sur les marchés de certaines matières premières, mais aussi parce qu'elle s'est intégrée verticalement, en remontant aux sources même du négoce, dans les secteurs très rentables de la production, et en acquérant des mines et des forages pétroliers. Aujourd'hui, la plus grande société de négoce est donc aussi une immense compagnie minière. Et si leur fusion se réalise, Xstrata-Glencore plc sera la quatrième plus importante société minière du monde.

La récente entrée en Bourse de Glencore n'a pas transformé d'un coup de baguette magique la société issue du sulfureux héritage de Rich en un leader socialement et écologiquement responsable, grand maître de la transparence. Au contraire. Cotée en Bourse, Glencore est probablement devenue plus dangereuse encore. La Deutsche Bank estime que le bénéfice brut du groupe pourrait bientôt atteindre 10 milliards de dollars. La mine de charbon Prodeco en Colombie, l'empire du zinc au Kazakhstan, l'activité extractive en RDC, les nouveaux gisements de pétrole en Guinée-Équatoriale, autant d'activités destinées à être le moteur de la croissance future de Glencore, peuvent potentiellement générer des violations des droits humains et des dommages massifs à l'environnement. Seules de fortes pressions de la société civile, d'investisseurs soucieux de l'éthique ou encore des menaces de réglementations étatiques pourraient contraindre le colosse zougois à adopter une attitude plus responsable.

L'introduction en Bourse de Glencore a permis à une poignée de dirigeants de devenir immensément riches. Le «top 6», c'est-à-dire les six plus importants managers de Glencore, se sont partagé près de 23 milliards de dollars, un coup faisant presque passer les banquiers d'investissement et les directeurs de fonds de placement pour des amateurs. Si les six directeurs de Glencore étaient un pays et leur fortune un produit intérieur brut, ils figureraient à la 94e place du classement mondial des PIB. Les 96 places suivantes sont occupées par de vrais pays, ceux d'où proviennent les richesses naturelles grâce auxquelles les prédateurs zougois se sont si considérablement enrichis.

Le complexe minier de Mopani Copper Mine, une filiale du géant du négoce des matières premières Glencore, à Mufulira en Zambie. En lien avec ce cahier photo, lire le reportage d'Alice Odiot en Zambie (chapitre 6), ainsi que les chapitres 5 et 7 consacrés à Glencore. (Photos : Audrey Gallet)

Le siège de la multinationale des matières premières Glencore, à Baar, dans la banlieue industrielle de Zoug, en Suisse (en haut) ; mineurs de la mine de Mopani en Zambie (en bas). (Photos : Meinrad Schade)

Pour survivre, des «creuseurs» exploitent avec des moyens rudimentaires un site minier désaffecté. Ils cherchent du cuivre qu'ils revendent ensuite à des intermédiaires. Un travail harassant et dangereux. (Photos: Meinrad Schade)

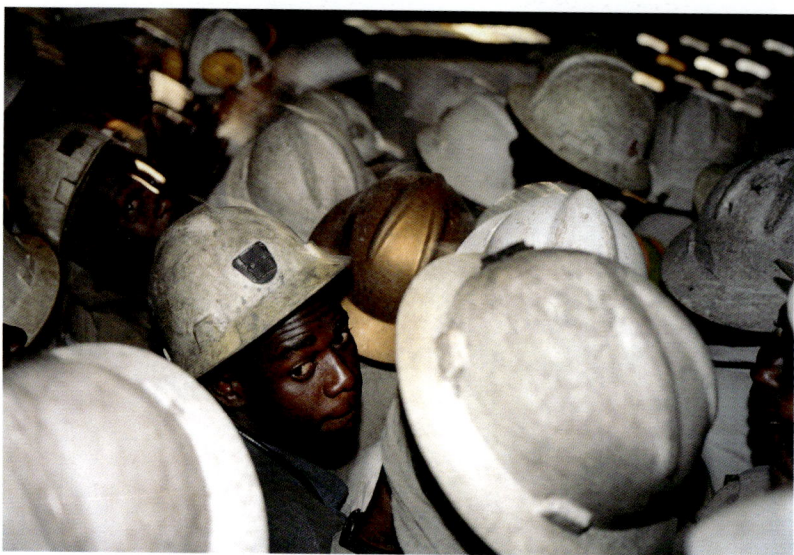

Le bus pour le transport des employés de Glencore (en haut) ; les mineurs de Mopani dans l'ascenseur les menant au fond de la mine (en bas). (Photos : Meinrad Schade)

Le salon de coiffure de Christopher dans le quartier de Kankoyo (en haut) ; une femme vendant des aliments avec en arrière-fond le complexe minier de Mopani (en bas). (Photos : Audrey Gallet)

V

Le quartier de Kankoyo jouxtant la mine (en haut – photo : Audrey Gallet) ; transport de plaques de cuivre fabriquées au complexe minier de Mopani (en bas – photo : Meinrad Schade).

Les résidus de l'exploitation de la mine forment une immense dune de sable à ciel ouvert (en haut) ; à l'aide d'un tissu, un jeune garçon se protège du « centa », le nom donné au dioxyde de soufre, un gaz toxique rejeté par la mine de Mopani (en bas). (Photos : Audrey Gallet)

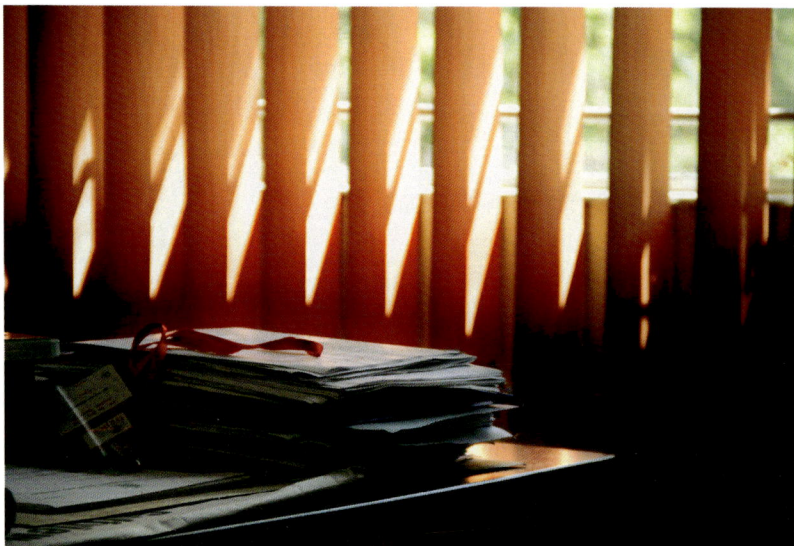

Les témoignages récoltés par les membres de l'association Green and Justice pour appuyer leur plainte contre Glencore (en haut) ; Christopher, porte-parole de l'association, en réunion (en bas). (Photos : Audrey Gallet)

Chapitre 8

XSTRATA :
L'INDUSTRIE EXTRACTIVE
MADE IN SWITZERLAND

Glencore n'est pas le seul géant des matières premières installé dans le canton de Zoug. L'entreprise dirigée par Glasenberg y côtoie le géant minier Xstrata, avec lequel elle entretient d'ailleurs des liens étroits. Entre acquisitions et fusions plus ou moins amicales, l'histoire de l'industrie extractive est marquée par un fort processus de concentration. Il n'a laissé subsister qu'une poignée de multinationales dans le secteur minier (voir tableau 1, page suivante). En règle générale, celles-ci sont originaires de pays riches en matières premières, ou descendantes directes d'entreprises ayant bâti leur puissance dans un passé colonial, souvent au XIXe siècle déjà. Le numéro deux mondial de l'industrie extractive, BHP Billiton, résulte d'une fusion, en 2001, entre l'entreprise australienne BHP, fondée en 1885, et sa consœur Billiton, dont les actionnaires s'étaient réunis pour la première fois en 1860 à La Haye, afin de développer l'extraction de l'étain, du plomb et de la bauxite dans l'empire colonial néerlandais d'Asie du Sud-est. Même scénario, ou presque, pour les groupes miniers Rio Tinto (Grande-Bretagne/Australie, en 1873), Anglo American (Grande-Bretagne/Afrique du Sud, en 1917) ou Vale (Brésil, en 1942). Dans ce paysage, Xstrata fait figure d'exception. Inscrite depuis des années au registre du commerce de Zoug, et cotée aux Bourses de Londres et de Zurich, cette société figure parmi les cinq plus importantes entreprises extractives du monde. Pourtant, contrairement à ses principaux concurrents, Xstrata ne peut pas se réclamer d'un passé colonial à proprement parler ni de lien particulier avec un pays producteur de matières premières.

TABLEAU 1

LES CINQ GÉANTS DE L'INDUSTRIE MINIÈRE

Groupes	Chiffre d'affaires en milliards de dollars
Rio Tinto	31.12.2010 : 56,6
BHP Billiton	30.6.2010 : 52,8*
Vale	31.12.2010 : 45,293
Xstrata	31.12.2010 : 30,5
Anglo American	31.12.2010 : 28,0

Comme il est d'usage pour les entreprises australiennes, l'année comptable de BHP Billiton se termine en juin. Par conséquent, nous donnons ici le chiffre d'affaires de l'année comptable se terminant en juin 2010. Le chiffre d'affaire du semestre suivant (de juin à décembre 2010) était de 34,2 milliards de dollars.

Sources : sites internet des entreprises, rapports annuels et trimestriels.

En 2001, le directeur exécutif d'Xstrata, Mick Davis, prévoyait déjà un *commodity super-cycle* – un supercycle des ressources naturelles. Ce concept éthéré, fréquemment utilisé dans le secteur des matières premières, fait référence aux fluctuations à long terme des prix des matières premières. En clair, selon Davis, la consommation croissante de matières premières et d'énergie des pays émergents, dans un contexte où l'offre à court terme est limitée, allait générer une hausse des prix. Depuis le début des années 2000, Xstrata a donc acheté des mines et absorbé des sociétés d'exploitation à tour de bras. Si bien que, en l'espace de dix ans, cette grosse PME spécialisée dans l'extraction de ferroalliages, comme le ferrochrome et le vanadium, est devenue l'une des cent plus riches entreprises du monde, et la sixième société cotée en Bourse en Suisse, après Glencore, Nestlé, Novartis, Roche et ABB.

L'actionnaire principal de la machine à dividendes Xstrata n'est autre que Glencore, qui détient environ 34 % de ses actions par le biais de Finges

Investment BV, une société écran domiciliée aux Pays-Bas. Jusqu'à l'entrée en Bourse de Glencore, les «jumelles zougoises» se partageaient, en la personne de Willy Strothotte, le même président au conseil d'administration. Le Directeur de Glencore, Ivan Glasenberg, siégeait quant à lui au conseil d'Xstrata. L'entrée en Bourse de Glencore a encouragé Mick Davis à accroître symboliquement la distance entre les deux entreprises. Sir John Bond, déjà président du conseil d'administration de la banque britannique HSBC, a donc remplacé Strothotte à la tête de celui d'Xstrata. Un homme occupé, ce Bond, qui collectionne les représentations, avec un siège au sein des conseils d'administration du prestataire de téléphonie Vodafone, du groupe de transport maritime Moller-Maersk et de la société immobilière chinoise Shui On Land.

Le travail d'Xstrata s'articule autour de cinq pôles d'activités principaux, répertoriés ci-après selon leur importance et leurs chiffres clés.

TABLEAU 2

XSTRATA ET SES AVATARS

Secteur	Chiffre d'affaires en milliards de dollars (part au total du groupe)	Bénéfice en milliards de dollars (part au total)*	Collaborateurs	Siège
Xstrata Copper (cuivre)	14,0 (46%)	3,8 (49%)	11 483	Brisbane (Australie)
Xstrata Coal (charbon)	7,8 (26%)	2,2 (28%)	10 473	Sydney (Australie)
Xstrata Zinc (zinc)	3,9 (13%)	0,9 (12%)	4 645	Madrid (Espagne)
Xstrata Nickel (nickel)	2,7 (9%)	0,5 (6%)	3 340	Toronto (Canada)
Xstrata Alloys (métaux d'alliages, par ex. ferrochrome, vanadium)	1,9 (6%)	0,4 (5%)	8 337	Rustenburg, (Afrique du Sud)

À l'exclusion des bénéfices provenant d'activités non répertoriées ici.

Source : Xstrata, *Rapport annuel 2010.*

À cela s'ajoute un sixième pôle (Xstrata Technology Services), de moindre importance.

Xstrata est une multinationale dont l'activité se concentre principalement autour des mines et des installations de production en Amérique latine, en Australie et en Afrique. Le schéma 1 (carte) montre l'origine géographique des matières extractives et l'importance des régions concernées.

SCHÉMA 1

LE MONDE SELON XSTRATA

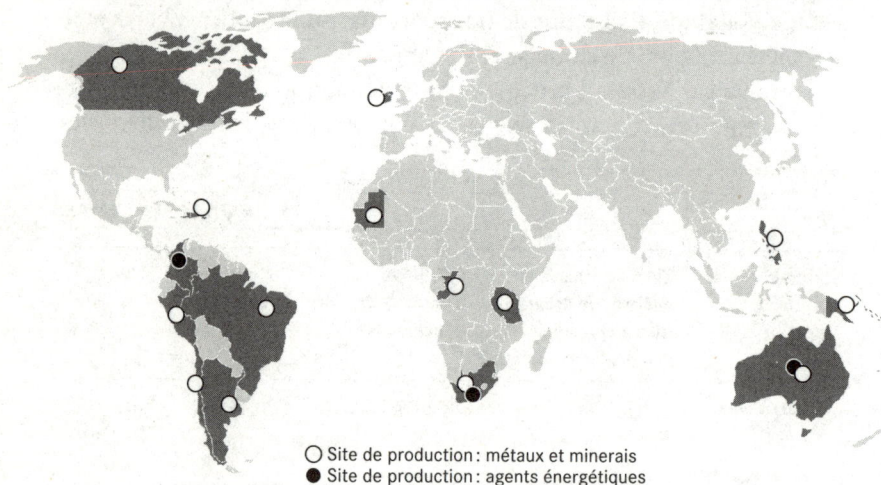

○ Site de production : métaux et minerais
● Site de production : agents énergétiques

Source : Xstrata, *Rapport annuel 2010.*

Les marchés les plus importants d'Xstrata présentent la même diversité que les régions d'origine des minerais du groupe. Principal fait marquant, le poids des marchés asiatiques. Contre toute attente, le Japon occupe toujours une place aussi importante que la Chine au palmarès des principaux clients d'Xstrata.

L'histoire d'Xstrata, de sa naissance à son entrée en Bourse

Les racines d'Xstrata remontent aux années 1920. Dans un contexte historique différent, les entreprises et les investisseurs suisses rêvaient déjà

XSTRATA : CHIFFRE D'AFFAIRES PAR RÉGION DE VENTE DES MATIÈRES PREMIÈRES

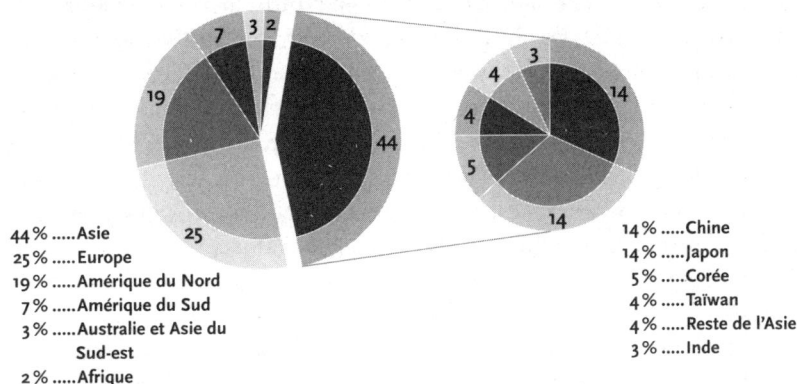

44 % ..... Asie
25 % ..... Europe
19 % ..... Amérique du Nord
7 % ..... Amérique du Sud
3 % ..... Australie et Asie du
           Sud-est
2 % ..... Afrique

14 % ..... Chine
14 % ..... Japon
5 % ..... Corée
4 % ..... Taïwan
4 % ..... Reste de l'Asie
3 % ..... Inde

Source : Xstrata, *Rapport annuel 2010*.

d'une expansion à l'échelle mondiale et s'appliquaient à faire valoir leurs intérêts sur un échiquier globalisé. Fondée en novembre 1926, à Zurich, l'ancêtre d'Xstrata, la Südamerikanische Elektrizitätsgesellschaft (Société électrique d'Amérique du Sud) ou « Südelektra » est à l'origine une société financière investissant dans la production et la distribution d'électricité en Amérique latine. Elle attribue son premier crédit à la Lima Light, Power & Tramways, une compagnie active dans le secteur électrique péruvien. Après le krach boursier de 1929, le sous-continent est sévèrement touché par la crise économique. La chute des monnaies latino-américaines qui en résulte engendre une forte dépréciation des participations détenues par Südelektra en Amérique latine. À l'exception d'une brève période d'embellie dans les années 1950, la prospérité des fournisseurs d'électricité privés en Amérique latine est bel et bien révolue. Au Pérou, où Südelektra continue d'être particulièrement active après la Deuxième Guerre mondiale, le régime militaire nationalise toutes les compagnies d'électricité. Officiellement, Südelektra perdure, mais au lieu de miser sur une expansion globale, la société de participation privilégie les obligations et les actions des plus grandes firmes suisses.

En 1990, peu de temps avant d'être reprise par l'Union de banques suisses (UBS), la banque PBZ Privatbank vend à Marc Rich & Co. SA ses 53 % de participation majoritaire dans Südelektra. Avec l'acquisition de

Südelektra – une société cotée en Bourse – Marc Rich&Co. SA s'offre un accès direct au marché suisse des capitaux. Avec élégance et en toute discrétion, c'est-à-dire sans avoir à initier d'introduction en Bourse et, par conséquent, sans devoir divulguer ses chiffres. Cette manœuvre permet à Marc Rich&Co. SA, systématiquement confrontée aux limites d'un capital restreint – en dépit d'importants bénéfices et du soutien généreux de plusieurs banques – de voir son avenir en grand. À peine intégrée à l'empire de Rich, Südelektra commence à étendre son activité au-delà du commerce et à développer la prise de participations dans des sites d'extraction et de production, dans le secteur de l'aluminium notamment. En d'autres termes, la société Südelektra permet à Marc Rich&Co. SA de financer de nouvelles participations et de nouvelles acquisitions en passant par le marché des capitaux – par l'émission d'actions supplémentaires. Effet collatéral de l'acquisition de Südelektra, Rich – qui était loin d'être toujours considéré en Suisse comme un partenaire fréquentable – parvient à renforcer ses relations avec l'*establishment* économique du pays. Il attire notamment au conseil d'administration de Südelektra des personnes influentes, comme Reto Domeniconi, ancien directeur financier de Nestlé, ou encore l'industriel Thomas Schmidheiny.

En 1992, Südelektra prend des participations dans le gisement gazier et pétrolier de Santa Cruz 1, en Argentine. Deux ans plus tard, elle absorbe le producteur sud-africain de ferrochrome, Chromecorp Technology. Au milieu des années 1990, elle rachète aussi à Marc Rich&Co. SA la compagnie forestière chilienne Florestal del Sur, le plus grand exportateur chilien de copeaux de bois destinés essentiellement à l'industrie japonaise de la cellulose. En 1999, le nom Südelektra, un peu désuet, est remplacé par Xstrata. À l'aube d'un nouveau millénaire, 82 % du chiffre d'affaires de la société ainsi rebaptisée est encore généré par la production de ferrochrome et de vanadium, des métaux destinés à la fabrication de l'acier. Les 18 % restant proviennent des recettes de l'exploitation forestière, de l'aluminium et des carburants fossiles.[126]

L'expansion rapide de l'actuelle Xstrata commence avec l'échec de la première tentative d'introduction en Bourse de Glencore (lire également le chapitre 7). Début septembre 2001, le géant de Baar se trouve dans la dernière phase de son *road show*, soit la présentation aux investisseurs potentiels de ses 12 mines de charbon australiennes – regroupées sous

---

126 *Bilanz*, juin 2004.

le nom d'Enex – en vue de leur entrée, le 17 septembre, à la Bourse australienne. Mais les attentats du 11 septembre déclenchent une vague de panique sur les marchés financiers et l'*Initial Public Offering* (IPO) – l'introduction en Bourse à proprement parler – tombe à l'eau. Mick Davis, nommé Directeur d'Xstrata peu après ces événements, propose alors à Glencore de vendre à Xstrata ses biens industriels, ainsi que les mines de charbon qu'elle possède en Afrique du Sud.[127] Pour assurer le financement de ces acquisitions, Xstrata entre à la Bourse de Londres. En échange de ses mines de charbon australiennes et sud-africaines, Glencore perçoit 68,6 millions des 168,6 millions de nouvelles actions émises. L'introduction en Bourse, dans son ensemble, rapporte 1,47 milliard de livres sterling (soit 3,46 milliards de francs suisses).[128] Au niveau formel, l'ancienne Xstrata suisse, dont les actions se négocient toujours aujourd'hui à la Bourse de Zurich, fusionne avec la structure Xstrata plc, nouvellement cotée à Londres.[129] De son niveau le plus bas, plus d'une année après son introduction en Bourse, à son apogée au printemps 2008, la capitalisation boursière d'Xstrata a été multipliée par vingt, voire plus.

Glencore participe au festin

Xstrata est insatiable. Entre son introduction en Bourse et décembre 2010, le groupe a accroché à son tableau de chasse pas moins de 63 filiales, 21 *joint-ventures*, 8 holdings ou sociétés financières et 6 participations majoritaires.[130] Le montant nécessaire à cette succession de grosses opérations financières a été estimé à plus de 35 milliards de dollars, des sommes provenant essentiellement de l'émission de nouvelles actions. Parmi les acquisitions majeures figurent celle de MIM Holding en 2003, une opération qui, à elle seule, a multiplié par deux la taille du groupe. On citera encore le rachat, en 2006, de l'entreprise canadienne Falconbridge, pour la modique somme de 18,8 milliards de dollars.[131]

127   Interview avec Willy R. Strothotte, *Handelszeitung*, 20.3.2002.

128   Xstrata plc, Communiqué de presse, 20.3.2002.

129   *NZZ*, 20.3.2002.

130   Xstrata, *Rapport annuel 2010*, p. 201 sqq.

131   *Observer*, 14.2.2010.

Pour Glencore, ce coup d'accélérateur n'est pas sans conséquences. Afin de maintenir sa part dans Xstrata, la holding de Baar doit en effet user de son droit de souscription lors de l'émission de nouvelles actions et acheter à chaque reprise une part du nouveau capital émis. Mais lors de l'achat de MIM – une énorme transaction – Glencore ne veut pas accroître son endettement. La banque d'investissement Credit Suisse First Boston, qui était à l'époque une filiale de Credit Suisse, accepte donc de prendre en charge temporairement la part de Glencore, d'une valeur de 1,1 milliard de dollars, entrant ainsi à hauteur de 24 % au capital d'Xstrata.[132] À la fin de 2006, Glencore rachète la totalité de ce paquet d'actions.

Pendant la crise de 2009, l'entreprise se trouve de nouveau confrontée à un manque de ressources financières l'empêchant de maintenir sa part dans le capital d'Xstrata. Pour remédier à cette situation délicate, Xstrata consent à un *sweetheart deal* – une «transaction de faveur».[133] L'entreprise paie 2 milliards de dollars à Glencore pour ses mines de charbon Prodeco, en Colombie. Un an plus tard, elle les lui revend pour 2,25 milliards. L'objet du prêt n'est toutefois pas exempt de problèmes pour Xstrata, car les mines en question sont depuis longtemps au centre d'importantes controverses. En 2009, Xstrata se trouve ainsi dans l'obligation de rendre des comptes quant aux graves dommages écologiques causés par Glencore dans l'exploitation de la mine. En plus d'une mauvaise presse, Xstrata hérite d'une amende de 700 000 dollars et se voit contrainte de développer un système de gestion de l'environnement.

À ce jour, la fusion des mammouths de Zoug et de Baar n'a pas eu lieu. En 2008, lorsque les prix des matières premières ont atteint leur point culminant, Xstrata a refusé une offre de rachat, d'une valeur de 85 milliards de dollars, de son concurrent brésilien Vale. Une fois de plus, Glencore en a été la raison. L'actionnaire principal a réclamé en effet une extension des accords de vente exclusifs des matières premières, extension à laquelle Vale n'a pas voulu consentir.[134] En juin 2009, le conseil d'administration d'Anglo American a décliné une offre de fusion adressée par Mick Davis, une opération qui aurait débouché sur la création d'une *supermajor* minière. Néanmoins, en février 2012, l'annonce de la

---

132   *Euroweek*, Issue 805, 30.5.2003 ; 1,1 milliard de dollars = 664 millions livres sterling.
133   *Sunday Times*, 30.1.2009.
134   *Financial Times*, 28.2.2008.

fusion de Xstrata avec Glencore pourrait finalement faire émerger une super-minière en Suisse

Après le festin, la digestion. Xstrata mise principalement sur une croissance organique mais continue pourtant à investir. Ainsi prévoit-elle d'allouer 14 milliards de dollars au développement de la production de charbon, de cuivre et de nickel. Quatorze autres projets d'investissement, représentant une enveloppe de 7,5 milliards de dollars, sont en cours de réalisation. L'expansion s'effectue aussi bien en *greenfield*, c'est-à-dire par la construction de nouvelles mines, d'installations de transformation, de raccordements de chemins de fer et d'installations portuaires, qu'en *brownfield*, soit par le développement de mines existantes, réalisé par le biais d'une augmentation de leur capacité d'extraction ou par l'extension de leur durée de vie. Xstrata n'a aucune inquiétude quant à la demande de ses produits. Selon les propos tenus par Davis lors de la présentation des chiffres 2010, il faut remonter à l'industrialisation des États-Unis ou à la reconstruction postérieure à la Deuxième Guerre mondiale pour trouver un boom comparable à la croissance actuelle de la consommation de matières premières.[135] La fin de la phase croissante du supercycle des matières premières n'est pas encore en vue.

Des milliards générés par 50 personnes

À la fin de 2009, Xstrata employait 70 747 personnes – 38 561 salariés directs et 32 186 salariés indirects par le biais de sous-traitants.[136] Depuis 2004, Xstrata réalise plusieurs milliards de bénéfices (voir tableau 3, page suivante).

Pourtant, le siège principal de Zoug et son bureau londonien ne comptent à eux deux qu'une cinquantaine d'employés. À titre de comparaison, Anglo American, de taille similaire, emploie un millier de salariés pour ces fonctions. Des structures aussi minimales ne sont possibles que parce que la plupart des fonctions centrales d'Xstrata sont assurées par ses divisions (Xstrata Coal, par exemple). Le développement de l'entreprise s'est opéré par l'achat de sociétés déjà importantes, dont le siège est devenu celui d'une division d'Xstrata.

---

135   Xstrata, *Présentation*, Résultats annuels préliminaires 2010, février 2011 ; diffusion en direct sur internet de la conférence des investisseurs du 8.2.2011.

136   Xstrata, *Rapport annuel 2010*, p. 159 sq.

TABLEAU 3

BÉNÉFICES AVANT INTÉRÊTS ET IMPÔTS (EBIT) EN MILLIARDS DE DOLLARS

2002	0,26
2003	0,54
2004	1,5
2005	3,93
2006	8,41
2007	8,8
2008	7,25
2009	1,87 resp. 4,31*
2010	7,67

*Hors charges exceptionnelles, de 2,4 milliards, notamment destinées à l'achat de la mine de Prodeco

Sources: Xstrata, rapports annuels 2002 à 2010.

L'étroite collaboration avec Glencore permet elle aussi de réaliser des économies de personnel, puisque Xstrata n'a pas besoin de structures de vente. En 2010, Glencore achetait à Xstrata des matières premières pour un montant de 9,319 milliards de dollars, auxquels s'ajoutaient des paiements pour la transformation et le raffinage à hauteur de 301 millions. De fait, Glencore commercialise l'essentiel de la production d'Xstrata. Pour chaque matière première, les sœurs siamoises ont conclu des contrats exclusifs de prise ferme ou de courtage, à court terme (pour le cuivre, par exemple), sur vingt ans (pour le charbon) ou même à durée indéterminée, mais résiliables (*evergreen*). Pour les alliages, Glencore perçoit 3,5 % du prix *free on board* – « franco à bord » (risques de transport et charges imputées à l'acheteur). Si Xstrata trouve des acheteurs disposés à payer des prix plus élevés, elle peut procéder elle-même à la vente, auquel cas Glencore perçoit également 3,5 % du produit de la vente.[137]

La philosophie d'entreprise du tout puissant directeur exécutif, Mick Davis, est la dernière raison du caractère minimal de la structure d'Xstrata. Davis a la réputation d'accorder une grande liberté de décision à ses col-

137 *Xstrata, Rapport annuel 2010*, pp. 205-208.

laborateurs clés. Cette marge de manœuvre augmenterait le profit redistribué aux actionnaires. «S'ils évoluent dans un environnement dans lequel ils peuvent agir librement, sans pour autant être assommés de responsabilités, les gens prennent une valeur incalculable», affirme Davis. «Pour nous, il est hors de question d'avoir quelqu'un au centre donnant des ordres sur la marche à suivre. Je suis la dernière personne qui devrait dire à un mineur comment extraire le charbon.»[138]

En 2004, un journaliste en visite au sein du groupe constate l'ambiance presque surréaliste au sein d'Xstrata : «Celui qui ne fait pas attention passe à côté de l'entrée des bureaux au n° 2 de la Bahnhofstrasse, à Zoug. Un emplacement idyllique au milieu d'arcades commerçantes, entre une boutique et un café. Devant la porte tournante, qui est verrouillée, on trouve une borne d'appel dotée d'une caméra : "Deuxième étage", annonce une voix nasillarde dans le haut-parleur. Xstrata n'occupe pas plus d'un étage. Des bureaux ordinaires, un peu tape-à-l'œil, une salle de réunion impressionnante, séparée du couloir par une grande paroi vitrée. Il paraît invraisemblable que seules 12 personnes travaillent ici. Il n'y a pratiquement aucun bruit, juste une conversation téléphonique un peu plus loin, un peu de vie à la réception, un employé silencieux.»[139]

Mick Davis : du Cap à la tête d'Xstrata

Fièvre acheteuse, décentralisation poussée à l'extrême, quartier général minimaliste. Les structures et les stratégies d'Xstrata portent toutes la marque du directeur exécutif, Mick Davis. Le quotidien britannique *The Times* résume ainsi la philosophie du numéro un de l'entreprise :

– La valeur de la dynamique personnelle : «Continue d'avancer, même en cas d'échec.»

– La valeur de l'opportunisme : «Saisis ta chance, lorsqu'elle se présente.»

– La valeur de la valeur : «Entretiens la création de valeur pour les actionnaires par un système de rémunération basé le plus possible sur la performance.»[140]

---

138   *Times*, 1.7.2009.
139   *Bilanz*, juin 2004.
140   *Times*, 1.7.2009.

Davis s'enorgueillit aussi d'avoir permis à plus de collaborateurs de devenir milliardaires que n'importe quelle autre entreprise de la filière minière mondiale.[141]

Michael Lawrence Davis est né en 1958, à Port Elizabeth, en Afrique du Sud. Il a grandi dans la même communauté juive qu'Ivan Glasenberg, le directeur exécutif de Glencore et conseiller d'administration d'Xstrata. Il étudie au lycée Theodor Herzl de Port Elizabeth, puis à l'université Cecil Rhodes, où il obtient, en 1979, un diplôme de réviseur-comptable. De 1986 à 1994, il est employé par la compagnie d'électricité, Eskom, dont il devient le directeur financier en 1988 – à 29 ans seulement. Davis contribue à réduire les effectifs de moitié et à préparer la privatisation de l'entreprise. À cette époque, Eskom joue un rôle prépondérant dans le succès de Südelektra, la société dont Xstrata est issue. L'entreprise Chromecorp Technology (CCT), fondée en 1987 et rachetée par Südelektra en 1994, dispose en effet de contrats à long terme pour la fourniture d'électricité. L'énergie est le principal facteur de coût dans la production de ferrochrome et CCT s'approvisionne auprès d'Eskom à un prix 50 % inférieur au tarif industriel le plus bas pratiqué au milieu des années 1990.[142] Court-circuité pour le poste de Directeur d'Eskom, pour lequel il fait acte de candidature, Davis décide de changer d'employeur et s'engage auprès du conglomérat minier Gencor. En 1997, il est nommé *Chief Financial Officer* – « directeur financier » – lors de l'introduction à la Bourse de Londres des secteurs miniers de Gencor et Billiton, réunis sous l'enseigne Billiton plc. Ce nouveau poste fait entrer Davis dans la ligue des dirigeants des plus importantes sociétés du monde. La cotation de Billiton marque aussi un nouveau départ pour la Bourse de Londres, qui s'impose comme la nouvelle place financière de l'industrie minière. Jusqu'alors, Rio Tinto était en effet la seule société importante dans le domaine de l'extraction minière cotée à Londres. Peu après, Davis sera le moteur de la fusion entre BHP et Billiton, qui sont réunis, le deuxième plus grand groupe minier de l'époque. En dépit de ses ambitions, le scénario se répète, et la direction générale du nouveau groupe lui échappe.[143] Son départ en 2002 pour une société suisse, prestataire presque encore inconnue sur un marché de niche, crée la surprise. Dès son arrivée, Davis transforme Xstrata en profondeur.

---

141   *NZZ am Sonntag*, 4.5.2008.
142   *Handelszeitung*, 8.4.1994.
143   *Observer*, 14.2.2010.

Xstrata, jeune premier de la Bourse

« L'objectif d'Xstrata est la création de valeur pour ses actionnaires, d'une manière durable, en minimisant notre impact environnemental, en collaboration avec les communautés et autres groupes d'intérêt, en faisant passer la santé et la sécurité de notre main-d'œuvre avant la production et les profits. »[144] En matière de développement durable, la position de Mick Davis ressemble à s'y méprendre à celle du directeur d'une société de biens de consommation obligé de tenir compte de la conscience écologique et sociale croissante de sa clientèle. Pourtant, la clientèle d'Xstrata n'est pas constituée de consommateurs. L'enseigne n'est connue que des *insiders* et, même d'un point de vue politique, une compagnie minière qui mépriserait les règles environnementales et sociales n'aurait pas grand-chose à craindre en Suisse. Alors pourquoi toutes ces belles paroles ?

Il faut dire qu'une des différences fondamentales entre Glencore et Xstrata réside dans leur stratégie de communication face aux conséquences environnementales et aux violations des droits humains inhérentes à leurs activités. Cette différence reflète en premier lieu l'écart culturel entre Glencore, restée jusqu'à très récemment une entreprise privée, et Xstrata, une société cotée en Bourse. Parmi les actionnaires d'Xstrata figurent en effet de nombreux investisseurs institutionnels, des fonds de pension notamment, dont l'entreprise minière zougoise doit tenir compte. Si la réputation de l'entreprise devait être compromise par un scandale, les investisseurs institutionnels les plus soucieux du respect de certains principes éthiques pourraient décider de vendre leurs participations.

Depuis longtemps déjà, Xstrata prend des mesures afin de minimiser ce risque. Dès 2004, elle publie régulièrement un *Sustainability Report*, c'est-à-dire un « rapport de développement durable », passant en revue les objectifs qu'elle se fixe dans des domaines tels que la sécurité, la santé, le changement climatique, la biodiversité ou encore la gestion de l'eau. Les progrès réalisés par la société sont évalués annuellement et notés sur une échelle allant de un à quatre. Autre mesure, Xstrata fait don chaque année d'un pourcentage de son bénéfice aux municipalités locales pour des projets sociaux.

Mick Davis fait partie des dix-huit directeurs exécutifs de compagnies minières réunis au sein de l'International Council on Mining and Metals

---

144 Mick Davis, PDG Xstrata plc, *Sustainability Report 2009*, p. 4.

(ICMM) – le Conseil international des mines et des métaux –, au sein duquel il dirige le groupe de travail sur le changement climatique. Sur son site internet, l'ICMM se présente comme un organisme ayant «pour vision de faire en sorte que l'industrie respectée des mines et des métaux soit vastement reconnue à la fois comme une industrie essentielle à la société et comme un contributeur de premier plan au développement durable».

Même chez Xstrata, le rapport de développement durable contient de nombreux éléments relevant du blanchiment écologique. On peut y lire notamment que le groupe respecte les Principes volontaires sur la sécurité et les droits de l'homme. Contrairement à d'autres conventions non contraignantes, comme le Pacte mondial, ces Principes ne consistent pas simplement en une opération de relations publiques visant à polir l'image du groupe en camouflant leurs agissements douteux derrière de belles déclarations. Mis en œuvre de manière cohérente, ils ont une influence concrète sur la manière dont l'entreprise collabore sur place avec les sociétés de sécurité privées, la police et les forces armées. Mais à l'inverse d'Anglo American, de BHP Billiton ou de Rio Tinto, Xstrata n'a pas signé les accords en question. Elle ne peut donc pas prétendre au titre d'«entreprise participante». Les déclarations d'Xstrata quant au respect des Principes volontaires sur la sécurité et les droits de l'homme ne sont donc rien de plus que des paroles creuses, dépourvues d'effets concrets. Par cette stratégie de communication, Xstrata parvient à atteindre son objectif auprès de ses investisseurs «à la fibre verte», principal groupe cible auquel ce discours est adressé. En 2010, la société a décroché pour la quatrième fois le titre de «leader du secteur minier» au classement du Dow Jones Sustainability Index. Pourtant, lorsqu'elle vise la maximisation du profit, comment une telle entreprise peut-elle diminuer les immenses superficies et les quantités d'eau gigantesques nécessaires à l'extraction minière? Sans parler du fait que les opérations *greenfield* – c'est-à-dire l'ouverture de nouvelles mines et d'installations de transformation et de transport – menées par Xstrata sont autant de nouveaux conflits potentiels, surtout lorsqu'elles sont menées dans des pays extrêmement pauvres. Et c'est le cas des projets actuels de développement d'Xstrata dans le minerai de fer en Mauritanie et au Congo-Brazzaville. En 2009, un détracteur de l'industrie minière a été assassiné par des inconnus lors de l'exploration des mines de Tampakan, un projet qui a souvent été pris pour cible et attaqué par la guérilla philippine. À Las Bambas, au Pérou, l'acheminement de cuivre se fait au moyen d'un oléoduc long de 215 kilomètres. Si ce système *low cost* permet de réduire sensiblement les coûts de transport, il augmente la consommation d'eau quotidienne de la mine, déjà élevée du fait de l'extraction.[145]

Le développement des mines existantes pose également un certain nombre de problèmes. Une organisation de défense de l'environnement a recouru contre le doublement de la production de la mine de charbon d'Ulan, située dans la vallée Hunter, en Australie.[146] Et le réseau écologiste mondial Les Amis de la Terre International s'est opposé à l'exploitation de la mine à ciel ouvert prévue à Wandoan, dans le sud-ouest du Queensland, le charbon étant particulièrement nuisible du point de vue du réchauffement climatique.

En résumé

Outre la plus grande multinationale de négoce de matières premières (Glencore), la Suisse héberge également le quatrième plus grand groupe minier du monde, et ce sans disposer de gisements ni d'héritage colonial. Xstrata se démarque de la branche minière de par ses liens multiples avec Glencore, son principal actionnaire. Une rumeur d'association plane sur les relations entre «les siamoises» de Zoug, et il est difficile de savoir jusqu'à quel point Glencore tire avantage du fait de disposer d'un bras extractif indépendant.

Xstrata surfe sur la vague du développement durable, à la mode sur les marchés financiers. Pourtant, le *sustainability leader* est loin d'avoir réalisé un modèle d'extraction durable, et les efforts pour produire de manière plus écologique se heurtent systématiquement aux limites de la réalité des coûts. La production d'Xstrata n'est pas plus équitable, tant le «modèle Xstrata» se heurte à ses propres contradictions internes. L'entreprise a beau mettre en place des projets sociaux à caractère philanthropique, cela ne suffit pas à gommer le décalage scandaleux entre les milliards de bénéfices qu'elle réalise, ses salariés millionnaires et la misère révoltante régnant sur ses sites, où toute cette richesse est produite.

---

145   Multiwatch 2010, pp. 9-12.
146   *Mudgee Guardian*, Land court challenge to Ulan West project, 24.1.2011.

Chapitre 9

LE SILENCE EST D'OR

Comme pour les autres matières premières évoquées dans cet ouvrage, une part importante des opérations mondiales d'achat et de vente d'or sont réalisées depuis la Suisse. Le «pool de l'or» zurichois, créé en 1968 par Credit Suisse (CS), Société de Banques Suisses (SBS) et Union de Banques Suisses (UBS), était même jusqu'à la fin des années 1990 la principale place mondiale du commerce de l'or devant Londres. Aujourd'hui, le marché du métal jaune s'est internationalisé et de nombreuses autres places financières – Dubaï notamment – ont quelque peu écorné la longue prééminence de Zurich dans ce domaine. Néanmoins, selon les chiffres du World Gold Council (WGC), l'organisation faîtière de l'industrie aurifère, plus du tiers de la production mondiale d'or était toujours vendu sur les bords de la Limmat en 2008, faisant de la Suisse le premier acheteur mondial de métal jaune.[147] Mais l'or diffère des autres matières premières dont il a été question jusqu'ici. Car contrairement au pétrole, à l'aluminium et au blé vendu depuis Genève ou Zoug, ce ne sont pas seulement les opérations de négoce sur l'or qui sont réalisées en Suisse, mais une part notable des flux commerciaux qui passent physiquement sur le territoire de la Confédération.

Pourtant, même si tout le monde chuchote que la part de la Suisse dans les flux commerciaux aurifères mondiaux est énorme, nul ne la connaît exactement. D'après les statistiques commerciales globales publiées par l'administration fédérale des douanes (voir tableau 1, page 147),

---

147   *L'Écho illustré*, 28.8.2008; *Sonntagszeitung*, 15.3.2009; *Le Temps*, 16.3.2009.

2306 tonnes d'or sous forme brute auraient passé les douanes helvétiques en 2010, pour une valeur de 70,1 milliards de francs suisses.[148] À cela s'ajoute encore l'or en poudre, l'or sous forme monétaire et les articles d'orfèvrerie. En tout, les deux tiers au moins de la demande mondiale annuelle d'or (soit 3812 tonnes) transitent par la Suisse (voir graphique 1). Des chiffres qui ne tiennent encore pas compte des flux d'or non négligeables passant par les treize ports francs suisses, où des sociétés très discrètes, comme la genevoise Swiss Precious Metals, stockent de l'or dans des quantités inconnues.

GRAPHIQUE 1

DEMANDE MONDIALE D'OR (2010)*

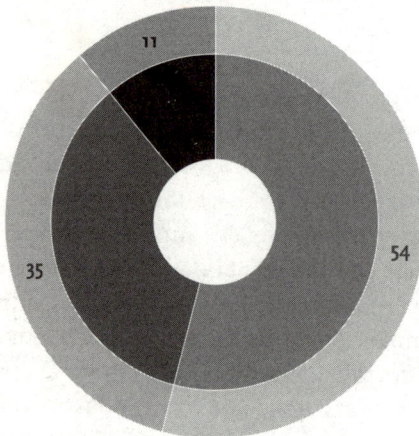

54 % ..... Joaillerie

35 % ..... Investissements (demande monétaire et ETF)

11 % ..... Industrie

La demande d'or mondiale est couverte en partie par l'extraction (2543 tonnes en 2010), en partie par la variation des stocks d'or mondiaux (ventes d'or déjà extrait, recyclage, etc.).

*3812 tonnes, soit 155 milliards de dollars.

Source : www.gold.org/investment/statistics/demand_and_supply_statistics/

La politique de l'autruche

La statistique des douanes reste également obscure sur un autre point. Contrairement aux pratiques en vigueur pour les autres marchandises, les autorités fédérales ne publient pas de chiffres permettant de connaître les pays d'origine de l'or qui arrive en Suisse, et ce en dépit de nombreuses démarches parlementaires entreprises à ce sujet au cours des dernières

---

148   DFF, Importation et exportation d'or, d'argent et de monnaies janvier-décembre 2010.

TABLEAU 1

COMMERCE DE L'OR EN SUISSE D'APRÈS LA STATISTIQUE DES DOUANES (2010)

Nom de la rubrique	Détail des flux commerciaux par pays	Import		Export	
		en tonnes	valeur (en milliards de francs suisses)	en tonnes	valeur (en milliards de francs suisses)
Or (dont Or platiné brut à usage non monétaire)	Non	2306	70	1569	63
Or monétaire	Non	21	0,9	10	0,4
Or à usage non monétaire, en poudre et ouvré	Oui	16	0,3	34	1
Orfévrerie	Oui	61	2	49	1
TOTAL		2405	73	1663	66

Source: DFF, Importation et exportation d'or, d'argent et de monnaies, janvier-décembre 2010.

décennies. Ce manque de transparence n'est pas nouveau. Dans les années 1970 et 1980, les grandes banques suisses ont acquis une position dominante dans le commerce international de l'or, notamment en acceptant d'acheter l'essentiel de la production de métal jaune en provenance d'Afrique du Sud. Sa commercialisation sur les marchés internationaux – décisive pour la survie du régime de l'apartheid – était source de profits mirobolants. On sait aujourd'hui qu'aux plus belles heures de la coopération entre les banques suisses et les Afrikaners, plus de 80 % de la production sud-africaine d'or passait par la Suisse, au mépris de l'embargo prononcé par l'ONU.[149] Des données embarrassantes pour les grandes banques, que le Conseil fédéral a décidé de ne pas rendre publiques.

---

149   Bott-Guex-Etemad 2005, p. 297.

Le régime de l'apartheid est tombé, mais l'opacité prévaut encore dans le domaine du commerce de l'or, un climat qui laisse deviner que ce secteur si rentable n'est toujours pas géré de manière responsable. Et les exemples de malversations liées au commerce de l'or sont nombreux. En se basant sur les chiffres publiés par l'agence statistique kazakhe, plus «loquace» que son pendant helvétique, la BBC estimait en 2005 que 72% de l'or exporté de la septième réserve d'or mondiale, administrée par le clan Nazarbaïev, était dirigé vers la Suisse.[150] Les statistiques péruviennes ont quant à elles permis de montrer que l'or constituait 99% des marchandises achetées par la Suisse au Pérou, une part faisant de la Suisse le troisième partenaire commercial du Pérou à l'exportation, derrière les États-Unis et la Chine. Le pays des Andes est le 6e pays producteur d'or au monde. Non seulement le métal jaune y est le plus souvent extrait dans des conditions sociales et environnementales désastreuses – on estime notamment que la production d'une alliance génère environ 20 tonnes de déchets – mais le commerce de l'or péruvien est aussi régulièrement dénoncé pour son rôle non négligeable dans le blanchiment de l'argent de la drogue.[151] Une triste histoire qui se répète sur le continent africain. En 2005, l'ONG Human Rights Watch publiait une enquête illustrant le rôle décisif de la Suisse dans la commercialisation de l'or pillé en RDC, puis blanchi en Ouganda. Plus de 70% de cet or sale aurait ainsi fini en Suisse, probablement dans les zones franches, en violation d'un embargo décrété par le Conseil de sécurité de l'ONU.[152] En août 2008, une enquête journalistique montrait comment l'or extrait par des enfants dans des conditions archaïques au Mali se retrouvait dans les creusets de la raffinerie Valcambi, sise à Balerna, à deux pas de Chiasso.[153] Là encore, plus de 96% des exportations d'or des marchands maliens impliqués dans ce commerce passaient par la Suisse, plaque tournante d'un secteur à mille lieues de l'image de pureté et de noblesse dont les vendeurs auréolent volontiers leur marchandise, dont ils ont tout intérêt à taire l'origine douteuse.

Malgré la gravité des accusations, les autorités suisses ont choisi de pratiquer la politique de l'autruche pour tous les cas évoqués ci-dessus. En 2006, répondant à une question déposée par le Conseiller national

---

150 *BBC Monitoring Central Asia*, 12.3.2011.

151 *Le Courrier*, 5.6.2009; *Le Temps*, 12.10.2009.

152 Human Rights Watch 2005, p. 122.

153 *Tages-Anzeiger*, 12.8.2008.

Vert Josef Lang, qui revenait sur l'achat d'or congolais par des firmes suisses, achat entre-temps attesté par le rapport d'un groupe d'experts de l'ONU, le Conseil fédéral expliquait n'avoir connaissance que « de cas d'espèces ». Il refusait en outre de rendre public le nom des entreprises concernées « pour des raisons de protection des données »[154]. Interpellé sur les dispositions en vigueur pour éviter le blanchiment d'argent par le commerce de l'or, le gouvernement se bornait à souligner que l'ordonnance sur le contrôle des métaux précieux n'obligeait pas à examiner si le métal jaune était acquis légalement ou non et renvoyait à la Loi sur le blanchiment d'argent (LBA), qui stipule que ce commerce « est soumis à des obligations de diligence ». Le Conseil fédéral se gardait toutefois de dire que, en neuf ans d'existence, la LBA n'avait permis de faire apparaître, en tout et pour tout, qu'une seule affaire de blanchiment d'argent concernant le trafic de l'or. Il taisait également le plus important, à savoir que certaines opérations menées par les raffineries d'or helvétiques ne sont pas soumises à cette loi. Or ces raffineries très discrètes jouent un rôle fondamental dans le commerce mondial de l'or.

Les raffineries au cœur du trafic de l'or

Selon la prestigieuse London Bullion Market Association, cinq des onze principales raffineries d'or européennes sont installées en Suisse, où le raffinage et la vente d'or monétaire ne sont pas soumis à la TVA. Ces raffineries ont une capacité représentant environ 40 % de la production minière mondiale d'or.[155] Trois d'entre elles ont longtemps appartenu respectivement aux trois grandes banques suisses, qui finançaient l'achat de l'or ensuite fondu et mis en lingots dans leurs creusets. Jusqu'en 2003, l'entreprise Valcambi SA, déjà évoquée plus haut, était une filiale à 100 % de Credit Suisse. Aujourd'hui, elle est contrôlée par un groupe d'investisseurs, parmi lesquels figurent, aux côtés de CS, Newmont Mining, la principale société mondiale active dans l'extraction de l'or.

Installée à deux pas de la gare de Neuchâtel, Metalor Technologies SA a été fondée au XIXe siècle. Grande pourvoyeuse de l'or dont

---

154   Question 06.1022, déposée par Jo Lang au Conseil national.

155   www.goldbarsworldwide.com/index.html.

l'industrie horlogère est gourmande, l'entreprise appartenait à la SBS de 1918 à 1998. Elle est aujourd'hui propriété de la société d'investissement française Astorg, l'un des plus anciens fabricants de produits pour le marché international de l'or. Alors connue sous la raison sociale «Métaux Précieux SA», Metalor raffinait le métal jaune de la banque centrale du Zaïre, du temps de Mobutu. Elle aurait également traité de l'or irakien appartenant à Saddam Hussein, ensuite saisi et discrètement restitué par la Confédération à la demande des États-Unis.[156] Dans son rapport de 2005 précédemment cité, l'ONG Human Rights Watch décrit en détail comment l'entreprise neuchâteloise achetait en Ouganda de l'or sale provenant du Congo en guerre, tout en prétendant ignorer l'origine véritable de cet or, et ce en dépit des nombreux articles alarmants parus dans la presse suisse depuis 1999. Après avoir formellement démenti, Metalor a réagi tardivement en 2005, affirmant cesser ses opérations avec l'Ouganda.

Sise à Mendrisio, au Tessin, Argor Heraeus appartenait encore à 75% à UBS en 1999. Cette société, qui traite plus de 400 tonnes d'or par an et compte parmi les membres de son conseil d'administration l'ancien Conseiller fédéral UDC Adolf Ogi, a quant à elle toujours démenti les accusations portées par les experts de l'ONU sur ses achats d'or sale en RDC.[157]

On sait moins de choses encore sur PAMP – Produits artistiques et métaux précieux. Installée à Chiasso, cette filiale de MKS Finance, un groupe fondé en 1979 par l'homme d'affaires libanais Mahmoud Shakarchi, raffinerait aujourd'hui 300 à 400 tonnes d'or par an, dont 50% de *scrap*, c'est-à-dire de vieux bijoux – en provenance du Vietnam notamment –, dont l'importation en Suisse a explosé ces deux dernières années. Mais la palme de l'opacité revient à Cendres&Métaux SA, installée à Bienne, seule raffinerie ne publiant pas même de chiffres sur ses capacités.

Commerce de l'or et place financière suisse

Si la Suisse n'est pas le siège des grandes compagnies minières aurifères, les deux grandes banques helvétiques soutiennent financièrement les trois

---

156 «L'or africain, une vieille passion des banques suisses», www.datas.ch.
157 UN Group of Experts on the DRC, Report to the United Nations Security Council, 27.1.2006

plus importantes d'entre elles, Anglo Gold Ashanti, Newmont Mining et Barrick Gold. À elles seules, ces sociétés produisent 600 tonnes d'or par an, soit le quart environ de la production mondiale.[158] Des groupes suisses disposent également de participations dans des entreprises extractives aurifères, à l'image de Glencore international, qui détient quelque 50,7 % de Kazzinc (lire chapitre 7), un conglomérat minier exploitant entre autres la plus grande mine d'or du Kazakhstan. On citera encore les participations du groupe genevo-londonien Addax et Oryx dans la société canadienne Axmin, laquelle extrait de l'or au Sénégal et en Sierra Leone.

Peu active dans le secteur de l'extraction, la place financière suisse abrite néanmoins des entreprises spécialisées dans un tout autre secteur, dont l'importance ne doit pas être négligée : le fret et l'entreposage physique du numéro un des métaux précieux. L'acheminement des barres, le transfert dans des coffres, les formalités douanières et comptables sont en effet autant de démarches coûteuses et hautement complexes dans le domaine du commerce de l'or. La société SIX SIS,

GRAPHIQUE 2

RÉPARTITION DES STOCKS D'OR MONDIAUX

FIN 2009*

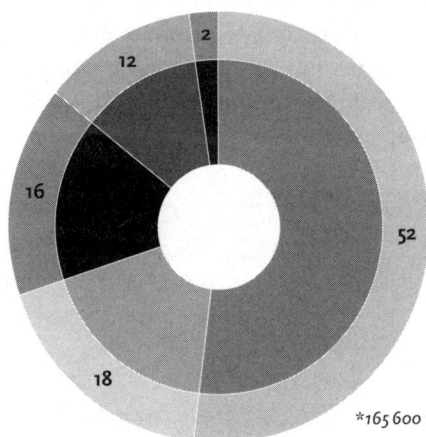

52 % ..... Joaillerie
18 % ..... Investisseurs
16 % ..... Banques centrales
12 % ..... Industrie
2 % ..... Non identifié

165 600 tonnes, soit 6955 milliards de francs suisses.

Source : www.gold.org/government_affairs/gold_reserves/

158   Déclaration de Berne 2010.

l'une des filiales du groupe SIX, qui administre la bourse suisse, en a d'ailleurs fait sa spécialité. Elle gère à Olten la plus grande chambre forte d'Europe. Ouverte en 1992, celle-ci est destinée à l'entreposage d'or physique. Julius Baer, par exemple, y stocke les lingots de son fonds de placement « Physical Gold », soit 65,35 tonnes d'or en octobre 2009. Une quantité à elle seule déjà loin d'être négligeable. À titre de comparaison, HSBC conserverait 130 tonnes dans les coffres de sa filiale de Manhattan, ce qui représente environ la moitié de l'or entreposé dans les quatre principales chambres fortes de l'agglomération new-yorkaise.

En offrant des parts dans des fonds gagés sur des dépôts physiques d'or – une possibilité de placement très en vogue dans des périodes d'insécurité monétaire –, les banques sont également des acteurs d'une importance croissante sur le marché de l'or. Attirés par la hausse spectaculaire du prix du métal précieux, qui est passé de 260 dollars l'once en avril 2001 à plus de 1500 dollars en avril 2011, les investisseurs ont en effet massivement acheté des lingots ces dernières années. À tel point que, selon les chiffres du WGC, les fonds basés sur le stockage physique de l'or recèleraient 2167 tonnes d'or à la fin de 2010, soit 7,1 % des réserves mondiales de métal jaune détenues par des investisseurs (voir graphique 2). Les banques suisses sont des actrices de premier plan dans ce domaine. Abritant 184 tonnes d'or (7,6 milliards de francs suisses au 14 octobre 2010), la Banque cantonale de Zurich disposerait du troisième fonds mondial sur l'or, suivie de près par Julius Baer. En octobre 2009, le stock d'or de ces deux banques représentait à lui seul 12,3 % du total mondial des fonds disposant de dépôts physiques d'or.

Chapitre 10

UNE IDÉE RAFFINÉE : L'ODYSSÉE DES DÉCHETS TOXIQUES DE TRAFIGURA

En 2005, les négociants en pétrole de Trafigura développent un modèle d'affaires des plus « raffinés ». Ils décident de transformer du brut de mauvaise qualité en carburant grâce à un procédé de raffinage expérimental, effectué à des prix défiant toute concurrence. Malgré les contraintes techniques et légales, la multinationale développe le concept. Sans garde-fou, le vaisseau Trafigura appareille. Carnets de route d'une catastrophe annoncée.

Abidjan – Côte d'Ivoire – 20 août 2006

Le 20 août 2006, une odeur pénétrante d'œufs pourris envahit la ville d'Abidjan, capitale économique de la Côte d'Ivoire. Depuis le lever du jour, des douzaines de camions-citernes vident les soutes du pétrolier *Probo Koala* et déversent des résidus chimiques dans les décharges à ciel ouvert entourant la ville. Certaines sont situées dans des zones d'habitation où adultes et enfants trient les déchets pour survivre. Ces personnes sont les premières à éprouver des difficultés à respirer, à souffrir de troubles de la vision, à se plaindre de diarrhées et de brûlures. La situation s'aggrave rapidement. Bientôt, des milliers d'habitants sont touchés. Face à l'urgence, 33 centres de santé sont improvisés pour prendre en charge gratuitement la population. Mais la colère monte et le gouvernement provisoire se retire. Dans un rapport publié en 2009, l'ancien envoyé spécial des Nations Unies, Okechukwu Ibeanu, fait état de 15 morts, 69 hospitalisations et 108 000 consultations médicales. Il mentionne une série d'indices plaidant en faveur de l'existence d'un lien étroit entre ces problèmes sanitaires majeurs et le déchargement des déchets toxiques du *Probo Koala*.[159]

Quels sont les éléments qui relient cette catastrophe à Trafigura, une société de négoce de matières premières discrète, et ses filiales de Lucerne et de Genève? Certains faits sont indiscutables. Le *Probo Koala* a été affrété par Trafigura, à qui les déchets toxiques déchargés à Abidjan appartenaient. C'est Trafigura qui a mandaté l'entreprise ivoirienne chargée du «traitement» des fameux déchets. Toutefois, le groupe helvético-hollandais réfute de manière systématique toute responsabilité dans cette affaire depuis 2006. «Trafigura dément catégoriquement tout méfait en Côte d'Ivoire»[160], a notamment déclaré par écrit l'avocat de la société à la télévision norvégienne. Publiquement, la firme de négoce s'est d'ailleurs contentée d'un communiqué de presse dans lequel elle se disait «attristée par les cas de décès et de maladie en Côte d'Ivoire»[161]. La stratégie de défense de la multinationale est basée sur deux arguments principaux. Le premier consiste à dire que Trafigura n'est pas responsable des agissements de l'entreprise de traitement des déchets. Le second, que les déchets n'étaient absolument pas toxiques pour les êtres humains.

Le récit de cette catastrophe a fait le tour de la planète, et même si de nombreux éléments commencent enfin à se recouper, plusieurs années après les faits, certaines questions cruciales restent en suspens. Il faut dire que Trafigura ne semble pas disposée à s'expliquer. Au contraire, la multinationale répond aux critiques en déposant systématiquement des plaintes pour diffamation selon le droit britannique, une arme particulièrement efficace. Les journalistes et les ONG du monde entier craignent en effet la *libel law* – la loi sur la diffamation –, car rien que les frais de justice découlant de son application peuvent mener l'accusé à la ruine, même si ses sources et la qualité de sa recherche sont indiscutables. En octobre 2009, Trafigura a ainsi lancé en Grande-Bretagne une vague de référés contre *The Guardian* pour sédition. À la base du litige, le rapport

159 ONU 2009, paragraphe 31 sqq.
160 Ingar Fuglevåg, Vogt & Wiig AS (avocats de Trafigura en Norvège), 16.9.2009; courriel de NRK, «RE: Interview with the Norwegian Broadcasting Corporation».
161 Trafigura 2006b.

Minton que le quotidien entendait publier. Rédigé en 2006, quelques semaines à peine après les événements en Côte d'Ivoire, ce document avertissait des graves dangers sanitaires encourus par les personnes affectées par le déchargement des déchets. La société est parvenue à empêcher la publication de cette étude gênante et à faire en sorte que le journal ne puisse même pas mentionner cette interdiction. Le *Guardian* a même dû garder le silence après que le député Paul Farrelly eut porté la situation devant le Parlement.[162] Mais Trafigura avait dépassé les bornes. De hauts magistrats et des politiciens[163], dont l'actuel vice-premier ministre Nick Clegg, ont alors publiquement désapprouvé ces méthodes.[164] La multinationale, d'habitude tout en retenue, a diffusé quelques jours plus tard un message vidéo dans lequel elle assure n'avoir en aucun cas voulu entraver les délibérations parlementaires au sujet du rapport Minton.[165]

Trafigura a pour habitude de proposer des règlements à l'amiable à ses adversaires avant de recourir aux tribunaux. Et les résultats sont surprenants. Même la BBC et les avocats des plaignants en Grande-Bretagne ont abandonné leurs vives critiques contre la multinationale et repris le mantra d'auto-justification servi par Trafigura : « Dans le pire des cas, les déchets ont causé une série de symptômes apparentés à de l'anxiété ou à une grippe bénigne. »[166] Comment Trafigura a-t-elle réussi à se montrer aussi persuasive ? Et pourquoi continue-t-elle à se retrancher derrière une cohorte de conseillers en relations publiques hors de prix et d'avocats de premier rang, au lieu de jouer cartes sur table et d'établir clairement les faits survenus à Abidjan ?

Les urgences mexicaines

L'histoire commence dans le golfe du Mexique. À l'intérieur des terres, dans une région quelque peu reculée, se trouve la petite ville mexicaine Cadereyta Jiménez, dont la vie est rythmée par la raffinerie « ingénieur Héctor R. Lara Sosa », appartenant à l'entreprise pétrolière publique

---

162   The High Court of Justice Queen's Bench Division, Plainte n° HQ09, 11.9.2009.

163   *The Guardian*, 20.10.2009.

164   BBC-Newsnight, 13.10.2009.

165   Trafigura 2009a.

166   Trafigura 2010, p. 2.

PEMEX. Cette dernière, qui engraisse les caisses de l'État et des partis mexicains, figure parmi les grands noms du marché du brut. Un marché en pleine impasse. À cause de la raréfaction des gisements de qualité, le brut amené des profondeurs de la terre à la surface du globe contient toujours davantage de soufre. En parallèle, les normes environnementales toujours de plus en plus strictes réclament des produits pétroliers commercialisés avec des taux de soufre plus bas. L'industrie automobile préfère elle aussi les carburants exempts de soufre, qui corrodent moins les moteurs et sont nécessaires au bon fonctionnement des pots catalytiques modernes. Le taux de soufre varie énormément en fonction des différentes sortes de brut. Les pétroles bruts dits «doux» sont pauvres en soufre et très liquides, alors que les bruts dits «acides» sont soufrés et épais. Leur désulfuration implique un procédé technique compliqué et onéreux, ce qui explique pourquoi les pétroles sulfurés sont moins chers que les bruts doux. Plus les prix du pétrole augmentent, plus l'écart est important. Et plus le raffinage des bruts sulfurés devient intéressant.

Un jour, PEMEX décide de profiter davantage de cette différence de prix et d'apprêter à Cadereyta un pétrole brut encore plus sulfuré. Dès la fin de l'année 2002, la part du *Maya crude*, l'un des bruts les plus sulfurés, dans la production totale de la raffinerie passe de 30 à 53 %. La montée en flèche des prix du pétrole au cours des années suivantes (le record historique avec un baril à 140 dollars est atteint en juillet 2008) renforce l'écart entre le prix de ce brut sulfuré et les prix du brut de meilleure qualité, de sorte que la décision de PEMEX de désulfuriser son *Maya crude* se révèle très lucrative. Le montant des économies réalisées par la raffinerie de Cadereyta grâce au nouveau mélange de pétrole est estimé à plus de 100 millions de dollars entre 2003 et 2005. Mais les installations de désulfuration ne sont pas renforcées, «principalement pour des raisons de coûts», comme l'explique l'avocat de PEMEX en 2006 à l'Agence de protection de l'environnement des États-Unis.[167] Pendant une courte période, PEMEX essaie de traiter les résidus restants, extrêmement soufrés, dans ses installations déjà surexploitées. Elle abandonne rapidement cette idée et décide de stocker les résidus dans ses cuves. Trente mois plus tard, la société ne dispose plus d'aucune capacité de stockage. Comment se débarrasser de ces résidus de raffinage?

---

167   Lettre de Holland&Knight (avocats de PEMEX et PMI) à la Criminal Investigations Division, U.S. Environmental Protection Agency EPA, 14.12.2006.

À l'été 2005, PEMEX charge sa division commerciale, PMI, de trouver un acheteur pour cette marchandise très bas de gamme.

L'occasion fait le larron

Londres, Noël 2005. Cette année, la neige s'est fait attendre, et de rares flocons humides tombent enfin le 27 décembre. À quelques pas de Hyde Park, l'ambiance régnant au sein du luxueux bureau de Trafigura appelle moins à la rêverie. À 15 h 15, l'équipe carburants reçoit un courriel envoyé par un collègue de Houston : « More high sulfur from PMI »[168], ce qui signifie que PMI lance une enchère sur sa production. Sur ce, 12 courriels traversent l'Atlantique, et bien vite, la situation est claire pour Trafigura : « This is as cheap as anyone can imagine and should make serious dollars. »[169] Mais comment faire pour transformer cette marchandise de mauvaise qualité, dite « *coker naphtha* », en carburant ?

Le processus de raffinage commun se divise en trois étapes : le fractionnement, la conversion et le traitement (voir schéma 1, page suivante). Le fractionnement consiste à chauffer le pétrole brut et à le séparer dans la tour de distillation en différents produits (« fractions », ou « coupes pétrolières ») de qualité décroissante. On trouve d'abord les gaz légers, puis le naphta (l'essence brute), le kérosène, le diesel, les huiles lourdes et des résidus. Les fractions les plus lourdes sont transformées une seconde fois en coupes plus légères et plus lourdes, c'est la conversion. L'une des techniques possibles pour venir à bout à bon compte de cette opération consiste à introduire les résidus dans un *coker*, une unité de conversion résistant à des températures avoisinant les 500 °C, dont la raffinerie de Cadereyta est dotée depuis 2002. Dans le cas qui nous préoccupe, PEMEX a accompli ces deux premières étapes – fractionnement et conversion – dans sa raffinerie de Cadereyta. Le craquage permet de former d'autres couches, dont la seconde s'appelle également naphta. La qualité du naphta produit par un *coker* (« *coker naphtha* ») est cependant bien moins bonne que celle du naphta issu du fractionnement. La troisième étape, le traitement, est d'autant plus importante pour ce produit intermédiaire, car elle

---

168   Courriel de J. T. à L. C., 27.12.2005, cf. Trafigura (et partenaires commerciaux), 167 courriels internes s'étendant sur une période allant du 28.12.2006 au 11.12.2007.

169   Courriel de J. M. à L. C., 27.12.2005.

permet d'isoler le soufre et les autres impuretés, et augmente l'indice d'octane du produit, afin d'obtenir une bonne inflammabilité et de réduire les

SCHÉMA 1

REPRÉSENTATION SIMPLIFIÉE D'UN PROCESSUS DE RAFFINAGE ET DE LA MÉTHODE UTILISÉE PAR TRAFIGURA

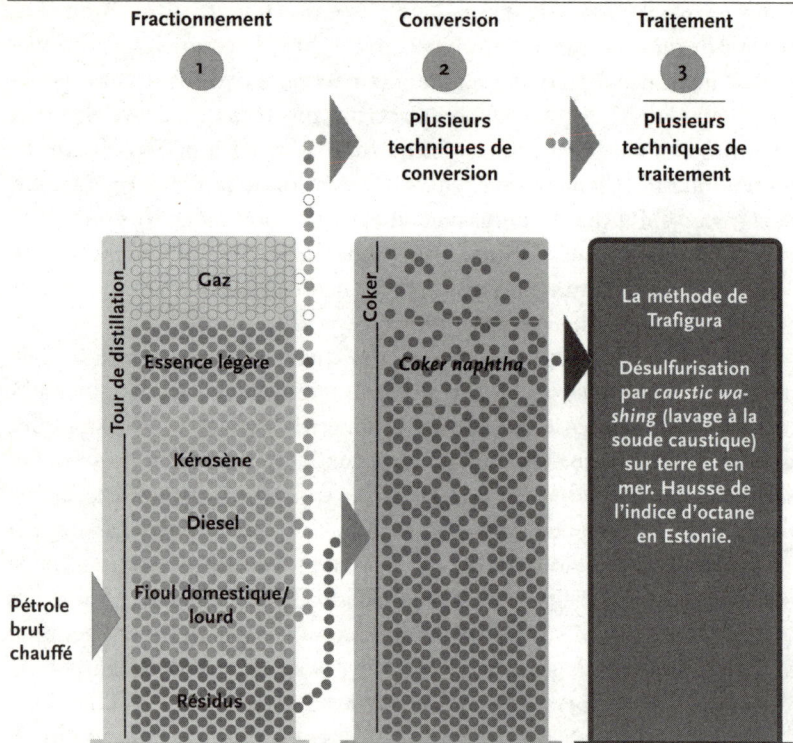

Fractionnement	Conversion	Traitement
1	**2**	**3**
	Plusieurs techniques de conversion	Plusieurs techniques de traitement

Tour de distillation

Gaz
Essence légère
Kérosène
Diesel
Fioul domestique/lourd
Résidus

Pétrole brut chauffé

Coker

Coker naphtha

La méthode de Trafigura

Désulfurisation par *caustic washing* (lavage à la soude caustique) sur terre et en mer. Hausse de l'indice d'octane en Estonie.

Les phases lourdes et légères du pétrole se séparent en fonction de leur point d'ébullition en différentes fractions, ou «coupes». Des résidus collants et visqueux forment la coupe inférieure.

La conversion permet de transformer les fractions les plus lourdes en coupes plus légères. Les résidus peuvent être ainsi, par exemple, chauffés encore davantage au moyen d'un coker, afin d'être séparés une fois de plus.

Les matières indésirables encore présentes dans les différentes fractions (par ex. le soufre) sont réduites. L'indice d'octane de la benzine est par ailleurs encore augmenté.

Sources: U.S. OSHA Technical Manual 2003, NRK «Dirty Cargo» 2008, diverses autres sources.

nuisances environnementales engendrées par sa combustion. Mais un tel traitement coûte cher.

Retour au bureau de Trafigura, à Londres. Un collaborateur, qui voudrait un temps de réflexion pour tester la marchandise proposée[170], se pose une question rhétorique : « Do we want PMI to show these barrels elsewhere ? »[171] Bien sûr que non ! Pas question que PMI aille voir ailleurs et que la concurrence ait vent de cette affaire en or.[172] Dans l'équipe, une méthode bon marché est envisagée pour transformer le *coker naphtha* en essence combustible. Il s'agit du *caustic washing*, soit l'adjonction de soude caustique destinée à précipiter une partie des molécules de soufre et faciliter l'épuration des résidus pétroliers. Aujourd'hui, Trafigura décrit publiquement cette méthode comme « un procédé courant et légal, utilisé dans le monde entier »[173]. Mais en cette fin de journée de décembre 2005, les doutes grandissent. Pour des raisons juridiques, il faut abandonner l'idée de traiter la marchandise dans le Texas, près de la raffinerie.[174] À 19 h 11, un trader de Trafigura, James McNicol, demande une liste des endroits autorisant (encore) le *caustic washing*.[175] Vingt minutes plus tard, un autre employé de Trafigura, Naeem Ahmed, explique : « Nous avons contacté toutes les grandes entreprises de stockage. Les sites américains, singapouriens et européens n'autorisent plus les traitements à la soude caustique depuis que les réglementations environnementales interdisent le dépôt des résidus toxiques après traitement. »[176] Dans de nombreux pays, cette méthode risquée n'est donc plus autorisée pour des questions de protection de l'environnement. Les agents de Trafigura se mettent alors en quête d'une entreprise de traitement des déchets qui accepterait de prendre en charge l'évacuation des résidus. À la fin de la soirée, la quête n'a pas été très fructueuse. Une société spécialisée à Rotterdam serait d'accord de s'occuper des résidus mexicains, mais ses tarifs sont élevés et les résidus une fois traités ne pourraient pas être réexportés à l'extérieur de l'UE. Il y a bien cette entreprise installée dans les Émirats arabes unis, mais la solution implique le dépôt des déchets à Fujairah

---

170   Courriel de L. C. à J. T. et autres, 27.12.2005.
171   Courriel de J. M. à L. C. et autres, 27.12.2005.
172   Courriel de L. C. à J. M. et autres, 27.12.2005.
173   Trafigura 2010, p. 5.
174   Courriel de N. A. à J. M. et autres, 27.12.2005.
175   Courriel de J. M. à L. C. et autres, 27.12.2005.
176   Courriel de N. A. à J. M. et autres, 27.12.2005.

(«Not sure if in a legal way!» note un trader).[177] Les recherches se poursuivent. Peu avant minuit, l'équipe expose la situation à Claude Dauphin, l'un des six directeurs de Trafigura en poste à cette époque. À ce stade, il faut absolument trouver une façon de s'en débarrasser, car PMI dispose de davantage de résidus à vendre à très bon marché («PMI showing us more barrels Super Cheap now»[178]). Le lendemain matin, James McNicol informe ses collègues: «Claude possède une société de stockage de déchets [NdA: Guy Dauphin Environnement, héritée de son père]. Il veut qu'on soit inventifs.»[179] Reste donc à trouver des solutions marginales.

L'Afrique de l'Ouest et la Tunisie comme coups d'essai

À la fin de l'hiver, Trafigura est sur le point de conclure une nouvelle affaire avec du *coker naphtha*. L'approvisionnement de cette matière première douteuse en provenance du Mexique, qui n'a rien à voir avec de l'essence commercialisable, est assuré contractuellement pour un an. En interne, on appelle ce produit, dont le taux de soufre est loin de correspondre à celui de l'essence brute habituelle (voir tableau 1, ci-contre), du PMI *crap*[180] (de la «daube PMI») ou du PMI *shit*[181] (de la «merde PMI»). Incroyable mais vrai, 99,4% du soufre contenu dans ce produit doit être retiré pour qu'il soit commercialisable selon les normes européennes de l'époque. Une mission impossible avec la méthode bon marché envisagée.

Trafigura n'a pas l'intention de chercher des solutions pour atteindre le taux fixé par l'UE. Sa priorité n'est pas l'élimination du soufre, mais sa transformation en composants moins malodorants. Pour la multinationale, il s'agit là d'un élément crucial vis-à-vis des futurs acheteurs. L'Afrique de l'Ouest est en effet le plus grand marché de Trafigura (lire chapitre 11), et les réglementations auxquelles ces différents pays sont soumis en 2006 en matière de taux de soufre correspondent à celles en vigueur en Europe au début des années 1980. Concrètement, le taux de soufre de l'essence africaine est bien souvent 100 fois supérieur à la limite

---

177   Courriel de N. A. à J. M. et autres, 27.12.2005.
178   Courriel de J. M. à C. D., 27.12.2005.
179   Courriel de J. M. à N. A., 28.12.2005.
180   Courriel de L. C. à J. L. et autres, 21.6.2006.
181   Courriel de L. C. à J. T., 18.4.2006.

européenne. Dans l'industrie pétrolière, on dit que pour ces régions « les produits sont fabriqués en fonction des besoins du marché local »[182]. En clair, le carburant est aussi mauvais que possible, dans les limites autorisées. Vendre la « merde PMI » en Afrique de l'Ouest devrait rapporter aux traders londoniens quelque 7 millions de dollars par cargaison. À raison d'une cargaison par mois pendant un an, ils tiennent là une belle affaire.

TABLEAU 1

TAUX DE SOUFRE
(VALEURS INDICATIVES EN PPM – PARTIES PAR MILLION)

Pétroles bruts ultrasoufrés	40 000
Pétroles bruts peu soufrés	100
Mélange de pétrole provenant de la raffinerie de Cadereyta jusqu'à fin 2002	22 800
Mélange de pétrole provenant de la raffinerie de Cadereyta à partir de fin 2002	26 500
Coker naphtha de la raffinerie de Cadereyta	8000
Naphta courant (essence brute)	50-1000
Valeur limite pour l'essence commercialisée au Togo	2500
Valeur limite pour l'essence commercialisée en 2006 (normes UE)	50
Valeur limite pour l'essence commercialisée depuis 2009 (normes UE)	10

Sources : Trafigura 2009b, Annexe 2 ; Lettre des avocats de PEMEX et PMI à l'US Environmental Protection Agency EPA, 14.12.2006 ; ARA, p. 25, 2008 ; PNUE 2009.

Après une première série de tests aux Émirats arabes unis, Trafigura trouve enfin en Tunisie un partenaire disposé à mener à bien le projet de *coker naphtha*. La société Tankmed met ses cuves à disposition afin d'expérimenter le procédé imaginé par Trafigura pour apprêter les résidus pétroliers mexicains en vue d'une commercialisation en Afrique. Le premier traitement se déroule sans encombre, mais dès la deuxième livraison, d'énormes problèmes apparaissent.

---

182   Courriel de Neil Bell Pottinger (société RP mandatée par Trafigura) à NRK, 18.6.2008.

Le 9 mars 2006, une odeur pestilentielle se répand dans tout le périmètre de Tankmed, toujours plus forte, au point de devenir insup-
portable quatre jours plus tard.[183] Les autorités tunisiennes sont
alarmées. Le 22 mars, la pression est si forte que Naeem Ahmed appelle
le cabinet de conseil White Consultant Group de Dubaï à la rescousse :

« *Hi Steve*
Hop[e] you are well. Any possibility Dave Foster taking a trip immedia-
tely to La Skhirra/Tunis[i]a to perform a PR Exercise to reassure guys about
Odour during a recent caustic wash operation at the terminal ? »[184] (Salut
Steve, j'espère que tu vas bien. Pourrais-tu envoyer Dave Foster immédiatement à La Skhirra/Tunisie pour une prestation RP afin de rassurer les
gars sur l'odeur qui se dégage au terminal de stockage depuis le dernier
traitement à la soude caustique ?)

Le fameux Dave part sur-le-champ, fait une analyse de la situation et
envoie son rapport pour relecture à Trafigura, qui ne mise pas sur la transparence dans les relations avec les partenaires tunisiens. La centrale de Trafigura à Londres demande que le paragraphe central du rapport, dans lequel
la cause de la puanteur est identifiée, soit s'il vous plaît retiré de la version
finale.[185] Le consultant s'exécute et met l'accent sur d'autres aspects.[186] Mais
les Tunisiens sont sceptiques et se retirent du projet en avril 2006.[187]

La première raffinerie offshore du monde

La perte des cuves tunisiennes plonge les négociants de pétrole dans
l'embarras. En effet, les livraisons de PMI continuent, conformément au
contrat d'approvisionnement conclu à la fin de l'hiver. Mais sans possibilité de transformation, rien ne peut être commercialisé. Un collaborateur
conseille de trouver rapidement un plan B avant que Trafigura n'« étouffe »
dans le *coker naphtha*.[188] Comme PEMEX au Mexique, Trafigura court le

---

183   Courriel de D. F. à N. A., 24.3.2006.
184   Courriel de N. A. à S. W., 22.3.2006.
185   Courriel de N. A. à D. F., 24.3.2006.
186   Courriel de D. F. à N. A., 24.3.2006.
187   Courriel de L. C. à J. T., 18.4.2006.
188   Courriel de L. C. à J. T., 18.4.2006.

risque de ne pas pouvoir écouler des tonnes de matière première inutilisable.

Une idée qui avait déjà effleuré les esprits pendant la période de Noël revient bientôt sur le tapis : trouver un navire chimiquier et y traiter la marchandise en dehors des États-Unis. «*But will still need to find a company that will take the waste.*»[189] (Mais il faudra encore trouver l'entreprise qui prendra en charge les déchets). Le traitement n'aura donc pas lieu dans une raffinerie sur la terre ferme, soumise à des contraintes et des contrôles gênants, mais en pleine mer. Les résidus seront remis à une entreprise de traitement des déchets. Le navire adéquat est vite trouvé. Il s'agit du *Probo Koala*, un vieux pétrolier bleu «pas trop dommage», qu'une compagnie maritime grecque met à disposition pour le remplir de ce liquide noir hautement corrosif. Au mois d'avril, au large de Malte, une première «lessive» est faite dans ses cuves.[190]

Mais comment ce procédé, tellement bon marché qu'il en devient presque magique, permet-il de transformer des résidus de raffinage ultra-soufrés en précieuse essence brute ? Le problème principal de Trafigura vient du fait qu'une part importante du soufre présent dans le *coker naphtha* de PMI s'y trouve sous forme de composés particuliers nommés thiols. Ces composés organiques sont les substances les plus malodorantes qui soient.[191] Utilisés en très faibles quantités comme additifs au gaz domestique pour prévenir une fuite, l'odeur d'œuf pourri qu'ils dégagent à plus haute dose est épouvantable. En cas de forte concentration, les thiols causent des troubles respiratoires. L'élimination de ces substances ne suffit pas à résoudre le problème. Il faut les transformer en d'autres types de composés soufrés, moins malodorants. Les produits utilisés à cette fin permettent en outre de précipiter une petite quantité de soufre. Le résidu de cette opération est un dépôt à haute teneur en soufre. Le naphta ainsi «nettoyé» flotte à la surface. Son taux de soufre est toujours très élevé. Dans le cas du *Probo Koala*, le naphta fabriqué au large des côtes maltaises transite par Paldiski, en Estonie, où son indice d'octane est augmenté. Finalement, il est vendu en Afrique comme essence classique.

---

189 Courriel de N. A. à J. T. et autres, 27.12.2005.
190 Trafigura 2006a.
191 Minton 2006.

·Le raffinage offshore: une nouvelle forme de production industrielle née dans les cuves mêmes du *Probo Koala*. Au milieu de la mer, les contrôles sont quasi inexistants, et les océans restent des zones dans lesquelles la liberté d'entreprendre est totale. Trafigura a bien l'intention d'en profiter. Mais le problème de fond subsiste, comme une épée de Damoclès menaçant la bonne marche des affaires. Que faire des résidus de production, un dépôt chargé de soufre et de soude caustique?

Cargo rempli de déchet toxique cherche dégazage à bon marché

La raffinerie flottante de Trafigura jette tout d'abord l'ancre aux abords de Malte, puis près de Gibraltar, pour transformer en paix le *coker naphtha*. Le réapprovisionnement en matière première à traiter s'effectue par le biais d'autres navires. Trafigura expliquera plus tard que le *Probo Koala* a été utilisé «pour des opérations maritimes usuelles de commerce d'essence». Étrange, tout de même, que ce procédé standard ait pratiquement détruit le fond des soutes du cargo, tant les dépôts étaient corrosifs.[192] Au printemps 2006, les résidus de production s'amoncellent sur le navire, environ 150 m^3 par cargaison de 25 000 m^3 de *coker naphtha*. Depuis 1983, conformément à la Convention internationale pour la prévention de la pollution par les navires, dite «convention MARPOL», tout pétrolier nettoyant ses soutes avec de l'eau doit être équipé de citernes spéciales pour récupérer les boues huileuses (les *slops*), dont le rejet en mer est interdit. Mais Trafigura détourne l'usage des citernes du *Probo Koala* pour y stocker les résidus de production. La convention MARPOL oblige aussi les États membres à équiper les ports d'installations de retraitement des *slops*. Trafigura tente donc de déclarer ses résidus en tant que *slops*, même s'ils ne ressemblent en rien aux eaux de nettoyage des citernes usuelles. Dans les ports de Malte, de Gibraltar et en Sicile, personne n'est dupe et les déchets de Trafigura sont refusés.

À la fin du mois de juin, le navire battant pavillon panaméen se remet en route vers Amsterdam. Trafigura demande alors un devis auprès de l'une des entreprises privées de retraitement des *slops* de ce port pour la prise en charge de «*slops* d'essence (composés en majorité d'eau, d'essence et de soude caustique)». La société Amsterdam Port Services (APS)

---

192   Courriel de K. A. à Trafigura/Athens Ops, 2.10.2006 et 9.10.2006.

propose 28 euros par m³. Le soir du 2 juillet, la longue barge *MAIN VII* s'approche donc de la haute coque du *Probo Koala*. On s'active pour bran cher le système de pompage, et la vidange commence. Très vite, l'équipe d'APS est frappée par l'odeur pénétrante et comprend que quelque chose ne tourne pas rond. Une fois le transfert terminé et la barge à quai, l'équipe scelle ses cuves et envoie un échantillon au laboratoire. Le lendemain, plus la peine de miser sur la discrétion. Alarmés par le voisinage baignant dans une odeur pestilentielle, police et pompiers sont sur les lieux. Un fax anonyme a aussi informé les autorités environnementales.[193] À la vue des analyses effectuées par le laboratoire, APS conclut que ses installations ne sont pas appropriées pour traiter cette substance. La société reprend contact avec son client et demande 1000 euros par m³ pour effectuer le traitement. Trafigura est scandalisée. « L'entreprise de nettoyage veut augmenter le prix sans fournir de justification », peut-on lire dans le rapport annuel non publié de 2006.

Pour les 250 m³ de déchets déjà déchargés, la facture s'élèverait à plus d'un quart de million d'euros. Trop cher pour Trafigura, qui exige la restitution des déchets. APS s'en débarrasserait volontiers au plus vite en les rapatriant sur le *Probo Koala*, mais les autorités en charge de l'environnement s'y opposent. D'après elles, il s'agit de déchets dangereux nécessitant une autorisation d'exportation. Sous la pression d'APS, les autorités concluent finalement que l'importation des déchets n'est pas encore exécutée d'un point de vue juridique, et qu'une autorisation d'exportation n'est donc pas nécessaire. La police néerlandaise tente d'intervenir, en vain. Les cuves d'APS sont vidangées et le *Probo Koala* rechargé met bientôt le cap sur l'Estonie, où il doit prendre possession d'une nouvelle cargaison à destination de Lagos, au Nigeria. À cet instant, il stocke à son bord 528 m³ de déchets qui attendent d'être déversés « à la première occasion »[194].

D'Amsterdam à Abidjan

Nouvelle tentative pour se débarrasser des déchets à Lagos, mais l'entreprise mandatée à cette fin n'est pas équipée en conséquence et Trafigura craint des complications juridiques. Afin de « transférer le problème »

---

193   UK High Court, paragraphe 9, 2011.
194   Courriel de T. G. à A. S., 3.7.2008.

d'un bateau à un autre, au Nigeria, Trafigura demande à son collaborateur, Jorge Marrero, si une barge nigériane pourrait pomper les résidus devant les côtes togolaises, ou même dans les eaux internationales. Par courrier électronique, un collègue de Marrero lui signale que le *boss* n'est pas d'accord avec une opération en eaux nigérianes, mais qu'il dispose d'un nouveau plan. Celui-ci prévoit d'aller à Lomé, au Togo, d'y affréter une barge sous un faux nom et de la ramener incognito au Nigeria. Les choses toutefois ne se passent pas comme prévu. Plus tard, Trafigura expliquera à la BBC que cette proposition ne provenait «très certainement» pas de Claude Dauphin et que de tels plans n'ont jamais vraiment été envisagés.[195]

Nous sommes le 17 août, à 13 h 46, en Côte d'Ivoire. Le Capitaine Kablan, cadre de Puma Energy, une filiale de Trafigura, reçoit un long courrier électronique en provenance de Londres. On lui explique ouvertement être à la recherche d'une solution permettant de se débarrasser de 528 m^3 de *slops* chimiques. D'après les recherches menées par la BBC, le Capitaine Kablan appelle à 14 heures la société WAIBS, une compagnie maritime locale opérant pour Trafigura. WAIBS a d'ores et déjà été contactée par Londres au sujet du *Probo Koala*, mais elle dispose d'informations plus floues que Kablan sur la composition des *slops*. Kablan demande à WAIBS le numéro de téléphone d'ITE, la plus grande entreprise portuaire de traitement de déchets. Tout le monde est parti manger. La compagnie maritime lui donne alors le numéro d'une autre entreprise, qui vient tout juste de recevoir sa licence un mois auparavant. Ravie d'avoir décroché un contrat aussi juteux, la compagnie Tommy promet le lendemain, dans une offre manuscrite rédigée en mauvais anglais, de faire du «*good job*» – comprenons que le travail sera effectué proprement – à un prix de 30 à 35 dollars par m^3. Le traitement sera effectué dans une installation nommée Akouédo, spécialisée pour ce type de produits chimiques. Akouédo n'est autre qu'une décharge publique. Au matin du 19 août 2006, le *Probo Koala* accoste au quai Petroci du port d'Abidjan. Les camions-citernes arrivent et la catastrophe commence.[196]

---

195 Courriel de S. C. à T. G. et autres, 10.8.2006 ; Courriel de J. M. à S. M., 15.8.2006 ; Courriel de S. M. à J. M., 15.8.2006 ; Courriel de J. M. à S. M., 16.8.2006 ; Courriel de L. C. à J. M., 16.8.2006.

196 BBC 2009, en particulier le paragraphe 4.34.

Le drame se répète en Norvège

Bien avant que la presse internationale ne s'empare de ce scandale, la police contacte Naeem Ahmed, l'un des traders londoniens de Trafigura. Le service néerlandais de protection des eaux souhaite voir un justificatif prouvant le traitement correct des déchets rechargés à Amsterdam.[197] D'après Greenpeace, Trafigura demande alors à la compagnie Tommy d'établir une nouvelle facture d'un montant bien plus élevé. Mais à cet instant, l'histoire fait déjà la une des journaux : « Ivory Coast government resigns over pollution scandal » (Agence France-Presse), « Afrikanische Stadt als Müllkippe » (*Tages-Anzeiger*), « Die Odyssee der *Probo Koala* » (*Der Spiegel*), « Trafigura : affréteur au rabais » (*Libération*), « Global Sludge Ends in Tragedy for Ivory Coast » (*New York Times*). Dans le monde entier, on ne parle plus que du bateau empoisonné et de Trafigura, son affréteur.

Au lieu d'arrêter les frais, la multinationale envoie une nouvelle demande de traitement des déchets. Le 22 septembre, elle contacte en effet la Vest Tank, une petite société norvégienne. Trafigura s'enquiert du prix demandé pour « entreposer quelques déchets chimiques – produits dérivés d'une opération de type mérox »[198]. Les Norvégiens reçoivent des échantillons et acceptent de traiter les déchets. Entre-temps, le *Probo Emu*, qui a repris la fonction de raffinerie flottante de son *sister-ship* en Méditerranée, a levé l'ancre. Trafigura répond aux questions soupçonneuses d'une autre société norvégienne de retraitement de déchets en assurant que le « *Probo Emu* n'a servi qu'à des opérations tout à fait normales [...] et n'est impliqué dans aucun événement survenu en Afrique de l'Ouest »[199]. Certes, le *Probo Emu* n'est pas allé en Afrique, mais sa fonction est identique à celle du *Probo Koala*, soit le traitement offshore à la soude caustique. Par ailleurs, Trafigura n'hésite pas à confirmer ailleurs que les déchets à bord du *Probo Emu* sont identiques à ceux déchargés à Abidjan.[200] Au début du mois d'octobre, Vest Tank prend non seulement en charge sans discuter la première cargaison de résidus, mais elle « lessive » ensuite elle-même à la soude les autres cargaisons de Trafigura dans

---

197 BBC 2009, paragraphe 4.41.
198 Courriel de N. A. à J. B., 22.9.2006.
199 Courriel de A. P. à Wergeland-Halsvik, 10.10.2006.
200 Trafigura 2006a, p. 2.

ses propres installations. Un partenaire destiné à succéder aux Tunisiens de La Skhirra a enfin été trouvé.

Au total, huit navires accostent dans la bourgade norvégienne de Sløvåg, entre octobre 2006 et avril 2007. L'un d'entre eux ne fait qu'y prendre de la marchandise, un autre livre à Vest Tank une cargaison de déchets. Six autres bateaux livrent du *coker naphtha* pour retraitement. Dès le mois de mai, les deux citernes principales T3 et T4 de Vest Tank sont déjà au maximum de leur capacité. Il faut d'abord trouver un moyen de se débarrasser des déchets qui y sont amassés. Cela signifie dissoudre les résidus accumulés sur le fond des cuves et neutraliser les déchets fortement basiques. Après quelques essais dans une mini-installation test, Vest Tank décide de mélanger les résidus à de l'acide. La manipulation est effectuée dans l'après-midi du 23 mai 2007. Le lendemain matin, à 10 heures, une énorme détonation survient. Une épaisse fumée noire couvre le site dans son intégralité. D'immenses flammes jaillissent de la citerne T3 et la cuve T4 explose peu après. Les camions-citernes stationnés aux alentours des immenses cuves prennent feu les uns après les autres.[201] L'incendie de Sløvåg est l'équivalent norvégien de la catastrophe suisse de Schweizerhalle, le pire accident chimique jamais survenu dans ce pays.

Par chance, ce drame se produit dans une région à faible densité de population. Cependant, les habitants de la commune voisine de Gulen souffrent de maux comparables à ceux de leurs compagnons d'infortune en Côte d'Ivoire. Leurs poumons brûlent, leurs yeux pleurent, ils ont des difficultés à respirer. Plusieurs mois après l'accident, ces personnes continuent d'avoir des nausées à la simple émanation d'une forte odeur. Si l'explosion n'avait pas déclenché un incendie, les conséquences auraient pu être plus dramatiques encore. D'après Jon Songstad, professeur de chimie honoraire à l'Université de Bergen, un nuage de soufre mortel se serait alors élevé au-dessus de leurs têtes.[202]

Ironie de l'histoire, le jour avant l'explosion, une société du nom d'Alexela rachetait les installations désormais défectueuses de Vest Tank. Alexela appartient à la raffinerie de Paldiski, en Estonie, où les cargos de Trafigura accostaient pour augmenter l'indice d'octane de leurs cargaisons de *coker naphtha*. Et Trafigura détient 39,9 % d'Alexela (2007).[203]

---

201   CMR Gexcon, 2008.

202   NRK, 13.10.2009.

203   Trafigura 2007, p. 51.

GRAPHIQUE 2

TRAFIGURA ET LE *COKER NAPHTHA* :
UNE AFFAIRE GLOBALE, SES PANNES ET SES CATASTROPHES

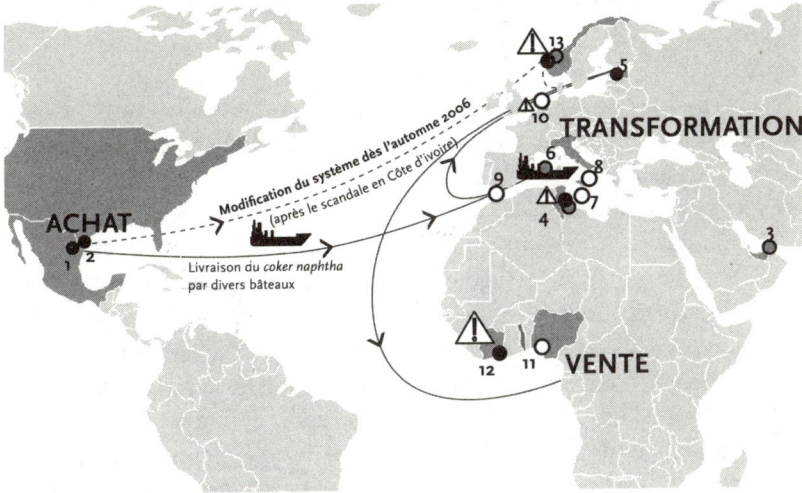

- ◉ Processus de raffinage (*caustic washing*)
- ○ Tentative avortée de liquidation des déchets
- ● Liquidation des déchets
- ⚠ Incidents dangereux

1 Cadereyta (Mexique), raffinerie de PEMEX
2 Brownsville (États-Unis), port de chargement
3 Fudjaira (Émirats Arabes Unis)
4 La Skhirra (Tunisie)
5 Paldiski (Estonie): augmentation de l'indice d'octane
6 *Probo Koala* et *Probo Emu* (à l'ancre en Méditerrannée)
7 Malte
8 Augusta (Italie)
9 Gibraltar
10 Amsterdam (Pays-Bas)
11 Lagos (Nigeria)
12 Abidjan (Côte d'Ivoire)
13 Sløvåg (Norvège)

Source : compilation des auteurs.

Épilogues juridiques : accords amiables et affaires étouffées

La santé de milliers d'Ivoiriens, mais aussi de Norvégiens et de Tunisiens, a été mise en danger par les déchets de raffinerie ultrasulfureux de Trafigura. Des hommes et des femmes ont été exposés à des dangers potentiellement mortels. En juin 2010, à Amsterdam, le procureur en charge conclut que Trafigura a privilégié l'argent et le gain de temps au détriment de la santé et de l'environnement.[204] Pourtant, les conséquences juridiques de ce scandale sont toujours loin d'être claires.

Côte d'Ivoire

Trois semaines après les événements d'Abidjan, Claude Dauphin et le directeur régional de Trafigura pour l'Afrique de l'Ouest se rendent à Abidjan et se jettent dans la gueule du loup. Ce voyage, présenté comme une « mission humanitaire », se termine pour les managers de Trafigura par cinq mois de détention provisoire à la prison centrale d'Abidjan. Après une lutte acharnée, le gouvernement de la Côte d'Ivoire (PIB 2006 : 17 milliards de dollars) et la multinationale (chiffre d'affaires 2006 : 44 milliards de dollars) concluent un compromis en février 2007. Celui-ci prévoit le versement par Trafigura de 198 millions de dollars. En échange, l'accord libère la multinationale de toute responsabilité juridique dans la catastrophe. Les deux parties s'engagent en outre à renoncer à toute procédure civile. Peu de temps après, les instances judiciaires mettent également un terme aux démarches pénales lancées contre les collaborateurs de Trafigura. Seuls les partenaires ivoiriens sont condamnés à plusieurs années de prison.[205]

Grande-Bretagne

Les victimes du cargo empoisonné se tournent alors vers Londres, où elles déposent l'une des plaintes collectives les plus importantes de l'histoire de la justice britannique, avec au final 29 614 plaignants ivoiriens. Cette procédure se solde ici aussi par un accord amiable conclu en 2009, prévoyant le versement de 30 millions de livres sterling aux victimes. L'octroi effectif d'environ 1000 livres sterling par victime a été laborieux, mais il touche presque à sa fin. À l'été 2011, le litige relatif à la prise en charge des frais d'avocats, qui pourraient largement dépasser la somme des dommages et intérêts versés, n'est toujours pas réglé.

Dans le cadre de la plainte collective, une équipe de 20 experts – dix de part et d'autre – a pu analyser le dossier en profondeur. Les experts représentant les victimes ont finalement dû reconnaître qu'ils n'étaient pas en

---

204 Reuters, 21.6.2010.
205 Trafigura, *Rapport annuel 2006*.

mesure de prouver l'existence d'un lien de causalité entre les déchets et les graves blessures des victimes avec le degré de certitude requis pour que cette preuve soit admissible devant un tribunal. Trafigura n'hésite pas à déformer cet aveu d'impuissance, allant jusqu'à affirmer que le fait que ce lien ne puisse être prouvé démontre qu'il ne peut exister (« Plus de 20 experts indépendants ont établi, après de longues recherches méticuleuses et extrêmement détaillées, que les *slops* [...] ne pouvaient pas être la cause des décès présumés et des blessures graves. »)[206] Par ailleurs, la multinationale oublie ici que les décès ne faisaient pas l'objet de la plainte collective.[207]

Les rapports d'expertise sont restés secrets jusqu'à ce jour. Personne ne conteste cependant une évidence chimique. Tant que les déchets restaient à bord des cargos, dans les citernes et sans être soumis à autre traitement, leur nocivité était limitée. Et l'adjonction d'acide pour la neutralisation (telle qu'elle a été pratiquée en Tunisie et en Norvège) libère du soufre, ce qui peut avoir des conséquences catastrophiques. Trafigura tente de minimiser sa responsabilité en affirmant que les quantités d'acide présentes parmi les décharges d'Abidjan étaient faibles.[208] En clair, la dangerosité de la cargaison du *Probo Koala* dépendait de l'environnement dans lequel elle était déchargée. Incontestablement, ces déchets étaient donc *potentiellement* très dangereux.

Norvège

Dans ce cas-là, Trafigura est parvenue à échapper aux poursuites pénales grâce à une lacune juridique. La loi réglemente en effet l'importation de déchets provenant de pays étrangers, mais pas l'importation de déchets issus de procédés industriels effectués en mer, à bord d'un navire. Le directeur et le président du conseil d'administration de Vest Tank ont toutefois été condamnés à un an et demi de prison pour crime écologique. En mai 2011, la cour d'appel a confirmé le jugement à l'encontre du directeur. Celui du président est encore en suspens.

Pays-Bas

En juin 2010, le tribunal de première instance a rendu un jugement explosif sur les événements survenus dans le port d'Amsterdam, selon lequel

---

206 Trafigura 2010, p. 5.
207 UK High Court, 2011, paragraphes 70 et 80.
208 Trafigura 2009b.

Trafigura aurait exporté illégalement des déchets vers un pays en développement et volontairement caché la dangerosité de ces déchets à la société APS. Contrairement aux réponses fournies par Trafigura, le tribunal a retenu que les déchets ne provenaient pas d'opérations maritimes usuelles, mais d'un procédé chimique effectué pour la première fois à bord d'un navire, et que les résidus résultant de ce procédé étaient manifestement dangereux pour la santé. Trafigura a été en revanche libérée d'une plainte pour faux en écriture. Ce tribunal a condamné Trafigura à une amende d'un million d'euros. Son employé Naeem Ahmed a quant à lui été reconnu coupable d'avoir caché la dangerosité des produits. Il a été déclaré non coupable de l'accusation de faux en écriture qui pesait sur lui. Ahmed a été condamné à six mois de réclusion avec sursis et 25 000 euros d'amende. Le capitaine du *Probo Koala* a été condamné à cinq mois de prison avec sursis pour le même délit et pour faux en écriture. Il avait menti sur la nature des déchets dans la déclaration destinée à l'administration portuaire. Le fait qu'il ait agi à la demande de Trafigura n'a pas pu être prouvé.[209] Une procédure en appel a été ouverte en juin 2011.

Une demande de Greenpeace d'élargir l'enquête en Côte d'Ivoire a été rejetée en avril 2011. On ignore toujours si Claude Dauphin devra comparaître devant les tribunaux pour exportation illégale de déchets. Très controversée, la procédure contre Dauphin a été suspendue jusqu'à nouvel ordre en mai 2011.[210]

En résumé

Dans le domaine du négoce des matières premières, de nombreux négociants considèrent que les réglementations – si tant est qu'elles existent – sont faites pour être contournées avec élégance. La mobilité des sociétés de négoce accroît le nombre et la rapidité des possibilités d'affaires mirobolantes qui se présentent dans le monde entier. Trafigura applique ce principe d'opportunisme jusqu'aux limites du possible. Elle contourne les lois de protection de l'environnement en passant tout d'abord par les pays où la législation est peu contraignante, puis en déplaçant le processus de raffinage en haute mer. Le traitement des déchets doit coûter le

---

209 Rechtbank Amsterdam 2010.
210 Gerechtshof 's-Gravenhage 2011.

moins cher possible, et même rapporter de l'argent. C'est ainsi que, en janvier 2007, un navire affrété par Trafigura a chargé à son bord une cargaison de résidus qui ont été mélangés à de l'essence de bonne qualité déjà dans les soutes. Le mélange a ensuite été revendu.[211]

D'un point de vue pénal, les multinationales sont presque inattaquables. Dans les pays en développement, les risques qu'elles soient poursuivies, même pour des forfaits aussi graves, sont quasiment nuls – sans même parler d'éventuelles poursuites pour leurs agissements en haute mer. Quant au système de justice national, il est souvent démuni et dépourvu du soutien politique indispensable pour s'attaquer à un géant des matières premières. De leur côté, les pays développés sont encore très prudents en matière de pénalité extraterritoriale (lire chapitre 19). Pourtant, les pays impliqués sont nombreux, comme le souligne le procureur néerlandais sur la base du cas du *Probo Koala* : « la compagnie d'affrètement est suisse, et elle dispose d'une société d'administration néerlandaise ; la cargaison appartenait à une filiale britannique de ladite société ; le cargo appartient à une entreprise grecque et bat pavillon panaméen. »[212]

Les structures opaques des multinationales et des rapports de sous-traitance complexes entravent les procédures d'instruction et incitent les autorités judiciaires à renvoyer la balle à celles d'un autre pays. Ainsi, la France a refusé d'ouvrir une procédure contre les directeurs de Trafigura, de nationalité française, affirmant que ces messieurs n'entretenaient plus de liens étroits avec l'Hexagone et que Trafigura avait installé ses entités commerciales ailleurs. Devant les tribunaux des Pays-Bas, Trafigura a expliqué que, même si elle y a installé son siège principal, elle ne mène aucune activité depuis ce pays, et que ses structures opératives sont domiciliées en Angleterre et en Suisse.[213] Dans ce dernier pays, la justice n'a entrepris aucune démarche jusqu'à présent.

---

211   NRK 2009, p. 58 sqq.

212   Speech by Harm Brouwer, President of the College of Procurators-General, delivered at the occasion of the regional conference of the international Associations of Prosecutors, Seoul, 8.6.2008.

213   FIDH 2010, pp. 331-332 ; Gerechtshof 's-Gravenhage 2011.

Chapitre 11

LE JET D'EAU DE GENÈVE CRACHE DE L'OR NOIR

À eux seuls, les cinq principaux négociants indépendants de pétrole présents à Genève écoulent environ 28 % du volume total du commerce mondial de pétrole (voir tableau 1, page suivante). Si on ajoute à cela la part de Glencore (5 %), on peut estimer que, sur trois litres de pétrole vendus sur les marchés mondiaux, un au moins l'est depuis la Suisse. Cette estimation rejoint assez précisément les chiffres volontiers mis en avant par la Geneva Trading and Shipping Association (GTSA), qui affirme que la part de Genève dans les transactions globales de pétrole brut est de 35 %, toutes catégories confondues.

Les principaux acteurs du secteur du négoce pétrolier genevois se partagent plus ou moins en deux groupes. Le premier est constitué des traders « historiques » de pétrole, avec les entreprises Vitol et Trafigura comme parangons. Le second est composé de sociétés plus jeunes, comme Gunvor, Mercuria ou Litasco, lesquelles ont connu une croissance très rapide ces dernières années, en écoulant essentiellement le pétrole de la Russie et des pays environnants. La part de marché de la Cité de Calvin dans l'exportation du pétrole provenant de lieux d'extraction spécifiques est en effet de l'ordre de 75 % pour le brut russe et de 50 % pour celui du Kazakhstan. À côté de ces principaux acteurs gravitent de nombreuses sociétés plus petites, et souvent plus obscures encore, actives dans le trading, l'exploration pétrolière, l'affrètement ou le service aux sociétés de courtage.

TABLEAU 1

LES CINQ PRINCIPAUX NÉGOCIANTS INDÉPENDANTS DE PÉTROLE EN CHIFFRES

		2004	2005	2006	2007	2008	2009	2010
Vitol	Chiffre d'affaires (milliards de dollars)	62	82	116	145	191	143	195
	Bénéfices (millions de dollars)				1111	1368	2284	
	Volume pétrole et dérivés (millions de tonnes/an)					200	250	274
	Volume pétrole, dérivés, gaz, charbon (millions de tonnes/an)	200	201	229	266	291	316	394
Trafigura	Chiffre d'affaires (milliards de dollars)	18	28	44	51	73	47	79
	dont branche pétrolière	13	23	34	38	58	35	56
	Bénéfices (millions de dollars)	153	296	511	453	440	837	690
	Volume pétrole et dérivés (millions de tonnes/an)					75	100	124
Gunvor	Chiffre d'affaires (milliards de dollars)	5		30	43	78*	46	59
	Bénéfices (millions de dollars)					292	289	68
	Volume pétrole, dérivés, gaz et charbon (millions de tonnes/an)			60	83		93	104
Litasco	Chiffre d'affaires (milliards de dollars)				53	68	52	
	Bénéfices (millions de dollars)		246	224	198	227		
	Volume pétrole et dérivés (millions de tonnes/an)		80	83	99	96	115	125
	dont depuis Genève					82		
Mercuria	Chiffre d'affaires (milliards de dollars)	6				31	47	35	50
	Bénéfices (millions de dollars)					244	454	
	Volume pétrole, dérivés, gaz et charbon (millions de tonnes/an)		40	50	60	81	90	117

Volume total de pétrole commercialisé par les cinq principaux négociants indépendants à Genève (année la plus récente, millions de tonnes)	**744**
Volume du commerce mondial de pétrole (millions de tonnes, selon données du volume de transport du fret maritime mondial)	**2640**
Parts de marché des cinq principaux négociants indépendants de pétrole à Genève**	**28 %**

*Résultats pour la période allant de juillet 2007 à décembre 2008.
**Cette estimation peut être biaisée par des doubles comptages (par ex. changement de propriétaire d'une cargaison de pétrole sans transport transfrontalier).

Sources : rapports annuels ; publications des entreprises ; articles de presse ; CNUCED 2010.

Le développement du négoce pétrolier à Genève est récent. Après le choc pétrolier de 1973, les États fournisseurs cassent les contrats qui les lient aux *majors* et reprennent en main leur production (lire chapitre 4). Le pétrole brut commence dès lors à se vendre à des traders indépendants, qui servent d'intermédiaires entre producteurs et raffineries. À Genève, des banques spécialisées dans le crédit transactionnel, comme Paribas ou plus tard Crédit Agricole et ING, mettent à disposition les énormes volumes de capitaux nécessaires à de telles opérations au moyen d'accréditifs (lire chapitre 3). Dès le milieu des années 1980, les banquiers genevois passés par l'école Paribas financent la commercialisation du pétrole soviétique. Au début des années 1980, le mastodonte Elf décide également d'installer son unité de commercialisation au bout du lac, confirmant l'attrait de Genève pour les opérations de trading pétrolier. La *major* française cherche à bénéficier des atouts traditionnels de la plaque tournante helvétique du commerce des matières premières dont d'autres traders indépendants actifs dans le pétrole, le grain, les oléagineux ou les métaux profitent déjà : fiscalité basse, régulation faible, accès facilité au financement des transactions commerciales. Il s'agit aussi de contourner la réglementation stricte du trafic des paiements alors encore en vigueur en France.

Cinq des plus grands traders de pétrole au monde sont à Genève. Indépendants des *majors* pétrolières Shell, BP, Texaco, Mobil ou Total, qui sont à la fois leurs clientes et leurs concurrentes directes, ces géants du pétrole se nomment Vitol, Trafigura, Gunvor, Mercuria ou Litasco (voir carte 1, page suivante). Cette dernière est la seule société non indépendante, puisque directement liée au producteur russe Lukoil. Non cotées en Bourse, ces entreprises conduisent leurs affaires d'intermédiaires dans une opacité quasi totale. Leurs principaux actionnaires et employés, deux fonctions souvent assumées par les mêmes personnes, ont amassé des fortunes phénoménales, dont leurs propriétés immobilières princières sur la rive sud du Lac Léman ne donnent qu'une petite idée.

Vitol : le brut nigérian à prix cassés

La première et la plus importante des firmes de courtage de pétrole domiciliée au bout du lac est Vitol. Cette discrète entreprise de droit néerlandais

CARTE DES TRADERS PÉTROLIERS À GENÈVE

Source: compilation par les auteurs.

a été fondée en 1966 par deux hommes d'affaires, Jacques Detiger et Henk Vietor. Elle réalise l'essentiel de ses opérations à Genève, où elle s'est installée en 1972. Vitol négocie chaque jour 5,5 millions de barils de pétrole (274 millions de tonnes par an), ce qui représente 6 % des besoins mondiaux en or noir, ou l'équivalent de la consommation de l'Allemagne, de la France et de l'Italie. Disposant de succursales à Londres, Houston, Moscou, Rotterdam et Singapour, Vitol se décrit comme « le plus grand distributeur indépendant de pétrole du monde »[214]. En forte croissance ces dernières années, son chiffre d'affaires (16 milliards de dollars en 1998, 195 milliards de dollars en 2010) fait de Vitol la principale entreprise de négoce installée en Suisse devant Glencore. Contrairement au géant zougois, actif également dans les secteurs des métaux et des produits agricoles, l'activité de Vitol est basée presque exclusivement sur le courtage de pétrole et de pro-

214   Vitol 2004, p. 36.

duits dérivés (76 % du chiffre d'affaires en 2008) ou de gaz (12 %). Seuls 12 % de son chiffre d'affaires est réalisé dans le trading de produits chimiques, de charbon, de métaux et dans la vente de droits d'émissions de CO_2.[215]

Non cotée en Bourse, Vitol appartient à ses directeurs et principaux employés, au total quelque 200 personnes. Une situation à laquelle le Directeur exécutif de Vitol Holding BV, Ian Taylor, un économiste écossais anciennement employé par Shell et depuis vingt-cinq ans au sein de l'entreprise genevoise, ne voyait aucune raison de changer quoi que ce soit en 2010.[216] La structure de Vitol consiste en un enchevêtrement de sociétés holdings. Vitol SA, l'entreprise genevoise active dans le courtage pétrolier et, depuis août 2010, dans le négoce du gaz et du courant électrique, emploie 170 personnes pour un total de 1578 employés dans le monde (état en 2009). Responsable du financement des opérations de l'ensemble du groupe, elle appartient à 100 % à Vitol Holding SARL, elle-même détenue à 100 % par Vitol Holding BV, une société basée à Rotterdam, propriété à 100 % d'une holding luxembourgeoise, Vitol Holding II SA (Luxembourg), dont les directeurs et les employés de Vitol se partagent les parts et, selon les informations d'insiders, le petit milliard de bénéfices résultant des opérations commerciales de Vitol.

Cette structure en forme de poupées russes contribue à faire de la domiciliation exacte de l'entreprise une fiction (lire chapitre 14). Elle permet aux propriétaires de Vitol de combiner de façon optimale les diverses facilités bancaires, législatives et fiscales offertes par chacune des juridictions dans lesquelles le groupe opère. Vitol bénéficie ainsi des avantages du droit boursier néerlandais, tout en réalisant des opérations d'optimisation fiscales grâce auxquelles le groupe parvient, au final, à faire imposer ses bénéfices à un taux consolidé plutôt favorable (19,6 % en 2009). En 2008, le taux d'imposition total auquel était soumis le groupe Vitol n'était que de 7,5 %.[217]

Comment Vitol parvient-elle à dégager un milliard de profits ? Si l'on en croit ses rapports d'activité, ce sont d'abord des avantages stratégiques, en premier lieu son énorme capacité de transport et de stockage, de l'ordre de quatre millions de mètres cubes en 2009, qui permettraient à Vitol de profiter au mieux des fortes variations de prix de l'or noir en conservant

---

215   Vitol Holding BV 2008, p. 52.
216   *Finanz und Wirtschaft*, 7.8.2010.
217   Vitol Holding BV 2009, p. 43.

dans ses dépôts de Fujairah (UAE), Zhuhai (Chine), Zarate (Argentine), Ventspils (Lettonie), Lagos (Nigeria), New-York ou Rotterdam du brut acheté bon marché pour le livrer lorsque les prix sont hauts. Autre élément, la position privilégiée de la raffinerie NARL, en Terre-Neuve, au Canada, propriété de Vitol depuis 1994. Située sur les principales routes maritimes reliant l'Amérique du Nord à l'Europe de l'Ouest, elle est plus proche de l'Afrique de l'Ouest que les raffineries situées autour du golfe persique, et Vitol accueille des supertankers chargés à plein dans son terminal de haute mer. NARL permet à la société genevoise de livrer rapidement et à bas prix les principaux marchés de consommation de produits pétroliers. En 2004, ses principaux clients étaient les distributeurs BP Amoco, Shell, Exxon, TotalFina et Chevron.[218]

La bonne marche des affaires de Vitol ne tient cependant pas qu'à des capacités de stockage, de transport ou à cette localisation exceptionnelle. Publiés en 2010 au Nigeria, des documents ont montré l'existence d'un accord passé entre la société pétrolière nigériane NNPC et Vitol permettant d'approvisionner cette dernière en pétrole payé à des prix dits « compétitifs », c'est-à-dire fixés en dessous des prix du marché, moyennant des commissions versées à des officiels nigérians.[219] L'opération était effectuée à travers Calson Bermuda Ltd, une société écran appartenant en fait à 49 % à Vitol et à 51 % à NNPC. Selon Vitol elle-même, Calson était la principale source d'approvisionnement de l'entreprise genevoise en 2003. Elle lui avait fourni plus de 17,6 % de son pétrole, pour quelque 3 milliards de dollars.[220]

Vitol se distingue également par sa capacité à effectuer des affaires troubles dans un climat d'opacité redoutable lui permettant de ne pas trop s'inquiéter de l'identité et de la réputation de ses partenaires. Vitol s'est ainsi trouvée mêlée à des affaires de corruption impliquant Denis Gokana, le président de la SNPC (la Société nationale des pétroles du Congo-Brazzaville), également conseiller spécial du président Denis Sassou-Nguesso pour les affaires pétrolières.[221] En 2007, Vitol a plaidé coupable devant un tribunal américain et reconnu son implication dans le scandale « Oil for food » (lire chapitre 15). La holding a admis avoir versé

---

218 Vitol Master Trust 2004, p. 42.
219 *Nigerian Tribune*, 19.4.2010.
220 Vitol 2004, p. 42.
221 Global Witness 2005, pp. 18-20.

plus de 13 millions de pots-de-vin à des responsables du régime de Saddam Hussein entre juin 2001 et septembre 2002, en échange de contrats pétroliers en Irak. Elle a également reconnu avoir fait des faux témoignages devant les enquêteurs de l'ONU. En septembre 2009, Vitol a encore été pointée du doigt par l'ancien directeur de la CIA, James Woolsley, qui lui reprochait d'être « en tête de l'approvisionnement en essence et autres produits raffinés de l'Iran »[222], des affaires que Vitol n'a cessé qu'à l'été 2010, sous la menace d'être exclue des marchés américains. Dans le commerce du pétrole, il n'y a « pas de place pour des affaires sales »[223], affirme Ian Taylor, une affirmation cruellement démentie par les faits.

Si Vitol est une entreprise prospère, c'est aussi parce que la société pétrolière ne se contente pas de faire du commerce pétrolier, mais qu'elle a une main dans le commerce de dérivés financiers. Comme toutes les entreprises de négoce, Vitol achète et vend des contrats à terme pour se couvrir des variations de prix. Cette pratique permet de minimiser les risques résultant de l'immobilisation de cargaisons complètes de pétrole ou d'autres matières premières. Il semblerait toutefois que Vitol ne se contente pas d'agir en Bourse pour se protéger du risque, mais qu'elle cherche également à en tirer des profits (lire chapitre 13).

Le géant pétrolier s'inscrit enfin dans la tendance dominante au sein de la branche du négoce : le renforcement de son intégration verticale. Le 21 février 2011, Vitol a en effet repris pour 945,3 millions de francs la quasi-totalité des activités aval (commerce de détail, carburants, aviation et marine) de Shell dans 14 pays d'Afrique. Shell demeure propriétaire de 20 % de l'affaire, dont la raison sociale continue à arborer le célèbre sigle au coquillage, le reste étant partagé entre Vitol et Helios Investment, un fonds qui se présente comme l'une des rares sociétés de « *private equity* panafricaines indépendantes fondée et dirigée par des Africains »[224].

Les affaires africaines de Trafigura

Comme son concurrent Vitol, Trafigura, a depuis longtemps déjà un faible pour les stations-service africaines. Certes, sa réputation auprès de

---

222 *Le Temps*, 7.9.2009.
223 *Finanz und Wirtschaft*, 7.8.2010.
224 *MTM News*, 26.7.2010.

l'opinion publique africaine a été largement compromise par le scandale
des déchets toxiques en Côte d'Ivoire (lire chapitre 10). Pourtant, des millions d'Africaines et d'Africains remplissent toujours le réservoir de leur
voiture ou de leur mobylette aux pompes de Puma Energy, sans se douter,
bien sûr, que cette enseigne est détenue par Trafigura à hauteur de 81,3 %.
Et que la succursale de Puma à Abidjan a été directement impliquée dans
l'affaire en question.

Difficile de savoir avec quoi Trafigura remplit aujourd'hui les réservoirs de sa clientèle africaine. Quoi qu'il en soit, Puma croît à une vitesse
encore plus rapide que celle de l'ensemble du groupe. Au chapitre de
ses succès récents les plus marquants, Trafigura a même reçu de l'État
nigérian, à l'automne 2010, l'autorisation de livrer environ un tiers des
importations de carburant du pays. Certes, le Nigeria extrait davantage
de pétrole que les autres pays africains, et de surcroît du brut de toute
première qualité, mais il manque de raffineries pour traiter sa propre
production. C'est précisément là qu'intervient Trafigura. En échange de
60 000 barils du pétrole le plus fin, la compagnie lucernoise livre quo-
tidiennement 50 000 barils de carburant raffiné au Nigeria.[225] Trafigura
a également racheté pour 296 millions de dollars le réseau de stations-
service de BP en Zambie, en Namibie et dans d'autres pays africains.[226]
Une transaction sur fond de massacre écologique. En effet, BP avait un
urgent besoin d'argent frais pour s'acquitter des indemnités qu'elle devait
verser suite à la catastrophe pétrolière survenue dans le golfe du Mexique.
En résumé, Trafigura fait donc avec BP ce que Vitol a fait avec Shell. Cette
fuite à marche forcée dans les activités de distribution de carburants est
suffisamment remarquable pour que les analystes du secteur eux-mêmes
mettent en garde contre la concentration du pouvoir offerte à des entreprises qualifiées de douteuses et les « compromis sur la qualité du carburant » qui pourraient en résulter.[227]

Une mine d'or suisse au toit hollandais

La part de l'activité « réseau de distribution et stockage » dans le chiffre
d'affaires de Trafigura ne s'élève toutefois qu'à 3 %, ce qui est plutôt
minime. L'activité principale de la société reste le négoce de pétrole, qui

225 *Reuters*, 3.12.2010.
226 Puma Energy, Communiqué de presse, 15.11.2010.
227 *Petroleum Intelligence Weekly*, 11.4.2011.

génère environ 70 % de son chiffre d'affaires. Cette activité ne consiste pas à vendre du pétrole à des consommatrices et consommateurs, mais à des raffineries et autres sociétés pétrolières. Là encore, l'Afrique reste toutefois le principal marché de Trafigura (représentant 21 à 29 % de son chiffre d'affaires pour les années 2006 à 2010).[228] Outre le commerce et la distribution de pétrole, Trafigura est également active dans le négoce des métaux, dont une partie provient de ses propres mines. Dans ce secteur, la société investit principalement au Pérou, en Espagne et en RDC (lire chapitre 15). Le groupe Trafigura est donc actif dans le négoce du métal et l'extraction minière, des activités qui le rapprochent plutôt d'un Glencore que des « purs » négociants de pétrole genevois. En simplifiant, on peut dire que Trafigura équivaut plus ou moins au secteur pétrolier du géant zougois et à la moitié de son activité dans le domaine des métaux non ferreux (voir tableau 2, page suivante). Comme Glencore, Trafigura est issue de « l'école Marc Rich ». Le groupe, créé en 1993 par Éric de Turckheim[229] et Graham Sharp[230] – deux anciens traders de Rich – s'est développé de manière spectaculaire. En dix ans, ses bénéfices nets publiés ont été multipliés par 20 (voir graphique 1, page 185).

Les problèmes liés à l'environnement et aux droits humains ne sont généralement pas mentionnés dans les rapports d'activité des entreprises. En raison de leurs faibles conséquences en termes de coûts, ces problèmes sont considérés comme « *not material* », ce qui signifie sans matérialité palpable en espèces sonnantes et trébuchantes. Les principaux scandales impliquant Trafigura sont pourtant loin d'être dépourvus d'impacts.

Trafigura est le prototype parfait d'un groupe multinational. Sa croissance n'a pas commencé dans un pays particulier avant de s'étendre à d'autres. Au contraire, il a tout de suite été actif simultanément dans plusieurs pays, où il s'est enregistré tour à tour. Le fait que Trafigura ne se réclame d'aucune nationalité en particulier peut résulter de considérations stratégiques, mais cela montre également à quel point il est difficile de penser en termes nationaux face à ce type de construction juridique. D'ailleurs, les médias et les autorités définissent Trafigura comme hollandaise, suisse ou, de manière récurrente, comme une société helvético-hollandaise. En fait, chacune de ces variantes peut se justifier en fonction du

---

228   Rapports d'activité de Trafigura aux investisseurs de 2006 à 2010.
229   *Financial Times*, 30.3.2010.
230   *Financial Times*, 30.11.2010.

TABLEAU 2

COMPARAISON DES TROIS PRINCIPALES SOCIÉTÉS DE NÉGOCE EN SUISSE (2010)

		Vitol		Glencore		Trafigura	
		Chiffre d'affaires (milliards de dollars)	Quantité	Chiffre d'affaires (milliards de dollars)	Quantité	Chiffre d'affaires (milliards de dollars)	Quantité
Énergie	Pétrole	160	5,5 mio (barils/ jour)		2,5 mio (barils/ jour)	58**	2,5 mio (barils/ jour)
	Gaz	14	20*	90	Pas active		Pas active
	Charbon		Substantielle		100,9 mio t		En développement
Métaux	Non ferreux	21			env. 20 mio t	21	env. 10 mio t
	Ferreux		Pas active	45	env. 9 mio t		En développement
Soft commodities					10		Pas active
Total		195		145		79	

* Milliards de mètres cubes.
** Inclus 2,2 milliards pour le stockage et la distribution de pétrole (Puma Energy), et pour le stockage de métaux et de charbon (Impala).

Sources : sites internet de Vitol et de Trafigura (20.05.201) ; Glencore, *Rapport annuel 2010* ; Trafigura, *Rapport annuel 2010*.

critère choisi. La holding dominant le groupe Trafigura est une société boîte aux lettres sise offshore, à Curaçao (voir l'organigramme au chapitre 14). La société mère Trafigura Beheer BV est enregistrée officiellement à Amsterdam. Elle n'emploie toutefois que 30 des 2592 personnes que comptait le groupe en 2010.[231] Les succursales commerciales les plus importantes de Trafigura sont en Suisse – à Lucerne et Genève – où l'entreprise possède

---

231 Trafigura, *Rapport annuel 2010*, p. 45.

CHIFFRE D'AFFAIRES ET BÉNÉFICES NETS DE TRAFIGURA, 2001-2010

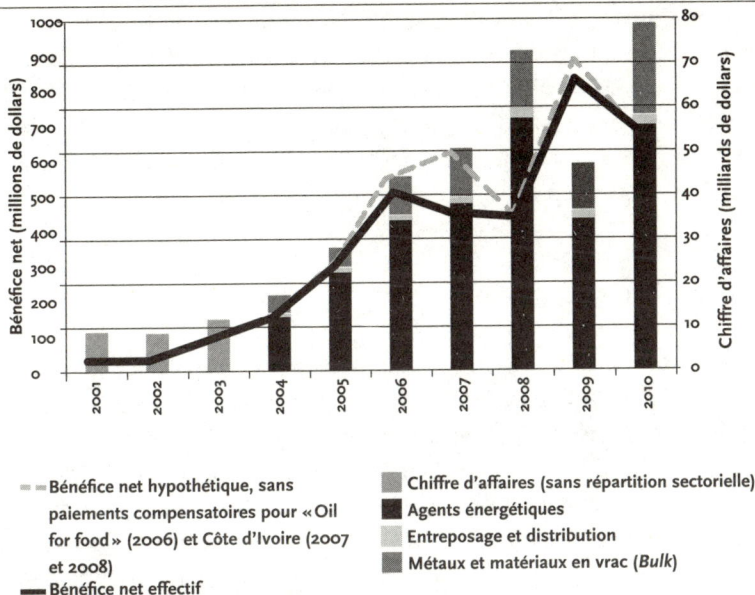

- = = Bénéfice net hypothétique, sans paiements compensatoires pour «Oil for food» (2006) et Côte d'Ivoire (2007 et 2008)
- ▬ Bénéfice net effectif

- ▮ Chiffre d'affaires (sans répartition sectorielle)
- ▮ Agents énergétiques
- ▮ Entreposage et distribution
- ▮ Métaux et matériaux en vrac (*Bulk*)

Source: Trafigura, rapports annuels.

également son principal domicile fiscal.[232] Lucerne est considérée depuis toujours comme le site principal du groupe. Signe éloquent de l'éclatement multinational de la firme, la manière dont elle se décrit dans des documents internes datant de 2005: «Trafigura est basée à Lucerne, en Suisse, mais il s'agit en vérité d'un groupe international.»[233]

C'est également à partir de Lucerne que la société effectue ses opérations commerciales dans le secteur des métaux. Aux dires de l'un des directeurs de Trafigura, quelque 200 personnes y travailleraient de façon constante.[234] Jusqu'au renforcement de la succursale de Genève, en 2011, Londres aurait conservé le négoce du pétrole et les tâches d'administration du groupe. Depuis, la situation a considérablement changé, puisque Genève est devenue le centre du négoce de pétrole de Trafigura, avec 300

---

232   *Le Temps*, 4.6.2010.
233   Traftrade Holding BV, *Rapport annuel 2005*, 27.6.2006, p. 5.
234   Entretien avec Jan-Marteen Mulder, responsable des finances chez Trafigura, 28.3.2011.

postes. Les effectifs de Londres se sont réduits de deux tiers pour atteindre 100 postes, essentiellement administratifs. C'est également depuis la cité de Calvin qu'opère désormais la nouvelle « équipe de gestion du risque », responsable notamment de l'« incident management »[235], c'est-à-dire de la gestion des affaires de la firme en cas d'accident. C'est dans ce département désormais basé à Genève, que se trouvent les dignes successeurs des collaborateurs ayant su faire usage du modèle d'affaires raffiné qui était celui de Trafigura en 2006 (lire chapitre 10).

Gunvor : l'énigme russe

Sise quai du Général-Guisan 14, d'où ses employés disposent d'une magnifique vue sur le jet d'eau de Genève, Gunvor est la troisième plus importante société de négoce pétrolier du bout du lac. En 2010, elle aurait vendu 104 millions de tonnes de pétrole et de produits à base de pétrole à ses principaux clients, BP, Shell et Exxon. Son chiffre d'affaires pour 2009 avoisinerait les 46 milliards de dollars et ses bénéfices se monteraient à 289 millions par an.[236] Gunvor emploie aujourd'hui 400 personnes, dont une centaine à Genève. L'entreprise a été fondée en 1997 par le suédois Törbjörn Tornqvist, un ancien trader de BP, dont la fortune actuelle est estimée entre 1,5 et 2 milliards de francs suisses[237], et le russe Guennadi Timchenko, aujourd'hui de nationalité finnoise. En quelques années, Gunvor s'est imposée dans le secteur, devenant le premier fournisseur de pétrole russe et le quatrième trader de pétrole au monde, derrière Vitol, Glencore et Trafigura.

Cette ascension spectaculaire s'est bâtie dans le contexte du démantèlement controversé, en 2003, du grand groupe pétrolier Ioukos de l'oligarque Mikhaïl Khodorkovski par le gouvernement Poutine, et de l'avènement du géant étatique Rosneft, construit par le Kremlin sur les décombres de Ioukos. Dès 2006, Gunvor passe pour être la société commerciale de Rosneft, deuxième producteur de pétrole russe derrière Lukoil.[238] De fait, même si toutes les compagnies pétrolières russes excepté Lukoil – qui bénéficie avec Litasco de sa propre société de trading, éga-

235 Avis de recrutement « Process & Control Analyst » émis par Trafigura, 16.3.2011.
236 Gunvor International BV 2009.
237 *Bilan*, 3.12.2010.
238 *Nefte Compass*, 20.11.2006 ; NZZ, 17.3.2007.

lement implantée à Genève (lire ci-dessous) – ont signé des contrats de vente avec Gunvor[239], la société genevoise commercialise une part importante de la production de Rosneft. Sur les 61 millions de tonnes de pétrole exportées par cette dernière en 2010, entre 30 % et 40 % (soit entre 18 et 24,5 millions de tonnes) seraient ainsi revenus à la firme genevoise par un système d'appel d'offres très fermé (*tender*).[240] Gunvor serait en outre l'un des principaux clients de Gazprom Neft, l'agent commercial de la compagnie étatique russe Gazprom.[241]

Le fait qu'une petite société de trading genevoise devienne en quelques années un géant commercialisant une part importante des ressources énergétiques vendues sur les marchés internationaux par les groupes gaziers et pétroliers de l'État russe a éveillé les soupçons. Gunvor ne bénéficie-t-elle pas de soutiens politiques? Ces suspicions ont été attisées par les relations entre Timchenko et Vladimir Poutine. En 2008, le *Financial Times*[242] explique que les deux hommes se connaissent depuis le début des années 1990, à l'époque où le second était adjoint au maire de Saint-Petersbourg. Bien que l'homme soit discret sur son passé, on sait que Timchenko est né en 1952, en Arménie, d'un père officier de l'armée rouge. Il a passé une partie de son enfance en RDA. Au début des années 1990, Timchenko dirige une raffinerie située à 150 kilomètres au sud-est de l'ancienne Leningrad. Comme Igor Setchine, ancien responsable de l'administration du Kremlin et actuel président de la Direction de Rosneft, Dmitri Medvedev, l'actuel premier ministre russe, ou encore Alexei Miller, directeur de Gazprom depuis 2001, l'homme d'affaires Timchenko gravite à cette époque dans l'orbite de l'Hôtel de ville de Saint-Petersbourg. Il côtoie suffisamment l'adjoint Poutine pour que celui-ci devienne président honoraire du club de judo qu'il a fondé. Le porte-parole de Timchenko reconnaît d'ailleurs que son patron et Poutine « se sont croisés à l'occasion, sans toutefois être des amis proches »[243].

Gunvor a toujours démenti avec véhémence devoir son succès à des privilèges accordés par le pouvoir russe. Dans une lettre envoyée au *Financial*

---

239 *Financial Times*, 15.5.2008.
240 *Vedomosti*, 8.2.2011.
241 Helmer 2010.
242 *Financial Times*, 14.5.2008.
243 *Süddeutsche Zeitung*. 18.5.2009.

Times le 22 mai 2008, Timchenko insiste sur l'efficacité de Gunvor, dont le succès serait dû à des capacités de transport et de logistique supérieures, à ses prix bas et à sa fiabilité.[244] Il faut dire que le mystère entourant l'identité de l'un des propriétaires de cette maison de négoce contribue à entretenir les soupçons. Outre Timchenko et Tornqvist, qui se partageraient aujourd'hui 95 % de l'entreprise, une part ayant pu avoisiner 12 % par le passé appartiendrait en effet à un troisième actionnaire, un homme d'affaires russe, dont le nom n'a jamais été révélé. Selon une rumeur reprise par le *Financial Times* dans l'article précité, Poutine serait ce troisième actionnaire. Elle est aussi reprise dans un câble envoyé à Washington en septembre 2008 par l'Ambassadeur des États-Unis à Moscou, John Beyrle, et récemment publié sur Wikileaks.[245] Là encore, Gunvor a systématiquement nié, affirmant que « Poutine ne détient ni n'a jamais détenu aucun intérêt ou avoir dans ou en provenance de Gunvor »[246]. Jusqu'ici, aucune preuve tangible n'a permis de démontrer le contraire.

L'identité du troisième actionnaire de Gunvor reste l'une des énigmes les plus célèbres du petit monde du trading genevois, et celui qui entend jouer les détectives se heurte à un enchevêtrement opaque de sociétés holding. Gunvor International BV, succursale de Genève, est une filiale de Gunvor International BV, une holding enregistrée aux Pays-Bas. Cette dernière est propriété de Clearwater Advisors Corp., basée aux Îles Vierges Britanniques, au travers de Gunvor Cyprus Holding Ltd à Chypre.[247] Les journalistes de la revue russe *Novaya Gazeta* ont cherché à connaître qui se cachait derrière les sociétés comme Clearwater dans lesquelles Timchenko et son épouse, Elena Ermakova, possèdent des parts. Ils ont mis au jour un système compliqué de participations croisées et de sociétés écrans enregistrées en Suisse, en Finlande, en Suède, en France, au Luxembourg ou aux Îles Vierges.[248] Suite à la publication de deux tableaux résumant cet imbroglio, le journal russe a été menacé de plainte criminelle par les avocats de Timchenko[249], dont la fortune

---

244 *Financial Times*, 22.5.2008.

245 Câble WikiLeaks 08MOSCOW2632 de l'ambassadeur américain à Moscou John Beyrle au secrétariat d'État à Washington, 3.9.2008.

246 *Financial Times*, 3.12.2010; *Wall Street Journal*, 11.6.2008.

247 Gunvor International BV 2009, p. 9; Kononczuk 2009, p. 1.

248 *Novaya Gazetta*, 24.8.2009.

249 Helmer 2010.

était évaluée entre 1,9 et 4 milliards en 2010.[250] Cette ligne de défense n'a pas contribué à faire taire les rumeurs sur les liens supposés entre Gunvor et le pouvoir russe.

Si Gunvor est si soucieuse de ce que l'on écrit sur ses relations avec Rosneft, et plus généralement avec le pouvoir russe, c'est en grande partie parce que l'entreprise pourrait bien tomber sous le coup de la justice dans le cadre des démarches entreprises en Russie, puis aux Pays-Bas, aux États-Unis et en Angleterre, par Ioukos Capital contre Rosneft. Dans une plainte adressée en septembre 2009 à la Cour du district de Manhattan, cette société financière luxembourgeoise, ancienne associée de l'empire désagrégé de Khodorkovski, faisait valoir que Gunvor « fonctionne comme une filiale de Rosneft »[251] et était en fait sous son contrôle. Ioukos Capital demandait par conséquent que Gunvor figure sur la liste des actifs à saisir pour l'indemniser des pertes subies lors du démantèlement de Ioukos. À l'heure actuelle, les procédures sont encore ouvertes.

Ces démarches juridiques contre Rosneft ne sont peut-être pas étrangères au fait que la société pétrolière de l'État russe ait ouvert, le 19 janvier 2011, sa propre antenne de trading. Selon le registre du commerce, celle-ci est domiciliée à la rue du Rhône 65, à Genève, voisinant ainsi les bureaux de Gunvor.[252] Même si, pour l'instant, Rosneft n'a dans la cité de Calvin qu'une adresse sans traders, ni locaux, il s'agit là de la première implantation à l'étranger du géant du pétrole russe. De son côté, Gunvor semble elle aussi chercher à s'affranchir de Rosneft. Elle a entrepris ces dernières années une stratégie de diversification visant à la fois à renforcer ses propres positions dans le secteur productif en Russie, à développer ses activités en dehors du secteur pétrolier et à multiplier ses sources d'approvisionnement hors de l'ex-empire soviétique. Gunvor a ainsi racheté des concessions pétrolières et gazières en Russie. À travers son fonds luxembourgeois Volga Ressources, elle a pris 76,9 % des parts dans Stroytransgaz, la deuxième plus importante compagnie de construction d'infrastructures pétrolières russes. De plus, Gunvor a pu mettre la main sur l'un des plus grands gisements de charbon de Sibérie. Dans l'une de ses rares interviews, accordée à *Bilan* en 2009,

---

250   www.forbes.com/lists/2010/10/billionaires-2010_Gennady-Timchenko_GQ0I.html ;
Bilan, « 300 plus riches », 3.12.2010.

251   Yukos Capital SARL v OJSC Oil Company Rosneft 09-7905 in U.S. District Court for the Southern District of New York (Manhattan) ; *Financial Times*, 19.9.2009.

252   *Tages-Anzeiger*, 9.2.2011.

Timchenko affirmait également que 50% de son pétrole était désormais extrait hors de la sphère d'influence de l'ancien empire soviétique, notamment en Indonésie, en Algérie, en Thaïlande et en Équateur.[253]

Litasco dans le sillage de Gunvor

Gunvor ne suffit pas à absorber tout le pétrole russe. Dans son sillage, d'autres entreprises commercialisent depuis Genève des parts substantielles de l'or noir de l'ex-empire soviétique. La plus importante est sans doute Lukoil International Trading and Supply Company (Litasco). Filiale à 100% de la société Lukoil, principale productrice non étatique de brut russe, Litasco vend 60% de la production de la maison mère depuis les bureaux qu'elle occupe depuis 2000 au 9, rue du Conseil Général, à Genève. Selon Gati al-Jebouri, son ancien directeur bulgaro-irakien en fonction de 2006 à 2010, et désormais responsable des champs pétrolifères irakiens de Lukoil, Litasco aurait commercialisé, en 2008, 97 millions de tonnes de produit pétroliers et dérivés, réalisant un chiffre d'affaires de 67,5 milliards de dollars et des bénéfices de 227 millions de dollars.[254] La société genevoise emploierait 415 personnes, dont 206 à Genève.[255] On sait peu de choses sur Litasco, qui passe pour le numéro deux de la distribution de pétrole en France après Total et approvisionne les stations-service que Lukoil possède aux États-Unis (1578, selon son rapport annuel 2007). Litasco possède également à 100% une société d'affrètement maritime genevoise, Eiger Shipping. Son ancien président, Valery Golovushkin, est à présent directeur de SOCAR Trading, à Genève, une entreprise proche du clan de l'actuel président azéri Ilham Aliev qui commercialise le brut extrait par la compagnie nationale pétrolière et gazière d'Azerbaïdjan.

Mercuria, un dieu du commerce à cheval entre la Russie et la Chine

Après Gunvor et Litasco, Mercuria est le troisième groupe de trading de

---

253 *Bilan*, 16.12.2009.
254 Présentation de Litasco SA à la CASS Business School, 17.2.2009, p. 8.
255 Présentation de Litasco SA au Trading Course de la HEG Genève, 24.9.2010, p. 3.

brut à s'être créé sur les canaux déversant le pétrole russe à l'Ouest. Fondée le 23 juin 2004 à Genève, Mercuria est l'extension suisse d'un ancien groupe de trading de brut, le groupe J & S, créé en 1993 par Grzegorz Jankilewicz et Wiaczeslaw Smolokowski, deux émigrés de nationalité polonaise. Domiciliés dans la cité chypriote de Larnaca, ils ont d'abord livré à l'Allemagne et en Europe centrale du brut russe et biélorusse raffiné par deux usines polonaises[256], avant de confier l'affaire à la future Mercuria, dont ils sont restés actionnaires. La direction opérationnelle de Mercuria est aujourd'hui assurée par deux suisses, Marco Dunand et Daniel Jaeggi, qui se partageraient 30 % des actions du groupe. Avec Christian Wolfensberger de Glencore, ces hommes d'affaires font partie des rares Suisses haut placés dans le négoce des matières premières. Le reste des parts de Mercuria serait réparti entre les employés, comme souvent dans la branche.[257]

L'essor de Mercuria a été encore plus rapide que celui de Gunvor, à tel point que Dunand se dit lui-même «surpris»[258] de ce succès fulgurant. Le chiffre d'affaires de Mercuria a explosé, passant de 6 milliards de dollars en 2004 à 50 milliards en 2010. À la fin de 2009, soit après cinq ans d'activités, la société est devenue le cinquième trader de pétrole au monde, avec près de 90 millions de tonnes de brut et de produits dérivés du pétrole échangés par an. L'entreprise dispose alors de 25 bureaux sur tout le globe, de Pékin à Calgary. En mars 2011, elle emploie 850 personnes, dont 200 à Genève.[259] Mercuria déclare pour 2009 un bénéfice de 454 millions de dollars. Elle a récemment affirmé avoir payé en moyenne 70 millions de dollars par an d'impôts sur les bénéfices, soit un taux d'environ 15 %.[260]

Comme Gunvor, Mercuria a débuté dans le secteur en commercialisant le brut russe, qui aurait représenté 40 % de son approvisionnement en 2008.[261] Comme Gunvor toujours, elle cherche désormais à se diversifier en multipliant les achats au Nigeria, au Canada, au Kazakhstan, et au Moyen-Orient. Ses activités dans le domaine du gaz naturel, le charbon

---

256 *Financial Times*, 21.12.2009.
257 *Bilan*, 16.3.2011.
258 *Financial Times*, 21.12.2009.
259 *Bilan*, 16.3.2011.
260 Mercuria Energy Group Ltd 2009, p. 6.
261 Kononczuk 2008, p. 4.

et le biodiesel sont aussi en pleine expansion. Ses livraisons sur le marché chinois ne sont peut-être pas étrangères à la bonne marche des affaires de la société.[262] Autre élément important, Mercuria a considérablement développé ses activités dans le trading de produits financiers de contrats futures – les *paper barrels* (lire chapitre 13). Selon Marco Dunand, ce commerce représentait environ 50 % des affaires de Mercuria en 2007, à une période où les prix du pétrole prenaient l'ascenseur.[263] Daniel Jaeggi nie quant à lui toute activité spéculative : « notre rôle n'est pas de spéculer et pas même d'avoir une idée sur l'évolution des prix. Nous avons besoin de marchés des dérivés opérationnels et de contrats à terme comme sécurité et non comme outil d'investissement. »[264]

Le négoce à Genève : un secteur organisé ?

Karl Marx opérait une distinction entre les classes sociales « en soi » et les classes sociales « pour soi ». En d'autres termes, il différenciait l'existence objective d'une classe sociale de la conscience subjective que celle-ci peut développer à propos de sa propre existence. Si l'existence d'une branche suisse des matières premières « en soi » ne fait aucun doute, on peut se demander si celle-ci existe bien « pour soi », c'est-à-dire si elle agit de manière collective, en pleine conscience de ses intérêts. Sans surprise, c'est en premier lieu à Genève que l'on trouve les structures attestant de l'existence d'une branche du négoce organisée.

« *Post tenebras lux* » – après les ténèbres, la lumière – telle est la devise de la République et canton de Genève. Dans les faits, la transparence est prescrite à doses homéopathiques chez les principaux acteurs genevois du marché des matières premières, regroupés depuis 2006 dans la Geneva Trading and Shipping Association (GTSA), l'association faîtière de la branche. Avec sa consoeur luganaise, la Lugano Commodity Trading Association (LCTA), la GTSA est la principale association en Suisse à s'afficher comme représentante du secteur des matières premières. Ses membres sont actifs dans les domaines du commerce, du financement, de la logistique, du contrôle de la qualité des marchandises et des presta-

---

262 *Financial Times*, 21.12.2009.
263 *Bilan*, 24.4.2007.
264 Présentation D. Jaeggi, GTSA Trading Forum Genève, 28.3.2011.

tions de services apparentées. Bien sûr, la liste officielle de ses membres n'est pas rendue publique. Les organisations plus anciennes, comme le Propeller Club de la marine marchande ou le Geneva Petroleum Club, ont perdu de leur importance. Les acteurs de la branche misent désormais sur les réseaux informels. « Aujourd'hui, les jeunes négociants se retrouvent une fois par mois au Country Club Geneva. Les soirées sont sponsorisées par les grandes maisons de négoce et on se raconte les anecdotes du jour », explique le négociant Tom Cutler. « Pendant leur temps libre, les traders seniors préfèrent rester en famille dans leur maison cossue avec accès privé au lac. »

La discrétion en usage dans la branche est tellement maladive que même la transparence pourtant minimale de la GTSA va trop loin pour ses membres. À tel point que le véritable but de l'organisation, le lobbying, en est parfois entravé. Geert Descheemaeker, secrétaire général de la GTSA, cherche des faux-fuyants pour expliquer cette discrétion : « De par sa nature même, le business des matières premières n'a pas besoin d'être connu du grand public. Toutefois, comme d'autres entreprises ou citoyens établis à Genève, nous avons besoin d'être représentés. La GTSA a été fondée, car nous pensons qu'il est normal qu'un secteur aussi important pour Genève (et pour la Suisse dans son ensemble) soit reconnu et dispose d'une voix pour faire entendre son point de vue et ses intérêts. »[265]

Le grand écart rhétorique de Descheemaeker – entre « pas besoin d'être connu du grand public » et « il est normal qu'un secteur aussi important soit reconnu » – se retrouve dans les bulletins internes de la GTSA. En 2009, la GTSA a lancé une enquête auprès de ses membres afin de montrer aux représentants du gouvernement l'importance de la branche pour l'économie suisse. Les auteurs de l'étude ont eu beaucoup de mal à obtenir les informations nécessaires de la part des membres de la GTSA, à qui ils ont finalement envoyé ces lignes : « Votre contribution à la réalisation de cette étude est indispensable, pourtant très peu d'entre vous ont répondu. La GTSA garantit que toutes les informations personnelles resteront strictement confidentielles. Nous comptons sur votre contribution. »[266] Questionnée sur cette étude, une secrétaire de la GTSA s'est étonnée du fait que son existence soit connue de personnes extérieures à l'organisation. Quelques heures plus tard, le bulletin de la GTSA qui

---

265 Ernst & Young 2007.
266 *Bulletin GTSA* N° 7, décembre 2009.

y faisait référence avait disparu du site internet d'un cabinet d'avocats. Par ce bulletin semestriel, le lobby de la branche fournit à ses contribu- teurs les informations qu'il est utile de connaître dans le domaine. En 2007, le même cabinet d'avocats rapportait, par exemple, la condamna- tion possible de Total, mise en cause dans la marée noire du pétrolier *Erika*. Il soulevait une question inquiétante : « Les entreprises en Suisse pourraient-elles, elles aussi, être incriminées ? »

L'université pour soigner son image

Parmi les principaux résultats du travail de lobbying effectué par la GTSA figure depuis 2008 un cycle d'études universitaires à Genève conduisant à l'obtention d'un Master of Arts in International Trading, Commo- dity Finance and Shipping. Pour pouvoir suivre cette formation, il faut non seulement être admis par l'université, mais également avoir décro- ché un emploi dans l'une des entreprises participantes, dont la liste est bien entendu confidentielle. Les employeurs potentiels ne se pressent pas au portillon. La seconde promotion (2009) comptait fièrement 250 can- didates et candidats, parmi lesquels 48 ont été acceptés et tout juste 18 embauchés – donc définitivement inscrits. Une fois de plus, la GTSA doit insister auprès de ses membres, qui misent sur la formation interne : « Nous comptons vraiment sur votre collaboration pour poursuivre ce programme, pour lequel nous avons besoin d'un minimum de 20 inscrits à la prochaine session. Puisque Genève est un centre du négoce, il serait regrettable de ne pas saisir l'opportunité de pouvoir offrir une formation universitaire à des talents locaux et motivés. »[267]

La naissance de la GTSA en 2006 n'est pas le fruit du hasard. Le rap- port Volcker sur le scandale Pétrole contre nourriture (lire chapitre 15) paraît en octobre 2005, et plusieurs représentants genevois de la branche y sont cités. Quelques mois plus tôt, la commission des finances du Par- lement européen lançait sa première attaque contre les législations can- tonales qui garantissent des privilèges fiscaux aux compagnies de négoce de matières premières. Depuis, la GTSA n'a cessé de croître, passant de 27 membres à l'automne 2006 à plus de 60 en 2010. Certaines sociétés genevoises estiment toutefois que la GTSA cherche avant tout à contrô-

---

267   *Bulletin GTSA* N° 7, décembre 2009.

ler les opérations de financement de négoce des matières premières et à protéger la position dominante dont BNP Paribas jouit sur ce marché. Ce n'est donc pas le fait du hasard si la plupart des publications de l'association sont préparées par des collaborateurs de BNP Paribas et si le président de la GTSA, Jacques-Olivier Thomann, fait partie des cadres de cette banque. Sollicité, ce dernier ne réagit pas aux demandes écrites.

Confédération et cantons : lobbying à tour de bras

En s'appuyant sur les statistiques de la branche et sur une stratégie de relations publiques, la GTSA met en avant l'importance du négoce des matières premières pour Genève et pour la Suisse et tente de promouvoir la relève. Dans ce jeu subtil, l'organisation faîtière n'hésite pas à retrousser les manches lorsque cela semble nécessaire : « À la suite des attaques récentes de l'Union européenne contre le régime fiscal des sociétés de négoce, les représentants de la GTSA ont été reçus par les ministres genevois Pierre-François Unger et David Hiler », explique le bulletin de la GTSA, qui poursuit : « Cette rencontre a permis de constater que les autorités genevoises sont pleinement conscientes de l'importance économique de notre secteur et de sa contribution au PIB du canton. Elles ont aussi compris l'importance d'un régime fiscal stable pour les membres de la GTSA. Les autorités genevoises travailleront en étroite collaboration avec Berne et d'autres cantons – en particulier le canton de Vaud – pour défendre ce point de vue devant l'Union européenne. »[268] Cette campagne de lobbying, qui s'appuie sur la « nature mobile » du secteur des matières premières – en clair, une menace de délocalisation – porte ses fruits. Quelques mois plus tard, le ministre des finances genevois, l'écologiste David Hiler déclare que « le Conseil d'État est déterminé à ce que ces sociétés restent à Genève et prendra les mesures nécessaires en cas d'accord entre la Suisse et l'UE, en adaptant la fiscalité cantonale. »[269]

À Berne aussi, la GTSA sait frapper aux bonnes portes. « La GTSA entretient d'excellentes relations avec le Secrétariat d'État à l'économie (SECO), qui participe régulièrement à nos rencontres et consulte régulièrement la

---

268   *Bulletin GTSA* N° 8, mai 2010.
269   *Bilan*, 22.9.2010.

GTSA quant à la situation des traders établis en Suisse »[270], se vante la faîtière dans son bulletin interne. En 2009, le directeur du SECO, Jean-Daniel
Gerber, a participé avec le conseiller d'État Unger et le maire de Genève,
Rémy Pagani, au *Commodity Dinner* organisé par la GTSA. À l'été 2007,
le Conseil fédéral, présidé par l'ancienne directrice du Département des
finances genevois Micheline Calmy-Rey, s'est rendu *in corpore* en course
d'école chez Mercuria. Dans un communiqué de presse, les propriétaires ont exprimé leur reconnaissance: « Nous remercions le gouvernement suisse d'avoir su créer et préserver un climat économique, politique
et juridique qui permet à des entreprises comme la nôtre de se développer et de contribuer au bien commun. » Même le Département fédéral des
finances participe au lobbying en faveur de la branche des matières premières. Avec la faîtière, il a proposé que les autorités suisses organisent un
workshop dans le cadre du G20, en collaboration avec la GTSA. Le thème
proposé: « le risque des réglementations contre-productives ». Une manière
de contribuer à contenir les tentatives du G20 d'enrayer la spéculation sur
les matières premières.

Grâce à WikiLeaks, nous savons que les diplomates suisses n'hésitent
pas à s'engager à l'occasion pour les sociétés de négoce de matières premières. En 2005, un représentant de l'Ambassade de Suisse au Pérou a
participé à une rencontre entre des hauts diplomates et des compagnies
minières étrangères. À l'ordre du jour, les mouvements locaux de protestation contre les projets d'extraction. Un directeur de la mine d'Antamina
(dont Xstrata a racheté un tiers des parts un an plus tard) a demandé aux
diplomates d'intervenir auprès du ministère de l'Éducation pour obtenir
la mutation des membres du corps enseignant réfractaires à l'extraction
minière. L'Église catholique était également sollicitée afin de rappeler
à l'ordre les évêques opposés aux projets. Une délégation composée de
représentants des États-Unis, du Canada, de Grande-Bretagne, d'Afrique
du Sud et de la Suisse était chargée de négocier en ce sens avec le gouvernement péruvien, l'Église et les dirigeants des partis politiques.[271]

---

270 *Bulletin GTSA* N° 7, décembre 2009.
271 Câble WikiLeaks 05LIMA3609 de l'ambassadeur américain au Pérou James Curtis
Struble, 19.8.2005.

En résumé

En dix ans, la plaque tournante du négoce des matières premières genevoise est devenue la Mecque mondiale du pétrole. Cette évolution s'est opérée dans la plus grande discrétion et très rapidement, favorisée par l'arrivée d'entreprises migrantes et la création de nombreuses sociétés opaques, initialement spécialisées dans la vente de pétrole et de gaz de l'ancienne URSS. Outre les avantages comparatifs traditionnels de la Suisse, les relations de confiance établies depuis les années 1980 entre les producteurs de pétrole soviétiques et les intermédiaires basés dans la ville internationale au bord du Léman sont un facteur clé de cette transformation rapide.

Parce que ces milliards du pétrole de l'ex-sphère soviétique sont un enjeu politique majeur, les firmes de courtage pétrolier domiciliées à Genève et leurs propriétaires comptent parmi les plus secrets du monde économique suisse – en particulier celles qui ont été fondées en premier lieu pour écouler le pétrole de l'Est. Le développement vertigineux de sociétés encore inconnues dix ans auparavant et la création frénétique de nombreuses firmes dans le domaine du négoce montrent que si les prix des matières premières sont volatils, les canaux d'écoulement le sont tout autant. Les mutations rapides observées dans ce domaine expliquent sans doute en partie la tendance à la diversification observable aujourd'hui dans la Mecque genevoise du pétrole.

La création de la GTSA atteste et résulte du développement rapide du négoce pétrolier à Genève et de son besoin croissant de représentation politique. La mission principale de la faîtière genevoise consiste à s'engager pour le maintien des privilèges cantonaux et fédéraux conférés à la branche du négoce, notamment dans le domaine fiscal. Non sans succès, si l'on en croit les projets actuels de réforme de la fiscalité des entreprises à Genève.

Chapitre 12

LE COMMERCE AGRICOLE :
UN SECTEUR OÙ L'ON ENGRANGE

À la fin de l'été 1850, le jeune Léopold Louis-Dreyfus, alors âgé de 17 ans, vend à Bâle une charrette pleine de blé produit dans la ferme familiale, à 12 kilomètres de là, en Alsace. L'année suivante, il vend aussi sur les marchés de la cité rhénane la production des exploitations situées aux alentours du domaine familial. À cette époque, les paysans du plateau suisse abandonnent progressivement l'agriculture céréalière pour se spécialiser dans la production animale et dans l'agro-industrie laitière et fromagère. Léopold Dreyfus est l'un des premiers à comprendre que la Suisse va dépendre de plus en plus des importations de céréales, que celles-ci peuvent désormais être assurées par les lignes de chemin de fer en construction, et que l'acheminement sur les marchés helvétiques de blé acheté à des prix bien inférieurs aux prix suisses en Europe de l'Est et en Russie, ou, plus tard, aux États-Unis, peut se révéler très rentable.

Le commerce de céréales de Dreyfus se développe rapidement. Quelques années à peine après son premier échange transfrontalier de blé, Dreyfus déplace ses activités à Berne, une place de marché jouant alors un rôle de premier plan dans le commerce international de grains. Dreyfus étend ses activités. Il achète bientôt des céréales bon marché en Hongrie, en Roumanie et dans d'autres pays d'Europe de l'Est afin de répondre à la demande croissante des régions industrielles d'Europe de l'Ouest. À l'issue de la guerre franco-prussienne de 1870, l'Alsace est rattachée à l'Allemagne. En 1875, Dreyfus quitte la Suisse et domicilie son entreprise à Paris, posant là les fondations d'une entreprise qui comptera bientôt parmi les plus grands négociants mondiaux de matières premières agricoles. Aujourd'hui, le siège du groupe Louis Dreyfus se trouve toujours dans la capitale française. En 2006, ce géant des marchandises non manufacturées a pourtant opéré un retour aux sources en délocalisant en Suisse sa centrale d'achats pour le marché européen.

Si le groupe n'a plus grand-chose à voir avec ce qu'il était lors de sa création au XIXe siècle, il figure toujours dans le peloton de tête du commerce de céréales. Il est même numéro un sur le marché mondial du riz. L'entreprise familiale d'origine alsacienne est devenue une multinationale très diversifiée, présente à toutes les étapes de la chaîne de production. Aujourd'hui, le groupe Dreyfus fait partie des leaders mondiaux du négoce de cacao, café, coton, sucre et oléagineux. Il dispose de capacités d'affrètement, possède des silos et des installations portuaires, et travaille également à la transformation à grande échelle de denrées agricoles. Important producteur de jus d'orange, le groupe Dreyfus possède de nombreuses plantations d'orangers au Brésil. Il ne se cantonne pas au négoce des matières premières agricoles, mais vend également des métaux, de l'électricité et des produits financiers. Il s'est même lancé dans le négoce de pétrole et de gaz naturel. Cet élargissement de la palette des produits achetés et vendus et ce développement des activités de production ne sont toutefois pas spécifiques au groupe Dreyfus. Ces mêmes tendances peuvent être observées chez la plupart des grandes firmes traditionnellement actives dans le négoce international de matières premières agricoles, dont les principales opèrent depuis la Suisse.

Le club des quatre transforme la Suisse en centre du négoce agricole mondial

Un quatuor de firmes mène le bal du commerce mondial des matières premières agricoles. Ce quatuor, souvent surnommé ABCD – selon les initiales des firmes qui le composent – comprend Archer Daniels Midland (ADM), Bunge, Cargill et Dreyfus. Alors que les deux premières entreprises sont cotées en Bourse, les deux dernières ne le sont pas. Elles demeurent majoritairement aux mains des familles fondatrices. En 2010, ces géants du commerce affichaient à eux quatre un chiffre d'affaires d'environ 290 milliards de dollars, dont 100 milliards ont été réalisés par Cargill, sans conteste le premier de ses pairs (voir tableau 1, page suivante). D'après le *Boston Consulting Group*, les quatre multinationales contrôlaient en 2003 les trois quarts environ des échanges mondiaux de céréales et d'oléagineux.[272] Même s'il est impossible d'obtenir des chiffres plus récents, plusieurs indices laissent penser que le club des quatre domine toujours le commerce des matières premières agricoles. On citera notamment le rôle prédominant joué par la Suisse en tant que plaque tournante mondiale du commerce de céréales et d'oléagineux, ainsi que sa place de numéro un en Europe pour le commerce de sucre et de coton. Une position de leader résultant principalement de l'activité des départements commerciaux suisses du club ABCD.

A comme Archer Daniels Midland

En 2010, les deux secteurs d'activité principaux du géant américain de l'agriculture – services agricoles (en particulier commerce) et transformation de matières premières agricoles – généraient chacun 46 % du chiffre d'affaires. ADM possède 330 silos à céréales et un large réseau de transport, constitué de navires hauturiers, de péniches, de semi-remorques et de quelque 25 000 wagons. Également propriétaire de 240 installations de production diverses, le groupe fait partie des plus grands transformateurs mondiaux de soja, maïs, blé et cacao. Outre les produits destinés à l'industrie alimentaire, ADM fabrique aussi en masse des aliments pour le bétail, des produits industriels et des engrais. La filiale européenne d'ADM, ADM International Sàrl, est installée à Rolle (VD), au bord du Léman. Si elle dirige 44 établissements dans dix pays différents, la branche suisse fait surtout office de centre de négoce, responsable du financement et de la distribution pour l'ensemble du groupe.

B comme Bunge

ADM est fortement impliquée dans le commerce du maïs aux États-Unis. Bunge l'est tout autant dans le commerce du soja au Brésil, où le groupe est le plus grand transformateur de cette légumineuse. Fondée en 1818 à

---

272 Australian Wheat Board 2004, p. 101.

TABLEAU 1

LE CLUB ABCD EN UN COUP D'ŒIL

	CA 2010 (en milliards de dollars)	Bénéfice 2010 (en milliards de dollars)	Collaborateurs		Produits négociés		Pays d'activité (en nombre)
			Total	Suisse	Denrées agricoles	Autres	
ADM	61,7	1,93	29 000	160	Céréales Oléagineux Maïs Cacao	Éthanol Biodiesel	60
Bunge	45,7	2,35	25 000	250*	Céréales Oléagineux Maïs Sucre	Engrais Éthanol Certificats d'émissions CO_2	30
Cargill	107,9	2,6	131 000	900	Céréales Oléagineux Maïs Sucre Coton Cacao	Électricité Pétrole Gaz naturel Charbon Certificats d'émission CO_2 Capacités d'affrètement	66
Dreyfus	74,3	1,21	34 000	250*	Céréales Oléagineux Maïs Agrumes Coton Café Cacao Sucre	Éthanol Métaux Capacités d'affrètement Électricité	53

*L'Hebdo, 3.3.2011

Sources: rapports annuels et site internet des entreprises.

Amsterdam et cotée à la Bourse de New York, la société Bunge s'est lancée dans le commerce du sucre en 2006. Aujourd'hui, elle transforme en éthanol de très grandes quantités de canne à sucre. Dotée d'un important réseau logistique, cette entreprise dispose de capacités de transport et de stockage dans le monde entier et d'installations portuaires complètes en Amérique du Nord, en Amérique du Sud, en Russie et au Vietnam. En 2009, Bunge a vu fondre un tiers de ses bénéfices, du fait, dit-elle, de l'effondrement de la demande d'engrais en Amérique du Sud. Elle a dû vendre son secteur des engrais au Brésil – dont une mine de phosphate – à la compagnie minière brésilienne Vale, pour la somme de 3,8 milliards de dollars.

À l'instar d'ADM, le groupe commercial Bunge gère ses activités européennes depuis les rives du Léman. Ces activités représentent 30 % de son chiffre d'affaires global.[273] La filiale suisse de Bunge (Bunge SA) s'acquitte de l'ensemble des activités commerciales, de financement et de distribution du groupe. Bunge SA est une filiale à 100 % de Koninklijke Bunge BV, située à Rotterdam et elle-même rattachée à la maison mère Bunge Ltd. Par ailleurs, Bunge SA possède sa propre filiale, Oleina SA, active dans le commerce de gros des huiles alimentaires en Russie et dans les anciennes républiques soviétiques. Deux autres sociétés du groupe Bunge ont également leurs quartiers à Genève. Il s'agit d'Emissions Holding Sàrl et Ecoinvest Charbon SA. Toutes deux sont spécialisées dans le commerce d'une denrée beaucoup plus abstraite et moins appétissante : les certificats d'émission de CO_2.

C comme Cargill

Cargill est le groupe privé affichant le plus gros chiffre d'affaires des États-Unis. Abonné aux superlatifs, ce géant est le premier groupe mondial de commerce de matières premières agricoles, le plus grand groupe céréalier au monde, le leader mondial du commerce de cacao et le deuxième négociant de coton. Son champ d'action dans l'industrie alimentaire s'étend de la production à la distribution, en passant par la transformation de matières premières agricoles. L'activité fondamentale et principale de cette société, toujours détenue à 90 % par les familles Cargill et Mac Millan, demeure toutefois le négoce de matières premières agricoles.

Cargill s'est installée à Genève en 1956. À cette époque, l'entreprise était principalement active dans l'importation en Europe de céréales

---

273 www.tradewinds.no/multimedia/archive/00122/Bunge_v1_122760a.pdf

d'Amérique du Nord et d'oléagineux. Cinquante ans plus tard, la filiale suisse de Cargill, Cargill International SA, compte parmi les dix plus grandes sociétés de Suisse et génère un chiffre d'affaires supérieur à celui de Migros, le détaillant suisse affichant le plus gros chiffre d'affaires du pays en 2009.[274] Outre le commerce des céréales et d'oléagineux, la filiale genevoise négocie chaque année plus de huit millions de tonnes de sucre, soit 20 % du volume mondial. D'après la Geneva Trading and Shipping Association (GTSA), l'association faîtière regroupant à Genève les entreprises et les banques actives dans le commerce de matières premières, la moitié des transactions commerciales mondiales sur le marché du sucre sont réalisées par des entreprises établies en Suisse.

Une partie des 900 employés de Cargill à Genève s'occupent également des opérations de transport et commercialisent des produits pétroliers, du charbon, de l'électricité et des certificats d'émission de CO_2. Les rachats récents de Provimi Kliba, un minotier vaudois fabricant aussi des produits fourragers, celui du spécialiste du riz-au-lait Müller, et celui de Blattmann, une entreprise de Wädenswill (ZH) spécialisée dans la transformation de céréales en sirop de glucose, maltodextrines, amidons modifiés et produits pharmaceutiques, montrent que Cargill ne laisse pas la Suisse à l'écart de ses programmes d'investissement dans les secteurs de production avals.

D comme Dreyfus

Le groupe Louis Dreyfus appartient à 51 % à l'épouse et aux enfants du propriétaire Robert Louis-Dreyfus, décédé en 2009. Les 49 % restants sont détenus par d'autres membres de la famille. En 2009, le groupe a réalisé son deuxième meilleur résultat depuis sa création, avec un bénéfice net de 550 millions de dollars dans le secteur des matières premières. Un excellent résultat, qui s'explique en premier lieu par la hausse des prix des matières premières.[275]

Comme les autres acteurs de la branche, le groupe Louis Dreyfus essaie de contrecarrer l'érosion des marges usuelles dans le négoce en diversifiant ses activités et en se tournant vers la production et la trans-

---

274 *Handelszeitung*, « Swiss Top 500 », 7.2.2010.
275 Kurosawa BV 2009, p. 8.

formation. Cette stratégie nécessite toutefois d'importants capitaux. Sans compter les liquidités requises par la veuve et les héritiers du patron pour rétribuer les autres membres de la famille qui, dès 2012, pourront exiger le remboursement de leurs parts dans le groupe. Ce contexte général laisse présumer d'une mégafusion avec un autre groupe déjà coté en Bourse. Au printemps 2011, l'entreprise entamait d'ailleurs des négociations avec la société Olam International, à Singapour, mais celles-ci n'ont pas abouti. Si la fusion entre les deux compagnies rivales avait eu lieu, la nouvelle entité Dreyfus-Olam aurait occupé la troisième place sur le podium des géants mondiaux des matières premières agricoles, juste derrière Cargill et ADM. L'échec de ce projet s'expliquerait par l'opposition de l'actionnaire majoritaire, Margarita Louis-Dreyfus. Il semble que les propriétaires ne soient pas unanimes quant à l'avenir de cette maison de commerce plutôt discrète, fondée il y a cent soixante ans déjà.[276]

La structure du groupe Louis Dreyfus est extrêmement complexe et opaque. À ses 70 filiales réparties dans le monde entier s'ajoutent 50 autres filiales domiciliées dans le paradis fiscal de l'État américain du Delaware, dont le rapport annuel du groupe omet, bien entendu, de faire mention. Sans être exhaustif, un coup d'œil sur ce foisonnant réseau d'entreprises révèle l'existence des structures suivantes : la maison mère du groupe est Louis Dreyfus S.A.S., à Paris. Elle est chapeautée par une holding au Pays-Bas : Louis Dreyfus Holding BV, sise à Amsterdam. Cette holding néerlandaise possède elle-même une autre holding de la même nationalité : Louis Dreyfus Holding Netherlands BV, qui, de son côté, n'emploie aucun collaborateur, mais compte plusieurs filiales, telles que Louis Dreyfus Energy Holding Suisse SA et Louis Dreyfus Commodities Holding BV Cette dernière détient à son tour la Louis Dreyfus Commodities BV, installée à Rotterdam, elle-même société mère de six filiales en Suisse : Louis Dreyfus Commodities (LDC) Services Suisse SA, LDC Finance Suisse SA, LDC Freight Suisse SA, LDC IT Services Suisse SA, LDC Metals Suisse SA et LDC Suisse SA, qui est la principale firme active dans le négoce de matières premières agricoles depuis la Suisse. Toutes ces sociétés opèrent depuis le centre Swissair, situé à proximité de l'aéroport de Genève. À cette adresse siège également Sungrain Holding SA. Cette entreprise, qui affiche un capital de 65 millions de francs suisses pour un seul et unique collaborateur, est une filiale à 100 % de Louis Dreyfus Négoce S.A.S. La

---

276 *Financial Times*, 14.2.2011.

société Louis Dreyfus S.A.S. (notons la différence) détient Louis Dreyfus Finance SA, à Zurich, dont le but consigné au registre du commerce est la réalisation de « transactions financières en tout genre ». Le centre Swissair héberge aussi la filiale suisse de la société londonienne Louis Dreyfus Trading Limited, une firme entretenant des relations commerciales avec le monde entier, mais pas avec la Suisse, ce qui laisse penser qu'il s'agit simplement d'une société boîte aux lettres.[277]

Dreyfus a fait de Genève son centre d'affaires pour le négoce du coton, des céréales, des oléagineux et du sucre. Deuxième plus important négociant de riz à l'échelle mondiale, le groupe achemine cette céréale vers les marchés de l'Afrique de l'Ouest. Il transporte chaque année des millions de tonnes de céréales et d'oléagineux d'Amérique du Nord, d'Amérique du Sud et des environs de la mer Noire vers l'Europe.[278] L'entreprise familiale opère aussi depuis la Suisse dans le domaine de l'énergie. La société Louis Dreyfus Energy Services L.P., domiciliée au Delaware (USA), négocie du gaz naturel et de l'électricité en France, en Allemagne et en Angleterre, via sa succursale lausannoise. Même les opérations de fret international – opérées pour son propre compte ou pour des tiers – sont organisées depuis la Suisse.

E comme Élément suisse

Toutes les maisons de négoce helvétiques traditionnelles actives dans le commerce du cacao, du café ou des céréales ont disparu en tant qu'entreprises indépendantes autour de l'an 2000 (lire chapitre 4). Seule exception, la firme Paul Reinhart SA poursuit son activité de négoce de coton. Sise à Winterthour, l'entreprise familiale est dirigée depuis sept générations par des Reinhart (aujourd'hui, ils se prénomment Thomas, Paul et Paul Jürg) et emploie 60 personnes. En 2008, elle a réalisé un chiffre d'affaires de 800 millions de francs suisses.[279]

Au printemps 2008, les turbulences sur le marché à terme du coton ont engendré de fortes hausses de prix. Pour les négociants comme Reinhart,

277 Kurosawa BV 2009; *CD de l'économie Suisse*, Orell Füssli, Zürich 2010; Union Suisse Creditreform U.S.C.

278 Données de l'entreprise (www.ldcommodities.com).

279 Union Suisse Creditreform U.S.C, Creditreform Schweizer Firmenprofile.

obligés de sécuriser leur position en Bourse, une telle hausse de prix crée des problèmes de liquidités. À tel point que les filiales américaines et australiennes de l'entreprise suisse ont été obligées de déposer le bilan. Pourtant, d'après le Comité Consultatif International du Coton, l'association des pays producteurs, consommateurs et négociants de coton, Paul Reinhart figure aujourd'hui encore au Top 10 des plus grands négociants de coton brut au monde, avec un volume commercial annuel de 200 000 tonnes.[280]

Depuis le début des années 2000, Genève a devancé Winterthour, qui a été pendant longtemps le centre helvétique traditionnel du négoce de l'or blanc. Une entreprise de consulting privé, la Trade Finance Corporation estime que, à l'heure actuelle, 20 % du volume mondial de coton est négocié dans la région genevoise. En effet, les trois plus grands négociants de coton – Louis Dreyfus, Cargill et Olam – s'y sont installés avec d'autres poids lourds de la fibre blanche comme Noble et ECOM (lire ci-dessous). Glencore elle-même s'est attaquée à ce marché juteux, débauchant en 2010 toute une équipe de traders employés par Noble.[281] Bien que les matières premières agricoles ne représentent qu'une part minime du portefeuille de la firme zougoise, cette dernière est présente sur les marchés des céréales et des huiles alimentaires. Elle possède même des terres arables en Australie, au Paraguay, en Russie, en Ukraine et au Kazakhstan (lire chapitre 7).

Spéculer sur le dos des affamés

Confronté à une terrible sécheresse et craignant une très mauvaise récolte, le gouvernement russe a interdit les exportations de blé à l'été 2010. En deux jours, les prix de cette céréale sur le marché international ont augmenté de 15 % – une catastrophe pour des centaines de millions de personnes, qui, déjà avant la hausse des cours mondiaux du blé, ne parvenaient pas à subvenir à leurs besoins alimentaires.

Peu après, la presse économique anglo-saxonne a rapporté que les dirigeants d'une filiale russe de Glencore, International Grain, avaient poussé le Kremlin à édicter cette interdiction d'exportation.

---

280 Standing Committee Minutes, 19.3.2010.
281 *Financial Times*, 29.9.2010.

À Baar, la centrale du groupe a immédiatement démenti les informations divulguées par un collaborateur.[282] Ce démenti, déjà peu convaincant à l'époque, l'est devenu encore moins en mai 2011, lorsque les banques qui préparaient l'introduction en Bourse de Glencore ont publié des informations montrant que le géant des matières premières avait spéculé sur une hausse du prix du blé juste au début de l'été 2010.[283]

De fait, Glencore a pu remplir ses caisses grâce à la suspension des exportations russes et l'augmentation des prix du blé qui en a résulté. Les bénéfices de la branche agroalimentaire de Glencore ont ainsi été multipliés par deux entre 2009 et 2010. Les populations affamées de l'hémisphère sud ont été les premières victimes de la hausse des prix du blé, si profitable à Glencore. Au début du mois de juillet 2010, l'Égypte – le plus grand importateur mondial de blé – payait 184 dollars pour une tonne. Un mois plus tard, après l'embargo russe, le prix avait augmenté de plus de 100 dollars.[284]

Genève est également le lieu de référence en matière de négoce des céréales. Pour preuve, la conférence *Global Grain* est organisée chaque année dans la Cité de Calvin. En 2010, elle a réuni plus de 1000 traders. Selon James Dunsterville, un ancien négociant en céréales et organisateur de *Global Grain*, le principal atout de Genève réside dans son modèle fiscal : « Lorsqu'une société de négoce en Argentine est assujettie à 30 % d'impôt sur les bénéfices, elle aura tendance à vouloir s'établir à Genève. Même si son blé continue d'être envoyé de Buenos Aires vers Le Cap, par exemple, le bénéfice de l'opération apparaîtra à Genève, où il sera imposé à des taux beaucoup plus favorables, parfois inférieurs à 10 % » (lire l'encadré ci-dessous).

« Des compagnies devenues criminelles »

L'accusation vise ADM, Bunge, Cargill et Dreyfus. Elle émane d'un homme connaissant bien les agissements de ces entreprises :

---

282 · *Wall Street Journal*, 5.8.2010 ; *New York Times*, 5.8.2010 ; *Financial Times*, 3.8.2010.
283   *Financial Times*, 24.4.2011.
284   *Bloomberg – Business & Financial News*, 13.8.2010.

Richardo Echegaray, directeur de l'administration fiscale argentine (Afip), qui a décidé de rayer la bande des quatre des registres d'exportation nationaux. Le gouvernement reproche à A, B, C et D d'avoir pratiqué l'évasion fiscale dans le cadre de leurs opérations commerciales sur le grain argentin. On parle de plusieurs centaines de millions de dollars de pertes de recettes fiscales. L'accusation est basée sur une vaste enquête menée par Echegaray et son équipe. Dans une interview accordée au journal anglais *The Guardian* à la fin mai 2011, le contrôleur fiscal reproche aux marchands de grains de communiquer de fausses données sur leurs chiffres de vente, de gonfler leurs charges afin de diminuer leur bénéfice imposable et de déplacer ainsi leurs profits dans des paradis fiscaux. Pour ce faire, Cargill aurait utilisé, entre autres, des filiales suisses. Echegaray affirme disposer de preuves attestant des activités criminelles de la bande des quatre. De leur côté, les firmes incriminées réfutent tout comportement contraire à la loi.[285]

D'après les estimations du GTSA, environ 75 millions de tonnes de céréales et d'oléagineux passent virtuellement par la plaque tournante commerciale genevoise, soit près de 35 % du volume commercial mondial et 75 % du volume européen (Communauté des États indépendants, CEI, incluse).[286] Cette prédominance s'explique principalement par la présence à Genève des secteurs commerciaux du club ABCD.

Parmi les grands noms du négoce installés dans d'autres régions de Suisse, il faut encore mentionner la société Ameropa, domiciliée à Binningen (Bâle-Campagne). Cette entreprise discrète, non cotée en Bourse, possède une mine de cobalt en RDC. Elle est également présente sur les marchés des engrais, des métaux et des produits pétrochimiques. Ameropa négocie chaque année quelque trois millions de tonnes de céréales. En 2001, elle a inauguré son nouveau siège, une construction vitrée, en opposition totale avec l'opacité dont l'entreprise entoure ses activités. Conçu par le célèbre cabinet suisse d'architecture Herzog & de Meuron, ce bâtiment est devenu un lieu de pèlerinage pour les étudiants en architecture, au grand désespoir d'Ameropa, très soucieuse de ne pas défrayer la chronique.

285 *The Guardian*, 1.6.2011.
286 GTSA (www.gtsa.ch/geneva-global-trading-hub/main-players/trading-companies).

Café frappé et chocolat brûlant

Aujourd'hui, la maison Volcafe n'est plus en mains suisses. Depuis qu'il a été racheté par la firme anglaise ED & F Man – qui dirige également ses activités commerciales depuis la Suisse – l'ancien groupe de Winterthour publie davantage de chiffres. L'Agence télégraphique suisse a ainsi réussi à estimer que le mariage, en 2004, des Londoniens et de Volcafe a donné naissance au plus grand négociant de café non torréfié du monde, disposant alors d'un chiffre d'affaires de 1,5 milliard de francs suisses. Avec une production annuelle représentant environ 12 millions de sacs de 60 kg (720 000 tonnes), Volcafe occupe aujourd'hui la deuxième marche du podium, juste après le groupe Neumann, de Hambourg, dont la filiale Bernhard Rothfos Intercafé opère aussi depuis la Suisse.[287]

Sur un volume d'échanges estimé à 100 millions de sacs de café non torréfié, 75 % environ seraient réalisés en Suisse.[288] L'événement *1ˢᵗ Swiss Coffee Dinner & Dance*, organisé en 2010 à Genève, a accueilli les traders de Sucafina, le spécialiste du négoce de café basé à Genève, qui commercialise trois millions de sacs par an. On peut imaginer que les représentants d'ECOM Agroindustrial Corporation Limited, qui traitent dix millions de sacs depuis leurs bureaux de Pully, dans le canton de Vaud, ou les directeurs des achats de Nestlé, Starbucks, United Coffee et Kraft Foods, dont les achats sont aussi réalisés depuis la Suisse, étaient également de la fête dans les salons de l'Hôtel Intercontinental.[289]

La Suisse reste en outre une place importante pour le négoce international de cacao. Active à Zurich sous sa forme actuelle depuis le milieu des années 1990 seulement, l'entreprise Barry Callebaut transforme à elle seule 15 % de la production mondiale de cacao, qu'elle destine en partie à ses propres filiales, actives dans l'industrie alimentaire. Cargill et ADM, les deux autres géants du commerce de cacao, souvent considérés comme de pures maisons de commerce, disposent pourtant eux aussi d'entreprises actives dans la production de cacao.[290] Cette forme d'intégration dite « verticale » permet de compenser le rétrécissement des marges. Dans le domaine des matières premières agricoles, rares sont les sociétés qui,

---

287   *Tages-Anzeiger*, 14.7.2009.
288   *Tea & Coffee Trade Journal*, 1.1.2011.
289   *Tages-Anzeiger*, 14.7.2009.
290   *Financial Times*, 24.1.2011.

comme ED & F Man, se limitent encore strictement aux activités commerciales.[291]

Les géants asiatiques débarquent en Suisse

En 2001, le groupe hongkongais Noble a installé à Lausanne son activité de négoce de café et de cacao. Avec un chiffre d'affaires de 56,7 milliards de dollars, ce groupe est l'un des plus puissants négociants de
matières premières d'Asie. De la production à la livraison, Noble couvre
depuis longtemps toutes les étapes de la chaîne de valeur – et ce pas uniquement dans le domaine du négoce des matières premières agricoles.
Pour y parvenir, il a déboursé quelque 3,4 milliards de dollars dans le
cadre de 30 opérations de prises de participations et de rachats depuis
le début du IIIᵉ millénaire.[292] Grâce à cette intégration verticale accom-
plie à marche forcée, ce géant du négoce parvient à capter la valeur ajoutée à chaque étape du processus de production. Il développe sans cesse
son portefeuille de produits, à tel point qu'il est comparé aujourd'hui à
Glencore. Outre Noble Resources SA, à Lausanne, le groupe dispose également d'une filiale à Lugano, spécialisée dans le commerce de métaux
précieux. Une autre filiale suisse s'occupe des activités de charter depuis
Baar, où Noble possède plusieurs entreprises actives dans l'acquisition et
l'exploitation de plateformes de forage pétrolier. Celles-ci voisinent avec
la société Transocean, tristement célèbre dans le monde entier depuis
la marée noire occasionnée en avril 2010, dans le golfe du Mexique, par
une fuite de pétrole survenue sur la plateforme Deepwater Horizon, alors
exploitée par BP.

La puissante firme japonaise de négoce Mitsui & Co. Ltd se développe
en suivant une stratégie aussi agressive que celle de Noble. Mitsui & Co.
Ltd possède 700 filiales, dont certaines sont domiciliées en Suisse. En
2007, Mitsui a notamment pris une participation minoritaire dans Mul-
tigrain SA, une société de négoce de céréales sise à Zoug. Elle a ensuite
procédé à son acquisition complète par étapes successives, acquisition
qui lui a permis de renforcer sa position au Brésil, où la société suisse
détient une filiale active dans le commerce et la transformation du soja,

291 CNUCED 2008, p. 22.
292 *Financial Times.* 28.2.2011.

du coton et du maïs et dans l'importation de blé. L'antenne zougoise de Mitsui possède une autre filiale, Xingu SA, propriétaire de 100 000 hectares de terres arables au Brésil – une surface représentant plus d'un tiers de la superficie totale cultivée en Suisse. En plus du soja, du coton et du maïs, l'exploitation cultive également de la canne à sucre destinée à la fabrication d'éthanol. Pour le géant japonais, ces nouvelles activités au Brésil ne servent pas explicitement de tremplin vers une activité agricole, mais d'une assurance permettant de disposer des ressources naturelles nécessaires à ses activités effectuées aux stades ultérieurs de la chaîne de production.

En résumé

On l'a vu, les maisons de négoce helvétiques traditionnelles ont disparu ou ont été absorbées par des entreprises étrangères. Les technologies modernes de communication et l'augmentation exponentielle du commerce électronique ont engendré un rétrécissement continu des marges, rendant apparemment le modèle d'affaires de la pure société de négoce obsolète. De plus, la volatilité, accrue ces dernières années, des prix des matières premières agricoles a contribué à transformer en risque systémique l'avantage jadis tiré de la spécialisation dans le commerce d'un produit agricole unique.

Les plus grands groupes agricoles mondiaux, en premier lieu le club ABCD, ont installé leurs activités commerciales dans l'arc lémanique et dans la région de Zoug, faisant ainsi de la Suisse la plus importante plaque tournante du négoce international de produits agricoles. Les conditions cadres attractives et – dans le domaine du café et du cacao au moins – la présence d'acheteurs importants ont irrésistiblement attiré les sociétés de négoce, une tendance que l'on observe encore aujourd'hui.

Comme pour d'autres matières premières, le commerce des produits agricoles est de plus en plus lié à d'autres activités, jusqu'alors bien distinctes. Les sociétés se développent toujours davantage dans la transformation des plantes, des graines et des céréales et dans la fabrication des produits qui en sont dérivés, afin de générer de la valeur ajoutée sur tous les segments de la chaîne de production. Pour les produits dont la culture est le fait de petites exploitations agricoles, le café et le cacao par exemple,

les entreprises tendent à se retirer du commerce de demi-gros, sans forcément se lancer directement dans la production. À l'inverse, pour les
autres denrées agricoles, la tendance se profile clairement vers la production des matières premières agricoles, et donc vers l'acquisition de terres
arables par les sociétés de négoce.

Chapitre 13

COMMERCE DES MATIÈRES PREMIÈRES ET SPÉCULATION

Depuis le début du millénaire, les prix des matières premières sur les marchés mondiaux ont connu des fluctuations importantes. Entre juin 2003 et juin 2008, les prix du pétrole et du cuivre ont respectivement été multipliés par 3,8 et 4 (en dollars constants), celui du blé par 2,3. Dès la seconde partie de l'année 2008, ces prix se sont effondrés. Le baril de brut est passé de 146 dollars en juin 2008 à 40 dollars six mois plus tard, avant de repartir à la hausse dès 2009 (voir graphique 1, page suivante). Cette forte volatilité des prix des matières premières a engendré des difficultés importantes pour les producteurs et les consommateurs. Elle a également été lourde de conséquences pour les pays émergents et en développement. Entre 2007 et 2008, des émeutes de la faim ont éclaté en Haïti, au Cameroun, en Égypte, et même dans des pays relativement développés comme le Mexique. En cause, la hausse brutale des prix des denrées alimentaires de base.[293]

La financiarisation des marchés dérivés des matières premières

Cette forte volatilité a contribué à alimenter un important débat sur les mécanismes de formation des prix des matières premières et sur le rôle de la spéculation financière en la matière. Comme nous l'avons vu plus haut (lire chapitre 3), les producteurs et les acheteurs de matières premières

---

293 Pour un aperçu : Dagorn 2008 ; Bush 2010.

GRAPHIQUE 1

PRIX MENSUELS DE 2000 À 2011 INDEXÉS EN DOLLARS CONSTANTS

(BASE 100 = JANVIER 2000)

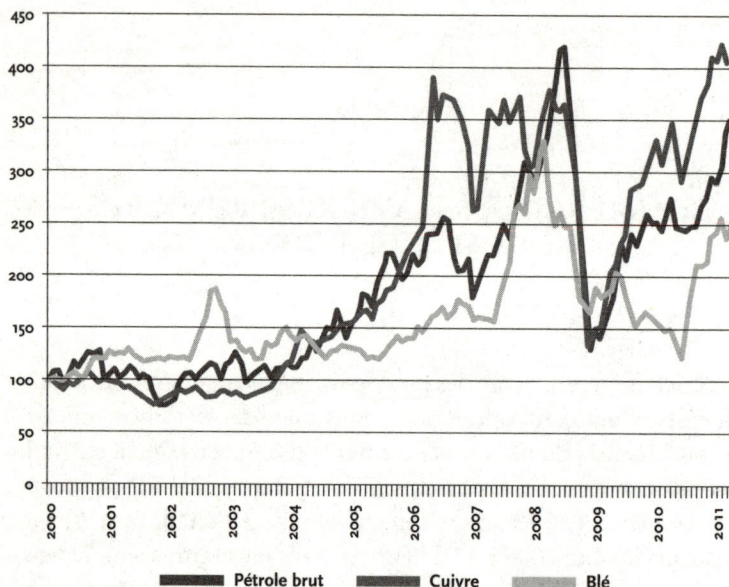

Source: FMI Primary Commodity Prices.

cherchent à se protéger des variations de prix en concluant des contrats à terme (*futures*). Ces contrats peuvent eux-mêmes être vendus. Dans les faits, l'essentiel des transactions effectuées sur les marchés des matières premières est d'ailleurs fait sous cette forme « papier » virtuelle, plutôt que sous une forme physique. Dans le domaine du pétrole, par exemple, on estime que le marché des contrats à terme est dix à quinze fois supérieur à celui du pétrole physique.[294]

Les marchés dérivés des matières premières se sont transformés en profondeur ces vingt dernières années. Sous l'impulsion de la dérégulation et de la libéralisation financière, les marchés à terme des matières premières ont été progressivement ouverts à un nombre croissant d'investisseurs extérieurs, fonds de pension, *hedge funds*, banques d'inves-

---

294 Ernst & Young 2007, p. 7.

tissement et compagnies d'assurance-vie.[295] Une ouverture sans réelles limites, à tel point que dans certains domaines, les marchés à terme ne sont plus dominés par des acteurs commerciaux, dont l'activité principale consiste à se protéger des fluctuations de prix (*hedging*), mais par des spéculateurs financiers cherchant à maximiser le rendement tiré de l'achat et de la vente de ces dérivés. Selon certaines estimations, la part des dérivés sur les matières premières alimentaires détenue par des acteurs commerciaux aux États-Unis aurait ainsi passé de près de 80 % en 1998 à moins d'un tiers une décennie plus tard, la part détenue par des acteurs financiers évoluant en proportion.[296] Le nombre de contrats à terme dans les produits de base a également augmenté, et leur échange en dehors des bourses s'est banalisé. Selon les estimations de la Banque des règlements internationaux (BRI), les montants des contrats de produits dérivés sur les matières premières conclus de gré à gré, c'est-à-dire sans passer par des Bourses d'échange (*over the counter* – OTC), auraient été multipliés par 14 au niveau mondial, entre la fin des années 1990 et juin 2008, avant de retomber brusquement avec la crise financière.[297]

Si tout le monde s'accorde à reconnaître les transformations récentes subies par les marchés des dérivés sur les matières premières, les avis sont partagés quant à leur impact sur les prix. Pour les uns, il existe une forte dépendance entre l'augmentation du prix d'un produit dérivé (un contrat à terme sur le blé) et celle de son « sous-jacent » (le prix du blé). Dans cette optique, la hausse des prix des matières premières enregistrée entre 2003 et 2008 résulterait donc de la financiarisation des marchés des dérivés sur les matières premières. Pour les autres, leurs prix continuent d'être déterminés en premier lieu par les « fondamentaux », c'est-à-dire les facteurs réels qui influencent l'offre et la demande. Selon cette vision, la hausse des prix des matières premières découlerait d'abord de l'excellente conjoncture mondiale et, dans le cas des produits alimentaires, de la croissance rapide de la consommation des matières premières par les marchés émergents (en premier lieu la Chine), de l'augmentation de la part de céréales transformées en carburant (biofuels) et des aléas de la production (sécheresses, qualité des récoltes, intempéries, etc.).[298] Prudent, le rapporteur

---

295 Sur cette libéralisation progressive, cf. par ex: Masters 2010, p. 2.

296 Masters-Adam 2008, pp. 33-34.

297 http://www.bis.org/statistics/otcder/dt1920a.pdf et années précédentes. Les chiffres sont également utilisés par CNUCED 2010c, p. 55.

298 Pour un aperçu de ce débat, cf. Masters-Adam 2008 ; Irwin-Sanders-Merrin 2009.

spécial des Nations Unies pour le droit à l'alimentation, Olivier de Schutter, relève que «la spéculation n'est pas la cause première de la hausse ou de la baisse des prix», mais que celle-ci contribue à la volatilité des prix en «déstabilisant» les marchés. Son appel à davantage de régulation[299] semble avoir été entendu. Dans le mouvement de re-régulation financière amorcé après la crise de 2008, des projets de loi visant à mieux encadrer les opérations financières réalisées dans le domaine des matières premières sont actuellement en discussion au niveau européen et aux États-Unis.

Les activités spéculatives des négociants

À écouter les courtiers en matières premières, toujours très soucieux dans ces débats de distinguer leurs opérations de celles des spéculateurs financiers, il n'y aurait au fond aucune relation entre leur rentabilité et le niveau des prix des matières premières. Pierre Lorinet, directeur financier de Trafigura, relève à cet égard : «Que le prix du pétrole monte ou descende n'a pas d'impact sur notre performance, puisque nous sommes dans le négoce de marchandises tangibles, pas dans l'ingénierie financière. Nous sommes des industriels tirant profits des arbitrages géographiques, techniques, dans le temps, qui existent naturellement sur les marchés physiques.»[300] Une vision partielle de la réalité, tant la distinction entre acteurs financiers et acteurs physiques sur les marchés des matières premières est devenue floue.

D'un côté, il est vrai que les acteurs financiers ont joué, ces dernières années, un rôle de plus en plus actif dans le commerce physique. Les grandes banques d'affaires américaines comme Goldman Sachs et Morgan Stanley, ou anglaises comme Barclays Capital, disposent depuis longtemps de départements actifs dans le *trading* physique. À tel point, qu'en 2003, Morgan Stanley par exemple était le 7e plus important client de Vitol derrière les *majors* américaines.[301] Autre exemple, le patron du Département matières premières (*Global Ressources*) de la banque d'affaires JP Morgan a admis que sa banque avait acheté, fin 2010, pas moins

---

299 Cité in : *Le Temps*, 22.1.2011 ; voir également de Schutter 2010.
300 *Le Monde*, 25.1.2011.
301 Vitol 2004, p. 42.

de 122 222 tonnes de cuivre, soit plus de la moitié des stocks de cuivre du London Metal exchange (LME).[302] Les banques ont également développé leurs investissements dans le domaine physique, UBS tout particulièrement. À la fin de 2009, la première banque suisse aurait ainsi détenu pour 16,2 milliards de dollars d'actifs sous forme de dépôts physiques de matières premières. Même si cette somme ne représente qu'une petite fraction du bilan de la banque, elle a presque doublé par rapport à l'année précédente et dépasse les valeurs affichées au bilan de JP Morgan, Morgan Stanley ou Goldman Sachs.[303]

D'autres acteurs traditionnellement actifs dans le domaine «papier» se sont récemment tournés vers le commerce physique de matières premières. Anthony Ward, gestionnaire du fonds spéculatif Armajaro, a ainsi défrayé la chronique en 2010 en prenant livraison de 241 000 tonnes de cacao, soit environ 15 % des dépôts mondiaux. Il les a stockés dans des entrepôts loués à cette fin en attendant – en vain, semble-t-il – que les prix montent.[304] Si des coups à la «Chocfinger» – comme on surnomme le charismatique homme d'affaires – restent rares, les fonds spéculatifs ont un poids toujours plus grand dans la spéculation sur les matières premières. Selon les estimations du secteur, leurs investissements dans ce domaine sont passés de 35 milliards de dollars en 2005 à 70 milliards en 2008, puis à 195 milliards à la fin de 2010.

Les banques commercent, les commerçants spéculent

À l'inverse, les firmes de négoce sont loin de toujours limiter leurs activités financières à leurs seuls besoins de couverture. En 2009, Vitol était considérée par la Commodity Futures Trading Commission (CFTC), le régulateur américain des activités boursières sur les matières premières, comme un acteur non commercial. L'étude de statistiques boursières avait en effet démontré que la firme genevoise détenait 11 % de tous les contrats futurs de pétrole du NYMEX au moment du pic des prix pétroliers en juillet 2008, via un *hedge fund* maison, VCM. Selon la CTF, 81 % des contrats futurs du NYMEX étaient détenus à cette date par des entreprises financières spéculant sur le

---

302　*Le Temps*, 23.12.2010.
303　*Financial Times Deutschland*, 22.9.2010.
304　*Le Temps*, 20.7.2010 et 3.8.2010.

pétrole pour leur compte propre ou pour celui de leurs clients. Le 6 juin, Vitol a acheté des contrats représentant environ trois fois la consommation quotidienne de pétrole des États-Unis. Le jour même, les prix du pétrole augmentaient de 11 dollars le baril.[305]

La collaboration particulièrement étroite entre Glencore et Credit Suisse (lire chapitre 7) est une autre illustration de la frontière toujours plus floue entre le négoce de matières premières et la spéculation financière. En 2009, Credit Suisse a ainsi élaboré une série de produits basés sur l'indice GAINS (*Glencore Active Index Strategy*), lequel reproduit l'évolution du prix de 20 matières premières. De tels indices permettent aux investisseurs ou spéculateurs de profiter des variations de prix des sous-jacents, sans devoir acheter les valeurs concernées (dans ce cas des matières premières). L'évolution de l'indice GAINS reflète les anticipations de prix de 20 matières premières qui sont celles des «*senior traders*» de Glencore. En d'autres termes, la composition de l'indice évolue en fonction de leurs estimations. Mais comme Glencore ne publie aucune information actuelle, les clients de la banque apprennent avec six semaines de retard de quelle manière l'indice a été composé. Le temps nécessaire dans ce secteur pour que les informations exclusives détenues par les *insiders* tombent en désuétude.

Depuis 2009, les portails boursiers et les agences de presse annoncent également à intervalles réguliers que Glencore et Credit Suisse entendent collaborer au lancement en Bourse d'un fonds ETF, basé sur l'aluminium physique. Glencore constituerait un partenaire idéal pour Credit Suisse, non seulement du fait de sa position prédominante dans la production de l'aluminium, mais aussi parce que, contrairement à ses concurrents Goldman Sachs et JP Morgan Stanley, Credit Suisse ne dispose d'aucune capacité de stockage. Le hasard faisant bien les choses, Glencore a acheté en 2010 un réseau complet d'entrepôts de stockage à l'entreprise de logistique italienne Pacorini.

À la limite du délit d'initié

Tandis que Glencore fait fructifier ses informations d'initiés via Credit Suisse, Louis Dreyfus, comme Vitol, les capitalise via son propre

---

305 *Washington Post*, 21.8.2008 ; *Le Temps*, 14.3.2009 ; *NZZ am Sonntag*, 1.11.2009.

fonds spéculatif. Le réseau global d'informations et d'entreprises de ces groupes leur permet en effet d'obtenir des indications plus précoces et précises que d'autres acteurs boursiers sur le développement des marchés des matières premières agricoles. À l'été 2008, soit au plus fort de la crise financière, Louis Dreyfus a ainsi ouvert une succursale, Louis Dreyfus Investment Holdings BV (LDIH). La même année, une des filiales de cette nouvelle entité a créé un fonds spéculatif amené à gérer 100 millions de dollars. Nommé Louis Dreyfus Commodities Alpha Fund (Fonds Alpha) et piloté depuis Genève, ce fonds investit principalement dans les options et les contrats à terme sur le blé, les oléagineux, le sucre, le café et le cacao. En deux ans seulement, son capital a été multiplié par vingt, pour atteindre 2 milliards de dollars. Une somme suffisamment importante pour que tout nouvel apport en capital soit refusé dans ce fonds dès le début de 2011. Investir dans un *hedge fund* maison s'est donc avéré payant pour Louis Dreyfus, puisque le Fonds Alpha affichait pour 2010 un rendement de 17,3 %, tandis que les autres fonds sur les matières premières se situaient en moyenne à 10 %.

La diversification va encore plus loin chez Trafigura, et le négociant de pétrole genevois a mis sur pied une filiale destinée à la gestion de fortune, Galena Asset Management. Depuis 2011, elle opère depuis Genève. Galena collabore avec plusieurs fonds spéculatifs et exploite les excellentes connaissances du marché de Trafigura pour ses placements financiers dans les matières premières. Elle gère en outre six fonds lui appartenant, pour un volume total d'investissement de 1,4 milliard de dollars. Si cette exploitation directe d'informations d'*insiders* serait probablement considérée comme un délit d'initié aux États-Unis, Trafigura n'y voit aucun problème juridique. « Galena est soumis au contrôle de l'organisme britannique de régulation de la finance FSA », explique Jeremy Weir, administrateur de Trafigura et directeur de Galena. Le slogan suivant apparaît sur le site internet de Galena Asset Managment : « Transparence, intégrité et procédure sous-tendent tout ce que nous faisons. » En cas de doute, Galena peut compter sur un bon réseau. De 2005 à 2010, le chef des conservateurs à la chambre haute du parlement britannique, Thomas Galloway Dunlop du Roy de Blicquy Galbraith, siégait en effet à son conseil d'administration.

Le Galena Commodity Trade Finance Fund est du dernier cri en la matière. Ce fonds d'investissement émis par la filiale de Trafigura, elle-même financée par des banques, achète à ces mêmes établissements le solde des crédits accordés à Trafigura pour le commerce des matières premières (*pre-export finance, structured trade finance*). En d'autres termes, ce fonds aux allures de serpent qui se mord la queue permet aux banques émettrices de crédits de renflouer leur bilan et de prêter davantage d'argent au négociant cherchant à financer ses opérations commerciales et ainsi de suite. Dans le domaine de l'ingénierie financière destinée au financement du commerce des matières premières Trafigura/Galena semble donc avoir inventé le mouvement perpétuel, dont les ressorts fonctionneront tant que la bulle des matières premières n'éclatera pas.

L'inaction des autorités helvétiques

En mai 2011, l'avocat spécialisé dans les activités de négoce Jean-Yves De Both relevait qu'«aujourd'hui, les sociétés de négoce exercent librement une large palette d'activités financières, et ce sans autorisation ou supervision des autorités de surveillance des matières financières». Mais face aux pressions palpables en Europe et aux États-Unis pour davantage de régulation, «les sociétés de négoce devront bientôt faire des choix : se limiter à des opérations de couverture ou envisager d'opérer sous la surveillance des autorités». À titre prophylactique, Cargill s'est plainte en mars 2001 auprès de la CFTC qu'en cas de régulation des marchés à terme des matières premières, la société devrait s'enregistrer comme *swap dealer*. Les profits tirés de ses opérations commerciales en souffriraient, puisque le géant du grain se verrait forcé de consacrer une plus grande part de son capital propre pour ses opérations financières.[306] Relevant à la fois les efforts entrepris dans d'autres pays pour imposer davantage de régulation et l'inaction des autorités helvétiques, De Both affirmait qu'il était «possible que les sociétés suisses jouissent de liberté un peu plus longtemps»[307]. Une raison supplémentaire, pour les sociétés de trading, de se féliciter du choix judicieux qu'elles ont fait en s'installant en Suisse?

---

306 *Financial Times*, 1.3.2011.
307 *Le Temps*, 9.5.2011.

Chapitre 14

L'ÉVASION FISCALE AU CŒUR DU NÉGOCE

Au milieu des années 1960, un journaliste demande à Jack Bennet, responsable des finances de la Standard Oil Company of New Jersey (l'actuelle Exxon), si son groupe pétrolier génère plutôt ses bénéfices dans le domaine de la production, du raffinage, de la vente ou avec ses stations-service. Bennet répond par une phrase restée célèbre : « Les profits, c'est ici qu'ils se font, dans le bureau du directeur des finances. À l'endroit précis où je décide qu'ils se trouvent. »[308] En quelques mots, le manager pétrolier venait de résumer l'une des caractéristiques principales du modèle d'affaires des géants des matières premières, et plus largement de toutes les firmes transnationales. À savoir leur capacité à déplacer leurs coûts – et donc leurs profits – entre leurs multiples filiales de façon à minimiser leur facture fiscale. Concrètement, ces techniques consistent à maximiser les charges d'une filiale afin d'en diminuer les gains, et par conséquent le montant de ses impôts sur le bénéfice. Le stratagème peut parfois aller jusqu'à faire plonger artificiellement cette filiale dans des déficits afin de la libérer de tout impôt. Puis, les charges ayant absorbé les bénéfices de cette première filiale réapparaissent sous forme de profits dans la comptabilité d'une autre filiale du même groupe installée dans un paradis fiscal. Il est ainsi possible de minimiser le bénéfice imposable de l'ensemble du groupe et de maximiser les profits nets d'impôt.

---

308 Interview avec l'ancien banquier et professeur d'économie Michael Hudson in : *Counterpunch*, 25.3.2004.

Les *majors* pétrolières ont été les premières à pratiquer à grande échelle ce jeu complexe des prix de transfert intragroupes – *transfer pricing* en anglais. Pour ce faire, elles ont tout d'abord dû trouver des régions dans lesquelles les impôts étaient très bas, voire inexistants. Le Panama et le Libéria offraient ce type d'avantages et les *majors* y ont par conséquent domicilié leurs filiales propriétaires de navires pétroliers. Autre avantage glané au passage, elles ont pu bénéficier du laxisme de la réglementation dans ces pays en matière de sécurité et de conditions de travail, contournant ainsi notamment les prérogatives que les syndicats américains étaient parvenues à arracher aux armateurs battant pavillon US. Du point de vue fiscal, le mécanisme était le suivant : le pétrole brut provenant des lieux de production était vendu à bas prix aux filiales panaméennes, libériennes ou autres, qui se chargeaient du transport. L'or noir était ensuite revendu à des prix bien plus élevés aux raffineries des pays industrialisés. La majeure partie des bénéfices du groupe semblait ainsi réalisée par les sociétés de transport situées à Freetown ou Panama City, où ils étaient nets d'impôt.

Aujourd'hui, 40 à 60 % des échanges mondiaux s'effectuent entre filiales d'un même groupe.[309] Pour l'essentiel, le commerce international est devenu un terrain de jeu en vase clos, dominé par quelques initiés. Ce constat n'est pas dénué d'ironie, surtout lorsque l'on songe à la virulence avec laquelle les multinationales et leurs lobbyistes font de la propagande en faveur du libéralisme absolu. Car les prix en vigueur sur les deux tiers du marché mondial, contrôlé par des acteurs globaux – *global players* –, ne correspondent pas aux prix de marché.

Depuis, de nombreux autres pays ont rejoint le Panama et le Libéria sur la liste des paradis fiscaux. Selon le Réseau mondial pour la justice fiscale (Tax Justice Network), il existe aujourd'hui plus de 70 territoires sur lesquels les sociétés étrangères ne paient peu (ou pas) d'impôt, ou sur lesquelles elles peuvent bénéficier de réglementations fiscales spéciales octroyées à des filiales d'un groupe exerçant des fonctions spécifiques.

---

309 *OECD Observer*, 230, janvier 2002.

Prix de transfert et transactions fictives : les stratagèmes des multinationales pour dissimuler leurs bénéfices

Par extension, l'expression « prix de transfert » ne désigne pas seulement le mécanisme de fixation des prix opéré lors d'échanges intragroupes, mais également la manipulation de ces prix. Dans ce cas spécifique, on parle aussi d'« utilisation abusive des prix de transfert ». Cette manipulation vise à diminuer, systématiquement et de manière artificielle, les revenus d'une filiale ou à augmenter ses charges afin de minimiser sa facture fiscale. À l'export, on utilise la facturation à un prix inférieur (sous-facturation). À l'import – de produits intermédiaires ou de machines, par exemple – on utilise la facturation à un prix supérieur (surfacturation). Les statistiques commerciales livrent parfois des indices permettant de déceler de telles manipulations. En 2008, un scientifique a ainsi découvert l'existence d'une opération d'exportation de noix de cajou du Nigeria vers les États-Unis, réalisée au prix de 50 cents le kilo (prix réel 2008 : 5 dollars/kg). À l'inverse, des câbles de fibre optique étaient importés vers le Nigeria pour 1372 dollars (prix réel : 6 dollars).[310] Lorsqu'une filiale domiciliée dans un paradis fiscal joue le rôle d'intermédiaire dans une transaction de ce type, elle encaisse la majeure partie du bénéfice. Et le profit dégagé devient net d'impôt (voir le graphique 1, page suivante).

Le transfert de bénéfices par de simples manipulations de prix (voir les exemples ci-dessus) est devenu plus difficile depuis que de nombreuses administrations fiscales exigent que les transactions intragroupes soient facturées aux prix du marché. Mais les multinationales disposent encore d'autres « astuces » pour déplacer leurs profits dans les paradis fiscaux.

La répartition géographique des activités d'un même groupe permet à elle seule de payer moins d'impôts. Des experts se sont penchés sur le cas de certaines sociétés particulièrement peu imposées. Leur rapport est sans équivoque : « [ces sociétés] concentrent leurs secteurs d'activité les plus rentables dans des juridictions étrangères à faible taux d'imposition et disposent leurs activités moins lucratives là où le taux moyen est plus élevé »[311]. Le tableau 1 fournit un aperçu des principales activités propices au transfert de bénéfices (voir page 227).

---

310 Christian Aid 2008, p. 9.
311 House Committee on Ways and Means 2010, p. 103.

GRAPHIQUE 1

MANIPULATION DES PRIX DE TRANSFERT

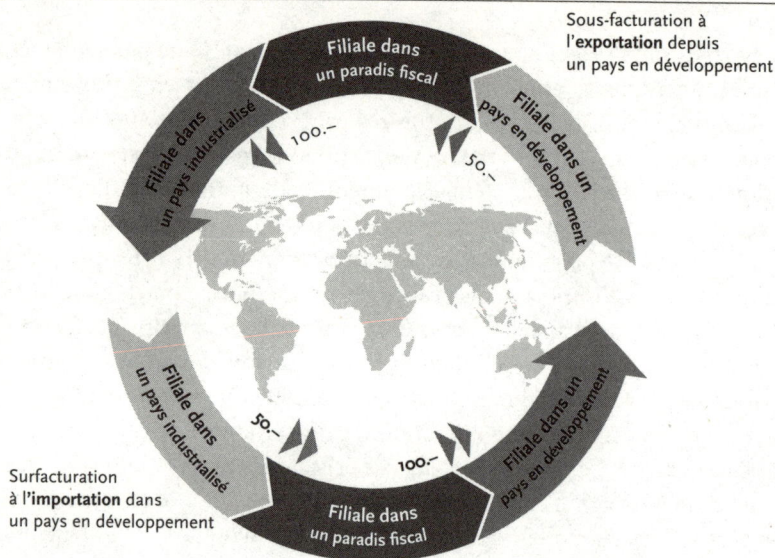

Sous-facturation à l'**exportation** depuis un pays en développement

Filiale dans un paradis fiscal

Filiale dans un pays en développement

Filiale dans un pays industrialisé

100.—

50.—

Surfacturation à l'**importation** dans un pays en développement

Filiale dans un pays industrialisé

50.—

Filiale dans un paradis fiscal

100.—

Filiale dans un pays en développement

Source: compilation des auteurs.

Le terme «holding» désigne une société mère détentrice de parts de capital dans des filiales juridiquement indépendantes. La holding et toutes les filiales qui s'y rattachent constituent un groupe. L'implantation de la holding dans un paradis fiscal assure l'exonération de ses bénéfices ou de ceux des filiales qui y sont rapatriés. Pour que ceci soit possible, il faut généralement qu'une convention de double imposition (CDI) ait été signée entre le pays de résidence de la société mère et celui de la filiale. Conclus au niveau diplomatique, de tels accords garantissent, par exemple, que le paiement des dividendes des filiales du pays d'origine à la société mère ne sera pas soumis à l'impôt à la source. De ce fait, plus un paradis fiscal dispose d'accords de ce type, plus il sera adapté à l'implantation d'une holding. Cependant, l'art raffiné de l'optimisation fiscale ne consiste pas seulement à éviter la double imposition, mais également à obtenir la non-double imposition. Et le cœur des spécialistes de la soustraction fiscale bat particulièrement fort lorsqu'une holding parvient à bénéficier d'une situation dite, dans le jargon de la branche, de *double dip*,

TABLEAU 1

ACTIVITÉS DANS DES ZONES FAIBLEMENT OU NORMALEMENT IMPOSÉES

	Peu ou pas d'impôts	Imposition normale sur les sociétés
Structure du groupe	Holding, ou maison mère	Filiale
Financement	Octroi de crédit et de facilités de financement internes	Emprunteurs et dettes internes
Brevets	Propriété des brevets	Utilisation des brevets
Droits des marques	Propriété des droits des marques	Utilisation des droits des marques
Leasing (par ex. machines)	Bailleur	Preneur
Services de gestion	Prestation de services de gestion	Utilisation de services de gestion
(Ré-)assurance	Assureur (assurances internes)	Assuré

Source: compilation des auteurs.

c'est-à-dire la possibilité de déduire de ses bénéfices les intérêts générés par la dette d'une filiale dans chacun des deux pays concernés. Idem s'il est possible, en passant par une structure financière offshore, de transformer les intérêts déductibles d'une filiale en dividendes exonérés pour la maison mère (voir graphique 2).[312]

LE *DOUBLE DIP* POUR SE SOUSTRAIRE DEUX FOIS AU FISC

Verse des intérêts déductibles de l'impôt — Verse des dividendes exonérés d'impôt

Filiale imposée normalement → Filiale dans un paradis fiscal, exonérée d'impôt → Société mère imposée normalement

Source: compilation des auteurs.

312   Gehringer 2008, pp. 247-248.

De l'utilisation de filiales pour tromper le fisc

Comme nous l'avons vu ci-dessus, la répartition des tâches entre les filiales d'un groupe situées dans des paradis fiscaux et les autres vise à générer des flux financiers ou, pour le dire autrement, à faire fuir des capitaux des pays où l'imposition est normale en direction des territoires où le «climat fiscal» est doux. Au-delà de l'exemple assez simple présenté plus haut – qui montre le jeu sur les prix des marchandises échangées entre deux pays – il existe une multitude de façons de générer des flux financiers en direction de la filiale d'un groupe située dans un paradis fiscal. S'il s'agit de prêts octroyés à l'intérieur d'un même groupe, on parle de sous-capitalisation – *thin capitalisation*. Cette technique consiste à alourdir artificiellement le bilan de la filiale dont il convient de gonfler les coûts par des prêts consentis par l'autre filiale du groupe, située dans un paradis fiscal. C'est l'une des méthodes d'optimisation fiscale les plus efficaces. Non seulement elle est difficile à détecter, mais les dettes de filiales déjà sous-capitalisées – également pour des raisons fiscales – possèdent en plus l'avantage d'être elles aussi déductibles des impôts. Un exemple particulièrement éloquent de *thin capitalisation* nous vient du Chili. En 2002, le groupe Exxon a vendu dans ce pays la compagnie minière Disputada de Las Condes, déficitaire depuis vingt-deux ans et qui n'avait donc jamais payé d'impôts. La compagnie minière était tellement endettée auprès d'une filiale d'Exxon installée aux Bermudes qu'elle était de longue date en situation de faillite formelle. Pourtant les acheteurs de cette entreprise d'extraction n'ont pas hésité à débourser 1,3 milliards de dollars pour l'acquérir.[313]

L'usage de droits pour l'utilisation de brevets ou de droits des marques permet également de délocaliser des bénéfices sous des cieux fiscaux plus cléments. Ces droits génèrent en effet le paiement de redevances, dont la valeur est difficile à mettre en doute. La marque IKEA, par exemple, appartient à une fondation domiciliée aux Pays-Bas. Toutes les filiales du groupe suédois doivent dès lors rétrocéder 3 % de leur chiffre d'affaires annuel à cette fondation pour son «utilisation». Les brevets pharmaceutiques, véritables générateurs de valeur pour la branche, appartiennent généralement à des filiales de groupes pharmas domiciliés dans des paradis fiscaux. De la même façon, les assurances et les réassurances conclues entre filiales d'un même groupe génèrent des flux financiers sous forme

---

313   Riesco-Lagos-Lima 2005, p. 7.

de primes ; les leasings génèrent des mensualités, etc. En facturant à l'intérieur d'un même groupe divers « services de gestion » (des conseils, l'envoi d'un expert, ou tout autre service), la porte est ouverte à toutes sortes de libertés comptables. Le groupe américain WorldCom a même réussi à délocaliser son plan de restructuration à titre de bien immatériel vers une filiale. Une opération qui ne l'a toutefois pas empêché de déposer le bilan en 2002 et de voir son directeur, Bernhard Ebbers, condamné dans la foulée à 25 ans de prison.[314]

Légal ? Illégal ? Égal !

L'optimisation fiscale opérée par les structures multinationales est presque toujours légale. Elle consiste le plus souvent à combiner de façon aussi efficace que possible les diverses réglementations en vigueur dans les différents espaces juridiques nationaux, en profitant avec acharnement des nombreuses zones grises que chacune de ces législations laisse subsister. C'est d'ailleurs pour cette raison que les grands groupes utilisent généralement plusieurs paradis fiscaux en même temps, ce qui leur permet d'optimiser le lieu d'implantation de chacune de leurs filiales en fonction de leur activité. La combinaison appréciée d'une holding au Luxembourg avec une société financière en Suisse – qu'on appelle « sandwich LUX/CH » dans le jargon de la branche – ou l'inverse montre qu'il est parfois possible d'associer ingénieusement les facilités offertes par différents paradis fiscaux (voir l'exemple de Glencore en Zambie, ci-dessous). La baisse de la charge fiscale qui en résulte est éloquente. Alors que les taux usuels d'imposition des bénéfices se situent entre 20 et 35 %, le recours à l'optimisation fiscale permet de les réduire à des taux aussi bas que 2 à 3 % du bénéfice total. Sans compter encore que les intérêts de la dette des filiales sous-capitalisées sont déductibles des impôts.[315]

La gestion fiscale à l'intérieur des groupes multinationaux est assurée par des collaborateurs ultra-spécialisés et généreusement rémunérés. Que ce soit en termes de nombre ou de qualité du personnel auquel elles peuvent avoir recours, les multinationales sont bien mieux dotées que les services fiscaux de nombreux pays. C'est la raison pour laquelle

---

314   Sikka-Willmott 2010, pp. 349-350.
315   Gehriger 2008, p. 251.

les informations concrètes et fiables sur la soustraction fiscale des multinationales sont rares, alors que ces pratiques sont monnaie courante. À
l'instar des exemples fournis ci-dessous, les renseignements concernant
ces agissements émanent de «lanceurs d'alerte» ou sont des informations
internes révélées accidentellement.

La différence entre cadre juridique et tolérance opérationnelle varie
beaucoup d'un pays à l'autre. Le puissant fisc américain, par exemple,
n'accepte que des structures offshore qui ont une réelle substance. Il n'est
donc pas possible d'inscrire des brevets au nom d'une société boîte aux
lettres. Lorsque la détention de brevets par une filiale située hors du pays
est rétribuée, les services fiscaux américains exigent qu'une partie de ces
flux financiers soient redirigés vers l'endroit où la recherche a été menée,
soit généralement aux États-Unis. Malgré tout, la différence entre ces
paiements et les frais de licence (plus élevés) payés à la filiale offshore
génère tout de même une diminution d'impôt.

À l'autre extrémité du spectre des pratiques établies se trouvent les
administrations fiscales de pays peu regardants (comme la Suisse), ou
de ceux dont l'administration est totalement dépassée par la complexité
volontaire de ces manipulations (la plupart des pays en développement).
L'exemple ci-après montre la simplicité des opérations autorisant le transfert de profits. Il suffit généralement d'une simple société boîte aux lettres,
dépourvue de locaux et de personnel. Si la pratique peut être illégale, le
risque qu'elle soit repérée est pratiquement nul.

Un exemple de facturation offshore : le cas Volcafe

En 2004, la Déclaration de Berne est parvenue à se procurer des documents attestant des manœuvres de soustraction fiscale auxquelles se livrait
la société de commerce de café winterthouroise, Volcafe (rachetée depuis
par ED&F Man). Volcafe opérait par le biais de Cofina Ltd, une société
boîte aux lettres domiciliée dans le paradis fiscal de Jersey. Cofina achetait
à bas prix le café produit dans les pays du Sud par les filiales de Volcafe et
le revendait plus cher à la société mère à Winterthour ou à ses principaux
clients. Ce cas classique de prix de transfert par sous-facturation a permis
à Cofina – dite «COF» – de réaliser en 1998 un bénéfice net d'impôt de
24 millions de dollars.

La filiale de Jersey n'était pourtant que pure fiction, puisqu'on ne trouvait sur l'île anglo-normande où elle était censée être établie qu'un cabinet d'avocats chargé de signer les documents les plus importants de la firme. Dans les faits, les transactions commerciales de Cofina étaient réalisées par les collaborateurs des différentes filiales de Volcafe, qui disposaient d'un second ordinateur installé dans les entrepôts. En cas de contrôle fiscal, il suffisait de débrancher le câble entre les deux postes informatiques et le tour était joué : Cofina devenait introuvable. Pour garantir le stratagème, la direction de Volcafe avait même indiqué dans des « instructions pour la facturation offshore » comment garder en vie durablement la fiction « COF », cette société si rentable. Le manuel expliquait : « COF agissant en tant que structure indépendante à l'intérieur de notre groupe, il est particulièrement important d'observer certaines conditions concernant le transfert de documents et l'image uniforme de COF. […] Veillez à ce que toute la communication avec le client final soit au nom de COF et mentionnez clairement aux clients qu'ils recevront des documents libellés à ce nom ». Volcafe avait pensé à tout : « Configurez votre fax de façon à ce que votre patronyme n'apparaisse sur aucun support faxé au nom de COF. Si un tel achat semble justifié, installez une autre machine pour les fax COF ». De toute évidence, ces tours de passe-passe n'étaient pas sans générer une certaine confusion chez les clients de Volcafe, qui peinaient un peu à s'y retrouver. Là encore, la direction avait pensé à tout : « Ajoutez une étiquette libellée à votre adresse lors de l'envoi de documents COF nécessitant une réponse. Il sera plus facile pour vos partenaires commerciaux d'adresser leur courrier au bon destinataire ». La Cofina a été dissoute en août 2004 par Volcafe, après que la Déclaration de Berne eut dénoncé son fonctionnement.

Cet exemple souligne une autre fonction des filiales implantées dans les paradis fiscaux, qui permettent aussi aux dirigeants d'encaisser des bonus en évinçant le fisc. Alors qu'elle ne disposait d'aucun collaborateur, la masse salariale de la société boîte aux lettres Cofina s'élevait à 2 188 193 dollars en 1998. Une pratique tout à fait courante au sein des multinationales. Ainsi UBS entretenait jusqu'à très récemment à Jersey un trust nommé Senior Executive Benefit Trust Limited. Là encore, le fait de mettre en lumière cette petite affaire a fait des miracles, puisque l'existence de ce véhicule financier destiné à payer franc d'impôt les bonus des hauts cadres de l'établissement a pris fin en 2009, peu après avoir été révélée par la Déclaration de Berne.

Les directives de l'OCDE ne sont que des tigres de papier

À l'heure de la mondialisation, l'imposition des sociétés fait partie des rares activités étatiques gérées en grande partie encore à l'échelle exclusivement nationale. L'organisation internationale qui s'occupe le plus intensément des questions fiscales est l'Organisation de coopération et de développement économique (OCDE), qui regroupe plus ou moins l'ensemble des pays industrialisés. Depuis des décennies, l'OCDE cherche à juguler les problèmes de prix de transfert et de transferts de bénéfices en utilisant une arme tout à fait inoffensive, le principe de pleine concurrence – *arm's length principle*, en anglais. Selon ce principe, les grands groupes devraient facturer leurs transactions internes aux prix du marché, c'est-à-dire conformément aux conditions en vigueur s'ils achetaient un bien ou un service auprès d'une tierce société. De plus, les contrats entre vendeurs et acheteurs intragroupes devraient correspondre aux standards contractuels régissant les transactions entre parties indépendantes.

Les conseils dispensés chaque année à grands frais par l'OCDE pour mettre en pratique cet honorable principe s'accumulent sur les rayons des bibliothèques. En vain, ce ne sont que des tigres de papier. Le sénateur américain Bryan Dorgan a même déclaré que la réglementation internationale en vigueur sur les politiques fiscales et les politiques des prix pour les multinationales était un « scandale incroyable », revenant à demander au fisc de « mettre bout à bout les spaghettis de deux assiettes différentes »[316]. Les principaux points faibles de cette réglementation sont en résumé les suivants, à l'heure actuelle :

– Les prix de marché existent pour les produits courants et très standards. Quid du prix d'une pièce de précision d'une machine fournie par un seul fabricant ?

– Il est pratiquement impossible de déterminer le prix de marché réel de valeurs immatérielles comme les brevets, les droits de marques ou les services de gestion.

– Lorsque deux filiales signent un contrat, les actionnaires et les décideurs sont les mêmes de part et d'autre. La plupart des contrats régissant les transactions entre sociétés indépendantes ne conviennent absolument pas lorsque les parties contractantes sont liées entre elles.

---

316 *Bloomberg Business Week*, 13.5.2010.

– L'optimisation fiscale pour les multinationales n'est possible que parce que chaque filiale est considérée comme une entité indépendante, imposée séparément. Cette indépendance fictionnelle omet le fait que la plupart de ces montages ne servent qu'à diminuer le montant des impôts des holdings.

Le principe de pleine concurrence s'est transformé en règles impénétrables pour les citoyens, pratiquement incompréhensibles pour les politiciens, et en cauchemar pour les services fiscaux tentés de les appliquer. Les seules à les apprécier sont les sociétés d'audit et de conseil fiscal, comme PricewaterhouseCoopers, Ernst & Young, Deloitte et KPMG, ces grands noms qui dominent l'industrie mondiale de la soustraction fiscale. L'une des fâcheuses absurdités de notre système économique réside dans le fait que ces sociétés assument des fonctions quasi étatiques, puisqu'elles agissent en tant qu'organes d'audit et de révision des multinationales, tout en aidant allègrement leurs clients à contourner les obligations fiscales de ces mêmes États.

Plus le système est complexe, plus les multinationales emploient des conseillers spécialisés, et plus nombreuses sont les zones grises dont ces derniers savent faire profiter leurs clients. Une annonce insérée dans la *NZZ* portait sur ce phénomène un regard d'une franchise déroutante : « Le *transfer pricing*, s'il est utilisé efficacement, permet d'économiser beaucoup d'argent et de tracas. Savoir utiliser correctement les prix de transfert intragroupe est une chose. Savoir économiser le maximum sur le plan des dépenses fiscales en tenant compte des différentes réglementations internationales en est une autre. PricewaterhouseCoopers propose des solutions sur mesure aux entreprises actives à l'échelle internationale »[317].

En Suisse, le calcul des prix de transfert n'est soumis à aucune législation. Certes, l'Administration fédérale des contributions publie de temps à autre des circulaires indiquant timidement que le principe de pleine concurrence est applicable sur le territoire. Mais, contrairement aux pratiques en vigueur dans les autres pays, les entreprises établies en Suisse ne sont pas obligées de documenter les prix de leurs transactions internes. Pour Angelo Digeronimo, expert en imposition internationale des entreprises auprès de l'Administration fédérale des contributions, rien d'étonnant à cela : « La charge fiscale dans notre pays compte parmi les plus

---

317 *NZZ*, 27.11.2001.

basses. Nous sommes donc peu confrontés au problème des prix de transfert». Selon Digeronimo, pas plus de dix réclamations n'aboutissent chaque année sur son bureau.[318]

L'évasion fiscale : un multiple de l'aide au développement

Que personne ne sache rien des manipulations de prix des multinationales et des transferts de bénéfices n'a rien de très surprenant. Les stratégies de soustraction fiscale comptent parmi les activités les plus lucratives des grands groupes et appartiennent donc par essence aux activités dont les secrets sont les mieux gardés. Cependant, et cet aspect est plus étonnant, les données concernant les pertes fiscales supportées par les différents pays à cause de la soustraction fiscale des multinationales sont également très rares. Jusqu'ici, les organisations internationales comme l'OCDE, le FMI ou la Banque mondiale, championnes des projets de recherche en science économique, se tiennent délibérément à l'écart de ce problème fondamental de la mondialisation économique. Dans un ouvrage de 450 pages, écrit par trois collaborateurs du FMI et consacré à la taxation du pétrole et des minerais, pas même quatre pages en tout ne traitent des «techniques de planification fiscale agressives»[319]. Les estimations les plus fiables sur l'ampleur des pertes fiscales supportées par les pays en développement du fait de l'optimisation fiscale des multinationales proviennent des organisations non gouvernementales. Le tableau 2 donne une vue d'ensemble de ces estimations, élaborées selon différentes méthodes (voir page 235).

La comparaison entre les pertes cumulées occasionnées par l'optimisation fiscale des multinationales et le montant total de l'aide au développement montre la pertinence économique et politique de cette problématique. En 2010, le montant total des fonds alloués dans le monde entier à l'aide au développement s'élevait à 129 milliards de dollars. Comme le montre le tableau 2, ce montant est comparable à celui des pertes fiscales occasionnées par l'optimisation fiscale des multinationales, même en se basant sur les estimations les plus prudentes. Le tableau 3 donne, par ordre d'importance, les 20 États les plus touchés par le recours abusif aux prix de transfert (voir page 236).

---

318 WoZ, Die Wochenzeitung, 14.8.2004.
319 Daniel-Keen-McPherson 2010, pp. 389-392.

TABLEAU 2

PERTES POUR LES PAYS EN DÉVELOPPEMENT INHÉRENTES À L'OPTIMISATION FISCALE DES ENTREPRISES

Estimations de:	Descriptif	Montant (en milliards de dollars par année)
Baker 2005	– Manipulation des prix de transfert	100-150
	– Paiements masqués et transactions fictives*	250-350
Christian Aid 2008	Falsification des factures et manipulation des prix de transfert	157
Christian Aid 2009	Pertes occasionnées par la manipulation des prix	122
Global Financial Integrity 2010	Pertes occasionnées par la manipulation des prix	99-107

Des transactions effectuées entre firmes indépendantes peuvent être manipulées pour des motifs de soustraction fiscale ou pour exporter des capitaux. Pour ce faire, il suffit par exemple qu'un acheteur soit disposé à ajouter à un prix de vente avantageux un virement confidentiel sur les comptes d'un discret véhicule financier situé dans un paradis fiscal offshore (mispricing). Selon Raymond Baker, les opérations fictives (fake transactions) effectuées pour des motifs d'évasion fiscale sont très fréquentes.

Source: compilation des auteurs.

Selon la Banque mondiale, six de ces vingt pays – ceux dont le nom est mis en évidence dans le tableau 3 – disposent d'importants gisements de matières premières (minerais et/ou pétrole), dont découle une part essentielle de leurs exportations.

Le secteur des matières premières a également recours aux méthodes d'optimisation fiscale décrites précédemment. Parmi d'autres, voici trois exemples qui le montrent:

– Russie: en 2009, l'organe de contrôle des finances publiques émet un rapport sur la sous-facturation des exportations de charbon. Selon ce document, 80 % du charbon russe est vendu offshore, c'est-à-dire à des sociétés commerciales domiciliées dans les paradis fiscaux.[320]

---

320 *Blomberg News.* 9.7.2010.

TABLEAU 3

PAYS LES PLUS CONCERNÉS PAR L'UTILISATION ABUSIVE DES PRIX DE TRANSFERT

	Pays	Pertes fiscales (en % des recettes publiques)
1	Zimbabwe	31,5 %
2	Chine	31,0 %
3	Philippines	30,7 %
4	Nicaragua	27,7 %
5	Mali	25,1 %
6	RDC*	24,9 %
7	Costa Rica	22,2 %
8	Zambie	21,7 %
9	Honduras	21,6 %
10	Biélorussie	21,5 %
11	Cameroun	17,1 %
12	Guinée	16,5 %
13	Éthiopie	16,2 %
14	Malaisie	15,4 %
15	Centrafrique	14,6 %
16	Cambodge	13,9 %
17	Togo	13,5 %
18	Panama	13,5 %
19	Tadjikistan	13,3 %
20	Îles Salomon	13,0 %

Les pays mise en évidence, six sur vingt disposent d'importants gisements de matières premières (minerais ou pétrole), dont découlent une part particulièrement importante de leurs exportations.

Source : Global Financial Integrity 2010.

– Tanzanie : en 2003, lors d'un audit des quatre sociétés étrangères actives dans l'extraction de l'or, le gouvernement remarque qu'elles affichent un déficit cumulé et non justifié de 520 millions de dollars sur cinq ans. Pour ce pays, qui figure parmi les plus pauvres du monde, cela signifie une perte de recettes fiscales de 132 millions de dollars.[321]

– Sénégal : en 2009, deux filiales sénégalaises de la compagnie minière australienne Mineral Deposits versent 42 millions de dollars australiens d'intérêts à des sociétés boîte aux lettres sises sur l'île Maurice. Ces sommes correspondent à des emprunts totaux avoisinant au moins 800 millions de dollars australiens. Pourtant, les filiales de ce groupe comptabilisent en tout et pour tout un emprunt global de 65 millions de dollars australiens.[322] Il ne s'agit donc pas ici d'un cas « classique » de sous-capitalisation, mais très vraisemblablement de paiements d'intérêts fictifs destinés à transférer des profits.

La Zambie : les exportations de cuivre effectuées en direction de nulle part

D'après les statistiques commerciales de l'ONU, la part des exportations zambiennes destinée à la Suisse a fortement augmenté depuis 2002, à tel point qu'en 2008, environ la moitié des exportations zambiennes atterrissait dans notre petit réduit alpin (voir le graphique 3, page suivante). Cette croissance s'est effectuée à un rythme à peu près comparable à l'augmentation du volume total des exportations zambiennes, qui a pratiquement quintuplé durant le même laps de temps. Ce boom résulte pour l'essentiel du développement du secteur de l'extraction du cuivre. En 2008, les produits miniers – le cuivre arrive largement en tête de ces produits – composaient près de 80 % des exportations zambiennes.

Pourtant, la Zambie n'apparaît nulle part dans les statistiques de l'Administration fédérale des douanes sur les importations de cuivre et de dérivés. Les exportations de la Zambie vers la Suisse ne coïncident donc pas avec les importations suisses de Zambie. Pourquoi ? Le géant zougois Glencore est en cause (lire chapitre 6). En effet, par le biais d'une filiale financière sise aux Bermudes et à travers un véhicule d'investissement domicilié aux Îles Vierges, Glencore est actionnaire majoritaire de la mine de cuivre de Mopani, en Zambie (voir graphique 4, page 239),

---

321 Christian Aid 2008, pp. 11-16.
322 *Private Eye* N° 1620, 16.4.2010.

GRAPHIQUE 3

LA SUISSE, PARTENAIRE COMMERCIAL ESSENTIEL POUR LA ZAMBIE

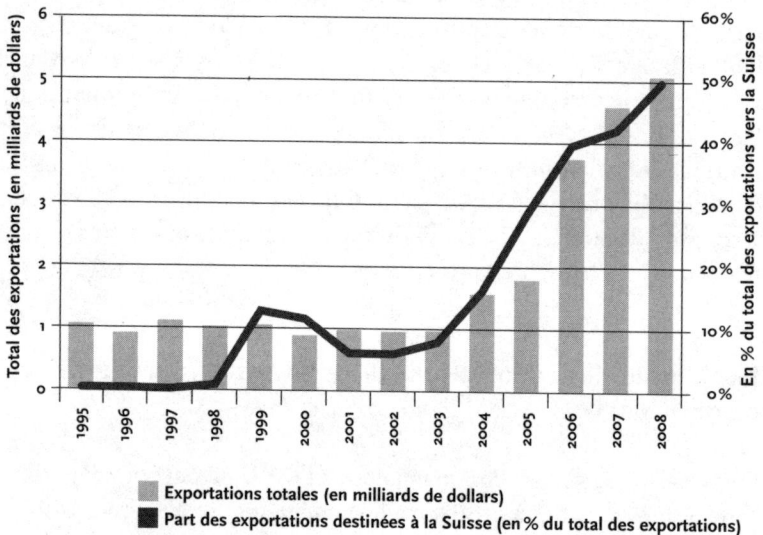

Exportations totales (en milliards de dollars)

Part des exportations destinées à la Suisse (en % du total des exportations)

Source: Cobham 2009, d'après UN Comtrade.

dont il est plus ou moins le seul client. Sur les documents d'exportation, la production de cette mine est donc destinée à la Suisse. Mais dans les faits, la marchandise appartenant à Glencore n'est jamais acheminée physiquement sur le territoire helvétique. Elle est livrée directement aux clients de l'entreprise minière, chinois, par exemple. Voilà pourquoi le cuivre de la Zambie n'entre pas dans les statistiques d'importation de la Suisse.

S'enrichir en produisant à perte: l'exemple du cuivre zambien

Malgré le boom récent du prix du cuivre – de 2000 dollars la tonne fin 2003 à plus de 10 000 dollars en février 2011 –, l'exploitation de la mine de Mopani est déficitaire depuis des années pour Glencore. Par conséquent, la filiale de Glencore en Zambie, la Mopani Copper Mine (MCM), ne paie aucun impôt sur les bénéfices. Au vu de ces résultats, l'administration fiscale zambienne a demandé à l'organisme d'audit international Grant Thornton et au cabinet de conseil norvégien Econ Pöyry de contrôler

PARTICIPATION DE GLENCORE DANS LA MINE DE MOPANI

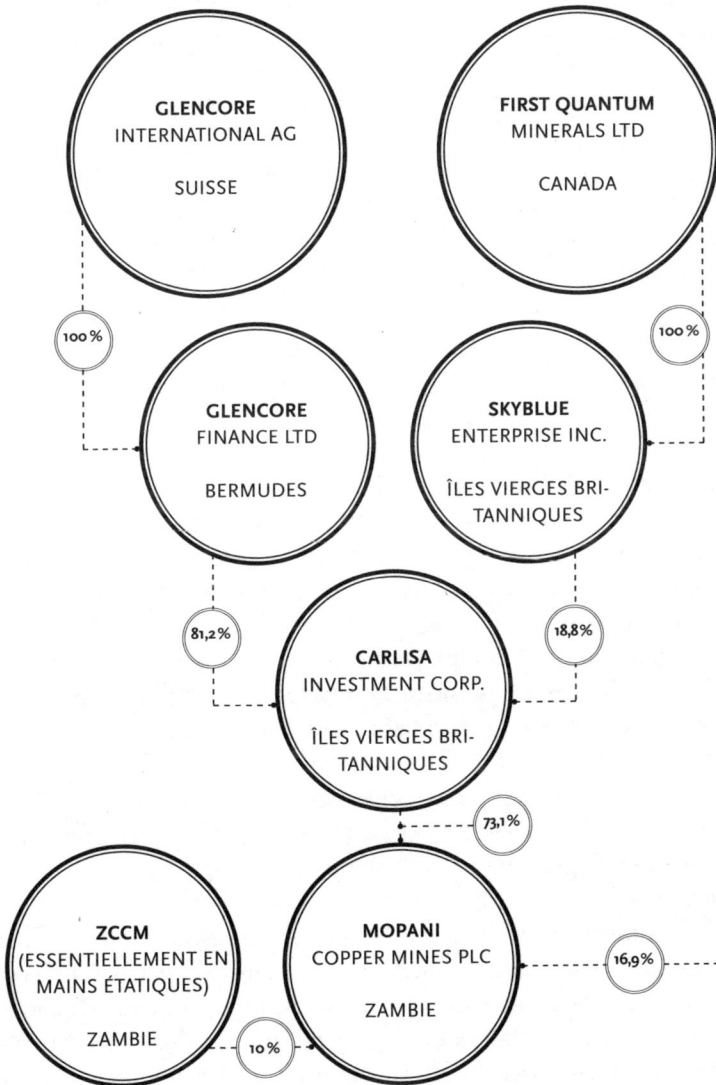

Source : Sherpa et al. 2011.

plusieurs mines de cuivre zambiennes. En raison de sa taille, mais aussi du montant anormalement élevé de ses charges, la mine de Mopani/Glencore a été examinée en priorité. Un rapport d'audit a été rédigé en 2010. Il a ensuite été transmis à diverses organisations non gouvernementales, dont la Déclaration de Berne, qui ont choisi de le publier au début de l'année 2011.[323] Le 6 juin 2011, le ministre des finances zambien a réagi en exigeant de Mopani « davantage d'argent dû à titre d'impôt non payé »[324].

La législation zambienne est particulièrement favorable aux investisseurs du secteur minier. La fiscalité pratiquée en Zambie autorise en effet les sociétés minières à déduire la totalité de leurs frais de prospection et d'exploration. Ces charges peuvent être soustraites des bénéfices en tant que report de pertes à dix ans. Au cours des années 2006 et 2007 couvertes par l'audit, les montants de la diminution des bénéfices obtenue par ce moyen se chiffraient respectivement à 260 et 371 millions de dollars.

Mais ce « climat agréable » n'explique qu'en partie le fait que Mopani ne génère aucun bénéfice (lire chapitre 6). Comme le rapport d'audit le révèle, Mopani gonfle ses coûts de manière ciblée et ne facture pas les transactions internes aux prix du marché. Tout au long du contrôle, la direction de la mine s'est par ailleurs appliquée à entraver le travail des réviseurs. Non seulement le lancement de la procédure d'audit a dû être reporté afin de laisser le temps à la société de rassembler les informations nécessaires, mais il a également fallu interrompre l'audit pendant six mois tant les documents présentés par MCM étaient lacunaires. Lorsque l'examen des comptes de Mopani a enfin pu être mené à bien, les auditeurs ont découvert plusieurs irrégularités :

– Le grand-livre a été fourni en plusieurs versions différentes. Les montants qui y figuraient ne correspondaient jamais à ceux du bilan de vérification.

– De nombreuses transactions n'étaient pas justifiées par des documents originaux ; certaines n'ont pu être attestées par aucune trace écrite.

– Les données de base, comme les quantités de minerai, de concentré de cuivre et de cuivre produites, ne figuraient nulle part. Idem pour les statistiques d'importation et d'exportation (sur ce point, l'organe

323 Grant Thornton 2010.
324 *Reuters*, 6.6.2011.

d'audit a également émis des critiques à l'encontre des autorités zambiennes).

– Les réviseurs se sont systématiquement heurtés aux insuffisances de Mopani. Dans leur rapport, ils constatent que leur « équipe internationale de professionnels n'a jamais été confrontée dans aucun pays à un tel manque de conformité aux normes, et Grant Thornton Zambia confirme que cette attitude n'est pas de mise dans d'autres secteurs industriels ou d'autres entreprises en Zambie »[325]. En dépit de ces conditions défavorables, l'audit a été mené à terme. Le rapport conclut que :

– Les charges de la mine de Mopani sont plus élevées que celles d'autres mines similaires.

– Les recettes sont trop basses pour que les prix de vente aient été indexés à ceux du prix du cuivre de la Bourse des métaux de Londres (LME), conformément à la législation en vigueur.

Le graphique 5 (page suivante) montre que les prix du cuivre facturés par Mopani diffèrent fortement et de manière croissante du prix de référence du LME pour la période examinée.

En tant qu'unique agent commercial de Mopani, Glencore absorbe la plus grande partie de sa production minière. Le rapport d'audit mentionne que ces transactions internes ne sont pas facturées aux prix du marché : « La société n'a pas pu nous fournir de preuves attestant que les ventes, en majorité entre parties liées, sont effectuées conformément au principe de pleine concurrence »[326]. Selon les réviseurs, la différence entre les recettes de Mopani provenant de la vente de cuivre et celles qui auraient dû être enregistrées si les prix LME avaient été facturés s'élevait à 700 millions de dollars pour la période de 2003 à 2007. Un énorme cadeau de Glencore à Glencore.

Les réviseurs se sont abstenus de calculer les pertes fiscales occasionnées pour la Zambie. Ils ont cependant souligné que ces manipulations de prix contribuent à diminuer encore les montants déjà bien faibles rétrocédés à l'État zambien sous forme de royalties (lire chapitre 17). En se basant sur les informations fournies par le rapport d'audit, l'organisation humanitaire britannique Action Aid estime pour sa part que les pratiques de la firme Mopani engendrent pour la Zambie des pertes fiscales annuelles de 124 millions de dollars. Il convient d'ajouter à ce

---

325 Grant Thornton 2010, p. 6.
326 Grant Thornton 2010, p. 8.

GRAPHIQUE 5

LES PRIX DE DUMPING INTERNES DE GLENCORE

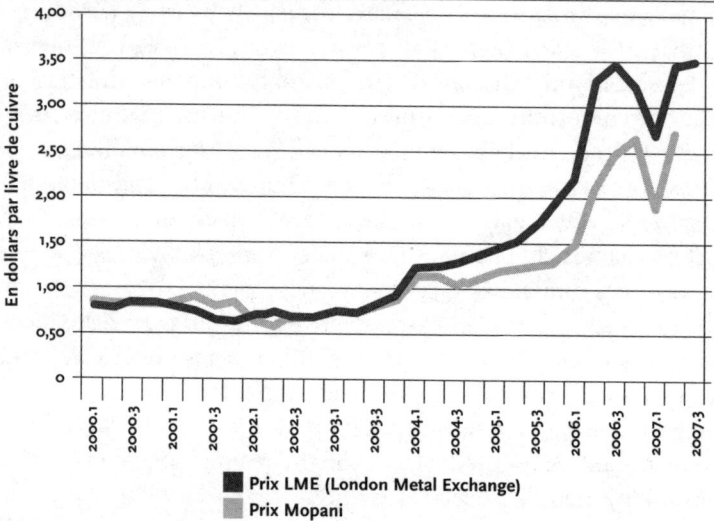

Prix LME (London Metal Exchange)
Prix Mopani

Source : Grant Thornton 2010, p. 14.

chiffre 50 millions de dollars correspondant au montant non perçu de dividendes qui auraient dû être versés sur les 10% d'actions de Mopani détenues par l'État zambien.[327]

La mine de Mopani produit aussi du cobalt, un secteur dans lequel les écarts de prix sont encore plus importants. D'après les chiffres déclarés, Mopani aurait extrait deux fois moins de minerai que les autres mines zambiennes. Pour les réviseurs, « soit Mopani ne nous a pas fourni les bonnes données de production, soit ils falsifient les résultats comptables relatifs au cobalt »[328]. Il faut dire que détourner une partie de la production vendue est un jeu d'enfant lorsque les statistiques douanières officielles d'exportation sont insuffisantes, voire totalement inexistantes, comme dans le cas zambien. Cette forme de détournement fiscal particulièrement simple, mais osée, qui consiste simplement à omettre de déclarer une partie du revenu de ses activités, ne semble absolument pas poser de problème à Glencore.

---

327 ActionAid, Calcul non publié sur la base de l'audit de Mopani.
328 Grant Thornton 2010, p. 17.

En définitive, Mopani utilise les contrats dérivés servant à la garantie des prix pour alléger ses charges fiscales. Le *hedging* – « couverture de risque » – permet de limiter les pertes en cas de fluctuation des prix par le biais d'une transaction inverse. Les réviseurs ont mis en évidence chez Mopani des contrats dérivés structurés de telle manière que la société zambienne enregistrait une perte à la fois en cas de hausse et de baisse des prix. La grande bénéficiaire de ce montage était bien entendu une autre société aux mains de Glencore. Pour les auteurs de l'audit, le but de la manœuvre est clair : « Il y a des raisons [...] de croire que les opérations de *hedging* de Mopani [...] visaient à déplacer des revenus imposables hors de Zambie. »[329] De la méthode antédiluvienne qui consiste à taire une partie de ses recettes, jusqu'à l'usage de contrats dérivés peaufinés dans les moindres détails, Glencore connaît et utilise tous les instruments de soustraction fiscale.

La Suisse : paradis fiscal des multinationales

En 2010, trois cantons suisses faisaient partie des dix juridictions européennes où le taux de l'impôt sur les bénéfices des sociétés est le plus bas. Alors qu'Appenzell Rhodes-Extérieures et Obwald occupent la cinquième place (12,7 %), Zoug arrive en dixième position (15,8 %). On trouve plus loin les cantons d'Uri (15,9 %) et de Schaffhouse (16 %). Six autres cantons suisses figurent dans le Top 20.[330] La configuration des taux réguliers d'impôt, déjà inférieurs à ceux pratiqués ailleurs, ne suffit toutefois pas à expliquer l'attractivité de la Suisse pour les négociants de matières premières, et pour les holdings étrangères en général. Plus importante encore, la souplesse et la générosité des régimes spéciaux qui leur sont destinés. Pas seulement à Zoug ou à Genève, leurs lieux d'implantation les plus connus, mais quel que soit le canton : sur Vaud (où le brésilien Vale s'est domicilié), à Lucerne (siège de Trafigura), Zurich (domicile d'ENRC), Bâle-Campagne (Ameropa) ou au Tessin (où s'est par exemple établi Duferco, un groupe métallurgique également négociant de matières premières).

---

329 Grant Thornton 2010, p. 15.
330 KPMG 2010.

Parmi les régimes fiscaux spéciaux accordés au niveau cantonal, le privilège des holdings est un grand classique. La forme conventionnelle d'une multinationale est la holding. Un groupe américain ou asiatique peut diriger ses affaires sur le marché européen depuis une holding enregistrée à Zoug. Les holdings ne paient pas d'impôts cantonaux sur les bénéfices, mais doivent s'acquitter d'une très maigre contribution, calculée sur le capital-actions déclaré au registre du commerce. Pour une holding disposant d'un capital et de réserves de deux millions, cette contribution est comprise entre 1,76 ‰ (Vaud) et 0,01 ‰ (Neuchâtel, Lucerne et Obwald). À Zoug, le taux est de 0,114 ‰.

En théorie, le taux fédéral d'imposition sur les bénéfices est un taux uniforme de 8,5%. Cependant, les dividendes issus de sociétés filiales sont exonérés d'impôt. Dans le cas d'une holding pure – dont tous les revenus sont tirés de ses participations –, cette réduction engendre une exonération fiscale totale de l'impôt fédéral sur les bénéfices. Au niveau cantonal, les sociétés de domicile (lire chapitre 4) et les sociétés mixtes bénéficient elles aussi d'une «imposition privilégiée» à des taux préférentiels. À noter que la définition même d'une société de domicile varie d'un canton à l'autre. À Zoug, ce type de structures ne doit avoir ni personnel ni locaux. Elles sont assujetties à l'impôt sur le capital à hauteur de 0,075 ‰ et leurs revenus provenant d'activités menées à l'étranger sont exonérés.

Les sociétés mixtes sont des entreprises ou des succursales de multinationales opérant principalement à l'étranger, mais qui disposent toutefois d'une «activité économique subalterne» en Suisse. Dans le canton de Zoug, le pourcentage de ventes et d'achats devant être réalisé à l'étranger pour pouvoir bénéficier de ce statut est de 80%, et l'impôt sur le capital prélevé auprès de telles sociétés s'élève à 0,01 ‰. Les revenus suisses d'une société mixte sont imposés normalement. Seuls 5 à 25% des revenus étrangers sont imposables, en fonction du nombre de collaborateurs. Depuis 2007, une loi paraissant avoir été écrite par Glencore stipule toutefois que seuls 10% des revenus étrangers sont imposables lorsque le montant total de ces revenus dépasse 200 millions de francs suisses (au lieu de 25% pour une société comptant 30 collaborateurs).

Si l'on en croit les organes chargés de la promotion économique du canton de Zoug, un argument supplante encore les taux préférentiels et les réglementations spéciales: «L'avantage décisif de Zoug comme lieu d'implantation ne réside pas dans son système d'imposition favorable, mais de manière plus générale, dans les relations simples et non bureaucratiques que l'administration fiscale cantonale entretient avec les contribuables. »[331]

Pour les entreprises qui réalisent des recettes importantes à l'étranger et possèdent également de nombreuses participations étrangères, la combinaison entre les réglementations cantonales spéciales et la réduction pour participations dont les holdings bénéficient au niveau fédéral est optimale. Les sociétés de négoce de matières premières sont les principales concernées par ces cas de figure. Si elles se sentent si bien en Suisse, c'est donc grâce aux faveurs du système d'imposition et à la complaisance des administrations fiscales.

Privilèges taillés sur mesure et fiscalité à la carte

Les cantons ne publient pas de liste des sociétés bénéficiant de privilèges fiscaux. De ce fait, il est notamment impossible de connaître le nom des entreprises imposées en tant que sociétés mixtes. Dans le canton de Genève, on estime que plus de 1000 structures sont imposées en tant qu'holdings, sociétés de domicile ou sociétés mixtes. Ensemble, elles rapportent environ un quart des impôts perçus sur les personnes morales.[332] Ce manque d'information est aggravé par le fait que les cantons accordent des privilèges sur mesure aux entreprises par le biais du *ruling* fiscal, ou agrément fiscal. Pour Pierre-Olivier Gehringer, expert de la soustraction fiscale et associé du cabinet de Peter A. Pestalozzi, l'avocat qui siégeait jusqu'en 2011 au conseil d'administration de Glencore, «on n'insistera jamais assez sur l'avantage du *ruling*, qui fonctionne généralement très bien»[333]. Rien d'étonnant donc si Glencore s'indigne lorsqu'on lui demande lesquelles de ses sociétés et de ses filiales bénéficient de privilèges fiscaux à titre de sociétés mixtes ou de domicile. Opaque jusqu'au bout, le géant zougois affirme que de telles informations «ne sont pas même portées à la connaissance de [ses] investisseurs»!

---

331   Kontaktstelle Wirtschaft Zug, 2010, p. 19.

332   République et Canton de Genève, Département des Finances, «Relations Suisse – Union européenne et fiscalité cantonale des personnes morales. Un défi majeur pour Genève», présentation PPT, janvier 2011.

333   Gehringer 2008, p. 242.

Il est fort probable que la plupart des entreprises de négoce de matières premières soient considérées fiscalement comme des sociétés mixtes. Le taux d'imposition de 12 % (« en règle générale ») avancé par le Département des finances de la ville de Genève se compose des 8,5 % d'impôt fédéral direct en vigueur et d'un taux d'impôt cantonal et communal ramené à 3,5 %.[334] D'après la GTSA, l'association en charge du lobbying des négociants à Genève, le taux réellement appliqué serait de 9 %.[335] Dans le canton de Zoug, la loi fiscale et son paragraphe « à la Glencore » évoqué plus haut permettraient même de disposer de taux encore inférieurs pour l'imposition des bénéfices au-delà de 200 millions de francs suisses.

Les multiples identités de Trafigura

Lorsque les administrations fiscales suisses restent muettes, il est bon de se tourner vers le registre du commerce des Pays-Bas. En effet, les sociétés possédant une filiale dans ce pays, comme Trafigura, Vitol, Gunvor, Mercuria ou Dreyfus, sont contraintes par le droit néerlandais d'y publier un rapport d'activité. Comme celui de Glencore, ces publications fournissent quelques informations sur les taux effectifs d'imposition dont s'acquittent l'ensemble des groupes de négoce (voir tableau 4, page ci-contre).

Le record du taux le plus bas détenu par Trafigura en 2010 s'explique par un énorme avoir fiscal. Notons toutefois que, même sans celui-ci, elle n'aurait été imposée qu'à 6,2 %. Sur la base du taux régulier néerlandais (2005 : 32,25 % ; 2006 : 30,09 % ; 2007 : 26,53 % ; depuis 2008 : 25,5 %) et sans les avoirs fiscaux, les économies d'impôts réalisées entre 2005 et 2010 par cette société à scandales (lire chapitre 10) atteignent déjà plus de 500 millions de dollars. Mais ces taux effectifs d'imposition ne révèlent qu'un seul côté de la médaille. Car en réalité, ce sont les sociétés elles-mêmes qui déterminent en grande partie les revenus imposables qu'elles déclarent. Avant son entrée en Bourse, Glencore distribuait chaque année des dividendes nets d'impôt à ses actionnaires (les dirigeants), dont les montants se chiffraient en milliards de dollars.

---

334 République et Canton de Genève, Département des Finances, « Relations Suisse – Union européenne et fiscalité cantonale des personnes morales. Un défi majeur pour Genève », présentation PPT, janvier 2011.

335 Ernst & Young 2007.

TABLEAU 4

L'OPTIMISATION FISCALE DES SOCIÉTÉS SUISSES DE NÉGOCE DE MATIÈRES PREMIÈRES

	Trafigura	Glencore	Vitol
	(«Taux effectif d'imposition»)	(«Taux effectif d'imposition»)	(«Impôt sur le revenu global»)
2005	15,1%		
2006	16,4%	16,0%	
2007	16,4%	13,4%	12,1%
2008	8,5%	8,9%	7,5%
2009	11,8%	12,6%	19,6%
2010	0,6%	9,3%	

Source: rapports annuels des entreprises.

La liste, certainement non exhaustive, des quarante filiales ou succursales de Trafigura domiciliées dans les paradis fiscaux (hormis Zoug et Genève) est tout aussi impressionnante (voir tableau 5, page suivante).

D'après les documents officiels publiés par Trafigura elle-même, la succursale lucernoise de la société sert de siège principal pour les activités commerciales du groupe, et la Suisse en général de siège fiscal.[336] Une partie des économies fiscales réalisées par cet empire blindé peut donc être imputée au système d'imposition de Lucerne, et probablement aussi à celui de Genève, où Trafigura dispose d'une succursale. Deux sociétés appartenant à ce groupe sont domiciliées à Lucerne: Trafigura Beheer BV, une succursale du siège juridique d'Amsterdam, et Trafigura SA. En 2010, l'hebdomadaire *Sonntagszeitung* présumait que la promesse de privilèges spéciaux aurait attiré Trafigura au bord du lac des Quatre-Cantons, où elle ne paierait que 3% d'impôts sur les bénéfices à titre de société d'administration (l'équivalent de la société mixte zougoise). En 2007, Lucerne aurait encaissé 212 millions de francs suisses d'impôts sur les bénéfices, soit environ 40% des bénéfices réalisés cette année-là par le canton à ce titre.[337] En 2010, le Conseil d'État du canton de Lucerne a refusé de fournir

---

336 *Le Temps*, 4.6.2010.
337 *Sonntagszeitung*, 9.5.2010.

TABLEAU 5

LA PRÉSENCE DE TRAFIGURA DANS LES PARADIS FISCAUX (ZOUG ET GENÈVE NON INCLUS)

Paradis fiscal	Nom	Participation au capital*
Bahamas	Argomar International Ltd	50%
Bahamas	Congofret Ltd	100%
Bahamas	DT Trading	100%
Bahamas	Leeuwin Holdings Co. Ltd	100%
Bahamas	IVCO International Limited	73,1%
Bahamas	Puma Energy Bunkering SA	100%
Bahamas	IVCO International Ltd	73,1%
Bahamas	Puma Energy Funding Ltd	81,3%
Bahamas	Puma Energy International SA	81,3%
Bahamas	Puma Internatioal Bunkering SA	81,3%
Bahamas	Puma RDC Ltd	73,1%
Bermudes	Napoil Ltd	49%
Caraïbes **	ECG	40,6%
Îles Caïmans	Galena Cassiterite Ltd	100%
Îles Caïmans	Galena (Cayman) Ltd	100%
Îles Caïmans	Galena (Malachit) Ltd	100%
Île de Man	Meteor Limited	100%
Malte	Trafigura Maritime Ventures Ltd	100%
Îles Marshall	DT Refining Inc.	50%
Îles Marshall	DT Shipping Holding LLC	50%
Îles Marshall	Pumangol Energy Bunkering LLC	81,3%
Îles Marshall	Pumangol I	50%
Îles Marshall	Pumangol II	50%
Îles Marshall	Pumangol III	50%
Îles Marshall	Pumangol VI	50%
Îles Marshall	Pumangol V	50%
Îles Marshall	Pumangol VI	50%
Îles Marshall	Pumangol Shipping LLC	50%
Île Maurice	Petromoc International	51%
Antilles néerlandaises	Blue Streak International NV	100%
Antilles néerlandaises	Mero NV	100%
Antilles néerlandaises	Gulf Refining Company	52%
Antilles néerlandaises***	Union Mining International NV	100%
Singapour	AngoEncore Ventures Pte Ltd	25%
Singapour	NEMS (Singapore) Pte Ltd	50%
Singapour	Trafigura Overseas Projects Pte Ltd	100%
Singapour	Trafigura Pte Ltd	100%
Singapour	Trafigura Services Pte	100%
Chypre	Areva Navigation Company Ltd	40%
Chypre	NWE Logistics Ltd	38,8%

*De 2009 à 2010, la participation dans plusieurs sociétés filiales actives dans le commerce
de pétrole s'est réduite, passant de 100% à une majorité d'actions seulement.
**Sans indication plus précise.
***2009 dans les Antilles néerlandaises, 2010 aux Pays-Bas.

Source : Trafigura, Rapport annuel 2009.

au Grand Conseil les informations relatives au taux d'imposition de Trafigura, contestant toutefois le fait que la société jouisse de privilèges fiscaux exclusifs.

L'idéal de l'«optimisation» fiscale: une holding suisse à la sauce hollandaise

À l'image de nombreux autres grands groupes de négoce de matières premières, l'organigramme de Trafigura comprend tellement de sociétés encastrées les unes dans les autres que le groupe finit par ressembler à un jeu de poupées russes (voir graphique 6, page suivante).

Comment une structure aussi complexe peut-elle être compatible avec les principes cardinaux que la branche affirme haut et fort vouloir respecter, notamment son idéal de «gestion minceur» et sa politique de maîtrise extrême des coûts? Les changements récurrents dans l'organigramme, la liquidation d'anciennes structures, la création de nouvelles entités destinées à remplacer les sociétés disparues et leurs changements fréquents de noms, toutes ces opérations n'absorbent-elles pas un temps, une énergie et des ressources disproportionnées? N'entraînent-elles pas un ralentissement nuisible des activités au niveau logistique? Pour prendre un seul exemple: la filiale Puma Energy International BV a changé trois fois de nom entre 2005 et 2008. Pour quelle raison?

Des opérations de ce type relèvent en fait de l'optimisation permanente du domicile fiscal, une activité se révélant au final bien assez lucrative pour couvrir, et de loin, l'ensemble des coûts qu'elle génère. Un tel enchevêtrement d'entreprises présente encore d'autres avantages. Lors d'éventuels déboires avec les autorités, de tels montages empêchent de comprendre comment les activités sont réparties entre les différentes sociétés et quelles sont les parties liées par des affaires douteuses.

La plupart des organigrammes des sociétés de trading suisses ont également un autre point commun: une société mère néerlandaise. Un fait plutôt étrange, car la Suisse propose des conditions idéales aux holdings. Cette préférence est due à un aspect particulier du droit fiscal néerlandais permettant de n'imposer qu'une petite partie des bénéfices. Ainsi, seuls 10% des bénéfices de Gunvor, par exemple, sont soumis à l'impôt. En général, la Suisse et ses taux alléchants demeurent le domicile fiscal

GRAPHIQUE 6

EXTRAIT DE L'ORGANIGRAMME DE TRAFIGURA

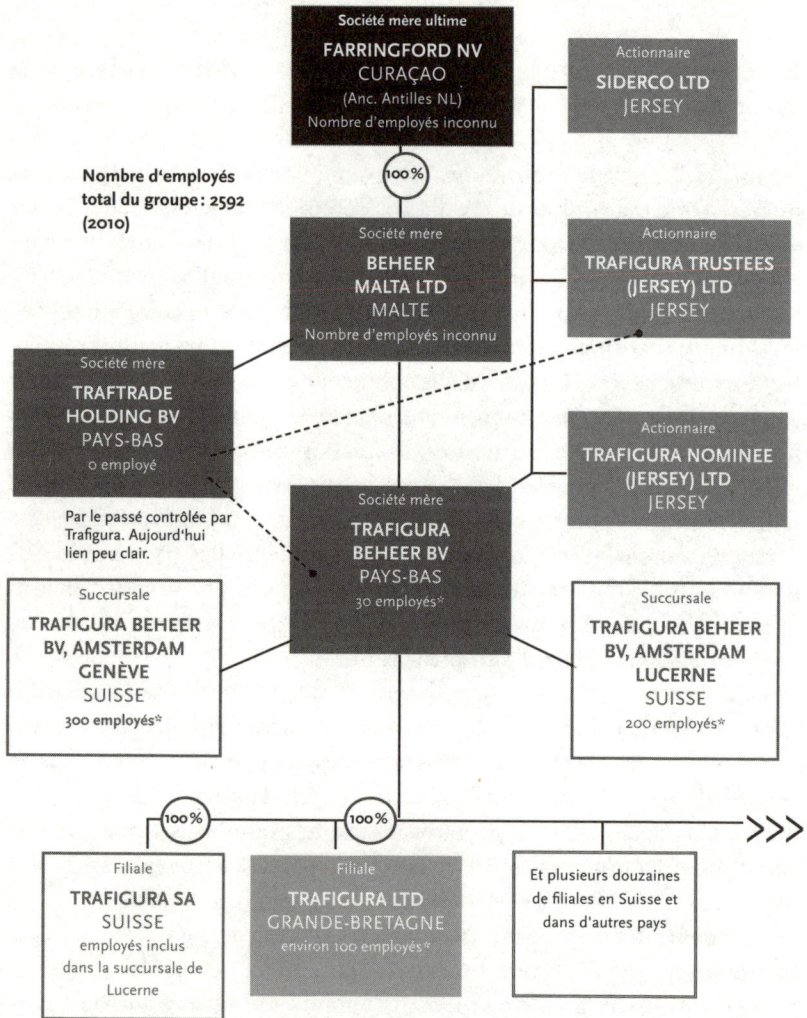

Société mère ultime
FARRINGFORD NV
CURAÇAO
(Anc. Antilles NL)
Nombre d'employés inconnu

Actionnaire
SIDERCO LTD
JERSEY

Nombre d'employés
total du groupe : 2592
(2010)

100 %

Société mère
BEHEER MALTA LTD
MALTE
Nombre d'employés inconnu

Actionnaire
TRAFIGURA TRUSTEES (JERSEY) LTD
JERSEY

Société mère
TRAFTRADE HOLDING BV
PAYS-BAS
0 employé

Actionnaire
TRAFIGURA NOMINEE (JERSEY) LTD
JERSEY

Par le passé contrôlée par
Trafigura. Aujourd'hui
lien peu clair.

Société mère
TRAFIGURA BEHEER BV
PAYS-BAS
30 employés*

Succursale
TRAFIGURA BEHEER BV, AMSTERDAM GENÈVE
SUISSE
300 employés*

Succursale
TRAFIGURA BEHEER BV, AMSTERDAM LUCERNE
SUISSE
200 employés*

100 %   **100 %**

>>>

Filiale
TRAFIGURA SA
SUISSE
employés inclus
dans la succursale de
Lucerne

Filiale
TRAFIGURA LTD
GRANDE-BRETAGNE
environ 100 employés*

Et plusieurs douzaines
de filiales en Suisse et
dans d'autres pays

Comprend les employés d'autres branches de la société qui travaillent à la même adresse.

Sources : rapports annuels de Trafigura ; divers registres du commerce.

de référence pour la holding domiciliée aux Pays-Bas. Cette dernière profite toutefois des conventions de double imposition (CDI) néerlandaises,
évitant ainsi que les bénéfices ne soient taxés dans le pays d'origine (par
exemple dans le pays producteur pour une filiale). Certes, avec quelque
90 accords signés, les Pays-Bas sont dotés d'un réseau de CDI qui n'est pas
beaucoup plus étendu que celui de la Suisse, mais il comprend des accords
conclus avec des pays importants comme l'Argentine, le Brésil, le Nigeria,
l'Arabie saoudite et la Turquie, avec lesquels la Suisse n'a pas (encore) signé
de CDI avantageuses pour les holdings. Le fait que la Suisse n'ait accepté
qu'en 2009 d'adhérer aux standards de l'OCDE en matière d'échange
d'informations dans le cadre de ces conventions rend les anciennes CDI
suisses beaucoup moins intéressantes que les néerlandaises. L'appartenance des Pays-Bas à l'Union Européenne représente aussi un avantage.

Quoi qu'il en soit, il est rare que la holding néerlandaise figure au
sommet de l'organigramme des groupes actifs dans le négoce. En règle
générale, cette place est occupée par une société boîte aux lettres domiciliée dans un centre offshore comme Curaçao, Chypre, Jersey ou les Îles
Vierges britanniques. Les bénéfices sont transférés de la holding hollandaise vers ces boîtes aux lettres, d'où ils peuvent être redistribués francs
d'impôt aux véritables ayants droit des sociétés de négoce. Les paradis
fiscaux offrent en outre une opacité maximum, qui permet par exemple
de camoufler l'identité des propriétaires de Gunvor.

En résumé, la structure type d'une société suisse de négoce de
matières premières s'articule autour de trois composantes : les activités
commerciales et le siège fiscal sont situés en Suisse. Ils sont chapeautés
par une holding néerlandaise destinée à rapatrier et à entreposer pro-
visoirement les revenus de l'activité du groupe au niveau mondial. Au
sommet de l'organigramme, un ou plusieurs véhicules financiers établis dans des paradis fiscaux jouent le rôle de lieux de dépôt opaques et
finaux des bénéfices.

Une myriade de petites Glencore et un nouvel avatar

Glencore réalise l'essentiel de ses opérations d'optimisation fiscale à
l'échelle mondiale depuis le canton de Zoug. «Glencore» est en fait
un archipel rassemblant une entreprise centrale et 17 filiales à Baar.

Les différentes possibilités de jongler avec cette kyrielle de sociétés holdings, de domicile ou mixtes offrent déjà un potentiel élevé en termes d'optimisation fiscale. Cela n'empêche pas le géant d'être également présent dans d'autres paradis fiscaux, au Delaware par exemple, le plus important paradis fiscal d'Amérique du Nord. Dans cet État, le nombre de « Glencore » recensées au registre du commerce dépasse celui enregistré à Zoug :

Glencore Acquisition III Llc, Glencore Acquisition II Llc, Glencore Acquisition I Llc, Glencore Ag Llc, Glencore Alumina (USA) Inc., Glencore Canada Inc., Glencore Copper USA Llc, Glencore Funding Holdings Inc., Glencore Funding Inc., Glencore Funding Llc, Glencore Grain (USA) Llc, Glencore Idb, Llc, Glencore International Llc, Glencore Ltd, Glencore Marketing Inc., Glencore Nickel (USA) Llc, Glencore Oil Risk Management Llc, Glencore Primary Aluminum Company, Llc, Glencore Receivables, Llc, Glencore Trading Inc., Glencore (USA) Inc., Glencore USA Llc.

Les informations du tableau 6, relatives à l'imposition de Glencore, sont extraites du prospectus rédigé par la firme en vue de son introduction en Bourse.

TABLEAU 6

LA FISCALITÉ SELON GLENCORE : PLUS TU GAGNES, PLUS TU ES EXONÉRÉ*

	2008	2009	2010
Revenus avant impôt[a]	269	1885	2511
Impôt théorique, (selon taux ordinaire en vigueur à Zoug)	43	297	401
Revenu net d'impôt (du fait de participations, etc.)	26	56	254
Charges fiscales (= montants réellement payés à titre d'impôts)**	268	238	234

*Montants en millions de dollars.
**En plus des revenus nets d'impôt, d'autres facteurs non représentés dans le tableau supra déterminent les charges fiscales effectives.

a) « Parent company's and subsidiaries income before income tax and attribution.»

Source : Glencore, *Prospectus d'introduction en Bourse*, 2011, p. 213.

Deux constats s'imposent à la lecture de ce tableau. En 2008 et 2010, plus de la moitié des revenus de Glencore étaient nets d'impôt. De plus, Glencore a visiblement réussi à maintenir le niveau de ses importantes exonérations d'impôt, indépendamment du montant de ses revenus.

Glencore a profité de son entrée en Bourse pour créer un nouvel avatar, sous la forme d'une nouvelle maison mère. Désormais le siège juridique du groupe, Glencore International plc est domiciliée sur l'île anglo-normande de Jersey. D'après les dirigeants, l'imposition nulle pratiquée à Jersey n'aurait toutefois pas été déterminante dans le choix du lieu d'implantation de cette nouvelle société mère: «La Suisse et les administrations fiscales suisses ont confirmé que, dans la mesure où les affaires sont conduites conformément aux intentions des dirigeants, elles reconnaissent la société comme résidente suisse pour l'application de la réglementation fiscale.» Et pour se convaincre définitivement de l'attractivité de la Suisse en matière fiscale, citons encore cette phrase tirée du prospectus de Glencore: «La société n'a pas l'intention de devenir résident fiscal d'une autre juridiction.»[338]

En résumé

S'il ne fallait retenir qu'une seule raison pour laquelle les sociétés de négoce de matières premières s'installent volontiers en Suisse, ce serait le climat fiscal. Il existe certes des paradis fiscaux encore plus favorables, comme les centres offshore, où l'impôt sur les sociétés n'existe pas. Cependant, en plus de ses faibles taux d'imposition pour les entreprises, la Suisse offre une stabilité politique, des infrastructures impeccables et le niveau de vie élevé auquel on peut prétendre dans l'un des pays les plus riches du monde. Sans oublier les taux d'imposition favorables pour les particuliers, qui représentent un facteur d'attractivité non négligeable au vu des salaires stratosphériques et des fréquents versements de bonus et de dividendes en usage dans la branche du négoce de matières premières. La créativité des sociétés de ce secteur, et des spécialistes de la soustraction fiscale, en matière d'élaboration artificielle de structures complexes est sans limite, et les administrations fiscales ont toujours un train de retard sur le dernier «tour de passe-passe» à la mode des sociétés d'audit et de

---

338   Glencore, *Prospectus d'introduction en Bourse*, 2011, p. 125.

conseil fiscal. En Suisse, on peut même dire qu'elles pratiquent délibérément la politique de l'autruche. Dans les pays en développement comme
la Zambie, où il n'existe pas même de statistiques douanières complètes, la
soustraction fiscale est un exercice très simple à réaliser. Mais son coût en
termes humains est énorme, puisque les pertes de recettes publiques qui
en découlent se chiffrent en écoles, en lits d'hôpital, en infrastructures et
parfois même en nourriture qui permettrait de satisfaire les besoins élémentaires de populations comptant parmi les plus pauvres de la planète.
Les régimes fiscaux spéciaux pratiqués en Suisse sont du pain bénit pour
les sociétés de négoce de matières premières. Elles sont toutefois dans le
collimateur de l'UE depuis quelques années déjà (lire chapitre 11), car
elles génèrent des pertes de recettes fiscales se chiffrant en milliards pour
nos voisins européens. Les firmes de la branche vont certainement défendre bec et ongles leurs privilèges fiscaux. Il faut dire que le manque de
transparence fiscale n'est pas uniquement le fait des sociétés de négoce,
mais peut être aussi reproché aux administrations fiscales suisses. Les
cantons ne publient pas leurs registres fiscaux et refusent de fournir des
informations sur le traitement fiscal des sociétés qu'elles imposent, même
lorsque des interventions parlementaires le demandent. De nombreuses
informations concernant la structure des entreprises et le montant de
leurs charges fiscales présentées dans ce chapitre n'ont été découvertes
que grâce aux rapports d'activité publiés aux Pays-Bas.

Chapitre 15

RIEN N'ARRÊTE LES NÉGOCIANTS

Ce chapitre détaille quatre études de cas consacrées à des affaires problématiques auxquelles la branche suisse du négoce est mêlée.

Les problèmes généralement engendrés par l'extraction de minerais et de pétrole sont démultipliés lorsque l'extraction a lieu dans des zones de conflits, ou tout juste pacifiées. Certaines sociétés suisses semblent toutefois irrésistiblement attirées par les «opportunités d'affaires», très risquées mais aussi très rentables, qui se présentent dans ces régions. Les exemples du Soudan et de la RDC ci-dessous le confirment.

La corruption a toujours été le côté sombre du négoce des matières premières. James Dunsterville, du Global Commodities Group, l'évoque d'ailleurs avec une franchise surprenante lors d'une interview menée dans son bureau à Genève : «Le commerce des matières premières fonctionne grâce à la corruption. Il s'agit toujours d'acheter les politiciens. C'est ainsi depuis le début, et cela ne changera probablement pas». Dans les pages qui suivent, l'exemple du Kazakhstan révèle la complicité des sociétés de négoce avec un régime népotique.

Les *soft commodities* – les «produits agricoles» – ne sont *soft* que dans le jargon de la branche. L'agriculture intensive de produits destinés à l'exportation est une activité très problématique du fait de la raréfaction des terres arables. La production de coton en Ouzbékistan en est un exemple révoltant. Depuis des années, l'or blanc est récolté dans ce pays par des travailleurs forcés et des enfants, une situation qui n'empêche pas les négociants de se fournir en coton à des prix défiant toute concurrence.

Le dernier scandale que nous voulons évoquer ici est certes déjà consommé, mais les mécanismes qui le sous-tendent n'ont rien perdu de leur actualité. Il s'agit des rétrocommissions versées à Saddam Hussein dans le cadre du programme de ventes de pétrole irakien sous contrôle de l'ONU («Oil for food»). Dans cette affaire de corruption, la plupart des responsables sont restés impunis, notamment parce qu'ils ont su se dissimuler derrière des intermédiaires et des sociétés écrans leur permettant de réaliser en toute impunité des affaires juteuses avec un régime terroriste condamné par la communauté internationale.

Soudan et RDC : affaires juteuses dans des pays en guerre

Entre 1983 et 2005, le Soudan est secoué par une violente guerre civile. Durant la seconde moitié du conflit, les entreprises européennes ne sont pratiquement plus en mesure d'opérer dans le sud du pays, où la situation est la plus tendue. De leur côté, les sociétés américaines ont l'interdiction d'opérer au Soudan, puisque l'administration Clinton a prononcé un embargo à l'encontre de ce pays, en représailles au soutien que le régime de Khartoum est soupçonné d'apporter aux activités terroristes.[339] Lorsque les compagnies états-uniennes ont l'interdiction de faire des affaires dans un pays et que la plupart des grands groupes internationaux s'abstiennent afin de préserver leur réputation, certains acteurs peu scrupuleux flairent l'opportunité de réaliser des affaires plus que lucratives en exploitant au mieux les zones grises du droit international et les espaces de liberté politique.

La société helvético-suédoise Lundin, établie à Genève depuis 1966, n'a pas hésité longuement avant de s'engouffrer dans la brèche. En février 1997, Lundin Oil crée un consortium pour exploiter la concession pétrolière dite du «Bloc 5A», dans le Sud-Soudan (voir illustration 1, ci-contre). Outre Lundin, qui en possède 40,4 %, le consortium appartient également à la société malaisienne Petronas Carigali Overseas (28,5 %), à l'autrichienne OMV Exploration Sàrl (26,1 %) et à la compagnie pétrolière nationale du Soudan Sudapet (5 %).[340] Les gisements du Bloc 5A se révèlent abondants. Toutefois, dès 1997, le gouvernement de Khartoum peine à contrô-

---

339 *NZZ*, 13.8.2005.
340 ECOS 2010, p. 15.

ler la région et cet endroit auparavant paisible se retrouve au cœur de la guerre civile. Peuplé en majorité de chrétiens animistes, le Sud-Soudan

ILLUSTRATION 1

LES CONCESSIONS PÉTROLIÈRES AU SOUDAN

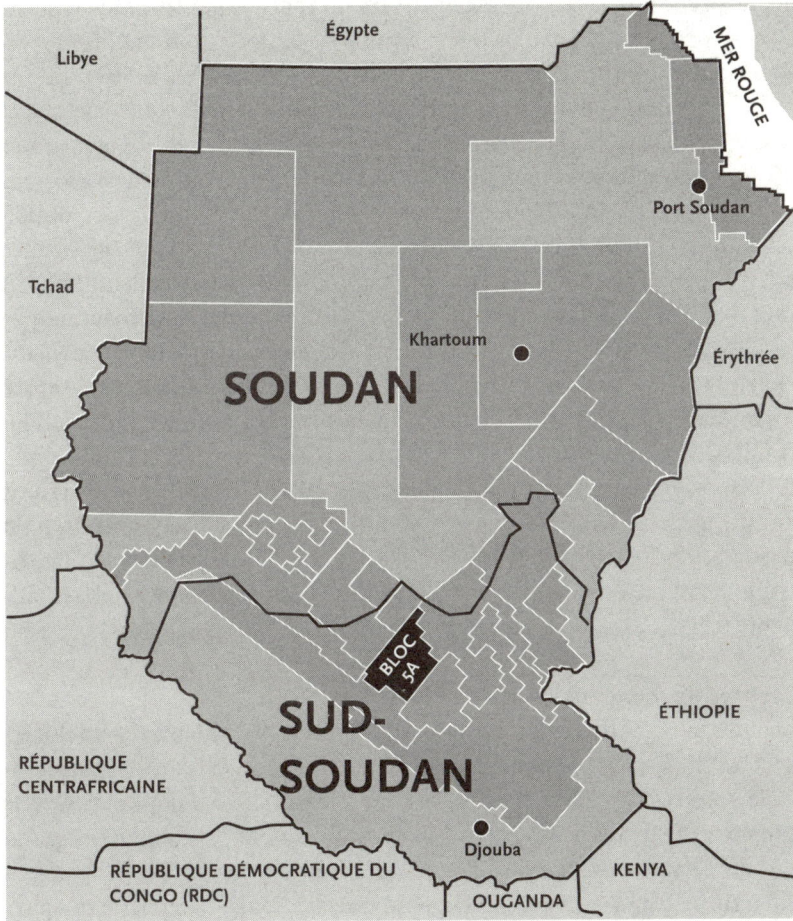

Source: ECOS 2010.   En février 1997, la société suisse Lundin a créé un consortium pour acheter les droits d'exploitation du Bloc 5A et a revendu sa part en juin 2003.

Les zones en gris foncé sont des zones de concession pétrolière.

recèle 85 % des réserves pétrolières du pays (6,8 milliards de barils, faisant du Soudan la 20ᵉ réserve mondiale de pétrole).[341] Le gouvernement central, dominé par les Nord-Soudanais musulmans, refuse de partager les revenus pétroliers avec le Sud du pays, et les richesses pétrolières sont l'une des causes de la guerre.

Jusqu'en 1997, le Bloc 5A est relativement épargné par les luttes armées. Après l'octroi de la concession, le régime de Khartoum se montre prêt à tout pour garantir aux compagnies pétrolières étrangères des conditions de travail sûres. Pourtant, la situation dégénère chaque jour davantage, jusqu'à imploser en une guerre sanglante. Au cours de celle-ci et jusqu'en 2002, les conflits font plus de 12 000 morts. Quelque 160 000 personnes sont déplacées, 40 000 logis et écuries sont détruits, et plus de 500 000 têtes de bétail sont abattues. Difficile d'imaginer comment les firmes parviennent à faire des affaires dans un contexte aussi violent. Lundin doit d'ailleurs régulièrement stopper ses forages, qui n'en demeurent pas moins très rentables. En juin 2003, la société vend ses droits de concession à Petronas Carigali Overseas pour 142,5 millions de dollars. D'après les informations de la coalition européenne sur le pétrole au Sud-Soudan, («European Coalition on Oil in Sudan» – ECOS), un réseau de plus de 50 organisations luttant pour la paix et la justice au Soudan, cette opération aurait rapporté à Lundin plus de 90 millions de dollars.[342] Lundin n'est pas la seule société genevoise à être active au Darfour. Cliveden Petroleum SA opère en effet dans ce pays à feu et à sang durant la phase suivante de la guerre, peut-être plus atroce encore.

Comme un poisson en eaux troubles

Les modèles d'affaires de Lundin et Cliveden présentent des analogies avec celui des *mining juniors*, des petites compagnies minières aux pratiques agressives. Ces sociétés, souvent canadiennes, développent des projets miniers dans des conditions précaires pour les céder à un grand groupe lorsque la phase délicate de lancement des opérations extractives est terminée. La République démocratique du Congo (RDC), un des pays les plus pauvres et les plus corrompus de la planète, fait partie de leurs endroits de prédilection. Alors qu'il regorge de cuivre, de diamants, de cobalt, de coltan, de zinc et d'or, cet immense territoire d'Afrique centrale

---

341 *CIA World Factbook*; *Le Monde Diplomatique*, 11.2.2011.
342 ECOS 2010, pp. 13-62.

occupe l'avant-dernière place du classement IDH (Indice de développement humain). Un contraste saisissant.

Après trois décennies de dictature, la chute de Mobutu Sese Seko, en 1997, a marqué un tournant décisif dans le développement économique du pays. Les mines, les installations de transformation et les sites de recherche appartenant jusqu'alors à la compagnie nationale d'extraction, la Gécamines (Générale des Carrières et des Mines), surendettée, ont été privatisés selon des méthodes dignes du Far West. Willy Strothotte, alors directeur exécutif de Glencore, parle d'une affaire «énorme», où «les possibilités d'investissement sont immenses». Il se déclare «très intéressé et ouvert à toute proposition»[343]. La corruption endémique et l'absence d'appels d'offres publics ont conduit à la conclusion de contrats d'extraction rédigés en premier lieu pour satisfaire les intérêts des compagnies minières privées et des fonctionnaires corrompus. Depuis, la situation est restée presque la même. Un responsable étranger d'une compagnie minière souhaitant garder l'anonymat résume le contexte ainsi: «L'escroquerie est généralisée et tout le monde reçoit des pots-de-vin»[344]. Deux géants suisses figurent parmi les quinze grandes compagnies minières qui font des affaires en RDC, en dépit d'un népotisme généralisé et des conditions scandaleuses qui y règnent, tant du point de vue des droits humains que du respect des normes de sécurité. Ces deux grandes firmes helvétiques sont Glencore et Trafigura.

Au Katanga, une province du sud-est du Congo dont la taille représente environ le double de celle de la Suisse, les deux entreprises helvétiques ne cessent de se développer par le biais de participations et de prises de contrôle. Comme la Zambie voisine, où Glencore exploite la mine de cuivre de Mopani (lire chapitre 6), le Katanga est situé sur la «ceinture de cuivre» (voir illustration 2, page suivante), une région abritant, côté congolais, 34% des réserves mondiales de cobalt et 10% des réserves mondiales de cuivre. Et Glencore y exploite également des mines.[345]

Certes, le sud de la RDC est moins touché par les guerres entre États et les guerres civiles que la région du Kivu, à l'est de la RDC, mais les tensions sont tout de même nombreuses. Dans cette région, le conflit principal oppose des dizaines de milliers de «creuseurs» – des mineurs

343 *Cash*, 23.5.1997.
344 *Financial Times*, 5.5.2011.
345 Peyer 2011, pp. 3-5.

259

ILLUSTRATION 2

LA CEINTURE DE CUIVRE, UNE RÉGION RICHE EN MATIÈRES PREMIÈRES

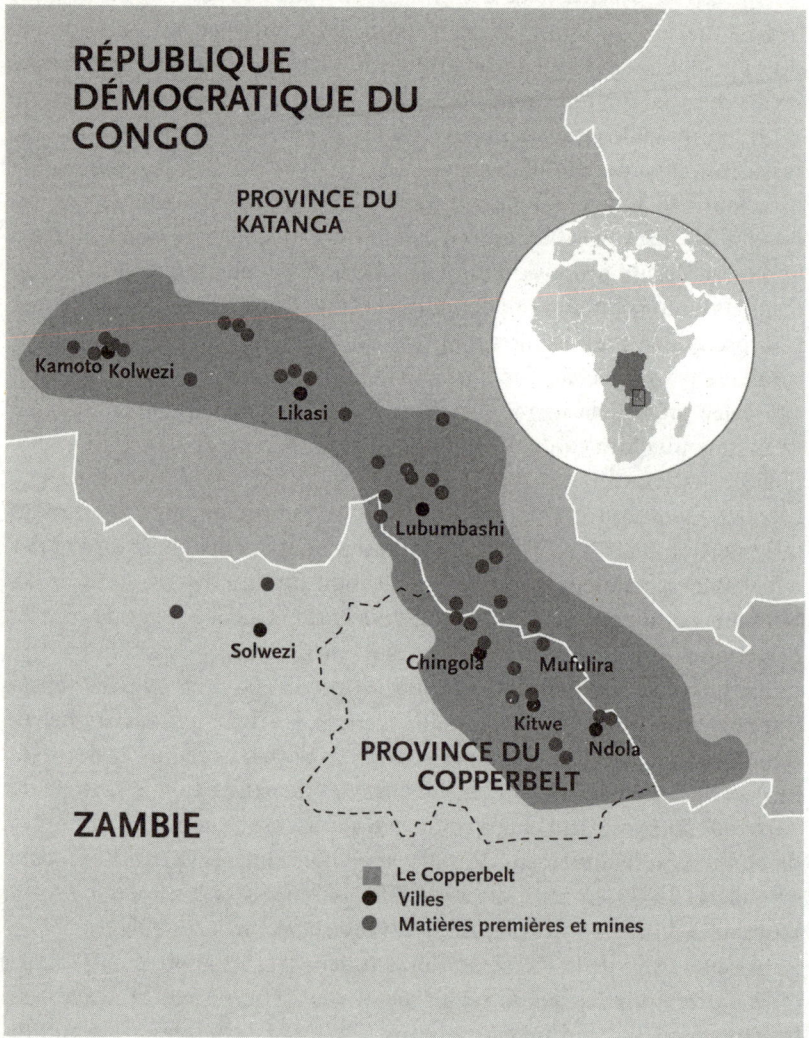

RÉPUBLIQUE DÉMOCRATIQUE DU CONGO

PROVINCE DU KATANGA

Kamoto Kolwezi

Likasi

Lubumbashi

Solwezi

Chingola Mufulira

Kitwe Ndola

PROVINCE DU COPPERBELT

ZAMBIE

Le Copperbelt
Villes
Matières premières et mines

Source : www.tcemco.com

artisanaux qui tentent de gagner leur vie en extrayant du minerai à la main – et les compagnies minières professionnelles. Les creuseurs, parfois des enfants, travaillent souvent pieds nus et avec des outils rudimentaires. Les mesures de sécurité sont un luxe auquel ils n'ont pas droit et les conditions dans lesquelles ils travaillent mettent chaque jour leur vie en péril.[346] Les maigres quantités de cuivre et de cobalt que les creuseurs parviennent à gratter au fond des trous sont vendues à des sous-traitants, qui les revendent à leur tour aux compagnies minières, par exemple à la Katanga Mining Ltd (KML), propriété de Glencore à 75 %. Depuis la privatisation des zones minières, les creuseurs ne peuvent vendre leur production qu'aux sociétés devenues propriétaires des concessions. Lorsque l'extraction industrielle commence, leur présence sur les terrains concessionés est considérée comme illégale et les creuseurs sont chassés de force. En six mois seulement, d'août 2010 à février 2011, plus de 10 000 personnes ont été expulsées par KML.[347]

Katanga Mining Ltd est une *junior* classique, cotée à la Bourse de Toronto. Glencore, qui a pris possession de cette firme à la faveur de la crise financière, a flairé un bon filon. À l'automne 2008, les banques n'octroient plus de crédits et la panique paralyse le marché des capitaux. Glencore vole alors au secours d'une KML aux prises avec de sérieuses difficultés financières et lui évite le dépôt de bilan en lui octroyant un crédit de 265 millions de dollars. Une clause du contrat oblige KML à rembourser 165 millions de dollars avant le mois de février 2009 ou à proposer au créancier un montant équivalent en actions. Incapable de rembourser son prêt, KML tombe ainsi dans l'escarcelle de Glencore, à un prix bradé. L'affaire est juteuse, car KML possède six gisements de cuivre et de cobalt au Katanga, sur une surface de plus de 40 km². D'ici à 2015, elle entend devenir le plus grand producteur de cobalt du monde et le plus grand producteur de cuivre d'Afrique. De son côté, Glencore s'est assurée un contrat d'exclusivité pour la vente de l'ensemble de la production de KML pendant dix ans.[348]

Les conditions de travail dans les mines de KML sont désastreuses. L'extraction souteraine dans la mine de Kamoto est l'une des plus dangereuses du pays. Les règlements de sécurité sont rarement respectés et

---

346   *NZZ am Sonntag*, 1.5.2011.
347   Peyer 2011, pp. 16-20.
348   Peyer 2011, pp. 7-9.

même les tableaux de consignes font défaut, si bien qu'entre avril 2009 et février 2010, trois accidents ont eu lieu. Les mineurs ne portent pas de vêtements de protection, s'exposent à des risques de santé majeurs. Le minerai extrait contient en effet des composés radioactifs, de l'uranium notamment. Anémie, diabète, problèmes rénaux ou stérilité, les problèmes sanitaires liés à l'exposition sont très graves. Les risques d'accident sont accrus par la précarité de l'emploi, quatre travailleurs sur dix ne disposant pas de contrat fixe. Ils sont donc moins bien formés et moins expérimentés.[349] Mais comme le disait si joliment Tim Huff, de la Banque Royale du Canada, un établissement très actif dans le financement des activités d'extraction minière : « Pour Glencore, les destinations comme la RDC n'ont rien de problématique ; au contraire, c'est précisément dans ces zones qu'elle se sent à l'aise »[350].

Juniors *canadiennes agressives : les barbouzes de l'extraction et leurs émules helvétiques*

Comme Glencore, Trafigura est parvenue à s'imposer en RDC grâce à une *junior*. Depuis décembre 2009, le géant des matières premières helvético-hollandais possède en effet 36 % d'Anvil Mining Ltd, une compagnie canadienne spécialisée dans l'exploration de nouveaux gisements de cuivre. Anvil Minig est tristement célèbre pour les « opportunités d'affaires » qu'elle n'a pas hésité à saisir dans les territoires en guerre de l'Est congolais et pour lesquelles elle fait d'ailleurs l'objet d'une procédure de plainte collective au Québec. Cette *junior* aux pratiques particulièrement agressives est accusée d'avoir apporté un soutien logistique déterminant à des militaires lors d'un massacre de civils survenu en octobre 2004, dans la ville de Kilwa, une action destinée à empêcher les rebelles d'occuper Kilwa, un lieu stratégique pour le contrôle du site d'extraction de Dikulushi, propriété d'Anvil. Selon les Nations Unies, plus de 70 civils ont été tués et de nombreux viols et actes de violence ont été perpétrés. Le 8 novembre 2010, l'association canadienne contre l'impunité a déposé une plainte collective contre Anvil au nom des survivants du massacre de Kilwa. En avril 2011, la Cour supérieure du Québec a refusé un recours d'Anvil contre cette plainte collective. Une décision importante, puisque c'est la première fois qu'un tribunal cana-

---

349 Peyer 2011, p. 21 sq.
350 *Financial Times*, 5.5.2011.

dien accepte d'entrer en matière sur une plainte incriminant une société pour des délits commis à l'étranger.[351]

En 2006, plusieurs personnes décèdent au Katanga lors de manifestations de protestation contre les activités d'Anvil. Les creuseurs se plaignent des représailles menées à leur encontre par les entreprises extractives. Ils dénoncent également l'obligation qui leur incombe de vendre leur production à Anvil exclusivement. Les Canadiens profitent à outrance de ces contrats léonins. Ils décrètent que la qualité de la marchandise extraite manuellement est insatisfaisante et font pression sur les prix d'achat.[352] Au cours d'une expulsion, les gardes d'Anvil auraient noyé un creuseur. Ses collègues en rage auraient alors bouté le feu à un hôtel appartenant à la société, causant la mort d'un cuisinier et d'un agent de sécurité. La police n'a pas hésité à utiliser des balles réelles pour mettre fin aux émeutes, et plusieurs personnes ont été tuées.[353]

Comme Anvil, la société suisse Ameropa est également active dans des zones de conflits. Cette firme non cotée, installée depuis 1948 à Binningen, dans le canton de Bâle-Campagne, compte 2265 collaborateurs dans le monde et opère principalement dans le négoce d'engrais et de céréales (lire chapitre 12). Elle a récemment conclu un marché avec Impact Fertilisers, une entreprise tasmanienne spécialisée dans la fabrication de fertilisants, dont elle est devenue actionnaire majoritaire en 2010. Cette société exportait du phosphate du Sahara occidental occupé par le Maroc. À travers l'une de ses filiales, ROQ Mining Ameropa, Ameropa fait aussi des affaires en RDC. ROQ Mining exploite deux petites mines de 500 travailleurs dans ce pays et achète le cobalt extrait sur des sites de production. Le minerai est transporté par camions vers Dar es Salaam et Durban, où il est chargé sur des cargos. Une raffinerie norvégienne appartenant à Xstrata figure parmi les clients de ROQ. On notera que l'un des principaux actionnaires de cette filiale n'est autre qu'Isaac Levy, ancien responsable du commerce du cobalt, du molybdène et du vanadium chez Glencore. Désormais employé par Ameropa, Levy a contribué à développer le secteur de négoce des métaux de la firme bâloise.

---

351 www.globalwitness.org/library/court-ruling-major-step-forward-case-against-canadian-mining-company.

352 http://africannewsanalysis.blogspot.com/2007/04/kolwezi-confrontations-on-mining.html.

353 www.minesandcommunities.org/article.php?a=279.

Le Kazakhgate : matières premières et corruption

Ces dernières années, les pratiques opaques du secteur des matières premières ont été mises en lumière par quelques affaires de corruption retentissantes. Un jeu dangereux, qui se joue à plusieurs. Les élites kleptocrates des pays riches en matières premières et les entreprises de trading savent en effet s'entendre lorsqu'il s'agit de camoufler, derrière des montages financiers sophistiqués, les ristournes occultes accordées à ces élites, dont les négociants eux-mêmes tirent un bénéfice financier. En ce sens, l'histoire du Kazakhgate est emblématique des mécanismes et des conséquences de la corruption dans le secteur des matières premières.

Concessions pétrolières contre pots-de-vin

En avril 2001, les autorités genevoises reçoivent une demande d'entraide des États-Unis. Celle-ci vise à déterminer pourquoi quatre compagnies pétrolières, Mobil, Amoco, Texaco et ConoCoPhilips, ont transféré plusieurs millions de dollars en Suisse. À cette date, les autorités genevoises ont bloqué 120 millions de dollars sur neuf comptes suspects abrités dans trois banques, dont Pictet et Crédit Agricole-Indosuez (CAI). Le 14 septembre 2001, l'office fédéral de la justice remet à son homologue américain un rapport montrant l'existence d'un circuit de pots-de-vin mis en place dans les années 1990 par l'homme d'affaires James Giffen. Bien introduit dans les cercles du pouvoir de l'ex-URSS, ce citoyen états-unien rémunérait des officiels kazakhs afin de permettre aux compagnies de son pays d'obtenir des concessions pétrolières. Des versements effectués au titre de frais juridiques ou d'études géologiques ont été acheminés sur des comptes ouverts au nom de la République kazakhe par une fondation liechtensteinoise derrière laquelle se cache le « chef de la nation kazakhe » Noursoultan Nazarbaïev. Cet argent a notamment servi à financer les retraits en liquide de Nazarbaïev lors de ses voyages ou encore l'écolage de sa fille à l'American School de Leysin (Suisse). Le ministre du pétrole kazakh, Giffen lui-même et Amoco ont également bénéficié de tels versements.[354]

Cette affaire de corruption est emblématique d'une certaine manière d'exploiter les ressources naturelles. Premier producteur mondial d'uranium, le Kazakhstan recèle d'importantes mines d'or, de zinc, de cobalt

---

354 *Le Temps*, 24.9.2001.

et de cuivre, ainsi que des gisements de gaz. Par ailleurs, le plus grand champ pétrolifère en dehors de l'Arabie Saoudite a été découvert dans ce pays au cours des années 1990. Pourtant, seule une minorité profite réellement de l'exploitation de ces richesses et, aujourd'hui encore, 17 % de la population kazakhe vit en dessous du seuil de pauvreté. Élu en 1991 avec 98,7 % des voix à la tête d'un État qu'il dirige depuis d'une main de fer, Nazarbaïev contrôle – avec son clan – les principaux secteurs économiques du pays. Le régime est régulièrement dénoncé par les ONG internationales pour ses violations des droits humains[355], et le Kazakhstan figurait à la 145ᵉ place sur 180 du classement des pays les plus corrompus, établi en 2009 par Transparency International.[356]

Lorsque la raison d'État prime sur la lutte contre l'impunité

Dans cette affaire, la place financière suisse a offert aux officiels kazakhs les moyens nécessaires pour détourner en toute discrétion des revenus découlant de l'exploitation des ressources naturelles. De ce point de vue, l'enquête ouverte à la fin des années 1990 n'a probablement fait que lever un coin du voile sur une pratique généralisée. Des centaines de millions de dollars ont en effet été versés par des sociétés américaines sur des comptes genevois.[357] Considérés comme des comptes d'État jouissant de l'immunité, ceux-ci n'ont pas été visés par les enquêteurs suisses, et ce même si le parlement kazakh n'a été informé de leur existence que des années après leur ouverture.

Le Kazakhgate traîne en longueur tout au long des années 2000. Après avoir tenté de faire pression sur le DFAE pour que celui-ci mette un terme à la procédure ouverte à Genève, les autorités kazakhes et leur défenseur en Suisse, Mᵉ Marc Bonnant, réaffirment que les comptes bloqués appartiennent à l'État. Le 30 mars 2003, Giffen est arrêté à New-York, alors qu'il s'apprête à prendre un vol pour le Kazakhstan. Son procès aux États-Unis végète, car Giffen invoque des contacts avec les services secrets américains pour affirmer que les autorités ne pouvaient ignorer ses activités au Kazakhstan.[358] En fait, les autorités cherchent à régler le Kazakhgate à l'amiable. Dès l'ouverture des hostilités en

---

355 Amnesty International 2007, pp. 3-7.
356 Transparency International 2009.
357 *Le Temps*, 26.6.2003.
358 *Bloomberg*, 18.9.2008.

Afghanistan, le gouvernement Bush adopte une attitude conciliante à l'égard du régime de Nazarbaïev, lequel apporte un soutien logistique important à la «guerre contre le terrorisme».

Dans ce contexte, on tente également de clore l'affaire avec pragmatisme du côté suisse. Dès 2004, les autorités fédérales laissent entendre qu'elles cherchent un accord politique permettant de restituer les sommes bloquées à Genève au bénéfice de la population kazakhe.[359] Un tel accord est signé le 2 mai 2007 avec la République kazakhe et les États-Unis. Dès lors, les relations entre la Suisse et le Kazakhstan sont au beau fixe. Le 3 décembre 2009, la Confédération signe une convention de double imposition conforme aux standards de l'OCDE avec les autorités d'Astana. Quelques mois plus tard, le Kazakhstan rejoint «l'Helvétistan», le groupe de pays représentés par la Suisse au conseil d'administration du FMI et aux autres institutions de Bretton Woods. Signe ultime du retour en grâce de la république kazakhe sur la scène internationale, celle-ci préside, en 2010, l'Organisation pour la sécurité et la coopération en Europe (OSCE). Cinq ans plus tôt, cet organisme critiquait pourtant l'insuffisance des standards démocratiques ayant permis à Nazarbaïev de recueillir 91% des suffrages lors de sa réélection à la présidence. Le procès américain s'achève en 2010 par un accord à la faveur duquel Giffen écope d'une amende ridicule de 25 dollars. Aucun chef d'inculpation n'est retenu à l'encontre de Nazarbaïev.

L'histoire se répète

Depuis 1997, la Loi sur le blanchiment d'argent (LBA) oblige les banques suisses à vérifier l'origine des fonds qu'elles acceptent en dépôt. Pour les défenseurs de la place financière, la législation antiblanchiment helvétique est l'une des plus sévères au monde et les affaires comme celle du Kazakhgate ne sont plus d'actualité. Pourtant, la LBA n'a pas suffi à empêcher Pictet d'accepter, en août 1999, le transfert de 84 millions de dollars depuis le Crédit Agricole, une transaction considérée par les autorités judiciaires comme visant à se soustraire aux procédures ouvertes suite à la demande d'entraide internationale des États-Unis. Surtout, si la législation antiblanchiment oblige désormais les banques à vérifier l'origine licite des fonds qu'elles acceptent en dépôt, le secteur du négoce des

---

359   18.6.2004 : Question Remo Gysin (PS-BS) n° 04.1093 ; 15.12.2005 : Interpellation Remo Gysin n° 05.3830.

matières premières n'y est pas soumis (lire la conclusion). Et l'opacité qui entoure la branche n'est pas des moins propices aux détournements de fonds. Ici aussi, le cas du Kazakhstan est un bon exemple.

Car le Kazakhgate semble être une histoire qui se répète. Depuis 2010, en effet, le ministère public fédéral enquête sur 600 millions de dollars transférés d'UBS à Credit Suisse pour le compte d'un trust, dont l'un des bénéficiaires est Timur Kulibayev, le mari de Dinara, la deuxième fille de Nazarbaïev. La fortune de Kulibayev est estimée par *Forbes* à plus d'un milliard de dollars. Il est soupçonné d'avoir blanchi en Suisse, via un jeu complexe de sociétés écrans, des montants détournés entre 2000 et 2005, alors qu'il était directeur de KazTransOil, la compagnie nationale en charge du réseau d'oléoducs, puis numéro deux de la holding pétrolière KazMunaiGas (KMG). KMG possède 100 % du groupe Vector, construit sur les restes de l'agence de vente du pétrole roumain (Rompetrol). Aujourd'hui, Vector commercialise du pétrole et du gaz kazakhs à travers Vector Energy AG, sise à Baar, une filiale de la filiale luganaise de KMG. Et si, plutôt que de disposer de comptes à numéro en Suisse, les potentats de ce monde avaient désormais pris l'habitude d'ouvrir des sociétés de trading dans ce beau et paisible pays ?

Plantations de coton : les enfants au service du pouvoir ouzbek

Depuis l'automne 2010, le prix du coton bat tous les records. Sixième plus grand producteur mondial et troisième plus grand exportateur d'or blanc, l'Ouzbékistan a pleinement profité de ce boom.[360] Ou plutôt les autocrates à la tête du pays, car l'abondante production de cette ancienne république soviétique d'Asie centrale est acquise au prix du travail forcé de millions d'enfants cueilleurs de coton. Cette forme d'exploitation, courante depuis l'ère stalinienne, n'empêche pas des sociétés suisses, comme Paul Reinhart SA de Winterthour, les filiales suisses d'ECOM Agroindustrial Corporation ou encore Louis Dreyfus Commodities, de faire des affaires très rentables avec le coton ouzbek.

En 2006 et 2007, plus de la moitié de la récolte de coton brut ouzbek était le fruit du travail des enfants. À l'automne, des écoles entières sont

---

360 Cotton Incorporated 2011.

fermées et plus de deux millions d'enfants doivent se rendre dans les plantations pour récolter le coton brut pendant plusieurs semaines. Des centaines de milliers de salariés et d'étudiants ouzbeks sont également envoyés de force aux champs, pour ce qui s'apparente à une immense corvée imposée par l'État, lequel achète à des prix fixes l'essentiel de la production avant de la revendre sur le marché international. Plus de 90 % du coton ouzbek est récolté à la main et tous les paysans et cueilleurs sont soumis à des quotas, selon le modèle soviétique.[361]

Comment échapper à la pression internationale
En 2006, de nombreux syndicats et ONG internationales ont appelé au boycott du coton en provenance de l'Ouzbékistan. Aux dires des entreprises en question, ce boycott a été suivi par plusieurs chaînes de supermarchés et enseignes de l'industrie textile, parmi lesquelles C&A, Walmart, Levi Strauss, Tesco, Marks & Spencer, Nike, Gap et H&M.[362]

Face à la pression croissante de la communauté internationale, l'Ouzbékistan a ratifié, en 2008, les conventions de l'Organisation international du travail (OIT) relatives à l'âge minimum d'admission à l'emploi et au travail et à l'interdiction des pires formes de travail des enfants.[363] Ces conventions exigent du gouvernement de Tachkent la remise de rapports périodiques documentant la mise en œuvre des conventions et les résultats obtenus.[364] En 2009, une loi interdisant le travail des enfants a été promulguée par le président Islom Karimov, laquelle a commencé à porter ses fruits une année plus tard. Les résultats ne sont toutefois pas ceux escomptés. Certes, cette loi a mis un terme aux vacances scolaires forcées et au système de transport en bus vers les lieux de récolte, mais la pression exercée sur les parents pour qu'ils autorisent leurs enfants à travailler à la récolte est toujours aussi forte. Les soldats continuent en outre de surveiller les cueilleurs dans les champs et d'éloigner les curieux. Le nombre de militaires affectés à cette tâche a même augmenté. Les paysans ont quant à eux désormais recours à des guets et autres systèmes d'alertes destinés à cacher l'emploi d'enfants. Les étudiants et les salariés sont toujours enrôlés pour la récolte, et les mosquées sont même devenues depuis peu

---

361   Kandyoty 2009, p. 27; SOAS 2011, p. 13.
362   Sites internet des entreprises; SOAS 2011, p. 10; ECCHR 2010, *Background Paper*, p. 3.
363   ECCHR 2010, *Background Paper*, p. 3.
364   SOAS 2011, p. 11 sq.

des centres de recrutement. Après la prière, les imams incitent en effet les fidèles à participer à la récolte du coton.[365]

La hausse abrupte du prix de l'or blanc sur le marché mondial a permis aux entreprises étatiques jouissant du monopole d'exportation de réaliser des marges bénéficiaires d'autant plus importantes que les paysans sont contraints de céder leur production à un prix fixé par l'État, représentant seulement 10 à 33 % du prix du marché. Les enfants touchent quant à eux 2,6 % en moyenne.[366] Malgré ces conditions inacceptables, le coton d'Ouzbékistan, qui constitue à lui seul 60 % des exportations du pays, se vend sans difficultés. En 2010, en dépit du boycott international, la quasi-totalité de la production a pu être vendue avant même qu'elle ne soit récoltée.[367]

La complicité des négociants

La firme Uzprommashimpeks est l'une des plus importantes entreprises ouzbèkes de négoce de coton. Depuis août 1995, elle dispose d'une succursale à Altendorf, dans le canton de Schwytz, et plusieurs proches du gouvernement se sont succédé à sa tête.[368] Uzprommashimpeks vend le coton ouzbek à des entreprises comme Paul Reinhart SA, ECOM Agroindustrial Corporation et Louis Dreyfus Commodities.[369] À la fin de 2010, European Center for Constitutional and Human Rights (ECCHR), une ONG de défense des droits humains, a déposé une plainte contre ces trois firmes pour violation des directives de l'OCDE relatives aux multinationales. ECCHR reproche à ces sociétés de continuer à acheter du coton en provenance d'Ouzbékistan alors qu'il est depuis longtemps prouvé et de notoriété publique que le gouvernement de ce pays a recours au travail des enfants, ou tout du moins l'autorise et en profite. Cette plainte s'inscrit dans une vaste campagne de la société civile contre le travail des enfants en Ouzbékistan visant également d'autres entreprises européennes.

---

365 *The Times of Central Asia*, 28.10.2010.
366 *The Times of Central Asia*, 28.10.2010; Environmental Justice Foundation and Uzbek-German Forum for Human Rights 2010, p. 4; ECCHR 2010, *Background Paper*, p. 2 sq.
367 *The Times of Central Asia*, 28.10.2010.
368 *L'Hebdo*, 22.12.2010.
369 International Cotton Advisory Committee 2011, pp. 2-4.

Le groupe Dreyfus, pourtant leader dans le secteur du coton, n'a pas jugé nécessaire de répondre aux questions de l'ECCHR ni à celles des médias. ECOM a quant à elle affirmé qu'un embargo commercial ne faisait que nuire à la population ouzbèke.[370] Reinhart s'est montrée plus loquace, commençant par nier toute relation d'affaires avec Uzprommashimpeks[371] avant de prétendre qu'un éventuel boycott de sa part du coton ouzbek n'aurait aucune incidence, puisqu'elle n'achèterait pas plus de 5% de la récolte d'Ouzbékistan (tout de même plus de 50000 tonnes sur les millions produites durant la saison 2010-2011). En 2010, Reinhart a pourtant été l'un des plus gros acheteurs de coton ouzbek à la foire du coton, laquelle réunit chaque année plus de 300 entreprises dans la ville de Tachkent. Les Winterthourois ont même un bureau de représentation (*representative office*) à l'année dans la capitale ouzbèke. « Si un jour la législation suisse venait à interdire le commerce avec l'Ouzbékistan ou avec tout autre pays, nous respecterions évidemment la loi », affirme Paul Reinhart SA.[372] Mais, aujourd'hui, il est clair que la responsabilité des entreprises suisses va au-delà du simple respect des lois, en particulier lorsque la législation du pays en question ne parvient pas à empêcher la violation des droits humains les plus fondamentaux.

Le scandale de l'affaire « Pétrole contre nourriture » et ses rouages genevois

Avec « Oil for Food » – « Pétrole contre nourriture » –, les Nations Unies lancent en 1996 un grand programme d'aide destiné à endiguer les conséquences dramatiques pour la population civile des sanctions internationales décrétées contre l'Irak. L'ONU autorise alors le régime à exporter son pétrole et à engranger des recettes supplémentaires par ce biais, tout en supervisant l'emploi de cet argent. L'Irak doit en priorité acheter des denrées humanitaires et payer des dommages et intérêts, au Koweït notamment.

Si l'Irak a bien acheté des denrées humanitaires avec le produit de la vente du pétrole, Saddam Hussein et ses dirigeants sont rapidement par-

---

370 ECCHR 2010, Beschwerde, pp. 6-8; ECCHR 2010, OECD-Complaint, p. 5 sq.
371 *L'Hebdo*, 22.12.2010.
372 *Der Landbote*, 24.10.2010.

venus à détourner une partie des revenus afin de renflouer leurs comptes personnels. Rendu public en avril 2004, ce scandale a obligé l'ONU à nommer une Commission d'enquête indépendante (CEI) composée de Paul Volcker, Richard Goldstone et Mark Pieth (lire l'interview de ce dernier au chapitre 16). Chargée d'analyser les escroqueries du régime et de dénoncer les entreprises impliquées, la commission a notamment relevé le rôle central joué par les négociants pétroliers suisses dans cette affaire douteuse.

Une histoire symptomatique des pratiques des négociants

Entre la fin de l'année 1996 et l'été 2003, l'Irak a vendu l'équivalent de 64,2 milliards de dollars de pétrole par le biais du programme « Pétrole contre nourriture »[373]. À l'automne 2000, le ministère irakien du Pétrole a informé les différentes firmes qui achetaient ce pétrole qu'elles devraient dorénavant verser un supplément pour obtenir le brut irakien, sans passer par l'ONU. Même avec ce supplément de 10 à 30 cents par baril, le prix du pétrole irakien restait intéressant. Seul inconvénient, les acheteurs directs de pétrole irakien devaient répercuter cette différence sur le prix de revente et le prix du brut irakien était désormais fixé de manière un peu suspecte au-dessus du prix officiel déterminé par l'ONU. D'après le *Wall Street Journal*, les frais de commission en vigueur à cette époque se situaient entre 1 et 5 cents par baril.[374] Sur les marchés pétroliers, le procédé est connu de tous. Le 15 décembre 2000, déjà, l'ONU réagit en envoyant un fax aux acheteurs de pétrole pour les mettre en garde de manière explicite contre ces pratiques illégales.[375] La plupart des entreprises qui achetaient du brut en Irak interrompent leurs affaires avec le régime de Saddam Hussein.

La suite de l'histoire est symptomatique des pratiques en vigueur dans le négoce des matières premières. Lorsqu'une situation politique devient trop précaire, le rideau se referme, le décor change et les acteurs réapparaissent très vite sur le devant de la scène, dans un nouveau rôle. Si les grands groupes pétroliers évitent désormais l'Irak, les négociants sans scrupule tentent leur chance dans ce pays. Au début 2001, quatre sociétés jusqu'alors peu impliquées dans les ventes de pétrole irakien – les américaines Bayoil et Taurus Petroleum, ainsi que les suisses Vitol SA

---

373   IIC 2005, p. 1.
374   *Wall Street Journal*, 2.5.2002.
375   IIC 2005, p. 19.

SCHÉMA 1

NÉGOCE DE PÉTROLE DURANT LE PROGRAMME «PÉTROLE CONTRE NOURRITURE»: FLUX MONÉTAIRES ILLÉGAUX ET CLOISONS PARE-FEU

1 Sociétés pétrolières (*majors*)
2 Négociants de pétrole
3 Petites sociétés de négoce
4 Compte fiduciaire de l'ONU
5 Sociétés écrans
6 Comptes du Ministère irakien du Pétrole au Liban et en Jordanie
7 Ambassades d'Irak à l'étranger
8 Régime irakien sous Saddam Hussein

A Transactions légales, prix d'achat offciel (pour un total de 64,2 milliards de dollars)
B-**C** Transactions illégales pour un total de 228,8 millions de dollars, majorations illégales de septembre 2000 et d'août 2002

Source: compilation des auteurs (basée sur IIC 2005).

et Glencore – écoulent soudain à elles seules plus de 60 % de la production de brut de Saddam Hussein.[376]

Ces compagnies s'arment évidemment de garanties juridiques et de cloisons pare-feu destinées à masquer autant que possible leurs liens avec le brut irakien. L'achat du pétrole, et en particulier la question ultrasensible du transfert des pots-de-vin à Saddam Hussein et son entourage, passe généralement par de petites sociétés écrans, créées spécialement à cette fin (voir schéma 1, ci-contre).

D'après la CEI, 139 des 248 compagnies pétrolières ayant officiellement participé au programme « Pétrole contre nourriture » entre 1996 et 2003 ont versé des pots-de-vin au régime irakien, pour une somme totale de 229 millions de dollars. Sur la base des résultats d'enquête de la CEI, on estime que Glencore aurait versé environ 12 % de ces paiements directs et indirects. Au total, la part des pots-de-vin versés par des entreprises suisses – Vitol, Glencore, Trafigura, et de nombreuses autres petites structures impliquées dans cette immense affaire de corruption – s'élèverait à 24-33 % du total. On pourrait encore y ajouter les 14 % environ versés par l'américaine Taurus Petroleum, installée à Genève depuis 2003, à deux pas de l'ONU.[377] Le Sénat américain estime par ailleurs que la moitié du pétrole dont les revenus remplissaient les caisses de guerre de Saddam Hussein était finalement écoulée par les *majors*, c'est-à-dire par les grands groupes pétroliers américains.[378]

Tous les chemins mènent aux comptes de Saddam Hussein
La majorité des entreprises versaient les pots-de-vin en plusieurs fois sur des comptes irakiens au Liban ou en Jordanie, par le biais d'intermédiaires. D'après le rapport de la CEI, Glencore préférait avoir recours à des passeurs de fonds. Reçu officiel à l'appui, Glencore a ainsi versé 415 000 dollars à un certain Murtaza Lakhnai, le 15 mai 2002. Deux jours plus tard, Lakhani se rendait à l'ambassade d'Irak à Genève avec 400 000 dollars en poche.[379] Cela n'empêche pas Lotti Grenacher, porte-parole de Glencore, d'affirmer en 2005 que « Glencore n'a effectué aucun

---

376   IIC 2005, p. 12 sq.
377   Calculs basés sur IIC 2005 ; Special Advisor to the DCI 2004.
378   *Business-Week*, 18.7.2005.
379   IIC 2005, p. 155.

paiement illégal au profit du gouvernement irakien »[380]. A priori, le géant zougois n'a jamais dû s'expliquer sur ce point devant les tribunaux.

Les informations disponibles portent à croire que Trafigura n'a acheté que quelques cargaisons frappées du fameux supplément destiné directement aux caisses noires du dirigeant irakien. Mais celles-ci l'ont mise en cause dans une affaire de contrebande de pétrole irakien, qui a rapporté à elle seule 8,3 millions de dollars au régime baasiste. Le trafic en question a été révélé par le capitaine de l'Essex, un navire ayant transporté à deux reprises en 2001 des cargaisons illégales de pétrole. Celles-ci n'étaient pas déclarées à l'ONU. Au lieu d'être versée sur le compte fiduciaire de l'Organisation internationale, la totalité du prix de vente alimentait directement les caisses noires irakiennes via des sociétés écrans.[381] De son côté, Trafigura prétend avoir été victime des agissements criminels de son partenaire dans cette affaire – la société Ibex Energy – et des administrations irakiennes. La CEI arrive toutefois à d'autres conclusions. Selon elle, Trafigura aurait scellé elle-même l'affaire avec Bagdad pour se refaire d'une opération à perte effectuée en Irak en 1999. En 2006, Trafigura s'est empressée de conclure un accord à l'amiable au Texas, avant que l'affaire ne soit présentée devant les tribunaux néerlandais. Dans cet accord, l'entreprise suisse se déclare coupable de fausses déclarations. Ces aveux ont certes un prix – 19,7 millions de dollars – mais ils permettent à Trafigura d'éviter d'autres poursuites en justice et l'inévitable mauvaise presse qui les accompagne, très néfaste pour la réputation de l'entreprise.[382]

L'impunité : mode d'emploi

Cette stratégie ressemble tristement au « modèle d'affaire raffiné », dont Trafigura avait fait usage dans l'histoire du Probo Koala (lire chapitre 10). Dans les deux cas, Trafigura se décharge de ses responsabilités sur une très petite entreprise et ignore tous les signaux d'alarme. D'un point de vue plus général, ces deux affaires illustrent parfaitement la manière dont les négociants profitent au quotidien des zones grises de législations qu'ils jugent gênantes, tout en minimisant les risques encourus. Pour ce faire, il s'agit de :

---

380 L'Hebdo, 23.6.2005.
381 IIC 2005, p. 176 sq.
382 Jugement n° 13/993053-07 du Tribunal de première instance d'Amsterdam, 18.9.2008 ; Trafigura, Rapport annuel 2006, p. 11.

– Se doter de clauses protectrices. Selon la CEI, de nombreux négociants ont réagi au supplément irakien par une clause contractuelle obligeant les intermédiaires à acheter du pétrole irakien sans verser de paiements illégaux. « Et ceci malgré le fait que toute la branche soit unanime pour dire que le pétrole irakien sans supplément n'existait pas [ou plus] »[383].

– Engager des intermédiaires et ne pas hésiter à s'en séparer si nécessaire. Les incessantes modifications des noms des différentes entités composant un groupe, l'ajout ou la disparition de certaines filiales et les changements fréquents de structures ont des effets miraculeux, non seulement sur les administrations fiscales (lire chapitre 14), mais aussi sur les plaignants potentiels et les procureurs un peu trop curieux. Comme c'est le dernier qui trinque, les prédateurs du négoce placent toujours un intermédiaire, une société écran, ou un partenaire naïf en bout de chaîne dans les affaires sensibles. Si celles-ci tournent mal, il est facile de se débarrasser rapidement du maillon faible désigné coupable et de couper les ponts avec lui, voire de se retourner contre lui si nécessaire.

– Relations publiques et compromis : Si la situation tourne vraiment au vinaigre, la règle d'or est de nier en bloc toutes les accusations. Si l'artillerie des professionnels en relations publiques et des grands avocats ne suffit pas à éviter une mise en examen, viser l'accord à l'amiable. Ainsi, l'affaire et tous ses détails gênants ne seront pas dévoilés au public et l'action en justice sera stoppée dans la plupart des cas.

Mais chaque règle a son exception. En 2005, Vitol nie avoir procédé intentionnellement à des paiements illégaux au régime irakien. La Commission d'enquête de l'ONU parvient toutefois à prouver le contraire en trouvant la trace d'un versement effectué directement par Vitol sur le compte du ministère irakien du Pétrole. En 2007, Vitol a finalement plaidé coupable devant un tribunal new-yorkais, reconnaissant avoir payé des suppléments au régime de Saddam Hussein à hauteur de 13 millions de dollars.[384]

---

383 IIC 2005, p. 4.
384 *Bloomberg*, 20.11.2007.

Chapitre 16

LA SUISSE, UN REPAIRE DE PIRATES?
ENTRETIEN AVEC LE PROFESSEUR MARK PIETH

Lorsqu'il est question de politique fiscale, de secret bancaire, de corruption ou de négoce des matières premières, Mark Pieth compte parmi les experts suisses renommés sur la scène internationale. Professeur ordinaire en droit pénal à l'Université de Bâle et président depuis 1990 du Groupe de travail de l'OCDE sur la corruption, Pieth a également été nommé en 2004 membre de la Commission indépendante chargée d'enquêter sur le programme «Pétrole contre nourriture» avec l'Irak. Entretien.

Déclaration de Berne (DB): Monsieur Pieth, le négoce des matières premières est-il une activité comme les autres?

Mark Pieth (MP): Non, les matières premières sont des biens précaires et, par conséquent, très disputés. Les matières premières comme les carburants fossiles sont précaires parce qu'elles ne sont pas renouvelables; les matières premières organiques, comme les denrées alimentaires, le sont parce qu'elles sont indispensables à la survie et inégalement réparties. Celui qui possède des ressources naturelles dispose donc d'un pouvoir important...

DB: ... et celui qui les négocie aussi. Or, une part substantielle des flux mondiaux de matières premières est dirigée depuis Zoug et Genève.

MP : Oui, la Suisse est aussi pauvre en matières premières qu'elle est riche en négociants. La contradiction est frappante.

DB: Les sociétés de négoce de matières premières installées ici sont-elles aussi des acteurs politiques?

MP : Toutes les grandes entreprises transnationales ont une influence politique et l'exercent. Du point de vue de la problématique des rapports Nord-Sud, les compagnies de négoce opérant à l'échelle mondiale occupent le devant de la scène. Elles sont tellement puissantes qu'elles parviennent à contrôler des régions d'exploitation entières et à y annihiler le pouvoir de l'État. La responsabilité de pays comme la Suisse, où siègent de nombreuses multinationales, est d'autant plus grande. C'est là que sont prises des décisions souvent vitales pour les pays en développement.

DB: Qu'est-ce qui rend la Suisse si attractive pour les acteurs du négoce?

MP : La combinaison de faibles taux d'imposition sur les sociétés, via des régimes fiscaux cantonaux très favorables, et d'une place financière aussi dynamique que libérale. À cela s'ajoutent d'autres facteurs, comme la stabilité sociale et la qualité de vie. Mais les éléments décisifs ayant fait de la Suisse une plaque tournante des matières premières sont le secret bancaire et la très faible propension à la régulation de notre politique. Alors que la place du négoce helvétique est peut-être en train de détrôner Londres, les autorités fédérales ne considèrent toujours pas les problèmes générés par le développement de ce secteur.

DB: Si la législation suisse se durcit, Glencore, Vitol et les autres firmes de négoce ne pourront-elles pas toujours se rabattre sur les îles anglo-normandes ou déménager dans une oasis fiscale du Pacifique, où les taux d'imposition sont encore plus bas et le secret bancaire encore plus étanche?

MP : Non. Un centre d'échange de matières premières ne peut s'établir et se développer que là où il existe déjà une grande place financière, avec toutes ses traditions. Les destinations exotiques offrent peut-être de meilleures conditions financières générales, mais on court toujours le risque de voir disparaître l'argent gagné trop facilement. Il n'y a que Singapour, où les lois bancaires ont été très fortement libéralisées il y a une dizaine d'années, qui pourrait rivaliser avec la Suisse comme lieu d'implantation des sociétés de négoce.

DB : La Suisse profite-t-elle de son statut de plaque tournante des matières premières ?

MP : Aujourd'hui, l'importance de la Suisse au niveau international tient en premier lieu à sa place financière et au rôle qu'elle joue comme lieu de domiciliation pour de nombreux *global players* de branches stratégiques, comme la chimie et l'agroalimentaire. Les échanges réalisés depuis la Suisse dans le secteur des matières premières sont une façon supplémentaire pour la Suisse de continuer à jouer un certain rôle géostratégique en dépit de son absence au G20 et des problèmes rencontrés par le FMI. La question est de savoir si les responsables politiques en sont conscients. Et si, de ce point de vue-là, « la Suisse » existe en tant que telle. J'ai l'impression que, depuis longtemps déjà, on laisse les choses se faire – sans organisation ni intention. C'était comme ça pour le pillage des œuvres d'art, le commerce des armes, les violations d'embargo et pour l'évasion fiscale. L'attitude risque d'être la même pour le commerce des matières premières.

DB : Ce qui manque alors, c'est une instance centrale capable de prévoir et de guider sur le plan stratégique...

MP : ... et qui empêcherait ainsi que la Suisse ne prenne conscience uniquement en cas de pression extérieure de l'aspect problématique de domaines aussi sensibles. Certes, les critiques étrangères sont en partie motivées par une certaine forme de jalousie et par des conflits d'intérêts purs et durs. Mais je ne crois pas qu'il existe pour autant en Suisse une politique délibérée de gestion des intérêts destinée à contrecarrer ce genre d'attaques et à tirer profit des avantages qu'offre le boom de son secteur des matières premières.

DB : Qui devrait être en charge de cette gestion politique de tels enjeux ?

MP : Un organe de pouvoir central, responsable de la formulation et de l'application d'une politique extérieure suisse rigoureuse. À la place, nous avons un organe gouvernemental fragmenté, que sept nains se partagent et qui, jusqu'à présent, n'a rien pu ou rien voulu entreprendre pour enterrer définitivement la réputation de repaire de pirates qui colle à la Suisse. À bien y réfléchir, le commerce des matières premières n'a rien de mauvais en soi. Mais, dans sa forme actuelle, il est synonyme de grands dangers pour la réputation de la Suisse.

DB : Quels sont les leviers qui permettraient de contenir ces risques ?

MP : D'après moi, il faudrait avant tout soumettre enfin les négociants à la Loi sur le blanchiment d'argent (LBA). En théorie, ils le sont depuis 1999, mais l'Autorité de contrôle de la Confédération a développé une pratique problématique que je considère comme illégale. Dans l'article 2, paragraphe 3c de la loi fédérale concernant la lutte contre le blanchiment d'argent et le financement du terrorisme dans le secteur financier, les personnes qui « font le commerce, pour leur propre compte ou pour celui de tiers, de […] métaux précieux, de matières premières, […] et de leurs dérivés » sont aussi définis comme des intermédiaires financiers.

DB : S'il est formulé aussi clairement, pourquoi ce paragraphe n'est-il pas appliqué ?

MP : Entre autres parce qu'à l'époque de l'entrée en vigueur de la LBA, Glencore a menacé de déplacer son siège principal *(hors de Suisse, NdlR)*. Les instructions de Peter Siegenthaler, alors directeur de l'administration fédérale des finances, et, à l'époque, de la juriste en chef au Département fédéral des finances ont probablement été déterminantes jusqu'à ce jour en ce qui concerne l'application concrète de ce texte par l'Autorité de contrôle. On est en droit de se demander pourquoi les négociants de devises sont soumis à des contrôles très rigoureux alors que les négociants de matières premières y échappent. Est-ce de la pure négligence ou le résultat d'une volonté politique ? Au cours de l'enquête sur les violations du programme de l'ONU « Pétrole contre nourriture », j'ai réalisé toute l'importance de l'identification indubitable des clients et du devoir de communication lors de transactions sur les matières premières. À l'époque, des dossiers circulaient parfois dans certaines banques munis d'un timbre portant la mention «le nom de Marc Rich ne doit figurer sur aucun document transmis à la BNP de New York».

DB : Ceci nous amène au problème de la corruption, inhérent à ce business.

MP : Dans les affaires de matières premières, il faut payer des commissions pour rester en lice. De l'achat de droits d'exploitation jusqu'au commerce, en passant par l'extraction. Même les dirigeants des compagnies de négoce de matières premières installées ici vous le diront probablement sans se cacher. Sauf que pour eux, payer quelqu'un 5 à 10 % au-dessus du prix du marché pour s'assurer l'achat d'une marchandise ne relève pas de la corruption.

DB : Comme le fameux supplément illégal que le régime de Saddam Hussein exigeait pendant le programme «Pétrole contre nourriture», par exemple ?

MP : Oui. L'Irak s'en est rigoureusement tenu à ce tarif usuel dans la branche. Le problème n'est pas l'existence d'intermédiaire, ni le fait que ceux-ci puissent facturer leurs frais effectifs à leurs mandataires, mais le fait que cette facturation soit forfaitaire, et offre ainsi une voie facile pour dissimuler des pots-de-vin sous des frais généraux Toutefois, les administrations fiscales semblent désormais refuser tous les prix négociés au-dessus de 5 % des prix du marché.

DB : Vous voulez dire qu'en Suisse, les dépenses liées à la corruption apparaissent officiellement sur les déclarations fiscales ?

MP : Non, on ne peut pas le dire aussi directement. Car depuis l'an 2000, les pots-de-vin ne sont plus déductibles des impôts. Il existe en revanche un montant pour frais d'agence, dont la définition est très floue, pouvant parfaitement être déduit des impôts. Une évolution intéressante pour la Suisse s'est produite en France : l'administration fiscale considère désormais que toute transaction différant de 5 % par rapport aux prix du marché relève de la corruption et la charge de la preuve revient à l'entreprise.

DB : Y a-t-il dans notre pays encore d'autres lacunes de régulation dans le domaine financier ?

MP : Dans le scandale du programme «Pétrole contre nourriture», les banques elles-mêmes ont enfreint les règles de précaution les plus élémentaires de la législation bancaire. Aujourd'hui encore, personne ne sait ou contrôle si ces mêmes instituts financiers effectuent les enquêtes préalables requises avant l'attribution de lettres de crédit. Je crois volontiers qu'ils identifient clairement leurs clients et certaines activités. Mais on peut douter qu'ils comprennent le sens – éventuellement caché – des transactions souvent ultra-complexes. Et c'est précisément là que se situe la faille permettant les abus.

DB : Une autre solution serait d'harmoniser ou même d'éliminer complètement les privilèges fiscaux cantonaux dont les entreprises bénéficient.

MP : Les mesures prises à cette fin diminueraient la concurrence fiscale à l'intérieur du pays, mais le problème de fond des avantages octroyés aux holdings ne serait pas résolu pour autant. Des réglementations efficaces pour l'ensemble de la branche des matières premières ne seront toutefois possibles que si elles interviennent également dans les autres grandes plaques tournantes de négoce. Nous avons besoin d'un groupe de travail sur le secteur des matières premières, coordonné à l'échelle mondiale, qui définisse des règles du jeu valables pour tous les acteurs (*level playing field*). Je crois que la branche elle-même aurait tout intérêt à ce que les distorsions dans le domaine des impôts et de la concurrence prennent fin.

DB : Revenons à la loi contre le blanchiment d'argent. C'est le levier qui vous paraît le meilleur pour faire changer les choses en Suisse. De quoi les autorités ont-elles besoin pour que cette loi soit aussi appliquée aux sociétés de négoce de matières premières ?

MP : De la pression internationale. La pratique actuelle a des origines politiques, ce n'est donc que politiquement qu'elle pourra être corrigée. Le mieux toutefois serait de le faire dans un autre contexte : les recommandations émises par le Groupe d'action financière (le GAFI), une initiative internationale lancée à l'époque par le G7 et soutenue aujourd'hui par les États membres de l'OCDE, pourraient sans problème être étendues aux acteurs du secteur des matières premières. Leur mise en œuvre, étape par étape, serait peut-être même plus efficace qu'une révision de la loi sur le blanchiment d'argent.

DB : Dans le milieu des sociétés de négoce, on dit officieusement qu'un comportement éthique empêche d'être compétitif. Vous partagez ce point de vue ?

MP : Non. Ce secteur important est encore coincé entre deux étapes de développement. D'autres branches montrent l'exemple depuis longtemps. Siemens, par exemple, a tiré les leçons de l'affaire de corruption sans précédent qui l'a frappée et lui a coûté si cher, et se positionne désormais comme le groupe industriel et énergétique le plus propre de la planète. Visiblement, cette stratégie porte ses fruits, même sur le plan financier. Bientôt, nous pourrons aussi citer des exemples de bonnes pratiques parmi les acteurs du secteur des matières premières – parmi les producteurs dans un premier temps, puis un jour ou l'autre, parmi les négociants. La pression des organisations de la société civile joue ici un rôle important. Ce processus est accéléré par un nombre croissant d'investisseurs institutionnels qui mettent en avant le respect des standards sociaux et environnementaux minimums – pas seulement pour des questions de minimisation des risques, mais aussi pour des raisons morales. Une évolution à laquelle même les dirigeants les plus endurcis de Genève et de Zoug finiront par être sensibles.

DB : Est-ce vraiment autre chose qu'un vœu pieu ? En tous les cas, aucun des grands investisseurs alléchés par l'introduction en Bourse de Glencore ne s'est embarrassé de la moindre considération éthique.

MP : Je vois les choses différemment. Même dans le secteur hypersensible de la défense, les entreprises doivent de plus en plus répondre à des questions gênantes, en particulier de la part des investisseurs. Et l'armement est au moins aussi délicat que les matières premières.

Chapitre 17

LA MALÉDICTION DES MATIÈRES PREMIÈRES

Le sort de nombreux pays en développement montre que l'abondance des richesses naturelles ne garantit pas le développement économique. Bien trop souvent, au contraire, les gisements abondants portent malheur à leurs propriétaires « naturels ». Les populations et les pays riches en matières premières restent prisonniers d'une pauvreté aussi extrême que paradoxale. L'analyse qui suit vise à mettre en évidence les raisons de cette malédiction, en soulignant deux dimensions complémentaires de la problématique du partage de la rente des matières premières : d'une part la répartition de la rente entre les États riches en ressources naturelles et les multinationales étrangères, d'autre part la répartition de cette rente entre la population des pays riches en matières premières et leurs gouvernements. Pour que l'extraction des matières premières devienne équitable, et donc participe à son développement, il est impératif que les rapports de force dans ces deux dimensions soient modifiés. Non seulement les pays producteurs ont besoin d'augmenter la part de la rente tirée de l'extraction des matières premières qui leur revient de droit, mais la population doit pouvoir en profiter. Il faut que les revenus procurés par l'extraction des matières premières permettent de réaliser des investissements dans le domaine du développement économique et social ainsi que dans la lutte contre la pauvreté en général. Une répartition équitable de la rente des matières premières entre les grands groupes transnationaux et l'État est une condition nécessaire, mais en aucun cas suffisante, pour que les populations bénéficient elles aussi de l'extraction des matières premières. Elle doit s'accompagner d'une redistribution plus juste de la rente entre les élites politiques et le peuple.

Selon la catégorie de matières premières, l'un de ces deux aspects de l'équité prévaut par rapport à l'autre. Pour les minerais et les métaux, la répartition entre les entreprises et les États est la plus problématique, alors que pour les agents énergétiques, le pétrole en tête, le bât blesse davantage du point de vue de la répartition entre les gouvernements et la majorité pauvre de la population. Le tableau 1 illustre bien ce phéno-mène. Alors qu'une grande partie des recettes publiques provient généra-lement des revenus de l'exportation du pétrole, les minerais et les métaux n'y contribuent, dans la plupart des cas, que très peu.

Le cas particulier des produits agricoles

Les matières premières agricoles ne peuvent que difficilement être prises en compte dans une telle analyse. Comme elles ne sont pas extraites, mais cultivées – et donc renouvelables – leur exploitation ne génère pas de rente à proprement parler (lire ci-dessous). Cet aspect ne signifie pas pour autant que la culture des céréales, du cacao et du coton soit exempte de conséquences néfastes, mais la problématique se situe ici à un autre niveau. Certes, la spéculation accrue sur les matières premières et les pro-duits financiers qui en découlent n'est pas spécifique au secteur de l'agri-culture (lire chapitre 13). Mais c'est en premier lieu dans ce domaine qu'elle déploie ses effets les plus pervers, en portant atteinte directement à la sécurité alimentaire et au droit à l'alimentation. Ce danger est parti-culièrement élevé lorsque de puissantes multinationales spéculent sur les prix des denrées alimentaires de base, comme Glencore en 2010, lorsque la Russie avait prononcé une interdiction d'exportation du blé. Dans le cas de nombreuses denrées agricoles, la montée en puissance sur les mar-chés d'un petit groupe d'acteurs, parmi lesquels les sociétés de négoce de matières premières, est également source de problèmes. Cet essor est ren-forcé par un mouvement d'intégration verticale, une stratégie de crois-sance en vogue chez de nombreux négociants, en particulier parmi les multinationales de l'industrie agroalimentaire (lire chapitre 12). Une telle pratique représente un réel danger d'abus de pouvoir, d'autant plus lorsqu'elle est associée à la structure particulière des marchés de matières premières agricoles – où l'achat et la vente s'opèrent entre quelques négociants face à des millions de producteurs et de consommateurs.[385]

La place prépondérante occupée par les agents énergétiques fossiles dans l'économie des pays producteurs comparée à celle des minerais et des denrées agricoles est liée aux grandes quantités produites de ces matières premières et à leurs prix élevés. La différence s'explique aussi par le fait que, dans l'extraction minière, la part des revenus destinés au pays producteur est moindre, du fait notamment des lois sur la prospection en vigueur dans ce domaine, qui sont largement favorables aux investisseurs. C'est pourquoi les pays producteurs de minerais n'ont que très peu profité de la hausse rapide des prix des matières premières de 2003 à 2008 et depuis 2010 (une fois passées les turbulences de la crise financière de 2008).

Le combat entre États et multinationales pour la rente extractive

Lorsque les prix des matières premières sont élevés, la différence entre la valeur des matières premières sur le marché et leurs coûts de prospection et d'extraction augmente. Cette différence constitue la « rente des matières premières ». En règle générale, les ressources naturelles enfouies dans le sous-sol appartiennent à l'État (sauf aux États-Unis, où elles peuvent appartenir à des propriétaires privés). Lorsque leur extraction est effectuée par des compagnies privées, celles-ci partagent avec l'État, c'est-à-dire la collectivité, propriétaire de ces ressources naturelles, la rente des matières premières. L'État en perçoit un certain pourcentage, prélevé sous forme de taxes et d'impôts, le reste constituant le profit de la compagnie minière. En général, les communautés locales proches des sites d'extraction et les personnes directement concernées par les désagréments occasionnés par l'activité minière ne touchent aucune part de cette rente, même si ce sont elles qui font en premier lieu les frais de l'activité minière et des conséquences néfastes inhérentes à l'industrie extractive (perte de leurs terres, déplacements de population, pollution de l'eau et de l'air, etc.). Et ce même si l'avancée des énormes tractopelles et des bulldozers peut conduire à la disparition de la culture de populations indigènes très étroitement liées à leurs terres et à l'écosystème dans lequel ils vivent.

---

385 Déclaration de Berne 2011.

En règle générale, seule la part de la rente aboutissant dans les caisses publiques peut parfois aider les pays riches en ressources naturelles à se développer – pour autant toutefois que ces revenus soient investis à cette fin, ce qui est loin d'être évident. Au XXIᵉ siècle, l'extraction minière est une activité très intensive en capital, en raison notamment du coût des machines d'extraction. A contrario, l'activité minière nécessite très peu de main-d'œuvre. Même dans un pays aussi riche en matières premières que l'Afrique du Sud, seul 1 à 3 % (selon les techniques de comptage) de la population active travaille dans ce secteur.[386] Et lorsque les mines industrielles remplacent les petites exploitations individuelles, comme dans d'autres régions d'Afrique, le bilan en termes de main-d'œuvre peut même devenir négatif. On estime ainsi que 400 000 personnes ont perdu leur emploi dans l'extraction de l'or en Tanzanie.[387] À cela s'ajoute le fait que les machines et les appareils nécessaires à l'extraction sont le plus souvent importés des pays industrialisés. Mis à part un éventuel renforcement de certaines infrastructures, l'interpénétration économique et la stimulation des autres secteurs par les activités d'extraction de matières premières restent donc quasi nulles. Quant aux contributions directes et aux prestations de services des sociétés minières aux communautés locales, elles demeurent en général minimales.

Le cas du pétrole : concessions, royalties et impôts spéciaux

La bataille à laquelle les multinationales et les États se livrent pour le partage de la rente des matières premières est une histoire vieille de plus d'un siècle. Même si la forme concrète des contrats d'extraction que les gouvernements octroient aux entreprises change sans cesse, la subsistance reste la même : droits d'exploitation (« royalties »), impôts, répartition de la production, prestations de services.

Le terme « royalties » nous renvoie aux monarchies du Moyen-Âge et en particulier à la Couronne d'Angleterre (*Royalty*), qui cédait l'usage de ses terres moyennant un fermage annuel. Aujourd'hui, les royalties correspondent à des sommes versées à l'État dont le montant équivaut à un certain pourcentage de la production ou de sa valeur marchande. Les royalties sont indépendantes du bénéfice et peuvent être exigées dès que la première goutte de pétrole ou la première pépite de minerais est

---

386 Christian Aid 2007, p. 6.
387 Curtis-Lissu 2008, p. 10.

TABLEAU 1

RECETTES ISSUES DE L'EXTRACTION DE MATIÈRES PREMIÈRES
(MOYENNE 2000-2007 EN % DES RECETTES PUBLIQUES)

Hydrocarbures		Pierres précieuses, minerais et métaux	
Irak	97	Botswana (diamants)	44
Oman	83	Guinée (bauxite, aluminium)	19
Koweït	79	Chili (cuivre)	12
Nigeria	78	Mongolie (cuivre, or)	9
Guinée-Équatoriale	77	Libéria (minerai de fer, or)	8
Libye	77	Namibie (diamants)	8
Angola	76	Pérou (or, cuivre, argent)	5
Bahreïn	74	Afrique du Sud (or, platine)	2
République démocratique du Congo	73	Zambie (cuivre)*	1*
Algérie	72	Jordanie (phosphate)	1
Yémen	72	Sierra Leone (diamants, bauxite)	1
Arabie Saoudite	72		
Timor oriental	70		
Émirats arabes unis	69		
Qatar	68		
Iran	65		
Azerbaïdjan	59		
Soudan	50		
Venezuela	48		
Turkménistan	46		
Syrie	39		
Trinité-et-Tobago	38		
São Tomé-et-Principe	35		
Mexique	34		
Vietnam	31		
Cameroun	27		
Kazakhstan	27		
Tchad	27		
Indonésie	26		
Norvège	26		
Équateur	25		
Bolivie	24		
Russie	22		
Papouasie-Nouvelle-Guinée	21		
Mauritanie	11	*Pronostic 2010: 2%	
Gabon	10	(Mwambwa-Griffith-Kahler 2010, p. 8.)	
Colombie	10		

Source: Boadway-Keen 2010, p. 18.

extraite du sol. À l'inverse, les contributions fiscales, et en particulier le principal et le plus usuel des impôts perçus sur les entreprises – l'impôt sur les bénéfices – présupposent un bénéfice qui n'est pas toujours au rendez-vous au début de l'activité d'extraction ou lors de forte soustraction fiscale (lire chapitre 14). Dans le cadre de contrats pétroliers prévoyant la répartition de la production, il est possible qu'une compagnie pétrolière ne dispose que d'une certaine quantité du brut extrait et que le reste revienne à l'État, qui le commercialise ensuite, généralement par le biais d'une entreprise publique. Enfin, dans le cas de contrats de prestation de services, l'État reste propriétaire de la totalité de la production et la compagnie pétrolière privée est rémunérée pour les services d'extraction.

Il est intéressant de replacer ces quatre formes de partage de la rente extractive dans une perspective historique. Les premiers accords apparus pour réglementer la répartition des revenus pétroliers entre l'État et les compagnies privées étaient des «concessions»: moyennant le versement de royalties et d'impôts, des entreprises étaient autorisées à explorer les gisements et à extraire du pétrole sur une période et un périmètre géographique donnés. La concession attribuée par le shah de Perse en 1901 à l'avocat anglais William Knox D'Arcy figure parmi les plus marquantes de l'histoire. D'Arcy avait obtenu trois quarts de la superficie de la Perse pendant 60 ans en échange de 20 000 livres en espèces, plus l'équivalent en actions, et le shah recevait 16 % du «bénéfice net annuel» (un concept dont la définition s'est avérée éminemment controversée par la suite). En mai 1908, le pétrole jaillit pour la première fois en Perse et en 1909, la société Anglo-Persian Oil Company est créée pour exploiter ce gisement. Elle devient l'Anglo-Iranian Oil Company en 1935, puis la British Petroleum Company (l'actuelle BP) en 1954. Par cette concession, cette entreprise a un pouvoir de disposition exclusif sur le pétrole perse. Ainsi, BP peut décider de son propre chef l'exploitation de nouveaux gisements et fixer à discrétion leurs quotas de production.[388]

Dès la Deuxième Guerre mondiale, les États riches en pétrole s'efforcent de (re)prendre le contrôle sur l'extraction pétrolière. Les concessions sont alors le plus souvent partagées géographiquement en «blocs» isolés, et réparties de manière ciblée entre différents concurrents. La durée de ces contrats d'exploitation est fortement réduite et les concessionnaires perdent leurs droits s'ils ne procèdent pas à l'extraction dans leur péri-

---

388 Yergin 1991, Vol. 1, pp. 117-228.

mètre (bloc) dans un délai donné. Les recettes publiques tirées de l'extraction augmentent en parallèle. Dans la plupart des pays, le taux des royalties se situe aujourd'hui entre 10 et 15 % et celui de l'impôt sur les bénéfices entre 25 et 35 %. Presque partout, les coûts de prospection et de raccordement des gisements sont déductibles des bénéfices pendant les premières années d'activité (5 ans en général), ce qui permet aux entreprises de n'enregistrer aucun profit imposable et d'être ainsi complètement exonérées d'impôt durant cette période.

De la concession aux contrats de partage de production

Afin d'augmenter leur part de la rente, de nombreux pays prélèvent désormais un impôt supplémentaire spécifique sur le pétrole, qui peut être exigé lorsque la société a couvert ses dépenses et atteint un seuil de profitabilité défini. Il arrive aussi que les États demandent des paiements supplémentaires (bonus), par exemple en cas de découverte d'un nouveau gisement ou lorsqu'une certaine quantité de production est atteinte. Si les taux en question sont suffisamment élevés, la combinaison des royalties et des impôts peut devenir très rentable. La Norvège, par exemple, perçoit 78 % des revenus provenant de la vente de ses ressources pétrolières. En Grande-Bretagne du début des années 1980, ce taux atteignait même 87 %.

Malgré cette source de revenus importants, certains États considèrent que le système des concessions est fondamentalement incompatible avec leur principe de souveraineté nationale. Depuis les années 1960, ils essaient donc de faire pencher la balance en leur faveur avec des contrats de partage de production (CPP) ou des contrats de prestation de services, deux formes de contrats par lesquelles l'État reste propriétaire de la production pétrolière et rémunère les compagnies privées pour les services qu'elles lui fournissent. En Arabie Saoudite, au Koweït ou au Mexique, les entreprises publiques sont même propriétaires uniques de la totalité des gisements.

Concrètement, dans le cadre d'un CPP, la production est partagée en *cost oil* et *profit oil*. Le *cost oil* correspond à la part de la production attribuée à l'entreprise extractive pour couvrir les frais de recherche et de raccordement des gisements. Le *profit oil* correspond à la part de la production répartie entre les compagnies pétrolières privées et publiques selon un ratio défini contractuellement. Dans le cadre d'un pur contrat de services, le prestataire peut être rémunéré, en espèces ou en pétrole, pour la prospection et la mise en exploitation. La production reste quant à elle à 100 % propriété de l'État ou des compagnies pétrolières publiques. La part de l'État dans les recettes provenant de la vente du pétrole peut alors atteindre 97 %.[389]

Taxes d'exportation : la Suisse a la langue fourchue

Les droits de douane perçus à l'exportation peuvent aider les pays producteurs à garantir une rentabilité convenable de leurs richesses naturelles. Le Fonds monétaire international (FMI) estime que les royalties, les impôts sur les bénéfices et autres redevances versés par la branche de l'industrie des matières premières sont bien plus importants pour le développement d'un pays que l'effet positif que ces entreprises peuvent avoir sur l'économie nationale. Le FMI mentionne même explicitement les droits perçus sur les exportations de matières premières comme un moyen pour les gouvernements de financer les services publics nécessaires au développement et à la lutte contre la pauvreté.[390] Dans ces domaines, le FMI entend soutenir les efforts des pays riches en matières premières grâce au Topical Trust Fund, auquel la Suisse a contribué à hauteur de 5 millions de dollars, un versement faisant d'elle l'un des principaux pays donateurs.

Paradoxalement, la Suisse se positionne ailleurs fermement contre la taxation des matières premières à l'exportation. Le Vietnam compte parmi les pays qui perçoivent des droits de douane à l'exportation sur certains minéraux et ressources naturelles. Or, dans une étude de faisabilité publiée en 2011 concernant un accord bilatéral de libre-échange entre la Suisse (par le biais de l'AELE) et le Vietnam, les autorités helvétiques exigent clairement de leur partenaire l'interdiction générale de ces droits de douane à l'exportation.[391]

---

389 Nakhle 2010, pp. 91-114.
390 FMI 2010, p. 2.
391 *Report of the Vietnam – EFTA Joint Study Group*, 17.2.2011.

Le partage de la rente et ses liens avec l'évolution des prix des matières premières

Une part importante des produits miniers provient de l'hémisphère Sud. En effet, 60 % de tous les minerais (et des concentrés) sont extraits dans les pays en développement.[392] Durant la première moitié du XXe siècle, le système des concessions était également monnaie courante dans le domaine de l'extraction minière. Après la Deuxième Guerre mondiale et l'indépendance des anciennes colonies en Asie et en Afrique, de nombreux États ont nationalisé leurs industries d'extraction. On peut notamment citer la Bolivie (zinc), la Jamaïque (bauxite), la Zambie (cuivre), la République démocratique du Congo (cuivre) et le Ghana (or).

Pour les mines appartenant encore à des propriétaires privés, les métaux et les minerais étaient assujettis à une combinaison de royalties et d'impôts. Après le choc pétrolier de 1973, les prix des autres matières premières ont eux aussi explosé (voir graphique 1, page suivante). De nombreux États ont alors profité de cette occasion favorable pour percevoir des impôts et des redevances supplémentaires et s'octroyer ainsi une rente des matières premières plus élevée. Par ailleurs, ils encourageaient également le développement de l'industrie chargée de transformer les matières premières (principalement des minerais en métaux bruts), notamment par des subventions, afin d'augmenter la valeur ajoutée des matières exportées et d'en conserver une part supplémentaire dans le pays d'origine des ressources naturelles.[393]

Au cours des années 1980, la forte récession des pays industrialisés et la crise de la dette des pays en développement engendrent une forte baisse de la demande et des prix des matières premières. Après la chute de l'URSS dans les années 1990, la baisse des prix des matières premières minérales se poursuit, non seulement parce que la demande en matières premières s'effondre avec l'industrie du bloc soviétique, mais aussi parce que les marchés des matières premières sont inondés par la production à bas prix provenant des ex-pays de l'Est.

Pendant cette longue période de prix bas et de recettes très minces, les nationalisations et les hausses d'impôts décrétées durant les années précédentes sont souvent annulées, sous la pression du Fonds monétaire

---

392 Hogan-Goldsworthy, *Parité avec le dollar*, 2010, p. 123.

393 *Ibid.*, pp. 123-129.

GRAPHIQUE 1

ÉVOLUTION DES PRIX DES MINERAIS ET DES MÉTAUX*

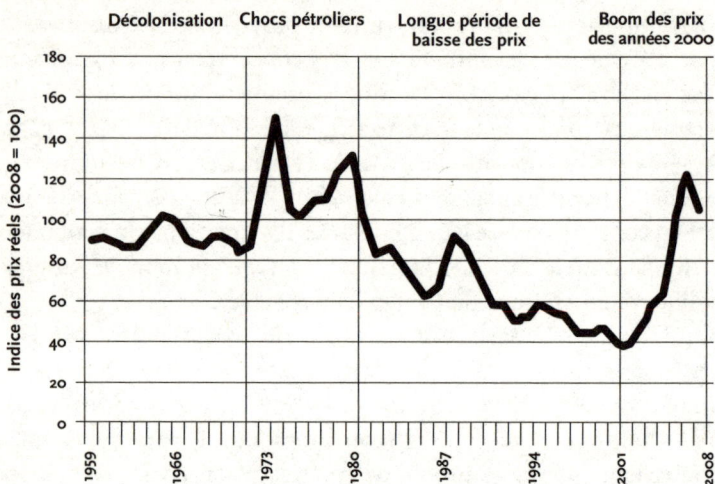

En moyenne des prix des minerais suivants: aluminium, cuivre, or, minerai de fer, nickel, uranium, étain et zinc

Source : Hogan-Goldsworthy 2010, p. 124.

international (FMI) et dans le cadre de politiques d'ajustement structurel destinées à garantir le remboursement de la dette des pays en développement. La Banque mondiale invite elle aussi plus de 100 pays en développement à déréglementer leur secteur des matières premières, toujours selon la même recette : privatisation des entreprises publiques, amélioration considérable des conditions pour les entreprises étrangères, baisse massive des impôts (voir tableau 2, ci-contre).[394]

Les royalties dans le domaine de l'extraction minière ont diminué, voire disparu (comme au Chili et au Pérou). Oscillant aujourd'hui à des taux compris entre 0 à 6 %, elles sont bien en dessous de celles perçues pour le pétrole et les pierres précieuses (10 %). Dans certains pays, sur le continent africain en particulier, les entreprises parviennent même à négocier des conditions encore plus favorables pour des projets d'extrac-

---

394 Open Society Institute of Southern Africa et al. 2009, pp. 7-10.

TABLEAU 2

TAUX D'IMPOSITION SUR LES BÉNÉFICES EN VIGUEUR
DANS L'INDUSTRIE MINIÈRE (EN %)

	1983	1991	2008
Chili	50	35	35
Indonésie	45	35	35
Mexique	42	35	28
Papouasie-Nouvelle-Guinée	36,5	35	30
Zambie	45	45	30
Afrique du Sud	46 (55 pour l'or)	50 (69 pour l'or)	28

Source: Hogan-Goldsworthy 2010.

tion précis. La Zambie, par exemple, ne perçoit de Glencore que 0,6 % de royalties – soit 1/5 du taux officiel de 3 % – pour l'exploitation de la mine de cuivre de Mopani (lire chapitre 6). La différence est encore plus frappante en RDC, où une commission d'enquête a révélé en 2007 qu'aucun des 61 accords passés avec des sociétés d'exploitation minière ne correspondait aux directives officielles. En corrompant les politiciens, les compagnies étrangères parviennent parfois à obtenir une exonération totale du paiement des royalties et des impôts sur les bénéfices.[395] Par conséquent, les recettes publiques provenant de l'extraction minière sont en chute libre. En 1992, la Zambie produisait autant de cuivre qu'en 2004. En 12 ans, le prix du cuivre (par tonne) était passé de 2280 dollars à 2868 dollars. Pourtant, les recettes que la Zambie tirait de l'extraction du cuivre en 2004 atteignaient à peine 8 millions de dollars, soit moins de 5 % des revenus qu'elle percevait en 1992 (200 millions de dollars).[396]

Dans un tel contexte, les déclarations désabusées du ministre de l'Industrie minière de Tanzanie en 2006 n'ont rien de surprenantes: «Nos

---

395 Open Society Institute of Southern Africa et al. 2009, p. 41 sq.
396 Christian Aid 2007, p. 26.

économies n'ont pas senti la flambée du prix de l'or et des autres métaux précieux»[397]. Ironie tragique, la longue période de baisse des prix des matières premières a incité les pays producteurs à mettre en place des réglementations extrêmement favorables pour les investisseurs. Quelques années plus tard, après la très forte hausse des prix, cette politique destinée à rendre les investissements plus attractifs leur a fait perdre des milliards. Pourtant, cette politique n'est en réalité pas nécessaire, puisque les entreprises étrangères n'ont pas besoin d'être appâtées. Car à l'inverse d'autres compagnies – un constructeur automobile par exemple – une société active dans le secteur des matières premières ne peut tout simplement pas délocaliser son activité en raison de meilleures conditions d'investissement. Elle doit s'installer dans les endroits où elle dispose de gisements, si possible facilement exploitables.

Ces éléments permettent d'expliquer pourquoi les pays en développement ne bénéficient que très peu du boom des matières premières du nouveau millénaire. En comparant l'augmentation limitée (ou la diminution dans le cas de l'Afrique du Sud) des revenus des matières premières des pays producteurs avec les bénéfices des principaux groupes miniers, on comprend à qui la flambée des quantités et des prix des matières premières ces dernières années a profité en premier lieu (voir tableau 3, page ci-contre).

Les exemples prometteurs du Botswana et de la Bolivie

Le rôle des «diamants de sang» dans le financement de la guerre civile au Sierra Leone souligne à quel point ces pierres précieuses peuvent engendrer la corruption, les ravages et la mort. L'exemple du Botswana montre toutefois que cette manière d'exploiter les ressources naturelles – avec toutes ses conséquences néfastes – n'est pas une fatalité. Comme le Sierra Leone, le sol de ce pays d'Afrique australe dépourvu d'accès à la mer recèle des diamants en grandes quantités. Entre 2000 et 2007, ces pierres précieuses ont généré 70 % des revenus d'exportation et 44 % des recettes publiques du Botswana. Depuis leur découverte dans les années 1960, les diamants sont exploités par Debswana, une *joint-venture* appartenant conjointement à la société De Beers et au gouvernement botswanais. Les recettes issues de l'extraction des diamants sont partagées entre

---

397   Cité in: Christian Aid 2007, p. 5.

TABLEAU 3

AUGMENTATION DES RECETTES PUBLIQUES VS
BÉNÉFICES DES SOCIÉTÉS EXTRACTIVES

Pays/Société	Matière première	Évolution des recettes publiques provenant de l'extraction minière 2002-2004/5	Augmentation du bénéfice brut 2002-2004/5	Augmentation du bénéfice net 2002-2004/5
Ghana	Or	30%		
Tanzanie	Or	40%		
Zambie	Cuivre	1,7%		
Afrique du Sud	Or, nickel, platine	-62%		
BHP Billiton	Or, nickel		211%	251%
Glencore	Cuivre, charbon, nickel, étain, zinc		319%	403%
Inco	Nickel		163%	243%
Newmont Mining	Or		392%	282%
Rio Tinto	Cuivre		458%	812%

Sources : Christian Aid 2007, p. 9 et p. 11 ; Glencore, rapports annuels.

des royalties (10%), un impôt sur les bénéfices (35%) et les dividendes versés par Debswana. Le Botswana détient en outre 15% des parts de la maison mère De Beers et profite aussi par ce biais-là du commerce des diamants.[398]

L'exemple bolivien montre également qu'il est possible de revenir sur les faveurs concédées dans des situations d'urgence aux multinationales

---

[398] Christian Aid 2007. p. 8.

étrangères. Comme beaucoup d'autres pays, cet État des Andes avait privatisé ses compagnies pétrolières publiques en 1996. Parallèlement, le taux des royalties sur les gisements de pétrole et de gaz naturel avait été abaissé de 50 % à 18 % et celui de l'impôt sur les bénéfices à 25 %. En mai 2005, après de violentes protestations ayant poussé à la démission le président à l'origine des privatisations, Gonzalo Sánchez de Lozada, le gouvernement bolivien a décrété une nouvelle loi. Comme les contrats existants empêchaient une hausse des taux de royalties, un impôt spécial sur les bénéfices de 32 % a été instauré. La Bolivie perçoit ainsi les mêmes recettes qu'avant la baisse des royalties. Les grands groupes comme BP, Exxon, Repsol ou British Gas ont bien menacé haut et fort de quitter le pays, mais ils sont toujours présents en Bolivie.

Le gouvernement d'Evo Morales, arrivé au pouvoir un an plus tard, est allé encore plus loin. Le nouveau président a en effet renégocié l'ensemble des contrats passés avec des compagnies étrangères, et l'entreprise publique Yacimientos Petrolíferos Fiscales Bolivianos (YPFB) a pris le contrôle de toutes les phases de développement, d'extraction et de commercialisation du pétrole et du gaz boliviens. Comme par le passé, une moitié des revenus alimente les caisses de l'État. L'autre n'est exigible qu'à hauteur de 30 % maximum par la société extractive pour couvrir ses coûts de production, et les 20 % restants sont partagés entre l'État et ladite société étrangère. Rapportées au revenu national brut, les recettes de la Bolivie issues de la vente du pétrole et du gaz ont passé de 5,6 % à 24 % entre 2004 et 2008.[399] Le Brésil a beaucoup contribué à la réussite de cette politique contre les puissants groupes pétroliers. Sur ordre du président Lula da Silva, l'entreprise brésilienne semi-publique Petrobras a en effet accepté les nouvelles conditions boliviennes, rendant ainsi impossible tout front commun des sociétés extractives contre le gouvernement Morales.

Le lobbying de l'industrie extractive fait échouer les réformes

Par le passé, les pays producteurs de matières premières ont généralement pu profiter des phases de forte fluctuation des prix des matières premières pour augmenter leur part de la rente extractive. Cela devrait se

---

399 Weissbrot-Ray-Johnston 2009, p. 13 sq.; Oxfam 2009, p. 22 sq.; Christian Aid 2009b, p. 31.

reproduire cette fois, tout au moins dans le domaine du pétrole, comme l'illustrent les cas du Venezuela et de l'Équateur. Dans les secteurs des métaux et des minerais, cette augmentation est d'autant plus nécessaire que la part de la rente dont les pays producteurs bénéficient est encore plus basse que pour le pétrole. Et les prix de marché élevés des métaux laissent une marge plus importante. Certaines réglementations nationales en vigueur dans l'industrie minière rendent toutefois difficiles de telles réformes. Les clauses de stabilité, par exemple, assurent aux compagnies que leurs impôts et leurs redevances n'augmenteront pas. En mai 2005, les sociétés extractives étrangères actives au Pérou ont invoqué de telles clauses pour refuser de payer les royalties réintroduites à 3 % (au lieu de 1 %) par le gouvernement péruvien. En réaction, celui-ci a introduit l'impôt spécial de 32 % sur les bénéfices, dont il a été question précédemment. La perte enregistrée par l'État entre 2004 et 2006 s'élève à plus de 350 millions de dollars. À lui seul, le refus de paiement de Tintaya, filiale d'Xstrata, a coûté quelque 30 millions de dollars au Pérou.[400] Souvent, des accords internationaux de protection des investissements ne permettent pas non plus aux pays en développement d'augmenter leurs impôts ou leurs redevances. Et ces accords contiennent bien souvent des clauses permettant aux compagnies qui s'estimeraient lésées par une telle hausse de recourir en justice.

L'exemple de l'Australie montre que même les gouvernements des pays industrialisés peinent à s'imposer face aux puissantes *mining majors*. Lorsque, en 2010, le Premier ministre Kevin Rudd a annoncé vouloir introduire un taux d'imposition spécial de 40 % sur les bénéfices exceptionnellement élevés des géants des matières premières (*Ressource Super Profits Tax* ou «taxe sur les superprofits»), les firmes minières – dont Xstrata – ont menacé de riposter en prononçant un boycott collectif des investissements. Des projets d'une valeur approximative de 186 milliards de dollars auraient été suspendus, et les lobbyistes ont mis en garde le gouvernement contre les licenciements massifs et la faillite de la branche que la taxe risquait de provoquer. La pression de l'industrie minière est un élément décisif pour expliquer la chute de Rudd et son remplacement par Julia Gillard, issue du même parti que lui. À peine aux commandes, Gillard a mis un terme aux projets de réformes fiscales lancés par son prédécesseur.

---

400 Christian Aid 2009b, pp. 16-22.

Lorsque l'État s'oppose à sa population: causes et conséquences de la malédiction des matières premières

Teodoro Obiang Nguema Mangue, dit «Teodorín», a allongé 35 millions de dollars pour acheter sa villa à Malibu, l'une des régions les plus luxueuses de la Californie. La propriété comprend une grande piscine, plusieurs courts de tennis, un terrain de golf, des places de parking en nombre suffisant pour les différentes voitures de luxe de Teodorín et un parc de six hectares avec vue imprenable sur la mer. Touchant officiellement un salaire annuel de 60 000 dollars, ce fier propriétaire aurait dû travailler plus de 583 ans pour s'offrir cette demeure digne d'un prince. Ces siècles de labeur lui ont toutefois été épargnés, puisque Teodorín est le fils et le successeur potentiel de Teodoro Obiang Nguema Mbasogo, président de la Guinée-Équatoriale depuis 1979, dont la fortune est estimée par le magazine américain *Forbes* à 600 millions de dollars, ce qui fait de lui l'un des chefs d'État les plus riches du monde.

Si Obiang père a pu amasser une telle richesse, c'est grâce aux revenus pétroliers qui coulent à flots dans son fief. Depuis la découverte de pétrole au large des côtes de Guinée-Équatoriale, au début des années 1990, ce pays d'Afrique centrale comptant 650 000 habitants est en effet devenu le quatrième plus grand exportateur de brut du continent.

Glencore a aussi voulu profiter de ce petit miracle économique. Par le biais de sa filiale Glencore Exploration (EG) Ltd, la multinationale zougoise détient une participation minoritaire dans le champ d'Aseng, où des gisements prometteurs de pétrole et de gaz naturel ont été découverts à 945 mètres sous la mer. Au cours des deux ou trois prochaines années, Glencore prévoit d'investir près de 800 millions de dollars pour la prospection.

Un pays aussi riche que l'Italie,
un gouvernement aussi corrompu que la Mafia
Obiang Nguema est arrivé au pouvoir en 1979 par un coup d'État sanglant. En novembre 2009, il a été réélu pour six ans avec 95% des suffrages. Freedom House, un *think tank* américain, dénonce des élections truquées et insiste sur le caractère antidémocratique du régime Obiang: droits de réunion et d'association limités, liberté de la presse bafouée et justice aux ordres.[401] Plusieurs organisations de défense des droits

---

401   Freedom House 2010, p. 10.

humains ont dénoncé la corruption endémique et le népotisme chronique dont le président et son entourage usent et abusent afin de se maintenir au pouvoir. Les membres de la famille présidentielle possèdent plusieurs entreprises nationales, parmi lesquelles l'unique chaîne de télévision du pays, et occupent différents postes au sein des ministères. Les membres du gouvernement d'Obiang Nguema ont déposé plus de 2 milliards de dollars dans des banques privées à l'étranger. Lorsque le Sénat américain a remarqué des transactions suspectes à hauteur de 100 millions de dollars et ouvert une enquête, des douzaines de comptes, souvent enregistrés sous des noms de personnes faisant partie de l'entourage du président ont été découverts.[402] Le président et sa famille pouvaient accéder directement à cet argent. Sur les 180 pays classés selon l'indice de perception de la corruption de Transparency International, la Guinée-Équatoriale occupe la 168ᵉ place.

Depuis la découverte des gisements de pétrole dans la baie de Guinée, le produit intérieur brut (PIB) de la Guinée-Équatoriale a été multiplié par 50. Les revenus pétroliers représentent plus de 85 % du PIB et, en 2007, ils ont amené 4,8 milliards de dollars dans les caisses publiques, si bien que le PIB par habitant guinéen en parité des pouvoirs d'achat est désormais identique à celui de l'Italie. Pourtant, le pays n'occupe que la 118ᵉ place (sur 169) de l'indice de développement humain (IDH) du Programme des Nations Unies pour le développement. De tous les pays du monde, la Guinée-Équatoriale est celui où la différence entre PIB et classement IDH est la plus grande. De toute évidence, si la fortune du clan Obiang a explosé du fait de la rente pétrolière, plus du trois quarts des habitants vivent toujours au-dessous du seuil de pauvreté. La Guinée-Équatoriale est donc un exemple parfait pour illustrer l'importance de la seconde dimension de la répartition de la rente extractive des matières premières, celle opposant l'État, ou plus précisément les gouvernants, à leur population.

Rien d'étonnant si une part importante de la population des pays riches en ressources naturelles perçoit cette richesse comme une malédiction, même si la plupart d'entre eux n'ont jamais eu connaissance de la thèse de la « malédiction des ressources ». Ce concept a été utilisé dès 1993 par Richard Auty pour décrire les mécanismes conduisant fréquemment les États riches en matières premières à l'instabilité politique et à des modes de

---

402 Taylor 2008, p. 4.

gouvernement autocratiques où le pouvoir est accaparé par une élite dirigeante kleptocratique.[403] Un tel manque de bonne gouvernance engendre
des abus sociaux et économiques dont la population souffre pendant que
les élites du pays et les multinationales des matières premières s'enrichissent
sans vergogne.

Plus le sol est riche, plus la population est pauvre

De nombreux pays pauvres possèdent d'importants gisements de ressources naturelles. On a longtemps pensé que l'exploitation de ces
matières premières minérales et fossiles non renouvelables permettrait à
ces pays d'accéder à la prospérité. Depuis les années 1990, de nombreuses
études ont toutefois montré que les richesses naturelles ne riment que
rarement avec le développement économique, mais qu'elles génèrent au
contraire des taux de croissance faibles, tout en engendrant de profondes
inégalités, une corruption accrue, des régimes autoritaires, d'importantes dépenses militaires et des conflits armés.[404] Entre 1965 et 1998, le
PIB par habitant des pays membres de l'OPEP a ainsi baissé en moyenne
de 1,3 % par an.

Corruption et mauvaise gestion
Lors de la présentation du classement 2004 de l'indice de perception de
la corruption, Peter Eigen, alors président de Transparency International,
expliquait: «Comme le montre l'Indice de perceptions de la corruption
2004, les pays riches en pétrole comme l'Angola, l'Azerbaïdjan, l'Équateur, l'Indonésie, l'Iran, l'Irak, le Kazakhstan, la Libye, le Nigeria, la Russie, le Soudan, le Tchad, le Venezuela et le Yémen affichent tous des scores
extrêmement bas. Dans ces pays, l'attribution de marchés publics dans
le secteur pétrolier est corrodée par la disparition des revenus qui aboutissent dans les poches des dirigeants de sociétés pétrolières occidentales,
d'intermédiaires et de fonctionnaires locaux.»[405] Comme la Guinée-
Équatoriale évoquée plus haut, l'exemple du Nigeria illustre parfaite-

---

403 Auty 1993.
404 Pour un aperçu des recherches empiriques et théoriques sur la malédiction des ressources, cf. van der Ploeg 2006.
405 Transparency International 2004, p. 2.

ment ce phénomène. En moins de quatre ans à la tête de ce pays riche en pétrole, le général Sani Abacha et sa famille ont détourné quelque 3 milliards de dollars, dont une grande partie s'est retrouvée sur des comptes en Suisse. Les banques n'ont pas été les seules à aider Abacha à piller son pays : Halliburton, une société prestataire de services dans l'industrie pétrolière, a avoué en 2003 que sa filiale Kellogg Brown & Root (KBR) avait soudoyé des fonctionnaires nigérians – à hauteur de 2,4 millions de dollars environ – pour obtenir des avantages fiscaux.[406]

Le problème de la corruption est également présent dans les pays riches en minerais. Les secteurs de l'or, des diamants ou de la bauxite génèrent aussi des rentes élevées et ressemblent dès lors à celui du pétrole. Par conséquent, le produit des impôts sur les sociétés et sur les exportations est important, de même que les bénéfices des entreprises minières publiques, ce qui favorise la corruption et une mauvaise gestion. À cela s'ajoutent souvent les pots-de-vin non négligeables versés par les multinationales. En matière de corruption, soit lorsque quelqu'un abuse de son pouvoir à des fins d'enrichissement personnel, les gagnants se comptent généralement sur les doigts de la main. Les perdants sont quant à eux très nombreux. La concentration du pouvoir détenue par les élites gouvernementales et le déficit de contrôle démocratique auxquels ces élites sont soumises ont des conséquences particulièrement catastrophiques pour les couches les plus pauvres de la population.

Autocrates et kleptocrates

Les pays très dépendants du secteur des matières premières sont généralement moins démocratiques que les pays où la base économique est plus diversifiée.[407] Deux raisons expliquent ce phénomène. Tout d'abord, les recettes importantes générées par les matières premières permettent aux gouvernements de maintenir un faible taux d'imposition. Ainsi, la population est moins encline à revendiquer davantage de transparence au gouvernement sur l'usage des ressources publiques, puisque, apparement, ce n'est pas son argent. En parallèle, les profits tirés des matières premières permettent des dépenses publiques suffisamment généreuses pour atténuer la tendance générale à revendiquer davantage de démocratie. Deuxièmement, si les caisses de l'État sont bien remplies, les gouvernements

---

406   Oxfam 2009, p. 22.
407   Ross 2001.

des pays riches en matières premières sont en mesure d'acheter les mouvements d'opposition ou de les réprimer grâce à un dispositif sécuritaire de haut vol. L'affaire de l'oléoduc Tchad-Cameroun illustre bien la façon dont les régimes autoritaires des pays riches en matières premières parviennent à se mettre en scène face à leur population et leurs partenaires internationaux.

Tchad : sans volonté politique, pas de rédemption

En juin 2000, la Banque mondiale annonçait en fanfare la construction d'un oléoduc de 1076 kilomètres de long destiné à acheminer le pétrole du sud du Tchad jusqu'à la côte camérounaise. «Il s'agit d'un projet modèle de développement durable qui va libérer la population tchadienne de la misère», expliquait alors l'un de ses représentants. Ce projet de développement était en son temps le plus grand jamais réalisé sur le continent africain, et la Banque mondiale avait cru bon de lui conférer un label de qualité attestant du respect de multiples normes sociales et environnementales. Et ce en dépit des critiques et réserves émises d'emblée, en particulier sur le fait que ni le gouvernement ni la société tchadienne n'étaient assez armés pour administrer correctement cette manne financière. Selon les auteurs de ces critiques, le Tchad avait besoin de plus de temps pour développer les compétences nécessaires. Et ces craintes étaient justifiées, puisque onze ans après le début du projet, son bilan est bien maigre. Des points de vue technique et financier, tout s'est déroulé comme prévu. Avec un débit de 170 000 à 200 000 barils par jour, l'oléoduc fait jaillir le pétrole tchadien dans des quantités excédant même les estimations initiales. Depuis le début des exportations de pétrole, en 2003, jusqu'en 2008, l'oléoduc a rapporté plus de 4,3 milliards de dollars au gouvernement tchadien. Paradoxalement, le Tchad a perdu dix places dans le classement de l'indice de développement humain depuis la mise en service de l'oléoduc, et le pays figure toujours parmi les moins développés du monde (à la 175e position sur 182 en 2010). Après une évaluation détaillée du projet, la Banque mondiale elle-même a conclu sans équivoque que «l'objectif de développement fondamental [...] était de réduire la pauvreté au Tchad et d'améliorer la gouvernance en tirant le meilleur parti possible des revenus pétroliers, et ce d'une manière écologiquement et socialement viable. En dépit de la réussite du projet d'oléoduc sur le plan technique et financier, qui est en grande partie liée au niveau élevé des prix pétroliers, cet objectif fondamental n'a pas été atteint ».[408]

Il est difficile d'expliquer cet échec, tant les conditions paraissaient optimales pour un investissement de cette envergure dans le secteur pétrolier d'un pays en développement. En adoptant une loi spécifique (la « loi 001 »), le gouvernement du Tchad avait accepté un plan de gestion détaillé des revenus pétroliers – du jamais vu ! – selon lequel 10 % des recettes devaient alimenter un fonds pour les générations futures et 90 % seraient versés à la Banque centrale du pays. 80 % de cette dernière somme devaient être affectés aux secteurs prioritaires de la santé, de la formation et du développement rural, 5 % aux investissements dans la région d'extraction autour de la ville de Doba, où une commission était chargée de les administrer. Les 15 % restants devaient servir aux dépenses ordinaires de l'État. Mais en janvier 2006 déjà, le président Idriss Déby a cassé cet accord passé avec la Banque mondiale et le fonds pour les générations futures a été supprimé. Si les 5 % alloués à la région d'extraction demeuraient en théorie, la part affectée aux dépenses ordinaires de l'État était augmentée à 30 %. Puis, la sécurité a été ajoutée à la liste des secteurs prioritaires. Après avoir protesté, la Banque mondiale a finalement accepté cette nouvelle répartition. L'exploitant du pipeline, le consortium pétrolier Esso-Petronas-Chevron n'a rien fait non plus pour défendre les accords d'origine.

Depuis, Déby et son entourage contrôlent et manipulent le commerce du pétrole à leur gré. Une part croissante des revenus pétroliers alimente le système mis en place par le président pour maintenir son pouvoir, un système alliant manigances et patronage politique. À ceci s'ajoute la militarisation croissante du pays. D'après l'institut de recherche pour la paix (SIPRI), les importations d'armes entre 2004 et 2008 ont été cinq fois plus élevées qu'avant le boom pétrolier (de 1999 à 2003).

Grâce aux importants profits générés par le commerce du pétrole, le gouvernement a pu rembourser, en mars 2008, les crédits octroyés par la Banque mondiale. Cette dernière a accepté ce remboursement avant de jeter l'éponge et de se retirer du Tchad en toute discrétion. La société civile, qui se battait depuis le début du projet pour que les accords d'origine soient respectés, a ainsi perdu son principal allié. Depuis, le rachat des concessions tchadiennes du groupe pétrolier genevois Cliveden par

---

408 Groupe d'Évaluation Indépendant 2009, p. 8.

la compagnie pétrolière chinoise China National Petroleum Corporation (CNPC), numéro huit mondial du commerce du pétrole et du gaz, n'a pas contribué à accroître les espoirs d'une meilleure gouvernance au Tchad.

Aujourd'hui, les belles paroles d'antan semblent bien cyniques. Au sud du Tchad, là où se trouvent les gisements, 70 % de la population – soit plus que la moyenne nationale – vit sous le seuil de pauvreté de 330 dollars par an. Les 5 % des revenus pétroliers destinés à la région d'extraction arrivent au compte-gouttes, avant d'être gaspillés dans des projets démesurés, tels que la construction d'un complexe sportif à Doba, coûtant 4,7 millions de dollars.[409] « Le chef de l'État ordonne, nous exécutons »[410], a déclaré à ce sujet le coordinateur de la commission des 5 %.

Les richesses naturelles : principal facteur de conflit armé

Une étude d'Oxford démontre que le risque de guerre civile est bien plus élevé dans les pays riches en matières premières que dans les pays qui en sont dépourvus.[411] D'après les auteurs de ce rapport, les matières premières sont le principal facteur de conflit armé au sein d'une communauté, avant même les causes historiques, géographiques ou ethniques.

Le conflit des diamants de sang, au Sierra Leone, est sans aucun doute l'un des exemples les plus brutaux de cette triste réalité. Dans les années 1980, le pouvoir en place a perdu tout contrôle sur les groupes armés qui surveillaient l'extraction dans les mines de diamants. Le conflit a ensuite dégénéré au début des années 1990, lorsque les rebelles, soutenus par Charles Taylor, le futur président du Libéria, inculpé en 2006 par le Tribunal spécial pour le Sierra Leone, ont plongé le pays dans la terreur. Avec les dollars provenant de la vente des diamants, les troupes rebelles achetaient des armes de dernière génération, grâce auxquelles elles sont presque parvenues à renverser le gouvernement. Ce conflit a coûté la vie à 50 000 personnes et fait reculer le développement du Sierra Leone de plusieurs dizaines d'années.

Il existe de nombreux autres exemples attestant du lien entre la richesse d'un pays en matières premières et les conflits violents qui le déchirent (lire chapitre 15). Les luttes pour les ressources naturelles sévissent également dans les pays d'Amérique latine – en particulier dans les régions

---

409   Miankeol 2010, p. 18.
410   Frank-Guesnet 2010, p. 33. Lire aussi pages suivantes et p. 44.
411   Collier-Hoeffler 2004.

périphériques de l'Amazonie – même si la dépendance aux matières premières n'est pas aussi prononcée que sur le continent africain. En 2009, les tribus autochtones du Pérou ont ainsi bloqué les voies d'accès à leurs territoires pour protester contre les lois visant à autoriser l'exploitation des ressources dans ces régions par les groupes miniers et pétroliers. Cette opposition sanglante a fait la une des journaux du monde entier et le gouvernement de Lima a fini par abroger ces lois.

Paupérisation et renforcement des inégalités sociales

Le fait que la grande majorité de la population d'un pays ne profite pas de ses ressources naturelles s'explique en partie par les facteurs exposés plus haut. La corruption et la mauvaise gestion favorisent quelques privilégiés au détriment du plus grand nombre et les régimes autoritaires empêchent les couches défavorisées de lutter pour un meilleur niveau de vie. L'exemple du Sierra Leone montre que les conflits armés sont catastrophiques pour les habitants et pour le développement d'un pays. En plus de ces mécanismes – et souvent en lien direct avec eux –, l'extraction des ressources conduit à des déplacements (forcés) de populations et à des destructions de l'environnement privant souvent les communautés concernées des éléments naturels essentiels à leur existence. L'exemple du Nigeria montre clairement qu'en dépit de la richesse d'un pays en matières premières, la majorité de sa population peut continuer à vivre dans une misère rendue encore plus patente par l'accroissement des différences sociales. Alors qu'au Nigeria, les revenus pétroliers par habitant ont presque été multipliés par dix entre 1970 et 2000, le PIB par habitant a stagné, si bien que le pays s'est retrouvé en l'an 2000 parmi les 15 pays les plus pauvres de la planète. Dans cette même période, le nombre de Nigérians vivant dans une situation d'extrême pauvreté (c'est-à-dire disposant de moins d'un dollar par jour) a explosé, passant de 19 à 90 millions de personnes (36 à 70 % de la population). L'inégalité entre riches et pauvres s'est aussi terriblement accentuée. Alors qu'en 1970, les 2 % d'habitants les plus riches gagnaient autant que les 17 % les plus pauvres, les 2 % les plus riches gagnaient autant que les 55 % les plus pauvres en 2000.[412]

---

412 Sala-i-Martin et Subramanian 2003.

La « maladie hollandaise » ou le cercle vicieux des ressources naturelles
Le concept de « maladie hollandaise » a été développé pour décrire le paradoxe économique dans lequel les Pays-Bas ont été plongés à la fin des années 1970, après la découverte de gisements de gaz en mer du Nord. Les revenus provenant de l'exportation de cette ressource naturelle poussaient le florin hollandais à la hausse, ce qui induisait automatiquement un renchérissement des exportations des autres secteurs économiques, des produits agricoles, des biens industriels et des prestations de services, et une perte de compétitivité sur les marchés internationaux. Cet effet paradoxal était encore renforcé par le niveau élevé des salaires versés dans l'industrie des matières premières, qui exerçait une pression à la hausse sur les salaires usuels dans les autres domaines d'exportation.[413]

D'une façon ou d'une autre, les symptômes de la « maladie hollandaise » frappent tous les pays riches en ressources naturelles. L'affaiblissement des autres secteurs d'activité risque de conférer un poids économique croissant à l'industrie extractive, qui affaiblit encore les autres secteurs économiques. Ce cercle vicieux s'accompagne souvent d'une hausse du chômage, car les salariés perdant leur emploi ne peuvent en retrouver un dans le secteur des matières premières, intensif en capitaux, mais pas en main-d'œuvre. Les pays producteurs ne disposent généralement pas d'activités industrielles ou de services liés, en amont ou en aval, à l'activité extractive qui permettraient à ces secteurs de profiter de la chaîne de valeur dans un plus large spectre.

La dépendance croissante aux richesses naturelles nationales est une conséquence directe de la « maladie hollandaise », qui rend les pays riches en matières premières particulièrement sensibles aux fluctuations parfois extrêmes de leurs prix (lire chapitre 3). Cette volatilité des prix se répercute directement sur la stabilité générale de l'économie, une dynamique rendant les processus budgétaires et les décisions d'investissement très difficiles. Souvent, les choses se passent malheureusement ainsi : lorsque les prix des matières premières sont élevés et que les revenus qui en découlent sont conséquents, les gouvernements tendent à se lancer dans des investissements peu judicieux. À l'inverse, lorsque les prix sont bas, l'argent manque pour financer les dépenses, même les plus nécessaires.

De plus, les gouvernements des pays riches en matières premières ont tendance à s'endetter fortement. La revalorisation de la monnaie natio-

413   Bardt 2005.

nale (l'un des symptômes de la «maladie hollandaise») rend les crédits étrangers intéressants, puisque le montant des intérêts à livrer baisse en monnaie nationale. La tentation de contracter des dettes est d'autant plus grande pour les pays riches en ressources naturelles que celles-ci sont considérées comme des garanties de solvabilité, assurant un accès facilité aux marchés internationaux des capitaux. Mais dès que les prix des matières premières baissent, la monnaie nationale se dévalue et les pays manquent de moyens pour rembourser des emprunts devenus soudain bien plus onéreux.

Matières premières maudites ou conditions cadres démentes ?

L'ODI, institut anglais pour le développement, a calculé que huit pays africains – l'Angola, la Guinée-Équatoriale, le Tchad, le Congo-Brazzaville, le Nigeria et le Soudan – disposent ensemble d'assez de moyens provenant de l'extraction minière pour atteindre les objectifs du millénaire pour le développement (OMD) fixés par l'ONU.[414] Ces États comptent pourtant parmi les plus pauvres du continent et sont à mille lieues des OMD. Deux tiers des habitants de la planète vivent dans des pays riches en matières premières.[415]

La malédiction des matières premières n'est pas une fiction, ou une affabulation d'académiciens. Les responsables politiques des pays riches en matières premières sont donc confrontés à des enjeux immenses lorsqu'il s'agit de la vaincre et d'assurer une existence décente et un relatif bien-être à leur population. Certes, les tentatives pour y parvenir se sont bien souvent soldées par des échecs. Mais quelques succès prouvent néanmoins que la malédiction des ressources n'est pas une fatalité.

En résumé

La problématique de la répartition de la rente des matières premières se décline en deux dimensions. La première est la répartition de cette rente entre le pays producteur et les entreprises extractives privées, le plus souvent des multinationales étrangères. La seconde est le partage de cette rente entre les gouvernements et la population des pays producteurs. Dans

---

414   ODI 2006.
415   Revenue Watch Institute 2010, p. 4.

l'industrie minière, le pays producteur ne perçoit généralement qu'une infime part de la rente, si bien que les moyens pour assurer le développement économique et social manquent. Les pays producteurs de pétrole perçoivent un pourcentage plus conséquent de la rente, mais ces revenus ne sont généralement pas redistribués à la population, ni investis dans des projets de développement.

Dans un contexte général marqué par l'opacité et le manque de contrôle démocratique, les gouvernements et les géants des matières premières ont tendance à faire cause commune, ce qui nuit encore davantage à la population et plus particulièrement aux communautés directement concernées par l'extraction.

Les multinationales doivent partager la rente des matières premières de façon plus équitable. C'est à elles de s'assurer que les dirigeants politiques, avec qui elles savent si bien faire des affaires, répartissent ensuite cette rente d'une façon équitable pour la population des pays où elles s'installent, et c'est à elles de faire jouer leur influence dans les questions de bonne gouvernance. Les sociétés doivent refuser la corruption, s'abstenir de faire des affaires avec des gouvernements bafouant les principes élémentaires de la démocratie et agir en toute transparence.

Le partage inégal de la rente n'a rien d'inéluctable. S'il affiche une volonté politique claire, et qu'il est bien soutenu, le gouvernement d'un pays en développement ou d'un pays émergent peut tenir tête aux multinationales. À l'inverse, une population disposant des moyens nécessaires et dotée d'une société civile bien organisée peut faire pression sur un gouvernement pour que la rente des matières premières serve à améliorer son niveau de vie et à soutenir le développement, au lieu de l'entraver.

Chapitre 18

COMMENT ROMPRE LA MALÉDICTION ?

«La logique était saine, puis la réalité s'en est mêlée.»[416] C'est par cette remarque un brin cynique que la Banque mondiale dressait, en novembre 2009, le bilan du projet Tchad-Cameroun (lire chapitre 17). Certes, l'évolution au Tchad est typique d'un pays en développement riche en matières premières, mais elle n'est pas une fatalité pour autant. On l'a vu plus haut, certains pays, comme la Bolivie et le Botswana, ont pu conjurer la malédiction des matières premières, un exercice certes difficile, mais loin d'être impossible.

Personne ne conteste ouvertement les droits universels. Comme le premier article du Pacte international relatif aux droits civils et politiques affirme que les peuples sont propriétaires des richesses naturelles de leur pays, personne ne contestera non plus qu'ils devraient être les premiers bénéficiaires des profits tirés de l'extraction de leurs richesses minières. Pourtant, la réalité est tout autre. Pour lutter efficacement contre cette injustice, il convient d'agir sur deux plans. D'une part, il faut contrebalancer les causes macroéconomiques de la malédiction des ressources naturelles par des initiatives économiques et politiques – des mesures fiscales, notamment. D'autre part, le contexte sociopolitique des lieux d'extraction doit être modifié en encourageant la transparence, en promouvant l'amélioration de la gouvernance et en développant la responsabilité des entreprises.

---

416 Independent Evaluation Group 2009, p. viii.

Jusqu'à présent, aucune initiative internationale convaincante n'a tenté d'améliorer la position politique des pays producteurs face aux principaux pays consommateurs, c'est-à-dire les pays développés qui hébergent les groupes miniers et commerciaux. Pourtant, le déséquilibre entre les premiers et les seconds est frappant.

L'opacité des accords miniers : la clé de l'injustice

Lorsque le Mozambique a voulu négocier différents contrats de licence d'exploration et d'extraction, le secrétaire d'État chargé de l'affaire s'est retrouvé face à une vingtaine de juristes et de scientifiques d'un consortium financier international. En mars 2011, lors d'une consultation du Bundestag, le parlement allemand, Peter Eigen, ancien président de l'Initiative de transparence dans les industries extractives (ITIE) et fondateur de l'ONG Transparency International affirmait que des contrats signés dans de telles conditions étaient «injustes par nature». En particulier dans le domaine de l'extraction minière, de nombreux pays en développement ne parviennent pas à conclure de bonnes affaires. Le manque de personnel qualifié, et des ressources financières nécessaires à l'engagement de tels employés, est l'une des raisons principales de cette faiblesse.

À ceci s'ajoute l'opacité extrême entourant les affaires que les multinationales de l'extraction concluent avec des pays en développement. Les contrats signés dans ce domaine font presque figure de secrets d'États. La coalition d'ONG Publiez ce que vous payez (*Publish what you pay* – PWYP) demande depuis longtemps la publication des licences d'extraction et des concessions. Les entreprises et les gouvernements s'y opposent, prétextant qu'un tel degré de transparence irait à l'encontre du secret d'affaire et des clauses de confidentialité. La situation semble tout de même évoluer un peu. Ainsi la Guinée, le Libéria, l'Équateur, le Pérou, la Bolivie, le Timor oriental et l'Azerbaïdjan ont décidé de publier l'ensemble des contrats conclus avec des compagnies extractives. Au Niger, la transparence des contrats est même inscrite dans la Constitution, adoptée en référendum à la fin de l'année 2010.

Bonne gouvernance et autres antidotes

La liste des remèdes politico-économiques proposés pour lutter contre la malédiction des matières premières est longue. À l'inverse, celle des pays en développement ayant réussi à les mettre en pratique est courte. Nous avons déjà évoqué précédemment l'exemple du Botswana, un pays qui comptait parmi les plus pauvres de la planète et qui a réussi à devenir une démocratie relativement stable, où le niveau de vie est realtivement élevé grâce à ses riches gisements de diamants (lire chapitre 17). La constitution de fonds de stabilisation ou de fonds destinés aux générations futures peut garantir que les revenus provenant de gisements limités – et donc un jour épuisés – soient bien affectés à l'élaboration de stratégies de développement à long terme. Le fonds souverain pétrolier norvégien, le *Norwegian Government Petroleum Fund* en est un très bon exemple. Ces réserves d'argent jouent le rôle de stabilisateurs économiques – notamment parce qu'elles cassent les liens politiques entre les revenus volatils issus de l'extraction des ressources naturelles et les dépenses publiques. Si de tels fonds sont placés sous la responsabilité de dirigeants indépendants, ils conservent une part de la rente des matières premières hors d'atteinte du gouvernement et permettent ainsi de réduire le potentiel de conflits intragouvernementaux.

Mais les économistes du développement ont encore d'autres remèdes à proposer pour guérir les États frappés par la malédiction des matières premières. Les États pourraient ralentir volontairement l'extraction des matières premières ou même y renoncer (*No Go Policy* – «politique de renoncement») pour développer en premier lieu les secteurs de l'agriculture et de la production. Parmi les autres remèdes proposés, retenons :

– Les politiques de change, c'est-à-dire les politiques visant à diminuer l'appréciation de la monnaie nationale due aux exportations de matières premières, afin de protéger la compétitivité des autres secteurs économiques.

– Les politiques de stimulation visant à développer les secteurs de production pour profiter davantage de la demande des sociétés extractives en biens et prestations de services.

– Tous les efforts entrepris afin d'obtenir de meilleures conditions lors de la conclusion des contrats signés entre les États et les compagnies minières afin d'augmenter les recettes publiques des pays producteurs.

Une chose est sûre, aucun plan d'action économique ou fiscal ne peut fonctionner sans une volonté politique affirmée et des institutions publiques fortes. Pour que la société civile locale puisse avoir un rôle à jouer, la transparence des contrats, la participation politique de la population et l'obligation pour les entreprises de rendre des comptes sont décisifs.[417] En résumé, les changements dans ce domaine sont indissociables d'une bonne gouvernance. Cette notion primordiale ne vise pas seulement les gouvernements des pays producteurs, mais aussi les relations faites de connivence intéressée qu'ils entretiennent souvent avec les sociétés extractives. Les compagnies pétrolières et minières profitent tout autant, voire davantage, de la situation que les gouvernements. Elles sont donc tout aussi responsables des conséquences de l'exploitation des matières premières que les instances politiques des pays dans lesquels elles interviennent.

La transparence comme nouveau modèle d'affaires

« Il faut se réveiller. Nous sommes dans l'ère de WikiLeaks. Aujourd'hui, tout est révélé au grand jour et nous sommes tous tout nus. Voulez-vous être les Moubaraks de demain ? »[418] Voilà comment, en mai 2011, l'entrepreneur soudanais Mo Ibrahim a appelé les responsables gouvernementaux, ainsi que les dirigeants des compagnies minières et de négoce, à rompre l'opacité qui est de mise dans le domaine du pétrole et de l'extraction minière. Tout comme les secteurs banquier et financier, l'industrie des matières premières se caractérise en effet par des structures opaques et ses affaires regorgent de *deals* obscurs. Les cachotteries font partie intégrante de son modèle d'affaires, en Suisse comme dans les pays producteurs. Dans de nombreux pays riches en matières premières, la teneur des contrats, le montant des recettes publiques issues des exportations de ressources naturelles et l'affectation de ces revenus sont soigneusement dissimulés.

Cette opacité engendre la corruption, le clientélisme et elle ouvre la porte à la mauvaise gouvernance. Mais le temps où les sociétés de négoce de matières premières pouvaient comploter dans les officines du pouvoir des pays producteurs pourrait toucher à sa fin. Sous l'impulsion d'un

---

417   Kabemba 2008 ; Karl 2006, p. 256 sqq.
418   Notes de l'auteur prises lors de la 5ᵉ Conférence ITIE, Paris, 2.3.2011.

réseau mondial d'organismes de contrôle (*watchdogs*), parmi lesquels des ONG comme Global Witness et Revenue Watch, plusieurs initiatives ont été lancées au cours des dix dernières années afin de forcer les multinationales et les institutions publiques à assumer leurs responsabilités dans ce domaine. Ces réseaux peuvent compter sur un large soutien – de la société civile jusqu'à des institutions politiques en passant par des entreprises – et mobiliser divers outils visant à obtenir que les richesses naturelles profitent aussi à l'avenir aux populations des pays producteurs.

Les premières initiatives de ce style ont émergé en Angola, un pays déchiré de longue date par une guerre civile. Même si le sous-sol regorge de diamants et de pétrole, une part importante de la population vit dans une extrême pauvreté. En 1999, puis en 2002, l'ONG Global Witness a publié deux rapports illustrant le rôle peu glorieux joué par les géants des matières premières et les banques dans la guerre civile angolaise et les conséquences désastreuses de la corruption.[419] Ces rapports révélaient que, chaque année, des milliards de dollars disparaissaient dans la poche des élites angolaises, alors que la population souffrait de la famine. Figurant sur la liste des protagonistes de l'Angolagate, la Société de Banque Suisse et Glencore étaient aussi impliquées dans ce scandale. Peu après, BP a proposé de publier ce qu'elle payait au gouvernement de l'Angola. Invoquant une «violation de contrat», la compagnie pétrolière publique angolaise Sonangol a menacé de destituer BP de ses droits de forage et la *major* britannique a retiré sa proposition. Cette décision a suscité beaucoup de remous sur la scène internationale. En outre, elle a permis d'accroître l'intérêt porté aux problèmes de corruption dans le secteur extractif et de complicité des multinationales du pétrole. À la même époque, en juin 2002, la coalition d'ONG Publiez ce que vous payez (Publish what you pay – PWYP) a été créée avec le soutien crucial du financier George Soros. Cette vaste alliance regroupe aujourd'hui plus de 600 organisations dans plus de 50 pays.[420] En l'espace de dix ans, elle a réussi à inscrire à l'agenda politique un sujet jusqu'alors classé secret d'État dans de nombreux pays.[421]

L'idée à la base de Publish what you pay est simple : les entreprises de l'industrie extractive doivent publier ce qu'elles paient aux États dont

---

419 Global Witness 1999 ; Global Witness 2002.

420 Associations suisses membres de PWYP: Aktion Finanzplatz, Pain pour le Prochain, Déclaration de Berne, Action de Carême, Swissaid, Transparency International Suisse.

421 Van Oranje-Parham 2009.

elles exploitent les matières premières, c'est-à-dire déclarer combien elles versent d'impôts, de redevances et de taxes par pays et par «projets». Cette pratique permettrait aux populations concernées d'interpeller leur gouvernement quant à l'utilisation de ces sommes. Plus les finances publiques et les comptes des entreprises sont transparents, moins il est aisé de dissimuler la corruption. Plus les flux monétaires et le partage des revenus d'exportation de matières premières sont transparents, moins la tentation est grande de se frayer un chemin en force vers les caisses dorées de l'État. Mais comment atteindre ces objectifs? On distingue deux voies principales: d'un côté des initiatives volontaires, de l'autre des réglementations juridiques, c'est-à-dire des lois. Les discussions autour des avantages et des inconvénients de ces deux alternatives ont largement animé les débats sur la transparence au cours des dix dernières années.

Vers une régulation plus sévère aux États-Unis

C'était une proposition indécente. En 2009, les conseillers de Mouammar Kadhafi ont exigé des compagnies pétrolières étrangères actives en Libye qu'elles s'acquittent du milliard et demi de dollars que le pays était censé payer à titre de dédommagement aux victimes de l'attentat de Lockerbie, perpétré par Kadhafi. La plupart des grandes firmes ont refusé mais, selon le *New York Times*, quelques sociétés plus petites auraient accepté.[422] Bien évidemment, aucun nom n'a été dévoilé. En revanche, l'intérêt pour ces questions a permis de révéler que, en 2008, l'entreprise californienne Occidental Petroleum Corporation (OPC) avait versé un milliard de dollars au dictateur libyen pour la signature d'un contrat à long terme. Toujours d'après le *New York Times*, Kadhafi aurait encaissé des dizaines de milliards de dollars en espèces dans des affaires de pétrole – cet argent, avec lequel il aurait payé, au printemps 2011, ses mercenaires pour partir en guerre contre son propre peuple. De son côté, l'OPC exerce une très forte pression contre une loi adoptée à l'été 2010 obligeant les sociétés de négoce de matières premières cotées en Bourse aux États-Unis à publier leurs paiements aux gouvernements étrangers. Elle estime qu'une telle loi nuit à la compétitivité des firmes concernées. En revanche, le fait que les milliards qu'elle verse servent à financer la

---

422 *New York Times*, 24.3.2011.

répression contre les mouvements de lutte pour la démocratie ne semble pas lui importer beaucoup.

Cet exemple montre que les États autocratiques comme la Libye n'ont que faire des accords volontaires. Les seules solutions valables passent par le recours à des lois sur la transparence et à des sanctions, que la coalition Publish what you pay préconise d'ailleurs plutôt que les accords à l'amiable, susceptibles d'être instrumentalisés à des fins de correction d'image par la branche pétrolière et minière. Les directives légales obligatoires présentent en outre l'intérêt d'établir des conditions uniformes pour tous les acteurs du secteur, ce qui devrait en théorie favoriser l'industrie extractive dans son ensemble. Le fait de légiférer suscite aussi des débats publics et confère une forte légitimité démocratique aux mesures décidées.

Dans le domaine des lois favorisant la transparence, un pas important a été franchi avec l'adoption aux États-Unis, en juillet 2010, d'un texte visant à réformer les marchés financiers. Il s'agit de la loi Dodd-Frank (*Dodd-Frank Wall Street Reform and Consumer Protection Act*). Cette loi novatrice oblige les sociétés pétrolières, gazières et minières cotées aux Bourses américaines à déclarer les paiements qu'elles effectuent dans les pays de production. Cette loi, dont l'application relève de la SEC, l'organisme fédéral américain de réglementation et de contrôle des marchés financiers, s'applique même pour chaque «projet». Elle concerne 90 % des plus importantes entreprises pétrolières et gazières au monde et huit des dix plus grandes compagnies minières cotées en Bourse. À l'heure où nous bouclons la rédaction de ce livre, la lutte autour des dispositions d'exécution de cette loi est ardente et ses effets restent donc encore impossibles à estimer. Les points les plus controversés résident dans la définition exacte de la notion de «projet», dans le niveau d'agrégation des paiements à publier et dans la question des exceptions pouvant ou non être accordées lorsque les législations des pays producteurs interdisent explicitement la publication de telles informations. Les ONG craignent que, dans certains pays, les gouvernements adoptent ce type de loi a posteriori afin de contourner les directives américaines.

La loi Dodd-Frank fait tache d'huile

Il n'est pas encore possible de savoir quelles seront les conséquences de cette nouvelle réglementation, puisque les firmes ne devront s'y plier que lors de l'élaboration de leurs rapports d'activité pour l'année 2012. Toutefois cette loi a d'ores et déjà contribué à mettre sous pression les autres pays et marchés financiers, qui semblent désormais enclins à suivre le modèle américain. En octobre 2011, le commissaire au marché intérieur de l'UE, Michel Barnier, a présenté les propositions de la Commission européenne pour modifier les directives comptables de l'UE, en faveur de davantage de transparence. A certains égards, ces propositions vont même plus loin qu'aux USA. Elles concernent également les firmes actives dans l'exploitation forestière et ne sont pas destinées aux seules sociétés cotées en bourse, mais à l'ensemble des entreprises extractives, qui devraient désormais déclarer tous leurs paiements à des gouvernements liés à l'exploitation de pétrole, de gaz ou de matières premières minérales. La position de la Grande-Bretagne dans les négociations actuelles est décisive, puisque la majorité des actions de tous les géants européens des matières premières – dont celles des colosses helvétiques Glencore et Xstrata – sont négociées à la Bourse de Londres (59%, selon un chiffre datant de mars 2011, soit deux mois avant l'entrée en bourse de Glencore).

Annoncée par Barnier, la révision de la directive européenne sur les obligations de transparence des sociétés cotées avait déjà été soutenue par le Parlement européen. Selon celui-ci, «la Commission devrait exercer une pression sur le Bureau des standards comptables internationaux (IASB) pour que la norme correspondante soit développée le plus rapidement possible».[423] Le Parlement européen fait ici référence à un autre processus en cours, celui de la révision probable des normes comptables internationales (connues dans la branche sous le terme de normes internationales d'information financière – ou en anglais *International Financial Reporting Standards* – IFRS). Une première proposition est déjà à l'étude.[424] Un projet à ce propos a été présenté en avril 2010. Au cours de la procédure de consultation lancée à ce sujet, la Banque mondiale, ainsi que des investisseurs de renom, se sont exprimés en faveur de l'introduction des directives de transparence pour chaque pays.[425] L'IASB a cependant décidé dans l'intervalle d'effectuer une pause dans le processus de révision. Certaines compa-

---

423 www.europarl.europa.eu/sides/getDoc.do?pubRef=-//EP//TEXT+TA+P7-TA-2011-0082+0+DOC+XML+V0//FR.

424 Les IFRS sont aujourd'hui les normes comptables standards pour les entreprises de 110 pays, en premier lieu au sein de l'UE. Ces standards sont également appliqués en Suisse, tant du point de vue du droit comptable que de la réglementation appliquée aux entreprises cotées en Bourse.

425 www.ifrs.org/Current+Projects/IASB+Projects/Extractive+Activities/Summary.html.

gnies extractives comme Statoil (Norvège), Talisman Energy (Canada) ou Newmont Mining (États-Unis) ont néanmoins compris que le vent tournait et publient déjà leur comptabilité par pays. Et des géants miniers comme Barrick Gold ou AngloGold Ashanti se sont engagés avec véhémence en faveur d'une transparence maximale lors des débats sur la loi Dodd-Frank. Quant aux investisseurs, ils apprécient les informations désormais disponibles sur les activités des entreprises dans des pays souvent politiquement instables. Selon Paul Bugala, analyste auprès de la société américaine d'investissement Calvert Asset Management, les directives de transparence permettent enfin aux investisseurs d'estimer et de comparer les risques de régulation et les risques fiscaux par pays.[426] Un constat contredisant l'affirmation selon laquelle la transparence nuirait à la compétitivité.

La Suisse en voie de devenir un paradis de la (non-)régulation
Il n'y a qu'en Suisse où la situation n'évolue pas. Pourtant, l'adoption d'une comptabilité ventilée par pays – *country-by-country reporting* (CBCR) – a été proposée par la conseillère nationale Susanne Leutenegger Oberholzer (PS/ Bâle-Campagne) lors de la révision du droit comptable à la fin de l'année 2010. Cette proposition de minorité rejetée aurait obligé toutes les multinationales établies en Suisse à dévoiler leurs chiffres d'affaires, leurs bénéfices et leurs factures fiscales pays par pays. Les autorités suisses ont également répondu de manière dilatoire à une interpellation déposée à ce sujet en 2010 par la conseillère nationale Chiara Simoneschi (PDC/Tessin). Le concept de CBCR, initié par le Réseau mondial pour la justice fiscale (Tax Justice Network), intègre en plus de «publiez ce que vous payez» l'idée de «publiez où vous gagnez». En clair, les multinationales doivent dévoiler le lieu proprement dit de la création de valeur. Si ce principe était adopté, les opérations de prix de transfert et les transferts de bénéfices destinés à la soustraction d'impôts (lire chapitre 14) pourraient être facilement identifiés. Mais en Suisse, ces propositions se sont heurtées à l'opposition de la majorité bourgeoise. Même le secrétariat d'État à l'Économie (SECO), en charge de la prise de position sur la révision des normes internationales d'information financière, a affirmé que la ventilation par pays n'était pas applicable.[427] Et la Suisse risque une fois de plus de devenir un paradis de la non-régulation pour les sociétés opaques.

---

426 www.calvert.com/NRC/literature/documents/10003.pdf.
427 IFRS pour les industries extractives. Réponse du SECO à la coalition suisse de PWYP, 31.8.2010.

Les initiatives volontaires : un premier pas dans la bonne direction

La campagne Publiez ce que vous payez a joué un rôle de locomotive. Premier ministre du Royaume-Uni au moment de son lancement, Tony Blair a su prendre le train en marche. À l'automne 2002, lors du Sommet mondial sur le développement durable de Johannesbourg, Blair a lancé l'Initiative de transparence des industries extractives (ITIE) qui, à l'instar de Publiez ce que vous payez, réunit les entreprises, les gouvernements et la société civile à une même table. L'adhésion d'un pays à l'ITIE signifie l'obligation pour toutes les compagnies pétrolières, gazières et minières installées sur son territoire de déclarer l'ensemble de leurs paiements aux autorités. Un rapport confronte ensuite publiquement ces données aux recettes de l'État et les différences doivent être expliquées, dans la mesure du possible. Une fois que le pays a franchi avec succès les 20 étapes de mise en pratique du processus, le conseil d'administration d'ITIE, composé paritairement de représentants des gouvernements, de l'industrie et de la société civile, déclare ce pays « conforme à l'ITIE ».

Aujourd'hui, l'ITIE est soutenue par plus de 50 géants pétroliers et miniers, dont Glencore et Xstrata, et 80 investisseurs, représentant ensemble une fortune globale de 16 000 milliards de dollars. En Suisse, l'initiative ne dispose pourtant que de rares partenaires : la Fondation Ethos, la fondation Guilé, la banque Sarasin et le réassureur Swiss Re. La Confédération soutient l'ITIE par l'intermédiaire du SECO, qui alimente chaque année le Fonds multidonateurs du PNUD, principale source financière de l'initiative. Depuis 2011, le SECO contribue aussi, à hauteur de 5 millions de francs suisses par an, au fonds créé par le FMI en 2010, sous l'appellation Trust Fund on Managing Natural Resource Wealth. Ce fonds œuvre pour davantage de transparence dans les flux monétaires et pour une affectation judicieuse des revenus des matières premières (voir schéma 1, ci-contre).[428]

En juin 2011, 10 États (Azerbaïdjan, Ghana, Yémen, Kirghizstan, Libéria, Mongolie, Niger, Nigeria, Norvège, Timor oriental, République centrafricaine) ont été jugés conformes à l'ITIE ; 24 autres, africains pour la plupart, sont candidats et proche de la validation. En outre, 24 pays riches en ressources naturelles ont publié leurs revenus et plus de 150 sociétés ont déclaré leurs paiements pour un montant total de plus de 550 milliards de dollars.

---

428   FMI, Communiqué de presse N° 10/497, 16.12.2010.

PAYS PARTICIPANT À L'INITIATIVE DE TRANSPARENCE

DES INDUSTRIES EXTRACTIVES (ITIE)

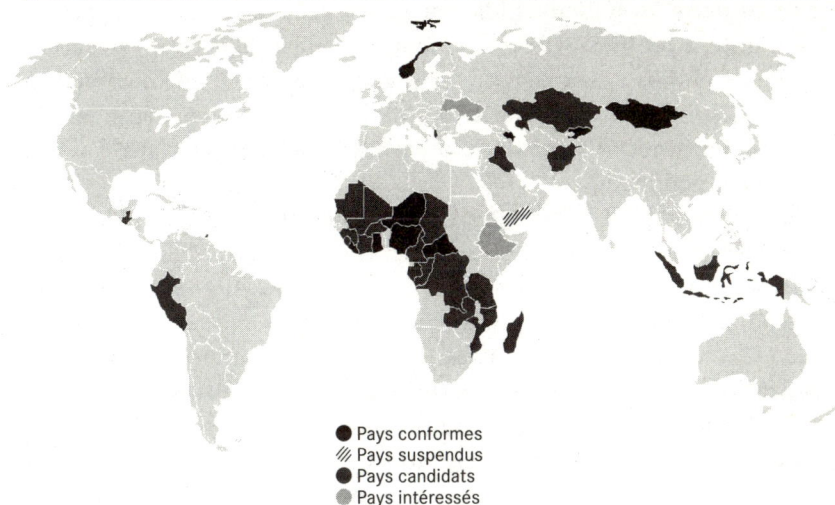

● Pays conformes
/// Pays suspendus
● Pays candidats
● Pays intéressés

Source : www.eiti.org/implementingcountries

Ces informations révèlent des différences considérables. Au Nigeria, par exemple, l'écart entre les sommes déclarées par les entreprises (bonus de signature, dividendes, intérêts) et celles encaissées par le gouvernement en 2005 était d'environ 300 millions de dollars. Difficile de savoir où est passé cet argent. Il en va de même pour les 17 millions de dollars déclarés dans le rapport ITIE de la Tanzanie comme transférés par les sociétés de négoce de matières premières entre juillet 2008 et juin 2009, mais qui paraissent – officiellement du moins – ne jamais être arrivés dans les caisses du gouvernement.[429] Au Ghana, au Libéria, au Nigeria, en Sierra Leone, en Norvège et en Mongolie, la rédaction de rapports conformes aux critères de l'ITIE est désormais ancrée dans la loi.

Pour l'heure, celui qui désire juger des effets concrets de l'ITIE ne dispose que des estimations publiées à ce sujet par les acteurs concernés.[430] L'un des principaux effets positifs de l'ITIE semble être l'amélioration du dialogue entre la population, les représentants des gouvernements et les

429 The Hart Group 2011.
430 Feldt-Müller 2011.

entreprises. L'ITIE a créé une plateforme d'échange d'informations et de discussion permettant d'instaurer un climat de confiance entre ces différents acteurs. Dans les pays où l'État de droit est faible, l'initiative protège en outre les militants. Elle encourage par ailleurs la participation politique. Le conflit suscité par l'oléoduc tchadien auquel nous avons fait référence plus haut (lire chapitre 17) a donné naissance à de nombreuses ONG, désormais actives pour exiger davantage de transparence dans le secteur du négoce des matières premières, parfois aussi dans d'autres domaines politiques.

Cependant, l'ITIE n'est pas exempte de points faibles, parmi lesquels figure en premier lieu l'absence de sanctions lorsqu'un gouvernement ou une entreprise enfreint les règles – hormis l'exclusion de l'ITIE. Rien d'étonnant donc à ce que l'industrie pétrolière et minière ait toujours préféré cette initiative volontaire à toute autre législation contraignante. Autre faiblesse, la qualité et la pertinence très irrégulières des rapports ITIE. Enfin, l'ITIE ne fait que donner des informations sur des flux de paiements, excluant l'examen des processus en amont (par exemple, les processus d'attribution des licences et des contrats). Eddie Rich, vice-président du Secrétariat de l'ITIE à Oslo, pointe un autre aspect tout aussi délicat : « La transparence est importante, mais sans la responsabilité elle n'est rien ». En d'autres termes, le fait que les recettes publiques issues des matières premières soient publiées au grand jour ne signifie pas pour autant que ces fonds sont affectés correctement dans le cadre d'une politique de développement – c'est-à-dire pour diminuer la pauvreté et améliorer les conditions de vie dans les pays riches en ressources naturelles.

Lutte contre les diamants du sang : l'origine des processus de certification et leurs limites

Les matières premières sont depuis toujours à l'origine de conflits armés, engendrés par les luttes violentes pour le contrôle des gisements. Depuis le « Grand Jeu » opposant les empires russes et britanniques en Afghanistan jusqu'aux interventions américaines en Irak, l'histoire mondiale est coutumière de tels affrontements, souvent motivés par le contrôle du pétrole. À l'échelle régionale et nationale, l'intensité de ces conflits va de l'instabilité politique (au Niger, par exemple), aux guerres civiles sanglantes (au Libéria, en Angola ou en RDC) en passant par les oppositions armées récurrentes (comme au Tchad). Les guerres civiles pour le contrôle du très lucratif commerce de diamants sont nombreuses. De plus, le diamant possède l'avantage d'être facile à transporter. En 1998, le Conseil de sécurité de l'ONU a interdit l'exportation de diamants à l'Union nationale pour l'indépendance totale de l'Angola (Unita). Mais l'Unita a ignoré cette décision et les principaux pays producteurs de diamants se sont réunis, au printemps 2000 à Kimberley, en Afrique du Sud, pour tenter de régler le problème. De cette rencontre est né le processus de Kimberley, un système de certification du diamant soutenu aujourd'hui par 75 États, dont la Suisse, censé prévenir les conflits liés au commerce de diamants. Les États adhérents au processus de Kimberley doivent décréter des lois nécessaires au respect de normes définies et mettre en place un système de contrôle douanier pour la certification des diamants bruts. Ils n'ont en outre pas le droit de pratiquer le négoce de diamants avec des pays non-membres du processus.

Même s'il a permis d'enregistrer certaines avancées, les failles de ce processus de certification sont nombreuses. La Sierra Leone, la RDC, la Côte d'Ivoire et le Zimbabwe en ont transgressé les règles en toute impunité. Le manque d'organes de contrôle indépendants et l'absence de mécanismes de sanction rendent problématique la lutte contre la contrebande, le blanchiment d'argent et les atteintes aux droits humains. Le Zimbabwe fait encore partie du processus de Kimberley, alors que l'armée du pays a tué plus de 200 travailleurs dans les gisements de diamants de Marange. En signe de protestation, l'ONG spécialisée dans la lutte contre la corruption Global Witness a renoncé à son statut d'observateur. Les systèmes de garanties volontaires pour la certification des diamants taillés destinés à la bijouterie sont eux aussi lacunaires, puisque les contrôles indépendants des chaînes d'approvisionnement sont rares. Pour les consommatrices et les consommateurs, il n'est toujours pas possible de s'assurer qu'un diamant acheté chez un bijoutier provient d'une zone exempte de conflit. En outre, le processus de Kimberley vise seulement à éviter le commerce des diamants du sang. Les questions des conditions de travail, des flux de paiements, du développement durable et du respect des droits humains ne sont pas prises en compte. L'initiative Diamond Development Initiative International (DDII) ou le Responsible Jewellery Council entendent remédier à ces problèmes en s'engageant pour un partage plus équitable des revenus issus de l'extraction et du commerce des diamants et pour le respect des standards sociaux et écologiques minimums.

Malheureusement, le sang des hommes n'éclabousse pas seulement les colliers en diamants et les alliances en or, mais d'autres marchandises encore, dont il est plus difficile de se passer : les téléphones portables, les ordinateurs portables et tous les appareils électroniques contenant du coltan (colombite-tantalite). La RDC détient plus de 80 % des réserves mondiales de ce minerai noir, et la lutte pour cette matière première est l'un des principaux moteurs d'un conflit qui a déjà fait six millions de morts au cœur de l'Afrique, le plus grand bain de sang depuis la Deuxième Guerre mondiale. Et cette guerre dure toujours. L'adoption de la loi Dodd-Frank, en juillet 2010, a aussi marqué un pas important dans le combat contre les conséquences mortelles de l'exploitation du coltan, du zinc, du tungstène et de l'or. Désormais, les sociétés cotées en Bourse aux États-Unis commercialisant des produits contenant l'un de ces quatre métaux sensibles doivent indiquer chaque année dans un rapport si ces matières premières proviennent de la RDC ou d'un pays limitrophe. Ici aussi, la SEC, le gendarme boursier américain, n'a pas encore arrêté les dispositions d'exécution de cet article de loi, si bien que ses effets concrets ne sont pas clairs. Garantir que des matières premières sont « exemptes de conflit » ne sera pourtant pas facile et pourrait contraindre certaines sociétés ou leurs fournisseurs à se retirer de la région des Grands Lacs.[431]

Le Ministère de la « Terre-Mère » : les politiques pionnières de l'Équateur et de la Bolivie

La réserve naturelle de Yasuni, un des berceaux de la biodiversité mondiale, se trouve au cœur de la forêt vierge amazonienne équatoriale. On trouve ici plus d'espèces d'arbres dans un hectare de forêt tropicale que dans toute l'Amérique du Nord. Seule ombre au tableau, cette zone arboricole plonge ses racines dans une terre sous laquelle se trouvent de belles réserves de pétrole : 846 millions de barils pour être précis, soit 20 % des

---

431 www.mineweb.com/mineweb/view/mineweb/en/page72068?oid=122632&sn=Detail &pid=72068.

réserves totales de l'Équateur. En août 2010, le président Raffael Correa a transformé Yasuni en champ d'expérimentation à grande échelle. Il a proposé de renoncer à l'exploitation du pétrole si la communauté internationale se déclarait disposée à payer 3,6 milliards de dollars à l'Équateur, soit environ la moitié de ce que l'extraction du pétrole rapporterait au petit pays sud-américain. Cet argent alimenterait un fonds destiné à financer en premier lieu le développement des énergies renouvelables et des projets de reforestation. Dans un premier temps, l'Allemagne a soutenu ce projet, avant de se retirer. Les autres pays industrialisés ou émergents ont initialement fait preuve de retenue, au point que Correa ait menacé d'enterrer son projet si le fonds n'était pas parvenu à réunir 100 millions avant la fin 2011. Le but a finalement été atteint, et Correa a déjà annoncé vouloir réunir 291 millions de dollars supplémentaires pendant les années 2012 et 2013. Pour l'heure, on ignore si la totalité de cette somme va finalement être versée. Il paraît également très difficile de s'assurer que les futurs gouvernements de l'Équateur respecteront cette décision de ne pas exploiter les réserves de pétrole. Pour Rebeca Grynspan, vice-présidente du PNUD et cosignataire de l'accord avec le gouvernement équatorien, cette proposition n'en demeure pas moins «innovatrice et courageuse».

L'Équateur a inscrit un droit d'existence pour la nature dans sa Constitution en 2008. Une première mondiale. Cependant, ce droit abstrait n'a abouti à aucune loi concrète et n'a pas suffi à stopper l'activité destructrice des géants pétroliers en Amazonie. La Bolivie tente d'aller plus loin. En avril 2011, le gouvernement a soumis un projet de loi au Parlement sur «Les droits de la Terre-Mère» (*Ley de Derechos de la Madre Tierra*). Les onze droits fondamentaux énumérés dans ce texte comprennent le droit pour la Terre de ne pas être endommagée par des projets altérant l'équilibre des écosystèmes et des communautés locales.

Ce projet, élaboré par des mouvements sociaux, devrait être plébiscité par le Parlement. Une fois la loi entrée en vigueur, on s'attend à ce que le gouvernement bolivien crée un «ministère de la Terre-Mère» et désigne un ombudsman chargé de veiller à l'application de l'article constitutionnel. Le gouvernement a promis aux communautés indigènes qu'elles recevraient de nouvelles compétences pour assurer la surveillance et le contrôle des industries néfastes pour l'environnement.

L'opposition véhémente des compagnies minières et agrochimiques témoigne du potentiel de cette nouvelle loi pour limiter l'activité des industries actives dans le domaine des matières premières. Le gouvernement bolivien devra toutefois faire face à un enjeu de taille. À l'heure actuelle, plus de deux tiers des revenus d'exportation proviennent du commerce de minerais, de pétrole et de gaz. Le vice-président Álvaro García Linera n'en demeure pas moins convaincu que la Bolivie écrit aujourd'hui une page importante de l'Histoire, en définissant avec cette loi de la Terre-Mère une toute nouvelle relation entre l'homme et la nature.[432]

---

432 *The Guardian*, 10.4.2011.

Conclusion

CE QUI DOIT CHANGER

5 juillet 2007, rue du Rhône à Genève: le Conseil fédéral, présidé par l'ancienne directrice du Département des finances genevois, Micheline Calmy-Rey, se rend *in corpore* en course d'école chez Mercuria. Dans un communiqué de presse publié à cette occasion, les propriétaires de cette société expriment leur reconnaissance en ces termes: «Nous remercions le gouvernement suisse d'avoir su créer et préserver un climat économique, politique et juridique qui permet à des entreprises comme la nôtre de se développer et de contribuer au bien commun».

Comment la presse réagirait-elle si le Cabinet américain, Barack Obama en tête, allait prendre un café au 200, West Street de Manhattan, dans les bureaux de la banque d'affaires Goldman Sachs? L'affaire provoquerait une vague d'étonnement, puis très vite un tollé général. Rien de tel en terre helvétique, où l'on s'émerveille au contraire des mérites de cette symbiose réussie entre État et économie. Une telle attitude en dit long sur l'absence de sens critique des journalistes en Suisse, mais plus encore sur l'un des avantages principaux que ce pays offre aux négociants, à savoir un climat politique très tolérant envers les pratiques destructrices à l'échelle mondiale, pour autant que celles-ci profitent aux couches supérieures de la population helvétique. La rencontre de deux opportunismes, celui des prédateurs des matières premières et celui de la majorité politique de la Suisse, crée et entretient ce climat favorable aux pratiques néfastes et porte préjudice à la réputation de la Suisse. Les citoyens de ce pays ne devraient pas y rester insensibles.

Dans l'interview que nous avons menée avec lui (lire chapitre 16), le professeur de droit pénal Mark Pieth donne un exemple illustrant parfaitement les connivences parfois inconscientes – et par conséquent d'autant plus dangereuses – entre des ministres naïfs et des fonctionnaires complaisants d'une part, et des multinationales sans scrupule d'autre part. Il a suffi que le géant du négoce Glencore menace de quitter la Suisse pour que les sociétés de négoce de matières premières ne soient pas soumises à la Loi fédérale sur le blanchiment d'argent. Et ce, alors même que cette loi les mentionne explicitement. Comme pour bien d'autres forfaits décrits dans ce livre, on déplore en premier lieu le fait que de tels comportements ne soient pas (encore ?) considérés en Suisse comme problématiques.

Les populations du Sud : victimes collatérales du négoce

Outre leur capacité à profiter des conditions cadres helvétiques très favorables et leur récente croissance effrénée, les sociétés de négoce de matières premières installées en Suisse présentent plusieurs points communs. Le secteur du négoce est marqué par une tendance au renforcement de l'intégration verticale, et ce quel que soit le domaine considéré – pétrole, métaux, minerais, produits agricoles. Les traders pétroliers s'agrandissent en aval, en développant des sociétés de commercialisation (comme Trafigura en Afrique), ou en amont, en achetant des sociétés extractives. Encore spécialisée dans le négoce de matières premières au sens le plus strict, la petite Marc Rich & Co SA a donné naissance au géant Glencore, un groupe minier intégré et ultra-diversifié générant plus de la moitié de son chiffre d'affaires par son activité extractive et la transformation des ressources naturelles. Quant aux multinationales du négoce agricole, elles achètent ou louent des surfaces arables toujours plus étendues afin d'assurer l'approvisionnement de leurs propres unités de transformation.

Dans le domaine énergétique et dans celui des minerais, les sociétés de négoce sont en concurrence avec les groupes miniers et les géants du pétrole. Pour s'assurer une place au soleil à côté des *majors* pétrolières ou minières, les négociants sont prêts à prendre de gros risques et à s'aventurer là où nul autre ne veut aller. Même dans les limites des réglementations et des lois existantes, l'exploitation des matières premières est un commerce sensible et très souvent sordide, surtout lorsqu'il est réalisé avec des États faibles. Les mines, les puits de forage et les installations extractives représentent avant tout un danger pour les populations touchées par la malédiction des matières premières, c'est-à-dire les êtres humains qui ont eu la malchance de naître et de vivre là où les richesses naturelles se trouvent. Sans législation sociale et environnementale digne de ce nom, les comportements irresponsables des multinationales ont inévitablement des conséquences désastreuses pour les populations locales.

La Suisse : refuge des prédateurs

Le fait que les populations pauvres des pays regorgeant de matières premières ne profitent pas de leurs propres richesses naturelles n'est pas un risque, mais une triste réalité établie de longue date. Corruption systématique, pratique agressive de soustraction fiscale : au Sud comme à l'Est, les raisons de ce scandale sont connues. Le rôle dominant de Genève dans le négoce du pétrole de Russie et d'Asie centrale constitue un immense risque pour la bonne réputation de la Suisse au niveau international.

La disparition progressive des frontières séparant les sociétés de négoce de leurs financiers est également inquiétante. Certaines banques thésaurisent désormais des stocks physiques de matières premières et certains traders négocient des titres et des deals spéculatifs opaques, dont la finalité est à mille lieues de celle d'une opération de couverture. Les éléments suivants sont les plus problématiques :

– Glencore occupe une position tellement importante sur de nombreux marchés de matières premières et bénéficie de capacités de stockage telles qu'elle est en mesure de manipuler les prix, en créant artificiellement des pénuries ou, au contraire, en jetant ses stocks sur les marchés.

– Profitant des zones grises de la loi, les sociétés de négoce et leurs banques utilisent les informations privilégiées dont elles disposent par leurs activités de négoce pour spéculer sur les prix des matières premières.

– La Suisse risque de devenir une oasis où tout est permis dans ce domaine, alors que les efforts politiques internationaux destinés à maîtriser la volatilité et la hausse des prix des matières premières (des denrées alimentaires de base, en particulier) s'intensifient.

Juste injuste!

Le contraste saisissant entre la pauvreté des pays où les ressources naturelles abondent et la fortune de quelques multinationales suisses et de leurs propriétaires est à l'origine du présent ouvrage. Si l'existence de ce contraste était évidente bien avant la rédaction de ce livre, nous n'avons pris conscience de son ampleur qu'au fur et à mesure de nos recherches. Le PIB de chacun des 96 pays les pauvres de la planète est inférieur à ce que l'introduction en Bourse de Glencore a rapporté à ses six dirigeants. À long terme, notre société parviendra peut-être à se libérer de sa dépendance aux matières premières non renouvelables en provenance de l'hémisphère Sud. Selon les pronostics les plus optimistes, il faudra tout de même attendre encore quelques années. Or, il faut un changement rapide. Nous ne pouvons continuer à user et abuser des ressources naturelles des pays du Sud et à semer ainsi la désolation parce qu'une petite centaine de dirigeants d'entreprises s'enrichissent de manière indécente et que quelques cantons en profitent. Le partage inéquitable des revenus provenant de l'extraction des matières premières n'a rien d'inéluctable. Il faudra bien sûr changer les pratiques dans les pays producteurs afin de lutter contre la corruption, de partager les recettes de l'extraction de manière plus équitable entre les différentes couches de la population, de protéger les populations et l'environnement, d'utiliser la rente des matières premières pour lancer des projets de développement profitant au plus grand nombre. La Suisse a la responsabilité d'initier et d'accompagner de telles réformes.

Ce qui doit changer au niveau des entreprises

Les grands groupes de négoce de matières premières suisses ou opérant depuis la Suisse doivent prendre au sérieux et assumer leurs responsabilités en matière de respect des droits humains. Avec l'entrée en vigueur, en juin 2011, des recommandations de l'ONU pour le respect des droits humains par les entreprises multinationales, celles-ci doivent désormais élaborer et mettre en œuvre des directives, des mesures et des processus permettant de contrôler les répercussions de leurs activités sur les droits humains (*human rights due diligence*). Par ailleurs, les sociétés actives dans l'extraction de matières premières ne peuvent plus se contenter de respecter la législation environnementale locale, mais elles doivent appliquer les standards internationaux les plus stricts et prendre en considération les revendications des populations concernées. Dans les territoires où vivent des peuples indigènes, l'exploitation des ressources naturelles doit être interdite tant que ces peuples n'ont pas donné leur «consentement libre, préalable et éclairé», comme le stipule la Déclaration des Nations Unies sur les droits des peuples autochtones. Enfin, les sociétés de négoce et les fournisseurs suisses de matières premières doivent assurer une part équitable des revenus de l'extraction aux pays producteurs. Ils doivent par conséquent cesser d'avoir recours aux diverses astuces comptables destinées à minimiser leur charge fiscale et accepter de renégocier leurs royalties et leurs régimes fiscaux.

Ce qui doit changer à un niveau politique

La Suisse a besoin d'une stratégie valable et cohérente pour tous les domaines de la politique économique et de la politique extérieure. Celle-ci doit garantir que les sociétés suisses prennent au sérieux leurs responsabilités en matière de droits humains. La Suisse doit en outre rendre responsables des violations des droits humains qu'elles commettent et des dommages causés à l'environnement toutes les entités et les filiales des sociétés ayant un siège juridique ou des activités de gestion centralisées sur le territoire helvétique. La Suisse doit encore abroger les privilèges fiscaux cantonaux concédés aux holdings, aux sociétés de domicile et aux sociétés mixtes. Enfin, la Suisse doit empêcher que les entreprises utilisent leur siège ou leurs filiales suisses pour s'adonner à la soustraction fiscale au détriment des pays riches en matières premières. Pour ce faire, les changements suivants sont indispensables:
– Les sociétés de négoce de matières premières doivent être considérées comme des intermédiaires financiers et soumises à ce titre à la Loi fédérale sur le blanchiment d'argent.
– Les liens de propriété des sociétés doivent être publiés dans les registres cantonaux du commerce, afin qu'il soit possible de connaître les propriétaires ultimes de toutes les sociétés et l'ensemble de la chaîne de constructions juridiques placées entre eux et leurs entreprises.

– Toutes les sociétés, qu'elles soient cotées en Bourse ou non, doivent appliquer les principes du *country-by-country reporting*, soit publier les informations concernant leurs collaborateurs (coûts salariaux inclus), leurs chiffres d'affaires, leurs bénéfices, les coûts de leurs financements et leurs factures fiscales ventilées par filiales et par pays.

Ce n'est qu'une question de temps pour que l'ensemble du commerce des matières premières soit pointé du doigt. La Suisse, principale plaque tournante du négoce international, subira alors une pression internationale importante. Les directives résultant de l'acceptation de la loi Dodd-Frank aux États-Unis (lire chapitre 18) sont un pas important pour davantage de transparence financière dans ce domaine. À l'automne 2011, l'Union Européenne édictera des directives similaires. La Suisse devrait prendre au sérieux ces signaux d'alarme clairs et agir en conséquence, si elle ne veut pas devenir, une fois de plus, le paria de la communauté internationale. Il est encore temps de combler les lacunes de la régulation et d'imposer des pratiques éthiques et équitables dans le secteur des matières premières. Si elle y parvient à temps, la Suisse disposera à l'avenir d'avantages comparatifs dont elle n'aura plus à rougir.

BIBLIOGRAPHIE

Action for Southern Africa, Christian Aid, Scotland's aid agency, *Undermining development? Copper mining in Zambia*, 2007.

AMMANN, Daniel, *King of Oil: Vom mächtigsten Rohstoffhändler der Welt zum Gejagten der USA*, Zurich 2010.

Amnesty International Central Asia, *Summary of Human Rights Concerns*, janvier 2006-mars 2007, 2007.

André & Cie SA, *1877-1977, 100 ans d'activité, André & Cie SA Suisse-Atlantique, Société d'armement maritime SA*, Lausanne 1977.

ARA Association des Raffineurs Africains, *Presentation: Harmonization of fuel specifications in Africa – an ARA proposal*, 2008.

Australian Wheat Board (AWB), *Investor Fact Book*, Melbourne 2004.

AUTY, Richard, *Sustaining Development in Mineral Economies: The Resource Curse Thesis*, Londres 1993.

BAKER, Raymond W., *Capitalism's Achilles heel: Dirty Money and How to Renew the Free-Market System*, Hoboken 2005.

Banque européenne d'investissement, Projet Mopani Copper (communiqué de presse), 31.5.2011.

BARDT, Hubertus, «Rohstoffreichtum – Fluch oder Segen?», in: *IW-Trends, Vierteljahresschrift zur empirischen Wirtschaftsforschung*, 32, 1, 2005.

BBC, Defence: Trafigura Ltd and *BBC* in the British High Court of Justice, 2009.

BHAT, Ganapati, *Transfer pricing, tax havens and global governance*, Discussion Paper, Deutsches Institut für Entwicklungspolitik, 2009.

BLORE, Shawn, SMILLIE, Ian, *Taming the Resource Curse: Implementing the ICGRL Certification Mechanism for Conflict-prone Minerals*, Partenariat Afrique Canada, Ottawa 2011.

BMWFJ Bundesministerium für Wirtschaft, Familie und Jugend der Republik Österreich, *World Mining Data: Rohstoffproduktion*, Vienne 2011.

BNS Banque nationale suisse, *Statistique de la balance des paiements*.

BOADWAY, Robin, KEEN, Michael, «Theoretical perspectives on resource and tax design», in: DANIEL et al. 2010, pp. 13-74.

BOTT, Sandra, GUEX, Sébastien, ETEMAD, Bouda, *Les relations économiques entre la Suisse et l'Afrique du Sud durant l'apartheid (1945-1990)*, Lausanne 2005.

BP, *Statistical Review of World Energy*, 2010.

BRILL OLCOTT, Martha, *Kazakhstan: unfulfilled promise*, Washington D.C. 2002.

BUSH, Ray, «Food Riots: Poverty, Power and Protest», in: *Journal of Agrarian Change*, 10, janvier 2010, pp. 119-129.

CARLEN, Louis, «Introduction», in: CARLEN, Louis, IMBODEN, Gabriel (Éd.), *Wirtschaft des alpinen Raums im 17. Jahrhundert, Vorträge eines internationalen Symposiums*, Brigue 1988, pp. 5-13.

CARLEN, Louis, *Kaspar Jodok von Stockalper, Großunternehmer im 17. Jahrhundert* (Augsburger Universitätsreden 20), Augsburg 1991.

CD de l'économie suisse, Orell Füssli, Zurich 2010.

Christian Aid, *A rich seam: who benefits for rising commodity prices?*, 2007.

Christian Aid, *Death and taxes: The true toll of tax dodging*, 2008.

Christian Aid, *False profits: Robbing the poor to keep the rich tax-free*, 2009a.

Christian Aid, *Undermining the poor: mineral taxation reforms in Latin America*, 2009b.

CMR Gexcon, *Accident investigation following the Vest Tank explosion at Sløvåg*, 2008.

CNUCED Conférence des Nations unies pour le commerce et le développement, *Manuel de statistiques*, 2000.

CNUCED Conférence des Nations unies pour le commerce et le développement, *The Cocoa Study: Industry Structures and Competition*, New York, Genève 2008.

CNUCED, Conférence des Nations unies pour le commerce et le développement, *Review of Maritime Transport*, 2010a.

CNUCED, Conférence des Nations unies pour le commerce et le développement, *Manuel de statistiques*, 2010b.

CNUCED, Conférence des Nations unies pour le commerce et le développement, *Trade and Development Report 2009*, 2010c.

Cobalt Development Institute, *Cobalt News: The Cobalt Conference 2009 Report*, 9/3, 2009.

COBHAM, Alex, *Tax Havens, Illicit Flows and Developing Countries*, Manuscript, 2009.

COLLIER, Paul, HOEFFLER, Anke, « Greed and Grievance in Civil Wars », in: *Oxford Economic Papers*, 56, pp. 663-695, 2004.

COPETAS, Craig A., *Metal Men*, New York 1986.

COPETAS, Craig A., *Marc Rich: Handelsgenie oder Gesetzesbrecher? Eine unerwünschte Biographie*, Zurich 1996.

Cotton Incorporated, *Monthly Economic Letter: U.S. and Global Market Fundamentals*, février 2011.

CURTIS, Mark, LISSU, Tundu, *A Golden Opportunity? How Tanzania is Failing to Benefit from Gold Mining*, mars 2008.

DAGORN, René-Eric, « Le retour des émeutes de la faim », in: *Sciences humaines*, juillet 2008.

DANIEL, Philip, KEEN, Michael, MCPHERSON, Charles, *The Taxation of Petroleum and Minerals: Principles, Problems and Practice*, Chippenham 2010.

DAVID, Thomas, ETEMAD, Bouda, SCHAUFELBUEHL, Janick Marina, *La Suisse et l'esclavage des Noirs*, Lausanne 2005.

DE SCHUTTER, Olivier, *Food commodities speculation and food price crisis*, Briefing Note 2, septembre 2010.

DEBRUNNER, Hans-Werner, *Schweizer im kolonialen Afrika*, Bâle 1991.

Déclaration de Berne, Numéro spécial « Agropoly : Ces quelques multinationales qui contrôlent notre alimentation », *Solidaire*, N° 216, juin 2011.

Déclaration de Berne, Dossier « Banques et droits humains », *Solidaire*, N° 210, juin 2010.

Deutsche Bank, *Global Market Research: Glencore*, 6.6.2011.

DEJUNG, Christof, *An den Grenzen der Kaufmannskultur? Europäische Handelsfirmen in Asien während der Kolonialzeit*, Vortragsskript, Bielefeld, 2010.

ECCHR European Center for Constitutional and Human Rights, *Background Paper: Cotton Produced Through Forced Child Labour?*, OECD Complaints Filed by ECCHR and its Partner Organizations against European Cotton Dealers, Berlin 2010.

ECCHR European Center for Constitutional and Human Rights, *Beschwerde betreffend Verletzung der OECD-Leitsätze für multinationale Unternehmen gegen Paul Reinhart AG und ECOM Agroindustrial*, Bâle 2010.

ECCHR European Center for Constitutional and Human Rights, *OECD-Complaint against Louis Dreyfus Commodities Suisse S.A. for possible Violations of the OECD – Guidelines for Multinational Companies*, Bâle 2010.

ECOS European Council on Oil in Sudan, *Unpaid Debt: The Legacy of Lundin, Petronas and OMV in Block 5A, Sudan 1997-2003*, Utrecht 2010.

Energy Intelligence, «Top 50 Oil Companies», in: *Petroleum Intelligence Weekly*, 2010.

Environmental Justice Foundation und Uzbek-German Forum for Human Rights, *White Gold: Uzbekistan. A slave nation for our cotton?*, Londres 2010.

Ernst & Young et Geneva Trading and Shipping Association (GTSA), *Trading & Shipping in Geneva 2007 Survey*, Genève 2007.

Fässler, Hans, *Une Suisse esclavagiste: voyage dans un pays au-dessus de tout soupçon*, Paris 2007.

Feldt, Heidi, Müller, Axel, *We Talk About Petrol, Interim Assessment of the Extractive Industries Transparency Initiative (EITI) in the Central African Region*, mars 2011.

FIDH Fédération internationale des ligues des droits de l'Homme, *Entreprises et violations des droits de l'Homme: Un guide sur les recours existants à l'attention des victimes et ONGs*, 2010.

FMI Fonds Monétaire International, *Managing Natural Resource Wealth*, Topical Trust Fund Program Document, novembre 2010.

FMI Fonds Monétaire International, *Primary Commodity Prices*, 2011.

Franc, Andrea, *Wie die Schweiz zur Schokolade kam. Der Kakaohandel der Basler Handelsgesellschaft mit der Kolonie Goldküste (1893-1960)*, Bâle 2008.

Frank, Claudia, Guesnet, Lena, *We were promised development and all we got is misery: The Influence of Petroleum on Conflict Dynamics in Chad*, BICC brief 41, 2010.

Freedom House, *Worst of the worst 2010 : The world's most repressive societies*, 2010.

GEHRINGER, Pierre-Olivier, «Konzernfinanzierungsgesellschaften – Quo Vadis Standort Schweiz? Neupositionierung gegenüber dem Ausland notwendig – hausgemachte Probleme lösen», in : *L'Expert Comptable Suisse*, N° 4, 2008, pp. 242-255.

Gerechtshof 's-Gravenhage (Tribunal de 2ᵉ instance), Jugement LJN BQ1012, 12.4.2011.

Glencore, Rapports annuels, 2005-2010.

Glencore, Prospectus de base du 6.7.2004, 29.8.2007, 10.7.2009 et 21.06.2010.

Glencore, *Prospectus d'introduction en Bourse, Royaume-Uni*, 4.5.2011.

Glencore, *Prospectus d'introduction en Bourse, Hong-Kong*, 11.5.2011.

Global Financial Integrity, *The Implied Tax Revenue Loss from Trade Mispricing*, 2010.

Global Witness, *A Crude Awakening*, 1999.

Global Witness, *L'énigme du sphynx. Qu'est-il advenu de l'argent du pétrole congolais?*, 13.12.2005.

Global Witness, *Tous les hommes du président*, 2002.

Grant Thornton, Econ Pöyry, *Pilot Audit Report – Mopani Copper Mines Plc*, International Expert Team Report to the Commissioner Domestic Taxes, Zambia Revenue Authorities, 2010.

Groupe indépendant d'évaluation, *Appui du groupe de la Banque mondiale au Programme de développement pétrolier et d'oléoduc Tchad-Cameroun, Rapport d'évaluation rétrospective du programme*, novembre 2009.

GUEX, Sébastien, «The development of Swiss trading companies in the twentieth century», in : Jones GEOFFREY (Éd.), *The multinational traders*, London, New York 1998, pp. 150-172.

Guidelines for Multinational Companies, Bâle 2010.

Gunvor International BV, *Rapport d'activité 2009*, Amsterdam 2010.

GYGAX, David, *La Swiss-South African Association (1956-2000): un organe du capital helvétique en Afrique du Sud*, Fribourg 2001.

HAYUMBU, Patrick, ROBINS, Thomas G., KEY-SCHWARTZ, Rosa, «Cross-Sectional Silica Exposure Measurements at Two Zambian Copper Mines of Nkana and Mufulira», in : *International Journal of Environmental Research and Public Health*, 5, 2, 2008, pp. 86-90.

HELMER, John, *Roll Out The Barrell, at a 50-cent Premium – Gennady Timchenko's New Eastern Oil Trade Strategy*, Moscou 14.1.2010.

HOGAN, Lindsay, COLDSWORTHY, Brenton, «International mineral taxation: experience and issues», in: DANIEL et al. 2010, pp. 122-162.

House Committee on Ways and Means, *Present Law and Background Related to Possible Income Shifting and Transfer Pricing*, Scheduled for a Public Hearing Before the House Committee on Ways and Means, 22.7.2010.

House of Representatives, *Justice undone: Clemency decisions in the Clinton White House. Second report by the Committee on Government reform*, 2002.

Human Rights Watch, *Le fléau de l'or*, États-Unis 2005.

IBEANU, Okechukwu, *Rapport sur les conséquences néfastes des mouvements et déversements de produits et déchets toxiques et nocifs pour la jouissance des droits de l'homme, A/HRC/12/26/Add.2 – Additif: Mission en Côte d'Ivoire (du 4 au 8 août 2008) et aux Pays-Bas (du 26 au 28 novembre 2008)*, 2009.

IIC Independent Inquiry Committee into the United Nations Oil for Food Programme, *Manipulation of the Oil-For-Food Programme by the Iraqi Regime*, octobre 2005.

Independent Evaluation Group, *Evaluation of the Chad-Cameroon Oil and Pipeline Project*, novembre 2009.

IRWIN, Scott, SANDERS, Dwight and MERRIN, Robert, «Devil or Angel? The Role of Speculation in the recent Commodity Price Boom (and Bust)», in: *Journal of Agricultural and Applied Economics*, 41, 2, août 2009, pp. 377-391.

JOLY, Eva, *La force qui nous manque*, Paris, les Arènes, 2007.

KABEMBA, Claude, «The Search for Responses to the Resource Curse. Southern Africa Resource Watch», in: *Resource Insight*, 6, mai 2008.

KANDYOTY, Deniz (Éd.), *Was die Welt nicht sieht: Kinder-Zwangsarbeit im Baumwollsektor in Usbekistan*, School of Oriental and African Studies, Londres 2009.

KARL, Terry Lynn, «Ensuring Fairness. The Case for a Transparent Fiscal Social Contract», in: HUMPHREYS, Macartan, SACHS, Jeffrey, STIGLITZ, Joseph (Éd.), *Escaping the Resource Curse*, New York 2006.

KOLSTAD, Ivar et al., *Tackling Corruption in Oil Rich Countries: The Role of Transparency*, U4Brief, N° 3, février 2008.

KONONCZUK, Wojciech, *Making money on the crisis in Russia: the case of Gennady Timchenko*, OSW Commentary, 31, décembre 2009.

KONONCZUK, Wojciech, *The problems of (certain) traders of Russian oil*, Eastweek, 118, février 2008.

Kontaktstelle Wirtschaft Zug, *Zug: doing business*, 2010.

KPMG International, *KPMG's Corporate and Indirect Tax Survey*, 2010.

KREIS, Georg, *La Suisse et l'Afrique du Sud: 1948-1994. Rapport final du PNR 42+ réalisé sur mandat du Conseil fédéral*, Genève 2007.

Kurosawa BV [anciennement Louis Dreyfus Holding BV], *Rapport annuel 2009*, Rotterdam 2009.

Les Amis de la Terre France, *Projet Mopani (Zambie): l'Europe au cœur d'un scandale minier*, décembre 2010.

LEVY, Isaac, *ROQ Mining SPRL*, Présentation à la « Cobalt Conference 2009 », 2009.

LINDSTEDT, Catharina, NAURIN, Daniel, *Transparency and Corruption: The Conditional Significance of a Free Press*, QOG Working Paper Series, 5, Gothenberg 2005.

LUNGU, John, FRASER, Alastair, *For whom the windfall. Winners and losers in the privatization of Zambia's copper mines*, juillet 2009.

MASTERS, Michael and WHITE, Adam, *The Accidental Hunt Brothers – How Institutional Investors Are Driving Up Food And Energy Prices*, Special Report, 31.7.2008.

MASTERS, Michael, *Testimony of Michael W. Masters before the financial crisis inquiry commission*, 30.6.2010.

MEIENBERG, Nicolas, « Voyage au pays d'adoption de Marc Rich. Zoug: Silences SA », in: *L'Hebdo*, 2.8.1984, pp. 18-23.

Mercuria Energy Group Ltd, *Rapport annuel 2009*, Utrecht 2010.

MIANKEOL, Djeralar, *Pour une utilisation efficiente des 5% des revenus pétroliers*, Synthèse du rapport de l'étude, mars 2010.

MINTON, Treharne & Davies Ltd, *RE: Caustic Tank Washings, Abidjan, Ivory Coast* (« *Minton-Report* »), Londres 2006.

MultiWatch, *Nachhaltiger Bergbau durch Multis? Ein Dossier zum Schweizer Konzern Xstrata*, août 2010.

MWAMBWA, Saviour, GRIFFITHS, Aaron, KAHLER, Andreas, *A fool's paradise? Zambia's mining tax regime*, Centre for Trade Policy & Development, décembre 2010.

NAKHLE, Carole, « Petroleum fiscal regimes : evolution and challenges », in : DANIEL et al. 2010, pp. 89-121.

NRK Radio norvégienne, Rapport de Méthode : « Mitt skip er lastet med... », 2009.

ODI Overseas Development Institute, *Does the Sustained Global Demand for Oil, Gas and Minerals Mean That Africa Can Now Fund its Own MDG Financing Gap ?*, Briefing note 6, 2006.

OFS Office fédéral de la statistique, *Besoins matériels de la Suisse : Statistique suisse de l'environnement*, N° 14, Berne 2008.

OMI Organisation Maritime Internationale, *International Shipping and World Trade : Facts and Figures*, New York 2009.

ONU DAES Nations unies Département des affaires économiques et sociales, Division de la population, *World Population Prospects : The 2008 Revision*, New York 2009.

Open Society Institute of Southern Africa, Third World Network Africa, Tax Justice Network Africa, Action Aid International, Christian Aid, *Breaking the Curse, How Transparent Taxation and Fair Taxes can Turn Africa's Mineral Wealth into Development*, 2009.

Oxfam, *Lever la malédiction des ressources – Comment les pauvres peuvent et devraient profiter des revenus des industries extractives*, Document d'information d'Oxfam, décembre 2009.

PEYER, Chantal, *Contrats, droits humains et fiscalité : comment une entreprise dépouille un pays. Le cas de Glencore en République Démocratique du Congo*, Lucerne, Berne 2011.

PNUE, *Toolkit for Clean Fleet Strategy Development : Tool 10 : Low sulphur diesel*, 2009.

RAMBOUSEK, Walter H., VOGT, Armin, VOLKART, Hans R., *Volkart : die Geschichte einer Welthandelsfirma*, Frankfurt am Main 1990.

Rechtbank Amsterdam (Tribunal de 1ʳᵉ instance), Jugements BN2149, BN2068, BN2193, 23.7.2010.

Revenue Watch Institute, *Transforming Resource Wealth into Well-Being*, 2010.

RIESCO, Manuel, LAGOS, Gustavo, LIMA, Marcos, *The « Pay Your Taxes » Debate Perspectives on Corporate Taxation and Social Responsibility in the Chilean Mining Industry*, Technology, Business and Society Program Paper N° 16, United Nations Research Institute for Social Development, octobre 2005.

Ross, Michael, « Does Oil Hinder Democracy ? », in : *World Politics*, 53, pp. 325-361, 2001.

RUSAL, *Prospectus United Company Rusal Limited*, décembre 2009.

Sala-i-Martin, Xavier, Subramanian, Arvind, *Addressing the natural resource curse: An illustration from Nigeria*, Working Paper 9804, National Bureau of Economic Research, 2003.

Sherpa, Déclaration de Berne, Centre for Trade Policy and Development, L'Entraide missionnaire, Mining Alert, *Circonstance spécifique visant les sociétés Glencore International AG et First Quantum Minerals Ltd pour violation des principes directeurs de l'OCDE à l'intention des entreprises multinationales en raison des activités de la Mopani Copper Mines Plc. en Zambie*, 2011.

Sikka, Prem, Willmott, Hugh, « The Dark Side of Transfer Pricing : Its Role in Tax Avoidance and Wealth Retentiveness », in : *Critical Perspectives on Accounting*, 21, 2010, pp. 342-356.

SOAS School of Oriental and African Studies, *Was hat sich verändert? Fortschritte bei der Bekämpfung von Kinderzwangsarbeit bei der Baumwollernte in Usbekistan und Tadschikistan*, Londres 2011.

Special Advisor to the DCI on Iraq's WMD, Comprehensive Report – Volume I, Washington D.C. 2004.

Steffen, Hans, « Die soziale und wirtschaftliche Bedeutung der Stockalperschen Solddienste », in : Carlen, Louis, Imboden, Gabriel (Éd.), 1988, pp. 179-203.

Steffen, Hans, « Kaspar Jodok von Stockalper und sein Soldunternehmen », in : Fuhrer, Hans Rudolf, Eyer, Robert-Peter (Éd.), *Schweizer in fremden Diensten – Verherrlicht und verurteilt*, Zurich 2006, pp. 157-172.

Taylor, Simon, Testimony for Hearing « Resource Curse or Blessing : Africa's Extractive Industries in a Time of Record Oil and Mineral Prices » at the Senate Foreign Relations Committee, Subcommittee on Africa, Global Witness, 2008.

The Hart Group, Tanzania Extractive Industries Transparency Initiative, *Report on the EITI Reconciliation for the Period of 1st July 2008 to 30th June 2009*, Thame 2011.

Torvik, Ragnar, « Why do some resource-abundant countries succeed while others do not ? », in : *Oxford Review of Economic Policy*, 25, 2, pp. 241-256, 2009.

Trafigura, Rapports annuels, 2005-2010.

Trafigura, *Réponses au questionnaire de la commission d'enquête pour les déchets toxiques dans le district d'Abidjan*, 2006a.

Trafigura, *The Ivory Coast* (communiqué de presse), *update 4 October 2006*, 2006b.

Trafigura (et partenaires commerciaux), 167 courriels internes s'étendant sur une période allant du 28.12.2006 au 11.12.2007.

Trafigura, Interview vidéo du 16 octobre avec le Chief Financial Officer Pierre Lorinet, 2009a.

Trafigura, Reply Trafigura Ltd v. *BBC* in the British High Court of Justice, 2009b.

Trafigura, *Probo Koala Factsheet: Chronology and Key Details*, 2010.

Transparency International, *Indice de perception de la corruption*, Berlin 2004.

Transparency International, *Global Corruption Report 2009*, Cambridge 2009.

UN Group of Experts on the DRC, Report to the United Nations Security Council, 27.1.2006

US Geological Survey, www.usgs.gov.

UK High Court of Justice (Haute Cour de Justice de Grande-Bretagne), *Queen's Bench Division, Senior Courts Costs Office, Motto (et autres) vs. Trafigura*, 15.2.2011.

US DOE EIA United States Department of Energy, Energy Information Administration, *International Energy Statistics*, Washington 2011.

VAN DER PLOEG, Frederick, *Challenges and Opportunities for Resource Rich Economies*, Discussion Paper N° 5688, Center for Economic and Policy Research, 2006.

VAN ORANJE, Mabel, PARHAM, Henry, *Publions ce que nous avons appris. Une évaluation de la coalition Publiez ce que vous payez*, 2009.

VAN ORSOUW, Michael, *Das vermeintliche Paradies: eine historische Analyse der Anziehungskraft der Zuger Steuergesetze*, Zurich 1995.

VIRCOULON, Thierry, *Oil in Chad: The Fragile State's Easy Victory over International Institutions*, Crisis Group Commentary, septembre 2010.

Vitol Master Trust, Supplement to the offering circular dated may 6, 2004, 22.6.2004.

Vitol Holding BV, Rapports annuels, 2008-2009.

WASZKIS, Helmut, *Philipp Brothers: The rise and fall of a trading giant*, Surrey 2005.

WEISBROT, Mark, RAY, Rebecca, JOHNSTON, Jake, *Bolivia: The Economy During the Morales Administration*, Center for Economic and Policy Research, décembre 2009.

WELLMER, Friedrich-Wilhelm, BECKER-PLATEN, Jens Dieter, *Mit der Erde leben: Beiträge Geologischer Dienste zur Daseinsversorgung und nachhaltigen Entwicklung*, Berlin, Heidelberg, New York 1999.

WIDMER, Stefan, POLTERA, Flurin, «Schmiergelder, Provisionen und Bestechung von fremden Amtsträgern, Straf- und steuerrechtliche Überlegungen», in: *L'Expert Comptable Suisse*, N° 1-2, 2001, pp. 63-70.

Xstrata, Rapports annuels, 2002-2010.

YERGIN, Daniel, *Les Hommes du pétrole* (2 Vol.), Paris 1991.

YERGIN, Daniel, *Der Preis. Die Jagd nach Öl, Geld und Macht*, Frankfurt 1993.

INDEX DES SOCIÉTÉS ET DES ORGANISATIONS, ET DES PERSONNES

Index des personnes

TABLE DES MATIÈRES

Achevé d'imprimer en avril 2012
sur les presses de la Nouvelle Imprimerie Laballery
58500 Clamecy
Dépôt légal : avril 2012
Numéro d'impression : 204003
2ᵉ édition

Imprimé en France

La Nouvelle Imprimerie Laballery est titulaire de la marque Imprim'Vert®